T0282909

EL CHOQUE INEVITABLE

EL CHOQUE INEVITABLE

Prensa, discurso y poder en el gobierno de López Obrador

RAÚL CORTÉS

Grijalbo

Penguin
Random House
Grupo Editorial

El choque inevitable
Prensa, discurso y poder en el gobierno de López Obrador

Primera edición: diciembre, 2022
Primera reimpresión: enero, 2023

D. R. © 2022, Raúl Cortés

D. R. © 2023, derechos de edición mundiales en lengua castellana:
Penguin Random House Grupo Editorial, S. A. de C. V.
Blvd. Miguel de Cervantes Saavedra núm. 301, 1er piso,
colonia Granada, alcaldía Miguel Hidalgo, C. P. 11520,
Ciudad de México

penguinlibros.com

ISBN: 978-607-382-305-0

Impreso en México – *Printed in Mexico*

A Bea,
mi gran amor, por hacer de mi vida la más hermosa de las aventuras

A Mati y Nico,
la luz infinita que ilumina mis días, por hacerme mejor ser humano

Índice

No puedo vivir contigo, pero tampoco sin ti

A manera de introducción

Sea como una genuina estrategia de cambio o como un recurso para polarizar al país en su beneficio, el presidente de México, Andrés Manuel López Obrador, ha logrado convertir la relación entre el poder y los medios de comunicación en uno de los aspectos centrales de su gestión.

Es por todos sabido que desde que comenzó su carrera política, hace ya varias décadas, el tabasqueño mantiene una relación tirante, cuando menos, con la mayoría de las empresas periodísticas nacionales. Si nos basamos en su aguerrido discurso y en la forma en que ha sido atacado históricamente por la prensa, podríamos decir, en términos generales, que estamos frente a una estampa de permanente confrontación, pero también de dependencia mutua. Un perfecto ejemplo del "no puedo vivir contigo, pero tampoco sin ti".

Aun cuando algunos invocan con frecuencia sus orígenes en el Partido Revolucionario Institucional (PRI), es innegable que su tardío gran golpe electoral, el haber llegado a la presidencia al tercer intento, ha sido producto de una larga e incesante estrategia de ruptura con aquella vieja forma de gobernar, sobre todo en el terreno discursivo, aunque para algunos su estilo de administrar el país se asemeje a la cara más oscura de aquella histórica fuerza política.

Pero también ha sido producto de su papel, siempre rebelde, de azote del sistema establecido, donde la prensa ha mostrado durante décadas una inapropiada subordinación a los designios del gobierno en turno, a veces más sutil, a veces más descarada, pero en la mayoría de los casos perpetuando dinámicas reacias al cambio y reactivas a él. Hay excepciones, por supuesto, que son visibles en algunos medios de comunicación que han mantenido tradicionalmente altos estándares profesionales, y el panorama en el sector ha mejorado notablemente en años recientes, aunque solo sea por la presión social cada vez más marcada sobre los productores de información periodística, ligada a la creciente reivindicación de los derechos universales que los ha forzado a realizar una labor más apegada a las reglas éticas del gremio.

El relato del choque de trenes entre López Obrador y los medios de comunicación, a veces motivo de justificada indignación, en otras ocasiones tragicómico y hasta delirante, pero siempre lleno de ricas lecciones, como todo en una nación de la intensidad y diversidad de México, es la principal razón de ser de este libro. El texto abarca la primera mitad del sexenio del gobernante (2018-2021), más algunos meses de 2022, tiempo suficiente para construir el relato.

Dicen que el periodista de agencia de noticias, más que ningún otro, actúa como simple testigo de la realidad, como el más aséptico transmisor de los hechos. Tan loable etiqueta podría justificarse por los estrictos códigos deontológicos que encorsetan la labor de los reporteros de esa clase de medios, pero también por la lógica de negocio de esas empresas, que las obliga a buscar la forma más ágil y concisa de publicar los acontecimientos noticiosos y a hacerlo siempre las primeras y tratando de no cometer nunca errores.

Ese espíritu, que ha guiado mi carrera profesional durante casi dos décadas como corresponsal de agencias de noticias internacionales en América Latina, y que durante cinco años he defendido a capa y espada desde mi afortunada palestra de profesor universitario, es el que he pretendido desplegar en estas páginas. Pese a ser consciente de la imposibilidad de lograr la utópica objetividad a la que algunas personas aluden cuando hablan de buen periodismo, he tratado de que mi voz sirviera exclusivamente de enlace entre otras voces y que estas últimas fueran no solo diversas, sino equilibradas.

Durante los tres años en que he recopilado información, en mi detectivesca labor de acumulador de datos de muy variada índole, me he encontrado con un gran dilema: dar a todas las fuentes el mismo espacio o imponer un desequilibrio premeditado a favor de una: la principal. Por razones obvias, he optado por el segundo camino. Así, López Obrador goza inevitablemente de un protagonismo tan cegador en ese apartado como lo ha sido su papel preponderante en la construcción de la opinión pública mexicana desde que llegó al poder el 1 de diciembre de 2018.

La justificación de esta postura radica en el peso de sus habituales conferencias de prensa mañaneras, manantial inagotable de referencias para este libro. Pero también se explica por la actitud de los medios de comunicación, que no han cejado en su empeño, muchas veces contraproducente, de hacerse eco de todos y cada uno de los pronunciamientos públicos del jefe de Estado. La prensa también se ha contagiado de sus jugosas y maquiavélicas aportaciones lingüísticas al imaginario colectivo, sin darse cuenta de que, al hacerlo, se estaba convirtiendo, muchas veces, en un involuntario aliado del gobernante.

Ni la tórrida luna de miel de López Obrador con las redes sociales, donde no han tardado en llegar también los arrebatos y desamores como veremos en capítulos venideros, ha impedido que la batalla contra la prensa siga siendo una de las mejores armas del presidente para reforzar su perfil transgresor que tanto rédito le ha dado durante años en un país que en distintas épocas de su rica historia ha encumbrado a líderes carismáticos que arremeten contra el entramado institucional vigente y que, en su empecinamiento por defenderlos, acaba convirtiéndolos en puntales de un nuevo *establishment* que suele pecar de las mismas fallas que aquel que fue derrotado, o al menos muy similares. Solo en México pudo emerger e imponerse durante décadas un partido político revolucionario y al mismo tiempo institucional.

Sin ánimo de frivolizar, me atrevería a decir que este trabajo ha sido escrito en gran medida por el mismísimo AMLO. Que no asuma el lector, sin embargo, a esta premisa como el prolegómeno de un libro laudatorio de la administración presidencial o de la figura del gobernante. Todo lo contrario. Es la crítica el tono central del texto, no por razones gratuitas, sino a partir de argumentos fundamentados en la vasta literatura académica sobre la deontología de la comunicación, desgraciadamente poco conocida por el gran público.

Mi intención es poner el asunto sobre la mesa para enriquecer la discusión en torno a una cuestión capital para las democracias de todo el mundo y, por descontado, para la mexicana. En la tarea, abundan los cuestionamientos a la falta de rigor ético de algunos representantes de la prensa mexicana e internacional al abordar la cobertura informativa de la administración de López Obrador, lo que explica en parte la progresiva pérdida de credibilidad de los medios de comunicación en el país, extensible a todo el planeta.

Antes de radiografiar el estado de la prensa mexicana, trataré de explicar con ejemplos que si bien la forma en que AMLO maneja la información oficial es en muchos sentidos única, presenta importantes similitudes con las estratagemas de otros presidentes contemporáneos, como Donald Trump y Hugo Chávez, y bebe de otras experiencias anteriores a esas que él tilda de abominables aunque las imita constantemente, sin darse cuenta o deliberadamente. El maniqueísmo del mandatario a la hora de presentar la realidad y su tendencia a dar más valor a las creencias personales y los sentimientos que a los datos duros, ese recurso conocido como *posverdad*, serán motivo de análisis en el segundo capítulo.

La disección de sus conferencias de prensa matutinas diarias acaparará las páginas posteriores y en realidad planeará sobre todo el libro, por ser ese el cuadrilátero escogido por el gobernante para someter a sus contrincantes. Los golpes al mandatario llegarán por otras vías, a través de reveladoras investigaciones, portadas de diarios contundentes y en ocasiones sensacionalistas, programas televisivos teñidos muchas veces del más lacerante amarillismo o análisis radiofónicos donde la descalificación y la hipérbole prevalecen a menudo sobre el respeto y la mesura.

También será motivo de examen la eclosión de un pequeño pero creciente ejército de comunicadores aliados de las políticas del mandatario desde todos los rincones del país, formado por algunos periodistas, pero, sobre todo, por personajes otrora marginales o prácticamente inexistentes en los círculos de la prensa mexicana. Me refiero a las nuevas estrellas de la fuente presidencial, el variopinto colectivo de *youtubers*, blogueros y tuiteros que, con sus preguntas y actitud militante, impiden día a día que se materialice el diálogo circular al que se refiere AMLO para definir a sus mañaneras.

La obsesión presidencial por la historia, clave para justificar la imposición de ese nuevo régimen que él mismo ha bautizado como la Cuarta Transformación (4T), será igualmente desmenuzada en este libro. Se hará hincapié en las constantes y polémicas alusiones del presidente a periodistas de épocas pasadas como los únicos referentes "dignos" de la profesión. Solo así resulta posible desentrañar la visión que el político tabasqueño tiene de la labor de la prensa y de la relación de los medios con el poder.

La llegada a la presidencia en México de AMLO presenta la singular característica de no haber traído consigo, al menos hasta ahora, la sumisión inmediata de los principales medios de comunicación a su gobierno. Cosa que sí sucedió en épocas pasadas en un país que siempre tuvo entre sus lastres el exagerado e insano oficialismo de la prensa. Hubiera sido necesario, como ocurría antes, un manejo más agresivo del arma de la publicidad oficial de la que viven muchas empresas periodísticas. Esa tendencia parece estar cambiando. Narrar ese proceso será también parte de mi cometido.

AMLO sabe bien que el lenguaje es un arma de alta precisión para apuntar directamente a los corazones de la gente. Si primero lo usó con gran éxito para congeniar con el electorado y llevarse el triunfo en las urnas, ¿por qué no potenciar ese recurso desde el poderoso estrado presidencial? Para entender mejor al personaje y su impacto mediático, el libro tratará de diseccionar esa característica esencial del éxito del gobernante, puesta de manifiesto en sus reiterativas figuras retóricas e interminables anécdotas, sus imprecisiones gramaticales, su característica manera de articular las palabras y su premeditada lentitud discursiva.

Pero para entender mejor el entramado de la opinión pública mexicana en tiempos de la 4T no basta con hablar de la relación entre los medios de comunicación y el poder gubernamental. El campo de las redes sociales, un ecosistema en el que el mandatario asegura haber encontrado a su mejor aliado (hasta el punto de calificarlas de "benditas"), merece también ser estudiado en profundidad. Ahí se desarrolla la encarnizada batalla entre los llamados "chairos" y "fifís", un mundo donde no existen medias tintas y casi nunca queda títere con cabeza. En las páginas de este libro habrá lugar suficiente para narrar esas batallas, así como para exponer un fenómeno que ya se ha vivido en otras geografías y que recientemente puso frente a una dura prueba a las instituciones en el vecino país del norte: ¿Qué responsabilidad tienen esas plataformas digitales en la erosión de la democracia?

Los medios públicos, a los que la 4T ha pretendido dar un nuevo aire, tampoco escaparán del escrutinio de este libro. Con casos tan sangrantes como el de la agencia de noticias del Estado, Notimex, que parece haber abandonado su aspiración de ser una alternativa al servicio que ofrecen para los medios mexicanos sus equivalentes a nivel internacional —AP, Reuters, AFP o EFE— como fuente de información para convertirse en sí misma en el foco de la noticia por la cruenta pugna entre su nueva directora, Sanjuana Martínez, y los trabajadores de la empresa, conduciéndola a la paralización y poniendo en jaque su propia supervivencia.

Y como no puede ser de otra forma en un libro sobre periodismo en México, en estas páginas se desgranarán las causas del terrible fenómeno de la violencia contra la prensa. En la actual gestión gubernamental las cifras de agresiones y asesinatos de comunicadores han alcanzado niveles récord, mientras proliferan las denuncias de organizaciones defensoras de la libertad de prensa que acusan al mandatario de exacerbar de forma irresponsable el odio hacia el gremio. Por desgracia, en medio de la falta de soluciones institucionales al problema, el eslabón más frágil de la cadena, el reportero, sigue siendo la principal víctima de la mortal censura que ejercen las organizaciones del crimen organizado y las autoridades corruptas.

Al final, mi objetivo al emprender esta aventura no es otro que abrir el debate sobre temas tan críticos y decisivos para la salud democrática de México como la censura y el libre discurso, un asunto con el que pondré el broche a este libro, pero sobre todo ofrecer algunas pistas sobre lo que deberían hacer los periodistas y las empresas en las que trabajan para combatir los ataques que a diario reciben del presidente desde el Palacio Nacional y contrarrestar la terrible crisis de credibilidad que amenaza con hacerlos cada vez más intrascendentes. Acepto desde este momento que habrá mucha gente que tenga otros datos. Los que aquí van a leer son simplemente los míos.

1

México desmañanado

Estamos peor, pero estamos mejor. Porque antes
estábamos bien, pero era mentira. No como ahora,
que estamos mal, pero es verdad.

MARIO MORENO *Cantinflas*

Nunca antes en México un presidente había logrado acaparar la atención de la opinión pública de forma tan contundente y frecuente como
lo ha hecho Andrés Manuel López Obrador con su conferencia de
prensa matutina diaria.

Y nunca antes, en ningún rincón del mundo, un mandatario había dado la oportunidad a los periodistas cada mañana de responder a
sus preguntas como lo hace el político tabasqueño. Así, las "mañaneras", como han sido bautizadas esas ruedas de prensa, constituyen uno
de los ejercicios de comunicación política más extraordinarios que
se recuerden y una ocasión inmejorable para una interacción pública
inédita entre la prensa y la principal autoridad de un país.

Sin embargo, muchas son las voces que han puesto en entredicho y siguen cuestionando este singular ejercicio informativo. Nacido
en medio de una inusitada expectativa, el supuesto plan del mandatario de fraguar un "diálogo circular" genuino y efectivo entre el poder
y los medios parece lejos de haber logrado su cometido.

"Cuando el hermetismo, la discreción y, en ocasiones, una
intransigencia disfrazada de desdén, habían sido las principales

características de administraciones pasadas en materia de comunicación política (en donde, por lo general, las ruedas de prensa eran ocasionales o parafernalísticas y las labores del presidente podían pasar desapercibidas durante varios días), ciertamente, el contraste con las mañaneras es tanto que estos ejercicios no son sencillos de comprender y asimilar", afirmó Juan Jesús Garza Onofre en una honda reflexión sobre ese ejercicio de comunicación.[1]

El efecto imán de la actividad que se celebra todos los días a primera hora de la mañana en el Palacio Nacional es uno de sus principales éxitos. Carlos Elizondo, profesor de la Escuela de Gobierno del Tec de Monterrey y autor del libro *Y mi palabra es la ley*, centrado precisamente en la actual figura presidencial, subrayaba en una entrevista con la agencia española EFE que la mañanera demuestra "una enorme creatividad por parte del presidente". Para Elizondo, "es el mejor acto de propaganda que uno se pueda imaginar porque todos los días estamos hablando en torno de lo que él quiere".[2]

Sin embargo, a los mexicanos que conocen y han seguido la larga trayectoria política de AMLO, sobre todo a los integrantes del gremio periodístico, no les resultó tan novedosa la convocatoria diaria del mandatario a la prensa, teniendo en cuenta que ya realizó esta clase de actividades con la misma periodicidad entre 2000 y 2005, cuando fue jefe de gobierno del Distrito Federal (ahora la Ciudad de México).

Y es que casi provoca una carcajada revisar el número de conferencias de prensa ofrecidas por el antecesor inmediato de López Obrador, Enrique Peña Nieto (2012-2018), durante su gestión. Nada mejor para hacerse una idea de la alergia de Peña Nieto a responder frontalmente a consultas de los reporteros que traer a colación el titular de un artículo escrito por el novelista e historiador Héctor Aguilar Camín el 19 de octubre de 2017, un año antes de

---

[1] https://archivos.juridicas.unam.mx/www/bjv/libros/13/6499/21.pdf.
[2] https://www.efe.com/efe/america/mexico/y-mi-palabra-es-la-ley-el-libro-que-retrata-a-lopez-obrador-como-rey/50000545-4471193.

que el gobernante dejara Los Pinos: "El presidente Peña da, por fin, una rueda de prensa".[3]

En realidad, aquello a lo que se refiere Aguilar Camín fue un encuentro con medios de comunicación, básicamente con líderes de opinión y directivos de empresas informativas, en el que el mandatario y sus secretarios expusieron lo que el gobierno estaba realizando para reconstruir las zonas afectadas por el terremoto del 19 de septiembre anterior y que derivó luego en una sesión de preguntas y respuestas.

Es verdad que en agosto de 2016 la polémica comparecencia de Peña Nieto en Los Pinos junto al entonces candidato a la presidencia de Estados Unidos por el Partido Republicano, Donald Trump, sorpresivamente invitado al país, terminó convirtiéndose en una improvisada e incómoda rueda de prensa a raíz de los insistentes reclamos finales para ejercer su derecho a preguntar de los corresponsales estadounidenses que acompañaban al futuro mandatario, sin que quedara muy claro si aquello que estaba ocurriendo formaba parte del guion original del evento.[4]

Así, el mexicano y el estadounidense —este último hasta con cierto deleite— tuvieron que contestar brevemente a las inquietudes de la prensa sobre los temas más candentes de la relación bilateral, como quién iba a pagar la construcción del muro fronterizo que exigía Trump para frenar la migración desde la nación vecina, o los insultos que el magnate neoyorquino había proferido contra los migrantes mexicanos que ingresan a su país en busca de una vida mejor.

No es menos cierto que antes de terminar su gestión, en agosto de 2018, semanas después de que López Obrador ganara cómodamente las elecciones presidenciales, Peña Nieto y el nuevo gobernante concedieron seis preguntas a los reporteros en una comparecencia de prensa conjunta con motivo del lanzamiento del proceso de transición.[5]

---

[3] https://www.milenio.com/opinion/hector-aguilar-camin/dia-con-dia/el-presidente-pena-da-por-fin-una-conferencia-de-prensa.

[4] https://www.youtube.com/watch?v=kpbC96H0maA&t=142s.

[5] https://lopezobrador.org.mx/2018/08/20/palabras-de-lopez-obrador-y-pena-nieto-al-ofrecer-conferencia-de-prensa-en-palacio-nacional/.

Sin embargo, es conveniente aclarar que el compartir estrado con alguien tan sediento de tomar la palabra como AMLO y el saberse ya casi fuera del poder y, por lo tanto, libre de muchas responsabilidades, restaron presión al mandatario saliente.

No hay que olvidar que Peña Nieto tenía otra forma de hacer llegar su mensaje a la población a través de los medios: la publicidad oficial. Aunque en la práctica nunca logró levantar su imagen tras el golpe que representó la desaparición de los 43 estudiantes de Ayotzinapa en 2014 y el caso de corrupción de la llamada "Casa Blanca" poco después, en este terreno destinó la friolera de 2 mil millones de dólares en sus primeros cinco años de mandato. Al concluir su sexenio terminó batiendo récords.[6]

El antecesor de Peña Nieto, Felipe Calderón (2006-2012), fue casi tan remiso como su sucesor a convocar esos encuentros con la prensa bajo la fórmula de pregunta-respuesta. Muchas de esas actividades se dieron en el marco de giras en el extranjero, donde las temáticas se circunscribían un poco más al contexto internacional y no tanto al siempre delicado panorama nacional.

En enero de 2007, por ejemplo, concedió una conferencia de prensa conjunta con el presidente de El Salvador, Antonio Saca, en el país centroamericano; otra junto a la canciller alemana, Angela Merkel, durante una visita al país europeo, y una más en el marco de su participación en el Foro Económico Mundial en Davos (Suiza), en este caso en solitario.

En junio de 2008, en un viaje a España, el mandatario y su homólogo, José Luis Rodríguez Zapatero, también respondieron a preguntas de los reporteros.[7] En enero de 2009, el político michoacano dio otra rueda de prensa en Davos. Y poco más.

---

[6] https://www.nytimes.com/es/2017/12/25/espanol/con-su-enorme-presupuesto-de-publicidad-el-gobierno-mexicano-controla-los-medios-de-comunicacion-pri-pena-nieto.html.

[7] http://www.diputados.gob.mx/sedia/sia/spe/SPE-ISS-01-12.pdf.

"Hay mandatarios, como Carlos Salinas de Gortari (1988-1994), y Felipe Calderón Hinojosa, que prefieren actuar sin intermediarios para transmitir sus mensajes a los medios; el primero a través de encuentros directos con los periodistas y el segundo a través de sus discursos", sostienen Yolanda Meyenberg y Rubén Aguilar, quien fuera vocero de Vicente Fox (2000-2006), en su libro *La comunicación presidencial en México (1988-2012)*.

A Calderón se le recordará, también, por la dramática interrupción de algunos eventos públicos. El 13 de noviembre de 2012, en San Luis Potosí, una mujer cortó su discurso para exigirle que investigara la desaparición forzada de sus hijos. La tensa escena dejó en evidencia la cuestionada postura del gobernante de centrar su estrategia contra el narcotráfico en el despliegue de tropas militares, pese a las continuas acusaciones de violación de derechos humanos.[8]

En la Jornada Ciudadana por la Seguridad y la Justicia, celebrada el 14 de octubre de 2011 en el Castillo de Chapultepec, un hombre identificado como Nepomuceno Moreno irrumpió en el acto y le entregó al mandatario una denuncia por el secuestro de su hijo en Sonora. Un mes y medio después el denunciante era acribillado a balazos.[9]

Fox, el hombre que terminó con la hegemonía de 70 años del Partido Revolucionario Institucional (PRI) y cuyo talante personal se asemejaba más al de AMLO, al menos en apariencia, intentó usar mecanismos de comunicación directa con el pueblo como el político tabasqueño. Sirva de ejemplo un programa de radio semanal que se emitió los sábados durante parte de su sexenio. *Fox en vivo, Fox contigo* inició transmisiones en enero de 2002 y fue suspendido en 2006, en medio de cuestionamientos por su costo prohibitivo, tomando en consideración su escasa audiencia.[10]

---

[8] https://www.proceso.com.mx/nacional/2012/11/13/mujer-interrumpe-calderon-le-exige-investigar-desaparicion-de-familiares-110777.html.

[9] https://www.animalpolitico.com/2011/11/calderon-le-prometio-apoyo-hoy-nepomuceno-esta-muerto/.

[10] https://archivo.eluniversal.com.mx/notas/44889.html.

Hacia el final de su sexenio, en Los Pinos, la entonces residencia presidencial, se dio una especie de mañanera, pero no la conducía Fox sino su portavoz, Aguilar, quien en aquellos eventos tempraneros hizo célebre la frase "lo que el presidente quiso decir". Dicha actividad informativa, que iniciaba a las siete de la mañana, como la actual rueda de prensa de López Obrador, servía en realidad para matar dos pájaros de un tiro: por un lado, permitía a la presidencia rectificar alguno de los frecuentes deslices verbales cometidos la víspera por el mandatario y, por otro, hacía contrapeso a la conferencia de prensa que una hora antes ofrecía a diario AMLO como jefe de Gobierno del entonces Distrito Federal.

"La conferencia matutina elevó la presencia del gobierno en los medios de manera inmediata. Eso se buscaba y dio resultado. Así, se elevó la capacidad del gobierno de intervenir en la construcción de la agenda mediática con los temas que interesaban. Ésta es la parte más relevante de la estrategia de la conferencia diaria, porque existía ahora un mecanismo para entrar en la disputa de la construcción de la agenda de la que el gobierno había quedado fuera en los inicios de la gestión", relata Aguilar en su libro.[11] Una táctica que tiene el mejor exponente en AMLO, como demostró entonces y sigue demostrando ahora.

Los académicos Laura Pérez y Enrique Cuna detallaban en 2006[12] que en las mañaneras que López Obrador daba en su calidad de jefe de Gobierno, hace dos décadas, él "era quien decidía el tema a tratar, qué contestar o qué esquivar, determinaba la duración de la conferencia de prensa y la intensidad de esta a través de sus mensajes, opiniones y cuestionamientos".

---

[11] http://ru.iis.sociales.unam.mx/jspui/bitstream/IIS/5187/1/comunic_presidencial.pdf.

[12] En el artículo "El posicionamiento político de AMLO a partir de la estrategia de comunicación social del Gobierno del Distrito Federal", revista *El Cotidiano*, Universidad Autónoma Metropolitana.

"Realmente las conferencias están bajo el mando del jefe de Gobierno, él decide de qué habla, quién pregunta; nosotros trazamos un plan antes de la conferencia, sobre todo de temas coyunturales; inclusive se prepara material que hayan pedido antes los reporteros", pero "la mayoría de las veces es él o la prensa quienes determinan el camino de la conferencia, es decir, los temas que se van a tratar, la duración o la intensidad de las declaraciones", afirmó la subdirectora de información de la Dirección General de Comunicación Social del Gobierno del Distrito Federal (DGCSGDF), Angélica Patiño, el 4 de junio de 2003.[13]

Los asuntos tocados entonces por López Obrador a las seis de la mañana resultan ahora bastante familiares. "Encontramos la repetición de temáticas como la democracia, las necesidades del sector marginado, la participación social, la constante exaltación de la figura de Benito Juárez, el programa de austeridad, la crítica al Fobaproa [Fondo Bancario de Protección al Ahorro], el desarrollo social y la educación", narran Pérez y Cuna. "No sólo comunicó cuestiones relacionadas con su administración, sino que también sus declaraciones influyeron de manera importante en el clima de opinión que se estableció entre los ciudadanos. En ellas se hizo política, nacieron y se debatieron temas trascendentales; a partir de lo dicho en la conferencia de prensa matutina se indagó y se buscó reacciones u opiniones. Todo lo que comunicó generó una actitud, una respuesta o un efecto." Por la hora en que se realizaba, y al ser la primera autoridad del país en hablar en público, AMLO tenía más opciones de imponer su agenda.

Para los académicos, aquellos contactos con periodistas eran "la parte medular" de "estrategias políticas y comunicativas planificadas, estructuradas y aplicadas por el GDF (Gobierno del Distrito Federal) con el objetivo de posicionar a López Obrador como candidato a la presidencia" en los comicios de 2006. Aunque recuerdan que "en ninguno de los mensajes apareció demandando el voto público o urgiendo a que le dieran oportunidad de gobernar el país". Como ningún

---

[13] *Idem.*

otro político mexicano, AMLO ha sabido sacar provecho de su relación con la prensa para acaparar la atención de la opinión pública y, de esta forma, ubicarse en un lugar privilegiado respecto a los electores hasta poder cumplir sus más elevadas aspiraciones políticas.

Si es difícil encontrar parangón para las mañaneras de AMLO entre las actividades de comunicación de cualquiera de sus tres inmediatos antecesores —Peña Nieto, Calderón y Fox—, más lo es con los mandatarios que rigieron los destinos de los mexicanos durante el periodo hegemónico del PRI en el poder (1929-2000). En realidad, casi sería infructuoso y hasta tedioso tratar de hacer un repaso de las experiencias vividas en un tramo histórico que estuvo mayormente caracterizado por aparatos de comunicación gubernamental más verticales y menos tendientes a confrontar a la prensa con el poder, como remarcó el académico Raúl Trejo en una entrevista en mayo de 2020.[14]

"Cada presidente tenía un estilo diferente para enfrentar a los medios de comunicación. Durante larguísimo tiempo en los medios había tan pocas voces críticas y tan poca información resultado de una investigación que develara abusos del gobierno que no les hacía falta quejarse", relató. Trejo recuerda, por ejemplo, que el general Lázaro Cárdenas (1934-1940) tuvo que enfrentar a una prensa muy agresiva y lo hizo "de manera muy estoica", pero también habilidosa. "Él se quejaba de la prensa y lo que hacía era crear contrapesos", como inventar las oficinas de prensa gubernamentales y los programas oficiales en la radio o producir papel para los medios impresos.

"Otros presidentes trataron de llevar buenas relaciones con los medios. Miguel Alemán (1946-1952) se encargó de promover la televisión que fue inicialmente privada y esto ocurrió durante el gobierno de Ruiz Cortines (1952-1958). El presidente López Mateos (1958-1964), ya en los años sesenta, tuvo pocos motivos para quejarse pero se quejó muchísimo cuando en la prensa se daban a conocer

---

[14] https://proyectopuente.com.mx/2020/05/21/como-ha-sido-la-relacion-de-la-prensa-con-los-presidentes-en-mexico-desde-cardenas-hasta-amlo-raul-trejo/.

abusos ocurridos durante el gobierno, como el asesinato del líder agrario Rubén Jaramillo en los años 60. Gustavo Díaz Ordaz (1964-1970) se quejaba mucho en privado pero poco en público de una prensa que por lo general ocultó los rasgos más sobresalientes de crímenes como el de Tlatelolco en 1968. Luis Echeverría (1970-1976) tenía una prensa muy amable con él y, cuando no lo era, como algunas publicaciones del norte del país, trataba de llegar a acuerdos, aunque él tenía una ruptura mucho más profunda con los empresarios. Y solamente el presidente López Portillo (1976-1982) empieza a quejarse cuando hay una publicación, la revista *Proceso*, que publica reportajes que no le gustan y es cuando él alude a este asunto de la publicidad que daba el gobierno diciendo 'no les pago para que me peguen' ", explica Trejo.

"Hay una relación entonces muy utilitaria del gobierno mexicano respecto de la prensa porque había una prensa que lo permitía y porque en efecto había una gran cantidad de publicaciones, sobre todo impresas, que recibían pagos por no pegarle al poder en turno."

El presidente que sucedió a López Portillo, Miguel de la Madrid (1982-1988), fue probablemente uno de los mandatarios más restrictivos en la relación con la prensa, como detalla la investigadora María del Carmen Collado, del Instituto Mora.[15] Collado recuerda que el gobernante, al llegar a Los Pinos, envió una propuesta de reforma del Código Civil para señalar como conducta ilícita el daño moral que podían causar los medios con sus denuncias, una iniciativa conocida entonces como "ley mordaza". También instruyó a sus colaboradores a no dar declaraciones improvisadas a los medios, centralizó la distribución del dinero del gobierno a los medios en la Secretaría de Gobernación, tanto los pagos directos como la publicidad oficial, y durante su mandato fue asesinado el periodista Manuel Buendía, convertido con el tiempo en un doloroso símbolo de la mala salud del derecho a la libertad de prensa en el país.

---

[15] En su artículo "Autoritarismo en tiempos de crisis. Miguel de la Madrid, 1982-1988", revista *Historia y Grafía*, Universidad Iberoamericana.

Carlos Salinas (1988-1994), más hábil, mantenía encuentros personales con directivos de medios y fue muy cuidadoso de la imagen que aparecía de su persona en la prensa. En su sexenio, detallan Meyenberg y Aguilar en su libro, "se creó un área específica para registrar la opinión pública acerca de la popularidad del presidente y para conocer lo que la sociedad pensaba sobre los programas de gobierno y los cambios en el modelo económico". Y puntualizan: "Ésta fue la primera vez que el gobierno se preocupó por tratar de sintonizar sus mensajes con lo que la gente tenía en mente y quería escuchar en voz del mandatario, con el fin de crear un campo de empatía con el gobierno".

José Carreño Carlón, quien fuera el coordinador general de Comunicación Social de Salinas, recuerda que "las conferencias del presidente con la 'fuente' acreditada en Los Pinos se daban al terminar algún evento importante o al finalizar una gira internacional". Solamente "en situaciones críticas, después de discutir el tema, se resolvía que no fuera el presidente su propio portavoz sino que, de acuerdo con el tema, se elegía a quien saldría a declarar a la prensa".

Su sucesor en el sillón presidencial, Ernesto Zedillo (1994-2000), llegó a tener una conferencia de prensa periódica durante su mandato, pero en realidad no era muy proclive a alternar con los reporteros, como reveló en una entrevista uno de sus portavoces, Fernando Lerdo de Tejada: "Zedillo fue un presidente que evitó la prensa muchísimo, no se sentía a gusto con estar enfrentando sus preguntas", reconoció.[16] Según Lerdo de Tejada, le gustaban tan poco los medios de comunicación que fue el presidente que instauró formalmente la figura de un vocero de la presidencia, una pieza usada en muchas ocasiones, si no siempre, para librar a los mandatarios de situaciones adversas con los periodistas.

Ulises Castellanos, editor de fotografía de varios medios mexicanos y profesor de universidad, coincide también sobre la singularidad

---

[16] https://politica.expansion.mx/presidencia/2019/07/11/en-la-mananera-importa-la-presencia-no-el-mensaje-fernando-lerdo-de-tejada.

de la mañanera respecto de lo que se ha hecho hasta ahora en México: "Es un ejercicio, si no inédito en el mundo, sí inédito o refrescante en la política nacional", afirmó.[17] "Los presidentes antes de los años setenta ni siquiera daban entrevistas a los periodistas, después se daban el lujo de hacer algo así una vez al año cuando se acercaba el informe presidencial y el único que hizo un intento de hacer una conferencia de prensa semanal fue Zedillo en el año 95 y prácticamente se aventó una o dos y fracasó por completo porque no podía enfrentar a la prensa."

La rueda de prensa matutina diaria conducida por el político tabasqueño es única también a nivel planetario, al menos entre los países que tienen un mínimo peso en el escenario político internacional.

La aseveración es incuestionable en términos cuantitativos, si nos fijamos en su frecuencia y su extensión. Habrá quien reivindique aquí al venezolano Hugo Chávez y su famoso programa *Aló presidente*,[18] que llegó a durar muchas horas en algunos casos, pero no olvidemos que aquel mítico espacio televisivo no tuvo la periodicidad de la conferencia de prensa de AMLO y no fue ideado para convertirse en un diálogo entre el mandatario y la prensa, sino más bien con la población.

En términos cualitativos, resulta imposible encontrar a alguien que, con la investidura presidencial, haya hecho algo parecido. Algunos comunicólogos han apuntado similitudes entre la creación de López Obrador y la Bundespresskonferenz alemana (BPK), una conferencia de prensa que responde a un esquema instituido desde hace décadas en el país germano para que las autoridades rindan cuentas ante la prensa y, por extensión, ante la sociedad. Si bien la Bundespresskonferenz (conferencia de prensa federal) es relativamente cercana a la mañanera en periodicidad, pues se celebra cada dos días, las diferencias son notables.

Aunque se constituyó oficialmente en 1949, tras la Segunda Guerra Mundial y el mandato del canciller Konrad Adenauer, tiene sus

---

[17] En una entrevista con el conductor Hernán Gómez Bruera en el canal de televisión La Octava, 6 de mayo de 2020.
[18] http://www.snc.gob.ve/noticias/especial-alo-presidente-marco-un-hito-en-la-historia-de-la-television-venezolana.

orígenes en una tradición de la República de Weimar, inmediata a la Primera Guerra Mundial, cuando los periodistas de los principales periódicos alemanes se apropiaron del control de una conferencia de prensa diaria organizada hasta entonces por los militares. Los políticos y portavoces del gobierno acudieron como invitados de los medios hasta que los nazis pusieron fin a esta práctica y convirtieron la actividad en un instrumento de propaganda y control de la libertad de expresión del Tercer Reich.

Hoy en día, la BPK es una asociación registrada, con sede en Berlín y una sucursal en Bonn, y se financia mediante cuotas de afiliación. "Solo aquellos que informan a tiempo completo sobre política federal para los medios alemanes desde Berlín o Bonn pueden convertirse en miembros", detalla en su página web la institución, que cuenta con alrededor de 900 corresponsales y una junta de ocho miembros elegida en una asamblea general, los cuales se turnan para presidir las ruedas de prensa, fijadas para todos los lunes, miércoles y viernes.[19]

Las dos grandes diferencias respecto a la mañanera de AMLO son, por un lado, que las personas expuestas a las preguntas son el portavoz del gobierno o portavoces de los ministerios y, por otro, que no son ellos los que citan a los periodistas, como hace el mandatario mexicano, sino que son convocados por la prensa.

En el vecino Estados Unidos, siempre una referencia para México, se han realizado históricamente los denominados *press briefings* (reuniones informativas) en la Casa Blanca, que "raramente involucran al presidente", como explica en su página web la iniciativa The American Presidency Project, de la University of California, Santa Barbara, dedicada a analizar en profundidad los mandatos presidenciales en el país norteamericano a través de una vasta documentación.

"Por lo general, las reuniones informativas han sido reuniones frecuentes, a veces diarias, del cuerpo de prensa de la Casa Blanca (los corresponsales acreditados) con el secretario de Prensa (y/u otros).

---

[19] https://www.bundespressekonferenz.de/verein/die-geschichte.

Estos brindan una oportunidad para que la Casa Blanca transmita información y para que el cuerpo de prensa haga preguntas sobre prácticamente cualquier tema de interés", detalla.

El proyecto recoge los promedios de las conferencias de prensa realizadas por los mandatarios estadounidenses desde Calvin Coolidge (1923-1929). Este gobernante es precisamente el que más eventos de este tipo encabezó cada año en que estuvo en el poder (72.9), seguido de Franklin D. Roosevelt (1933-1945), con 72.66, y Herbert Hoover (1929-1933), con 67. Llaman la atención las apenas 5.75 de Ronald Reagan (1981-1989) y, en comparación con la mañanera de AMLO, sorprende la poca frecuencia en que los presidentes de los últimos tiempos se pusieron frente a los micrófonos para contestar a las inquietudes de los periodistas: George W. Bush (2001-2009) lo hizo un promedio de 26.25 veces al año, Barack Obama (2009-2017), 20.38, y Donald Trump (2017-2022), 22. En estos últimos casos, la media baja todavía más si se toma en cuenta las conferencias de prensa que realizaron en solitario los gobernantes.

Una de las cosas que hace únicas a las mañaneras es, sin duda, su duración. La consultora mexicana Spin es la que ha dado un seguimiento más exhaustivo a esas actividades informativas desde distintos ángulos y especialmente en términos cuantitativos.[20] Este taller de comunicación política, que ha ido difundiendo cada 15 días en su página web una infografía con los puntos más destacados del invento de López Obrador, reveló el 16 de agosto de 2021 que 62.1% de las mañaneras celebradas hasta entonces habían durado en promedio entre una y dos horas y 33.9% entre dos y tres horas. La conferencia más larga fue el 11 de noviembre de 2020 y duró 192 minutos, es decir, tres horas y 12 minutos, que se dividieron en 72 minutos del mensaje principal del mandatario y 120 minutos de preguntas y respuestas. Es decir, ese día, AMLO dedicó más de una hora de su jornada de trabajo a hablar.[21]

---

[20] http://www.spintcp.com/conferenciapresidente/infografia-39/.
[21] https://www.eluniversal.com.mx/nacion/amlo-rompe-record-con-mananera-de-3-horas-con-12-minutos.

Si comparamos esa extensión promedio con la de las conferencias de prensa que en general ofrecen a los periodistas otros gobernantes, también podemos hablar de que nos adentramos en un terreno completamente novedoso. Volvamos, por ejemplo, a Estados Unidos. Castellanos, con experiencia en la cobertura fotográfica de las ruedas de prensa que dan los presidentes estadounidenses en Washington, subrayaba en la entrevista con el periodista Hernán Gómez Bruera[22] el abismo entre lo que sucede cada día en el Palacio Nacional y lo que ocurre en la Casa Blanca: "El promedio de duración de las mañaneras del presidente, de estas 157 que se han dado, es de 100 minutos [...] En Estados Unidos duran en promedio entre 20 minutos y máximo 50 minutos. Es decir, se considera de alta prioridad el tiempo del presidente y deber de estar máximo 50 minutos".

El sentido de las mañaneras

¿Tienen realmente sentido las reiteradas apariciones del gobernante en el atril del Salón de la Tesorería del Palacio Nacional? Para la Premio Cervantes de Literatura Elena Poniatowska, no. "Es que él se expone más que ningún otro presidente de la República que a mí me haya tocado jamás. Mucho más que Ruiz Cortines, Miguel Alemán o que ninguno. Él se expone a la crítica, puesto que diario, diario está en la plaza pública, pero esa es una decisión que él tomó y que quiere seguir tomando", afirmó.[23]

Poniatowska considera que con dos mañaneras a la semana bastaría, pues en las ocasiones importantes a AMLO le quedan pocas cosas que contar. "Cuando antes esperábamos el Informe presidencial de cada año, lo esperábamos con verdadera ilusión porque seguramente

[22] https://www.youtube.com/watch?v=cvm7gn0feM0.
[23] En una entrevista con *El Universal*, 21 de octubre de 2020.

habría revelaciones. Estas revelaciones ya no las hay porque ya son cotidianas", indicó la nonagenaria escritora y periodista.[24]

La omnipresencia de López Obrador es tan marcada que las escasas ocasiones en las que no ha podido dirigirla, el interés en el espectáculo matinal decae notablemente. Sucedió así a finales de enero de 2021, cuando tuvo que ausentarse varios días por haberse contagiado de covid-19 y dejó su lugar a la entonces secretaria de Gobernación y posteriormente presidenta del Senado, Olga Sánchez Cordero.

Solamente esa enfermedad, que contrajo en al menos dos ocasiones, y las precauciones que se tomaron para que no contagiara a otras personas —pues según las autoridades el covid-19 le causó síntomas leves— fue obstáculo para que AMLO desistiera de hablarle al país. Bueno, y el 21 de febrero, pues tuvo que terminarla antes de tiempo al sonar la alerta sísmica que advierte de la inminencia de un temblor.[25]

Otras veces, por no perderse su cita en el Salón de la Tesorería, o tal vez para subrayar la importancia que da a su "diálogo circular" con los mexicanos, ha intervenido de forma virtual en eventos internacionales desde el recinto, como el 22 de abril de 2021, cuando interrumpió la dinámica diaria de preguntas y respuestas para ofrecer su discurso en el marco la Cumbre de Líderes sobre el Cambio Climático organizada en la Casa Blanca por el presidente estadounidense, Joe Biden.

La idea de la "sobreexposición" del gobernante también ha sido planteada por Trejo Delarbre, quien ve más riesgos que certidumbres en el experimento. "Hay presidentes en el mundo que solamente se muestran delante de la prensa en ocasiones realmente notables, otros tienen rueda de prensa cada semana, pero no hay ningún presidente del mundo que busque tanto, bueno sí, el presidente [Nicolás] Maduro en Venezuela [sucesor de Chávez], quizás, pero fuera de él, los presidentes

---

[24] https://www.eluniversal.com.mx/nacion/amlo-se-expone-si-mismo-en-las-mananeras-elena-poniatowska?fbclid=IwAR2cK3iGmSk26ZvTA5Uz7hRj6x28Ts-KM_D6RPcT2zfL_hR6rwp-rN6jd2Ys.

[25] https://lopezobrador.org.mx/2019/02/21/version-estenografica-de-la-conferencia-de-prensa-del-presidente-andres-manuel-lopez-obrador/.

no suelen buscar una exposición cotidiana por varias horas. En primer lugar porque es muy poco eficiente: está comprobado que las audiencias, los ciudadanos, terminan por saturarse si todo el tiempo se les está brindando más de lo mismo o más de la misma fuente de noticias, y en segundo lugar porque los ciudadanos, al menos en las democracias avanzadas, suelen esperar que sus gobernantes se dediquen a gobernar y no a hablar delante de los medios, y en tercer lugar, porque tanta exposición, tan intensa y amplia, delante de los medios, lleva a equivocaciones. Es un principio elemental: quien habla mucho se equivoca."[26]

Ya lo decía el filósofo y científico argentino nacionalizado canadiense Mario Bunge, sobre el paradójico peligro que supone para la libertad de información la difusión desmesurada de datos: "La moraleja es obvia: debemos evitar tanto la escasez de información como su exceso. En lugar de minimizar o maximizar, la cantidad de información a absorber, debemos optimizarla adecuándola a nuestras necesidades. Pero para poder lograr esto debemos tener la posibilidad de seleccionarla libremente. Y esto supone, a su vez, libertad de información".[27]

Aplicado a las mañaneras, la avalancha comunicativa diaria, que no la riqueza de su contenido, acaba convirtiéndose más en un distractor que resta sentido al derecho a estar informados de los ciudadanos, más que en un ejercicio efectivo de difusión de rendición de cuentas de la gestión gubernamental.

El Premio Nobel de Literatura peruano Mario Vargas Llosa duda incluso del efecto benéfico de la mañanera para su principal protagonista: "No me gusta la figura de un presidente que se exhibe todas las mañanas comentando los artículos que lee en la prensa y muchas veces censurando, atacando a los periodistas".[28] Y sentenció: "No me parece

---

[26] https://proyectopuente.com.mx/2020/05/21/como-ha-sido-la-relacion-de-la-prensa-con-los-presidentes-en-mexico-desde-cardenas-hasta-amlo-raul-trejo/.

[27] https://elpais.com/diario/1984/04/17/opinion/451000812_850215.html.

[28] Indicó en el foro "Los Desafíos de la Libertad de Expresión, Hoy", Universidad de Guadalajara, septiembre de 2021. https://www.reforma.com/cuestiona-vargas-llosa-mananeras-de-amlo/ar2263833?v=2.

que esa sea la función de un presidente y creo que él [AMLO] transgrede un poco esa función porque piensa, tal vez, que le da más popularidad, pero no sé si le da más popularidad o más bien la reduce".

Según el periodista Salvador Camarena, se equivocan quienes defienden la rueda de prensa presidencial por ofrecer solamente un planteamiento novedoso. "Ser inédito no es ninguna cualidad. Es como ese Récord Guinness de la torta ahogada más grande del mundo. Ser inédito tiene que tener un propósito. Ojalá el gobierno evolucione, y esa formalidad novedosa de la mañanera se convierta en un ejercicio en el que todo mundo pueda preguntar. Pero si siempre preguntan los de la primera fila y ésos no representan a nadie, porque hasta tienen que leer esas preguntas, porque se las dictan, entonces no estamos ante ningún ejercicio inédito, sino ante un ejercicio de manipulación."[29]

Es en el terreno cualitativo, el del contenido mismo de las ruedas de prensa matutinas, donde los analistas detectan las carencias más profundas. En ocasiones, la actividad vulnera la estructura tradicional de pregunta-respuesta que debería tener una rueda de prensa, abandonando su sentido original y acercándose más a un evento de gobierno o a un mitin de campaña electoral.

En primer lugar, porque López Obrador ha establecido como norma invitar a funcionarios para que presenten informes de gestión o iniciativas de su administración, sea en función de la agenda gubernamental o en secciones fijas que tocan temas tan diversos como los precios de los combustibles, los avances de las obras gubernamentales o la supuesta falta de veracidad de las noticias que difunden los medios. Pero también por las interminables respuestas a preguntas de los reporteros en las que el mandatario suele eludir una contestación directa para dar rodeos y exponer sus visiones políticas en largas peroratas.

---

[29] El periodista en un foro durante la Feria Internacional del Libro (FIL) de Guadalajara de 2019. http://www.fil.cucsh.udg.mx/?q=es/noticia/medici%C3%B3n-de-audiencias-podr%C3%ADa-ligarse-al-otorgamiento-de-publicidad-oficial.

Tampoco redunda en que se produzca un verdadero "diálogo circular" la determinación tomada por muchos medios de comunicación convencionales, con algunas excepciones, de no enviar reporteros al evento diario o, en caso de hacerlo, no instalos a buscar la palabra para efectuar preguntas, aspectos de los que adolecen tanto las empresas periodísticas nacionales como las internacionales.

Aunque muchos piensen que optando por el camino de la participación en la actividad están entrando en el juego del mandatario, que acostumbra a dar contestaciones esquivas ante las preguntas incómodas hasta convertirlas en un pretexto para denostar al medio que consulta, haciendo bueno el lema de que "la mejor defensa es el ataque", es sorprendente que dejen pasar una oportunidad tan favorable para hacer lo que se espera de ellos: pedir al poder que dé explicaciones sobre sus acciones.

"No veo que acudan los grandes periodistas y yo los escucho haciendo juicios sobre esas mañaneras", denunciaba Gómez Bruera en el mismo foro en la FIL de 2019.

En defensa de las mañaneras, como es lógico, el principal escudero de AMLO en esas lides, el coordinador de Comunicación Social y vocero de la presidencia de la República, Jesús Ramírez Cuevas, dijo en esa misma mesa: "En este país, el presidente arriesga, porque podría salvaguardarse. Tenía 30 millones de votos, 80% de la anuencia ciudadana, ¿para qué, entonces, se enfrenta a los medios? ¿Para qué se expone a preguntas incómodas? Yo invitaría a Leonardo [Curzio, también presente en aquel diálogo], a Salvador [Camarena], a [Joaquín] López Dóriga, a [Carlos] Loret de Mola a ir a preguntar, a decir lo que le dicen a López Obrador. A decírselo a él".

Dos años después, cuando el formato de conferencia de prensa de la mañanera se había difuminado casi por completo, en otro foro en Guadalajara, Camarena explicó por qué él y muchos colegas han optado por no acudir al Palacio Nacional a preguntar al presidente: "Uno no va nunca a una pelea arreglada, a menos que seas el que la arregla para ganarla", comenzó, quejándose que de entrada no estaban bien definidos los roles de la actividad. "El periodista tiene el derecho, a nombre de la ciudadanía, a hacer preguntas, y la autoridad tiene la obligación de responderlas. Eso, que es como libro de texto, no ocurre en las mañaneras", denunció. Aunque admitió que se habían dado situaciones en las que a la mañanera habían asistido verdaderos periodistas con auténticas ganas de obtener información del gobernante, la fórmula no había funcionado del todo: "López Obrador es muy hábil y sabe que esas incursiones lo legitiman". Camarena puso un ejemplo, el de Jorge Ramos, periodista mexicano-estadounidense del canal hispano Univision que ha encarado varias veces a AMLO con firmeza sobre la falta de resultados de la estrategia gubernamental en seguridad pública. Un intercambio así significa para el gobernante "un revolcón mediático", especuló: "No saldrá limpio, se irá con algunos rasguños el presidente, pero va a ganar más porque va a decir, vean, vino, Jorge Ramos, desde Miami".

En defensa del experimento presidencial, el titular del Sistema Público de Radiodifusión del Estado Mexicano, Jenaro Villamil, defendió la mañanera como "un ejercicio de comunicación política inédito, muy astuto e impresionante".[30] Cuando era jefe de Gobierno del Distrito Federal López Obrador "confirmó que quien marca agenda desde la mañana, marca también la agenda política y la agenda informativa". Lo que está haciendo ahora desde la presidencia, añadió, "no solo es marcar agenda, sino también comunicarse directamente con los ciudadanos a través de la televisión pública, la televisión privada, pero sobre todo también de sus propias redes de comunicación, que son las redes sociales".

Villamil, afamado periodista con una larga trayectoria en *Proceso* y exprofesor universitario en la Escuela de Periodismo Carlos Septién García, enfatizó que la mañanera "es un ejercicio además barato" y "didáctico", al tiempo que expresó su deseo de que dentro de la rueda de prensa se diese "un mejor ejercicio periodístico".

[30] Durante una entrevista en el canal de televisión La Octava, 10 de junio de 2020.

"Yo creo que también es responsabilidad de los reporteros y de los medios estar ahí presentes, no autoexcluirse sino estar ahí presentes y hacer los cuestionamientos que se deban hacer", coincidió con Ramírez Cuevas. "Nosotros no debemos quedar bien con el presidente, debemos quedar bien con la sociedad, nuestras audiencias, el ciudadano. Una gran mayoría de los ciudadanos todavía están apoyando y respaldando esta opción por la que votaron",[31] matizó luego, disparando las alarmas respecto al eterno reclamo de que los medios de comunicación públicos sirvan como aparato de Estado o del gobierno en turno.

Pero, ¿son de verdad populares las mañaneras? De acuerdo con Alejandro Moreno, director de Encuestas y Estudios de Opinión de *El Financiero*, tuvieron un fuerte desgaste en el primer año, pero luego recuperaron su popularidad. La opinión favorable de los ciudadanos sobre esa actividad bajó de 72 a 44% entre enero de 2019 y febrero de 2020, pero en noviembre de 2021, al cumplirse tres años de AMLO en el poder, se había situado en 59%. "Lo más probable es que en ningún momento se ha debilitado como mecanismo comunicacional y de fijación de agenda. Los temas que aborda el Presidente cada mañana, y la forma en cómo los aborda, han dominado la comunicación política en estos tres años."[32]

De acuerdo con un estudio publicado por el diario *Publimetro* en febrero de 2021, tomando como referencia el canal de YouTube personal del presidente, por ser el que más suscriptores tiene (3.21 millones hasta la conclusión de este libro), frente a otros canales oficiales que también transmiten la rueda de prensa matinal, como el del gobierno (718 mil), la mañanera más vista hasta entonces fue la del 4 de enero anterior, con un millón 626 mil 653 reproducciones.[33]

---

[31] https://www.youtube.com/watch?v=yfPF6T3Orf0.

[32] https://www.elfinanciero.com.mx/opinion/alejandro-moreno/2021/12/03/tres-anos-de-mananeras/.

[33] https://www.publimetro.com.mx/mx/nacional/2021/02/24/mananeras-amlo-youtube.html.

Álvaro Rattinger, director ejecutivo de la revista especializada en medios y publicidad *Merca2.0,* explicó[34] que la audiencia de la mañanera en YouTube se había estancado, lo que abonaría en la idea de que el electorado de AMLO es un bloque muy sólido y fiel, pero no así algunos de los votantes que le dieron su apoyo en 2018. "Tú esperarías que el crecimiento de la mañanera fuera no solo ascendente, sino que además fuera ganando cada vez más audiencia, como en las redes sociales. No obstante, de manera muy interesante, no ha sucedido así: en los 443 videos que hemos analizado, el presidente ha sumado 42 millones de *views,* de vistas. Es un número importante, no obstante no vemos un aumento exponencial, lo que sí vemos es que hay ciertos meses que favorecen más al presidente que otros, hay días que favorecen más que otros."

En opinión de Rattinger, "si quieren llegar a más personas tienen que madurar o cambiar o evolucionar el formato, porque el formato de la mañanera parecería ser que ya se estancó, no está ganando necesariamente más audiencia, es la misma audiencia". Aunque reconoce que tener 100 mil vistas es un gran número, que cualquier marca los querría", la población mexicana es de 126 millones de personas y "los medios han dejado de cubrir la mañanera de manera total o la han cubierto con menos detalle", lo cual "ha hecho que el alcance de las benditas redes sociales empiece a llegar a algunos límites orgánicos para Andrés Manuel".[35]

Además, el especialista alerta que el presidente "está yendo en sentido contrario del contenido mundial", basado en "entregar cachos de contenidos, porciones de contenidos cada vez menores con mensajes mucho más fáciles de procesar". Eso representa un gran reto para el gobierno si quiere llegar a los nuevos electores que votarán por primera vez en los comicios de 2024 y que no están acostumbrados a absorber semejante cantidad de minutos de golpe, salvo que se trate de una película.

---

[34] Intervención en un programa de Radio Fórmula.
[35] https://ruizhealytimes.com/multimedia/el-nivel-de-audiencia-en-youtube-de-las-conferencias-mananeras-de-amlo-eduardo-ruiz-healy-en-formula/.

¿Cuestionar al poder?

Si tomamos como base cualquier código deontológico del sector podríamos afirmar que los periodistas y los medios de comunicación que han desistido de acudir a la mañanera están incumpliendo la regla más básica de esta profesión, que es interpelar al poder.

No obstante, habría que preguntarse también hasta qué punto resulta eficaz y productivo un intercambio con el gobernante en el Salón de la Tesorería del Palacio Nacional, donde parece difícil ponerlo en verdaderos aprietos.

De hecho, a partir del ecuador de su gestión, cuando podría decirse que declaró una guerra abierta a los medios de comunicación intensificando sus ataques a periodistas como Carlos Loret de Mola, Joaquín López Dóriga y Ciro Gómez Leyva, e incluyendo en su lista negra a la comunicadora Carmen Aristegui, a la que hasta entonces no había criticado, dio incluso la sensación de que el gobernante extrañaba la presencia de representantes de empresas informativas de importancia en su conferencia de prensa.

No porque ansiara responder a sus interrogantes, de los que hábilmente se zafa con largas peroratas repletas de evasivas, sino para aprovechar precisamente sus consultas para proseguir con sus arremetidas contra los medios de comunicación que no informan de la forma en que él esperaría que lo hicieran.

Fue el 30 de marzo de 2022 que AMLO casi celebró contar en su auditorio con un reportero del diario español *El País* y otra de la cadena árabe Al Jazeera, interesados en un revelador informe sobre el caso de los 43 estudiantes desaparecidos en Iguala difundido en días previos. "Al Jazeera, Mireya López. No, ya hasta nos vamos a creer mucho, ya estamos internacionalizados", señaló AMLO en tono sarcástico al darle la palabra a la comunicadora.[36]

---

[36] https://presidente.gob.mx/29-03-22-version-estenografica-de-la-conferencia-de-prensa-matutina-del-presidente-andres-manuel-lopez-obrador/.

Uno de los pocos reporteros que ha intentado poner a AMLO entre la espada y la pared es Jorge Ramos. El protagonismo adquirido por Ramos en esas ocasiones, convirtiendo su intervención frente al mandatario en una suerte de duelo dialéctico para ver quién tiene la última palabra, lejos de lograr que los ciudadanos salgan más informados de la experiencia —que debe ser el objetivo central de cualquier acto periodístico—, solo ha servido para polarizar más aún a los seguidores y detractores de López Obrador.

La actitud de Ramos, en cualquier caso, no es de extrañar si tomamos en cuenta que en su trayectoria profesional se han sucedido las polémicas en sus intercambios con presidentes de distintos países, entre ellos Nicolás Maduro[37] o Evo Morales.[38] En esas oportunidades, la excesiva presión y agresividad en el interrogatorio planteado por el entrevistador llevó a sus interlocutores a suspender la conversación, alimentando la fama y popularidad del comunicador que, sin embargo, desperdició todas esas veces una oportunidad única de lograr que sus entrevistados revelaran informaciones importantes sobre su gestión, su relación con otros países, etc. ¿No debería ser siempre ese el propósito superior y último del periodismo?

En el debate dialéctico registrado entre Ramírez Cuevas, Camarena, Curzio y Gómez Bruera en Guadalajara en 2019, el coordinador de Comunicación Social de la presidencia afirmó: "Bienvenida la crítica. Es el rostro del nuevo gobierno, no tenemos miedo del cuestionamiento ciudadano". Sin embargo, aunque la actitud del funcionario parece a primera vista loable, ¿querrá López Obrador escuchar de verdad la opinión de sus adversarios o de aquellos que ponen en duda la eficacia de su gestión gubernamental? ¿O lo que en realidad busca es mantener viva la llama de la polémica que siempre ha rodeado su figura?

Es innegable que la segunda opción le ha servido desde hace años para reforzar esa imagen de rebelde indómito que tan bien funciona en

---

[37] https://www.youtube.com/watch?v=AltUui558kE.
[38] https://www.youtube.com/watch?v=YipLaB6TTcU.

un país tan atávico y tradicionalista como México, pero que cada determinado tiempo parece necesitar de la aparición de una figura transgresora que imprima a sus pasos un fuerte carácter personalista; se trata de personajes cuya imagen es tan carismática que acaban fagocitando al propio movimiento o proyecto que lideran. Benito Juárez, Porfirio Díaz, Emiliano Zapata, Francisco Villa, el Subcomandante Marcos… Sobran los ejemplos.

Si nos atenemos al impacto que tiene el mensaje mañanero en los mayores diarios del país y, por extensión, en sus lectores, la rueda de prensa diaria no pareciera tan efectiva. Según un informe de la consultora Spin de julio de 2021,[39] solo 7% de las notas principales de las primeras planas de los siete periódicos de mayor circulación nacional retomaron el mensaje inicial de AMLO del día anterior.

Sin embargo, a veces da la sensación de que no hay quien venza a López Obrador con sus ruedas de prensa. La senadora Kenia López, del Partido Acción Nacional, comandó desde junio de 2021 el osado experimento de realizar unas "contramañaneras" todos los lunes a las 11 de la mañana para generar un contrapeso respecto al mensaje presidencial, rebatiendo las "mentiras" del mandatario. La poca repercusión de esa iniciativa habla por sí misma sobre el resultado de la propuesta.[40]

"Quizás desde la crítica tenemos enorme responsabilidad porque hemos convertido toda nuestra conversación alrededor de él, de lo que él nos dice todas las mañanas. Nos manda una pelotita a la derecha y vamos todos corriendo por esa pelotita, cuando deberíamos plantear una conversación distinta, sobre asuntos diferentes que él trata de fijarnos todas las mañanas desde Palacio Nacional", reflexionó el politólogo Jesús Silva Herzog.[41]

---

[39] http://www.spintcp.com/conferenciapresidente/infografia-57/.

[40] https://www.pan.senado.gob.mx/2021/07/contramananera-de-senadora-kenia-lopez-busca-crear-contrapeso-a-amlo/.

[41] https://www.reforma.com/amlo-ni-juarista-ni-de-izquierda-silva-herzog/ar2267633?v=3.

Aunque no es el mismo formato, recordemos que los predecesores del tabasqueño en la presidencia tenían al menos un acto público diario en el que normalmente pronunciaban un discurso que comportaba un mensaje político sobre muy diversos temas, pero no necesariamente los diarios reproducían al día siguiente lo que ahí se exponía.

Esto tal vez cambió a raíz de la aparición de internet y la posibilidad de que los medios realizaran un seguimiento minuto a minuto de la información a través de sus páginas web y las redes sociales. De ahí que casi todos los medios, aunque no necesariamente, retomen de inmediato lo que dijo López Obrador.

Tal es la influencia de la mañanera que los días en que comienza una o hasta dos horas más tarde en la Ciudad de México —porque AMLO decide realizarlas en estados occidentales ubicados en otros husos horarios en los que realiza visitas o giras—, parece como si el día demorara más en comenzar (desde el punto de vista informativo). Consciente de eso, el mandatario se atrevió a lanzar la inocentada, el 28 de diciembre de 2020,[42] de que iban suspenderse esas ruedas de prensa, ante el momentáneo estupor del auditorio del Salón de Tesorería del Palacio Nacional y de los muchos medios de comunicación y periodistas que la siguen a diario.

Son muy pocos los días del año en que el presidente ha desistido de hacer la mañanera, obsesionado como está en contrarrestar los mensajes no favorables a su persona y su gestión que aparecen no solo en los medios de comunicación sino también en las redes sociales.

Más de una vez ha expresado su deseo de celebrar la conferencia de prensa matinal los sábados y domingos. "A veces, como tenemos mañanera el viernes, a partir del viernes empieza la desinformación, la manipulación, hasta el lunes que volvemos a estar aquí y aclarar, ¿pero para qué nos llevamos tanto tiempo aclarando? Digo ¿por qué tanto tiempo? No. A lo mejor, si es necesario, sábado y domingo también

---

[42] https://lopezobrador.org.mx/2020/12/28/version-estenografica-de-la-conferencia-de-prensa-matutina-del-presidente-andres-manuel-lopez-obrador-446/.

mañanera, para que no quede nada sin aclarar y que no se dé pie al rumor, que podamos responder rápido. Y si algo es falso, aclararlo; si es verdadero, atender la demanda", advirtió el 27 de enero de 2020.[43]

Aunque solo en casos contados ha hecho realidad ese plan, pocas cosas lo han refrenado de seguir hablando a diario. Únicamente los días feriados en los que realmente se paraliza la actividad en el país, como el Jueves y Viernes santos, la Navidad, el Año Nuevo, algunas celebraciones patrióticas y los breves periodos de vacaciones que ha tomado.

Al tener una continuidad prácticamente ininterrumpida, las ruedas de prensa diarias se han enfrentado en varias ocasiones al reto imposible de respetar la veda electoral cada vez que ha habido votaciones, como cuando se celebraron los comicios intermedios del 6 de junio de 2021 o el referéndum revocatorio del 10 de abril del año siguiente.

Eso ha comportado constantes confrontaciones entre el Instituto Nacional Electoral (INE) y el gobernante, que de mostrar en épocas anteriores un carácter rigurosamente fiscalizador ante la posibilidad de que sus antecesores en el poder vulneraran esa restricción durante las campañas electorales, ha pasado a evidenciar una notable laxitud respecto al alcance del mensaje presidencial en esas fases de promoción política desde que encabeza el gobierno.

Mientras el AMLO candidato afirmaba en abril de 2018 "vamos a pedir que el INE esté muy pendiente, que cuide, que en realidad no se haga campaña ni a favor, ni en contra de nadie",[44] el AMLO mandatario no ha desistido de hablar sobre su gestión, sobre sus opositores y sobre el amplio abanico de temas que abarca su discurso en las mañaneras, que puede ir desde política exterior hasta denuncias ciudadanas, aun a sabiendas que eso era una forma de promoción de su persona y su administración.

---

[43] https://lopezobrador.org.mx/2020/01/27/version-estenografica-de-la-conferencia-de-prensa-matutina-del-presidente-andres-manuel-lopez-obrador-243/.

[44] https://lopezobrador.org.mx/2018/02/09/solicita-amlo-al-ine-que-cumplan-todos-con-la-veda-electoral-y-no-haya-guerra-sucia/.

Lejos parecen los tiempos en que los actos públicos del gobierno se suspendían semanas antes de las votaciones en las urnas, un aspecto que López Obrador parece haber olvidado. Aunque el presidente ha acusado al INE de parcialidad en su contra, en el marco de su estrategia para lograr la supresión de ese organismo autónomo y la creación de un nuevo sistema electoral elegido por el "pueblo", lo cierto es que el regulador de los comicios ha pecado más bien de indulgencia con el presidente, tomando en cuenta su exposición diaria ante la opinión pública en la que, se mire por donde se mire, está haciendo política y, por tanto, alardeando de las acciones gubernamentales.

Cuando el INE advirtió de la posibilidad de poner límites a las conferencias de prensa diarias antes de la campaña a las elecciones de mitad de sexenio, el portavoz presidencial, Ramírez Cuevas, contestó con rotundidad al consejero presidente del organismo: "Lorenzo Córdova del @INEMexico ataca la libertad de expresión del presidente @lopezobrador_ al querer impedir la transmisión completa de sus conferencias. La ley tipifica la propaganda gubernamental. Las mañaneras son un medio de informar a los ciudadanos. Digamos no a la censura", indicó en sus redes sociales.[45]

No hay que olvidar que, en medio de la polémica sobre la difusión de mensajes en la mañanera que pudieran ser considerados propaganda, semanas antes del referéndum revocatorio, el partido gubernamental Movimiento Regeneración Nacional (Morena), para romper la veda electoral, modificó la ley de convocatoria de la consulta que la propia agrupación había impulsado.[46]

En redes sociales, políticos destacados de la 4T, como la jefa de Gobierno de la Ciudad de México, Claudia Sheinbaum, señalada por López Obrador como una de sus apuestas para sucederlo en el sillón

---

[45] https://www.proceso.com.mx/nacional/2021/1/12/jesus-ramirez-cuevas-sale-en-defensa-de-las-mananeras-256131.html.

[46] https://heraldodemexico.com.mx/nacional/2022/3/10/diputados-aprueban-en-fast-track-decretazo-para-darle-vuelta-la-veda-electoral-385955.html.

presidencial en 2024, se enfrentaron al árbitro electoral en 2022 por las mismas razones usando la etiqueta #ElINENoMeCalla.[47]

Entre las reflexiones más equilibradas que se han dado sobre la mañanera destaca la del profesor e investigador titular del Centro de Investigación y Docencia Económicas (CIDE), Saúl López Noriega. "El balance de este experimento es variopinto. Para algunos se trata de un original mecanismo de rendición de cuentas; otros ven una homilía que machaca las cantaletas del discurso gubernamental. Hay quienes consideran, más bien, que se trata de un espectáculo bufonesco para distraer la atención de los problemas centrales del país y así controlar los ciclos mediáticos, y, por supuesto, no falta quien considera que estas conferencias son una trinchera para atacar alevosamente a quien ose criticar su gobierno. Lo cierto es que cada una de estas estampas no son excluyentes. Estas conferencias han sido escenario de filosas esgrimas periodísticas, que han permitido escudriñar algunas de las principales fallas del gobierno de López Obrador, pero también han sido teatro de pintorescas ocurrencias y socarrones dichos populares. Ahí reside, en el carácter multifacético, su éxito como instrumento de comunicación gubernamental."[48]

Luis Antonio Espino, autor del libro *López Obrador: el poder del discurso populista*, ve en las mañaneras "un exitoso ritual político donde se cumple religiosamente una liturgia, se repiten las mismas frases, se cuentan los mismos relatos, y el líder y los seguidores comulgan en el odio a los adversarios de la autonombrada 'Cuarta Transformación' ". Y prosigue: "Si el expresidente Enrique Peña Nieto convirtió su gestión en una telenovela, AMLO transformó la suya en un *reality show*", porque "responde, se defiende, se enoja, se burla, se ríe, insulta, regaña, acusa, absuelve, da instrucciones, brinda consejos de nutrición y toma decisiones frente a las cámaras y micrófonos durante al menos dos horas diarias, por lo que parece que no oculta nada".[49]

---

[47] https://twitter.com/Claudiashein/status/1494043411107786761?s=20&t=cxI-dxRAtEclUMQzKUoNRxA.

[48] https://www.nexos.com.mx/?p=47468.

[49] https://www.washingtonpost.com/es/post-opinion/2020/10/07/la-propaganda-de-amlo-es-un-exito-estas-son-las-claves.

"No importa que lo que dice no corresponda a la verdad. Tampoco que sus decisiones sean malas, que sus acusaciones no tengan sustento, que sus consejos no sean útiles o que las instrucciones al gabinete no reciban seguimiento. A la gente le basta saber que AMLO está ahí, a diario, 'gobernando en vivo', lo que a sus seguidores les parece un acto inédito de 'transparencia' ", remató.

Afirmaciones no verdaderas

La relación del mandatario con la verdad ha sido también motivo de un estudio cuantitativo de Spin.[50] A raíz de la presentación del Tercer Informe de Gobierno del presidente, en agosto de 2021, la consultora publicó un balance de "afirmaciones no verdaderas" realizadas por AMLO en sus mañaneras desde su llegada al poder el 1 de diciembre de 2018 y la cifra ascendía a la friolera de 61 079, lo que daba un promedio de 89 por conferencia.

Hasta el 30 de noviembre de 2021 la cifra había subido a 66 mil 868 afirmaciones no verdaderas, según explicó Luis Estrada, director de Spin, en una entrevista con El Heraldo Televisión.[51]

De ser cierto el cálculo, el número de mentiras o informaciones engañosas del mandatario mexicano sería el doble de las pronunciadas por su homólogo estadounidense, Donald Trump, en los cuatro años en que estuvo en la Casa Blanca (2017-2021): 30 mil 573, según el departamento de verificación de datos del diario The Washington Post.[52] Y eso que a esas alturas AMLO solo llevaba tres años gobernando y le quedaba la mitad del sexenio por delante.

En opinión de Lerdo de Tejada, vocero del expresidente Ernesto Zedillo (1994-2000), la veracidad de los datos y opiniones que comparte

---

[50] http://www.spintcp.com/conferenciapresidente/infografia-59/.

[51] https://www.youtube.com/watch?v=olc9BfVUZLQ&t=195s.

[52] https://www.washingtonpost.com/politics/2021/01/24/trumps-false-or-mis-leading-claims-total-30573-over-four-years/.

el gobernante con la opinión pública no parecen importar, en términos del resultado final de la estrategia de comunicación gubernamental que basa su éxito, en su opinión, en dos fundamentos principales: la centralización de la información en muy pocas áreas —con un férreo control desde el Palacio Nacional— y, por supuesto, en las propias conferencias matutinas. "Estos dos elementos han permitido que transmita de manera muy directa sus mensajes y logra que los medios estén dominados de manera muy clara por el presidente y por el gobierno federal."

Lerdo de Tejada añade: "Podemos discutir si contesta o no las preguntas de la prensa, que si le da la vuelta a muchas preguntas o que no es directo, pero todo eso ha pasado a un segundo plano, porque ahora lo importante es su presencia y no tanto su mensaje".[53]

Ciro Gómez Leyva, uno de los periodistas más críticos con la gestión presidencial, parecía coincidir con ese extremo a poco de iniciar el mandato del político tabasqueño: "De lo mucho que ha ocurrido en estos casi 100 días de gobierno, nada ha sido más llamativo, exitoso y taquillero que las conferencias matutinas. En eso sí México se convirtió en un país único en el mundo. Ningún presidente lo hace ni lo ha hecho. Andrés Manuel López Obrador, por eso, es un innovador". Y remató: "El presidente se equivoca, es impreciso, a veces se enoja, pero siempre sale de pie. Son las ventajas de jugar de local".[54]

La ubicuidad de AMLO en el mensaje gubernamental es motivo de alarma para las organizaciones defensoras del derecho a la libertad de prensa, como Artículo 19, que en su informe de 2019 denunciaba que este esquema "restringe el tipo de mensaje que se comunica a la sociedad y homogeneiza las posturas que pudieran tener diversas instituciones" hasta convertirse en "un control respecto a la información".[55]

AMLO, por ejemplo, no duda en utilizar la mañanera cuando lo considera necesario para lavar su imagen, en un acto de propaganda

---

[53] https://politica.expansion.mx/presidencia/2019/07/11/en-la-mananera-importa-la-presencia-no-el-mensaje-fernando-lerdo-de-tejada.

[54] https://twitter.com/cirogomezl/status/1104265240730976256?lang=es.

[55] https://disonancia.articulo19.org/.

oficial que no difiere mucho de los eventos gubernamentales diarios que encabezaban sus antecesores. El 9 de septiembre de 2021,[56] después de que en Tula, en el estado central de Hidalgo, murieran 17 personas en un hospital a causa de las inundaciones provocadas por el desbordamiento de las presas, un trágico suceso que podría ser atribuido a la mala gestión gubernamental, dedicó la mañanera a defender la labor de Protección Civil, exponiendo las bondades de ese ente oficial.

"Los impactos en materia de derecho a la información y libertad de expresión son trascendentes, pues los datos e información oficial a la que se tiene acceso a través de la voz del presidente, con su validación moral *a priori*, es difícilmente cuestionable y, cuando lo es, se esconde con otros mensajes, generando cortinas de humo. Esto, finalmente, provoca desinformación", añadió Artículo 19 en su informe.

No resulta complicado encontrar ejemplos de esos distractores. Quizá el más sonado se produjo en la mañanera del 9 de junio de 2020,[57] cuando México se hallaba sumido en la etapa más difícil por el impacto en la sociedad de la pandemia por coronavirus. A pedido del mandatario, el vocero Ramírez Cuevas presentó un documento supuestamente confidencial que habría llegado al Palacio Nacional con un plan para derrotar en las urnas al gobernante en el referéndum revocatorio de 2022, que él mismo había impulsado, y a su partido Morena en las elecciones de 2024.

La supuesta estrategia incluía la integración de un grupo bautizado como Bloque Opositor Amplio (BOA), propugnado por personalidades como los expresidentes Felipe Calderón y Vicente Fox, todos los partidos contrarios a AMLO y las principales asociaciones empresariales, líderes de opinión y periodistas.

---

[56] https://www.gob.mx/presidencia/articulos/version-estenografica-conferencia-de-prensa-del-presidente-andres-manuel-lopez-obrador-del-9-de-septiembre-de-2021?idiom=es.

[57] https://lopezobrador.org.mx/2020/06/09/version-estenografica-de-la-conferencia-de-prensa-matutina-del-presidente-andres-manuel-lopez-obrador-334/.

No hay que olvidar que, además de la contingencia sanitaria, el 7 de junio había sido el día más violento del año hasta ese momento, con 117 homicidios dolosos, de acuerdo con datos del Secretariado Ejecutivo del Sistema Nacional de Seguridad Pública (SESNSP) y que el 20 de mayo, poco más de dos semanas antes, el Instituto Nacional de Estadística y Geografía (INEGI) había informado que entre 2017 y ese año, el primero con AMLO en el poder, las víctimas de actos de corrupción en al menos uno de los trámites realizados en la administración pública por cada 100 mil habitantes habían crecido 7.5 por ciento.[58]

Todos los aludidos negaron conocer el documento del BOA,[59] cuya procedencia quedó rodeada de incertidumbre cuando el mandatario dijo no saber cómo había llegado a sus manos, aunque insinuó que se lo podía haber enviado un simpatizante para advertirle del supuesto peligro que acechaba a su proyecto.

"Ahí lo tienen, ahí, como dicen en mi pueblo, ahí queda eso, decía don Trino Malpica", remató AMLO aludiendo a un periodista de Tabasco, su tierra.

La controversia creció a raíz de que el consultor político e ingeniero Alonso Cedeño publicó un mensaje en Twitter en el que acusaba[60] al director de Comunicación Social de la Secretaría de Gobernación, Omar Cervantes, de haber creado el documento adjuntando una captura de pantalla en la que aparecía su nombre en el apartado de "autor" en las "propiedades del archivo", algo que el aludido negó.[61] Cervantes prometió que se investigaría el caso, pero o no se hizo o nunca se publicó el resultado de las indagaciones. Lo cual sembró aún más dudas sobre el asunto.

---

[58] http://www.informeseguridad.cns.gob.mx/files/homicidios_07062020_v2.pdf.
[59] https://aristeguinoticias.com/0906/mexico/se-deslindan-de-bloque-opositor-amplio-boa/.
[60] https://vanguardia.com.mx/noticias/nacional/acusan-director-de-comunicacion-de-segob-de-crear-proyecto-boa-el-lo-niega-GOVG3530600.
[61] https://twitter.com/omarcervantesr9/status/1270428054993678338.

En un artículo publicado a finales de 2021 sobre los tres primeros años de mandato de López Obrador, el diario *Reforma* recogió esa y otras "cortinas de humo" que el mandatario habría usado para distraer a la opinión pública y salir así de situaciones comprometidas. Por ejemplo el lanzamiento de un plan contra el huachicol (o robo de combustible),[62] un delito que es especialmente frecuente en Puebla, el 27 de diciembre de 2018, apenas tres días después del accidente de helicóptero que acabó con la vida del exgobernador de ese estado, Rafael Moreno Valle, y su esposa Martha Érika Alonso, que lo sucedía en el cargo.

Aunque en este caso, más que de un distractor sobre la investigación del siniestro aéreo, que AMLO aseguró que se investigaría,[63] pareció más una forma más o menos sutil de ligarlo al robo de combustibles en Puebla, que según los medios de comunicación supuestamente se disparó durante el sexenio en el que Moreno Valle estuvo en el poder con la connivencia de funcionarios de su gobierno.

El 23 de marzo de 2019, prosigue *Reforma*, el mandatario fue abucheado en la inauguración del estadio de beisbol de los Diablos Rojos de México en la capital del país,[64] en una de las pocas ocasiones en que se han dado esa clase de muestras públicas de disconformidad con su gestión. Dos días más tarde López Obrador subía un video a Twitter[65] desde la zona arqueológica de Comalcalco, en su natal Tabasco, para anunciar que había enviado una carta al rey de España, Felipe VI, y al papa Francisco, con el objetivo de que "se pida perdón" a los pueblos originarios por las "matanzas" e "imposiciones" de la "llamada conquista", que se hizo "con la espada y con la cruz".

El 10 de noviembre de aquel año, apenas seis días después de la masacre de mujeres y niños de las familias Lanford, Lebaron y Miller,

---

[62] https://www.sinembargo.mx/14-08-2018/3456884.

[63] https://lopezobrador.org.mx/2018/12/27/version-estenografica-de-la-conferencia-de-prensa-matutina-del-presidente-andres-manuel-lopez-obrador-12/.

[64] https://www.youtube.com/watch?v=Pvs32CnzIC8.

[65] https://twitter.com/lopezobrador_/status/1110274329319743488.

perpetrada por el crimen organizado en el norte del país, AMLO anunció que ofrecía asilo al presidente de Bolivia, Evo Morales. Solo cinco días después de que el periodista Carlos Loret de Mola publicara en el portal de noticias Latinus unos videos antiguos del hermano del gobernante, Pío López Obrador, recibiendo sobres con dinero de David León, que luego sería director de Protección Civil de AMLO, el presidente impulsó en la mañanera la rifa del avión presidencial mostrando un video de él junto a la aeronave para evidenciar el lujo con el que se desplazaba su antecesor en el cargo, Enrique Peña Nieto. "Yo me veo pequeño, pero no estoy acomplejado, soy republicano. El poder es humildad, estos parecían reyes, miren los lujos que se daban", comienza diciendo el gobernante en el video, donde aparece primero frente al Boeing 787 Dreamliner y luego subiendo las escalinatas.

"Habiendo tanta pobreza —prosigue ya dentro del lujoso aparato— esto es un insulto. Este avión lo vamos a rifar el 15 de septiembre y lo que se obtenga lo vamos a utilizar para comprar equipo médico y atender al pueblo. Compra tu cachito y hagamos historia", concluye AMLO, quien invitó también a los reporteros de la mañanera a un *tour* por la aeronave que se realizaría semanas después.

En aquella jornada, incómoda por el impacto que habían generado los videos de su hermano recibiendo paquetes con dinero para la campaña electoral a los comicios que ganó en 2018,[66] el gobernante reiteraba la importancia de realizar una consulta para que la población decidiera si era necesario juzgar a varios de sus sucesores por asuntos de corrupción y volvía exponer el caso del exdirector de la petrolera estatal Petróleos Mexicanos (Pemex) en tiempos de Enrique Peña Nieto, Emilio Lozoya, extraditado desde España por una red de sobornos ligada a la constructora brasileña Odebrecht.[67]

---

[66] https://latinus.us/2020/08/20/videos-pio-lopez-obrador-recibiendo-dinero-para-campana-de-su-hermano/.

[67] https://www.gob.mx/presidencia/articulos/version-estenografica-conferencia-de-prensa-del-presidente-andres-manuel-lopez-obrador-del-25-de-agosto-del-2020?idiom=es.

El trasfondo de esos mensajes con los que el mandatario busca contrarrestar contextos adversos nos lleva a revisar, nuevamente, cuál sería en el fondo la motivación primigenia de la rueda de prensa diaria. Una de ellas es, sin duda, hacer proselitismo, siempre pensando en la próxima contienda en las urnas, un terreno en el que el gobernante se mueve como pez en el agua.

Este planteamiento coincide con el punto de vista expresado por el periodista Julio Astillero en una entrevista con Sabina Berman en Canal 14 sobre el sentido de esas conferencias de prensa diarias:[68] "El presidente López Obrador se mantiene en la mañanera con el propósito, creo yo, político de mantener activa su base social, porque sin esa base social él sería ya arrollado por los poderes, entre otros, de los medios de comunicación que suelen tener fuertes vínculos con grupos empresariales y él estaría sujeto, a expensas de lo que ahí decidieran. Pero con las mañaneras y con su comportamiento en general la verdad es que ha abollado y ha disminuido el poder de esas empresas comerciales de comunicación".

---

[68] https://twitter.com/SabinaBermanTV/status/1453908381354414088?s=20.

2

AMLO el posverdadero

> En el pasado nos hemos enfrentado a serios desafíos,
> incluso sobre la noción de verdad misma, pero nun-
> ca antes tales desafíos se habían adoptado tan abier-
> tamente como una estrategia para la subordinación
> política de la realidad.
>
> LEE MCINTYRE, *Post-Truth*

Es conocida la habilidad de AMLO para escabullirse con desparpajo dialéctico de situaciones incómodas para él o el movimiento que lidera.

Su manejo de la famosa expresión "tengo otros datos" viene de lejos. Él mismo lo dejó en claro la mañana del 5 de marzo de 2021 al terminar su conferencia de prensa diaria, cuando compartió un video de un debate televisivo que sostuvo con el político Diego Fernández de Cevallos el 7 de marzo de 2000, moderado por el periodista Joaquín López Dóriga.[1] Entonces AMLO era candidato a la jefatura de Gobierno de la Ciudad de México por el Partido de la Revolución Democrática (PRD) y Fernández de Cevallos aspiraba a ser senador por el Partido Acción Nacional (PAN), metas que ambos consiguieron.

En el intercambio de opiniones, que a ratos se volvió tenso, Fernández de Cevallos señaló en un momento dado lo siguiente: "Los tres años en que yo fui diputado y coordinador y me llamaban 'el Jefe Diego', los tres años de esa responsabilidad, Acción Nacional votó en la Cámara de Diputados en contra de la Ley de Ingresos, el Presupuesto de Egresos y la Cuenta Pública. Aquí están los votos de la diputación

---

[1] https://lopezobrador.org.mx/2021/03/05/version-estenografica-de-la- confe-rencia-de-prensa-matutina-del-presidente-andres-manuel-lopez- obrador-483/.

y los discursos con los diarios de los debates". A lo que AMLO contestó: "Yo tengo otra información". Ambos se enfrascaron en una infructuosa discusión en la que, minutos después, tratando otra cuestión, el candidato perredista soltaría una variante de la misma respuesta: "Yo también traigo esta información, pero al revés".

Sea del revés o del derecho, esa postura denota, como ninguna otra, la percepción que tiene el actual mandatario mexicano de la *verdad*, un concepto que en el terreno político ha sido históricamente moldeado a gusto de las ideologías, pero que en su caso tiene singular similitud con la forma en que durante, al menos dos años, transgredió esa idea su homólogo en Estados Unidos: el republicano Donald Trump.

Más allá de la compleja, y en muchos casos inexplicable, sintonía que mostraron en público los dos mandatarios, que a primera vista parecerían personajes antagónicos, no hay mejor figura que la de Trump para abordar el asunto por los innegables paralelismos en la relación que el estadounidense y el mexicano establecieron con la prensa tradicional en su lucha sin cuartel por dominar la opinión pública.

Si bien ambos fueron desacreditados desde el principio por la prensa a causa de su estilo transgresor, AMLO era observado desde el principio por el periodismo secular como una sempiterna amenaza para la institucionalidad y no fueron pocos los que lo tildaron, con frecuencia, con el célebre estigma "un peligro para México". En el caso de Trump, que también era temido por el *establishment*, pocos previeron que sus ansias de gobernar, igualmente temida por algunos, pudiera traducirse en un triunfo en las urnas. López Obrador había estado muy cerca de llevarse la elección en dos ocasiones, pero Trump era un neófito en política sin muchas cartas credenciales.

Buena parte del éxito del magnate neoyorquino y del político tabasqueño radicó en su capacidad para atraer a electores hastiados de la forma de hacer política en sus respectivos países, pero sobre todo en su habilidad para influir en ellos mediante una singular distorsión del concepto de verdad, beneficiados por un contexto en el que sus sociedades ansiaban un cambio profundo en el perfil de la figura presidencial.

No es casualidad que en 2016 el concepto de *fake news* o noticia falsa apareciera por primera vez para posicionarse, desde entonces, como un elemento clave en el debate público en el país norteamericano y en casi todo el planeta.

En realidad, esa expresión, una de las más afiladas armas del repertorio dialéctico de Trump, fue planteada antes por su contendiente demócrata, Hillary Clinton —exsecretaria de Estado del gobierno de Barack Obama entre 2009 y 2013— para referirse a lo que sucedió en la campaña en la que salió derrotada, pese a su ventaja inicial en las encuestas. El 8 de diciembre de aquel año Clinton mencionó en un discurso "la epidemia maliciosa de *fake news* y la falsa propaganda" que habían inundado las redes sociales durante la campaña. Clinton resultó la mayor damnificada por la proliferación de noticias falsas, por ejemplo, la inverosímil teoría conspirativa bautizada como *Pizzagate* que la ligaba sin fundamento a una red de esclavos sexuales en un restaurante de comida italiana en Washington.[2]

No hay que olvidar tampoco que una de las noticias más propagadas en la red social Facebook durante la carrera a la Casa Blanca fue una *fake news* que aseguraba el apoyo del papa Francisco a la candidatura trumpista.[3] Junto a las mentiras virales, también cobró fuerza en torno a Trump el concepto de *posverdad*, relativo a las circunstancias en que los llamados a la emoción o a las creencias personales influyen más en la construcción de la opinión pública que los hechos objetivos.

"El fenómeno de la 'posverdad' llamó la atención del público en noviembre de 2016, cuando los diccionarios de Oxford la nombraron la palabra del año de 2016. Después de ver un aumento del 2 000 por ciento en el uso en 2015, la elección parecía obvia", afirma Lee McIntyre en su libro *Post-Truth*.[4]

---

[2] https://www.bbc.com/news/blogs-trending-42724320.
[3] https://www.nbcnews.com/politics/politics-news/fake-news-went-viral-2016-expert-studied-who-clicked-n836581.
[4] De la serie MIT Press Essential Knowledge, del Instituto Tecnológico de Massachussets.

En su obra, motivada precisamente para explicar el contexto histórico en el que se produjo el éxito de Trump, McIntyre cita varios ejemplos del uso de hipérboles tendenciosas o directamente de mentiras por parte del republicano desde el primer minuto en que llegó a la Casa Blanca, como decir, por ejemplo, que obtuvo la mayor victoria electoral desde Ronald Reagan (1981-1989) o que la multitud en su inauguración fue la más grande en la historia de Estados Unidos pese a la evidencia fotográfica que denotaba todo lo contrario en la comparación de la imagen con la de la investidura de Obama en su segundo mandato de 2013 a 2017).

Así pues, una de las principales características de la posverdad es que parte de premisas falsas o indemostrables que son creídas por quienes las escuchan porque van acompañadas de un sentimiento de empatía con quien las plantea. Es uno de los instrumentos en que se basa el éxito del populismo político.

Trump triunfó con su eslogan "Make America Great Again" y en su discurso abundó en expresiones como "el más grande", "el mejor del mundo", "lo amo", "esto es malo para Estados Unidos", "creo que" o "la mayoría de la gente piensa".

El eslogan con el que AMLO impulsó a su partido fue "Morena, la esperanza de México" y la coalición con la que llegó al poder en 2018 fue bautizada con el sugerente "Juntos Haremos Historia". En las intervenciones públicas del tabasqueño son frecuentes frases como "vamos bien", "la gente nos tiene confianza", "es una obra única en el mundo", "es un servidor público profesional, honesto, íntegro" o "creo que es lo más importante que se ha hecho".

En el libro *La verdad de las noticias falsas*, el periodista catalán Marc Amorós sostiene que, al igual que las *fake news* están enlazadas con la historia de la comunicación desde su origen, la posverdad tampoco es, en realidad, algo tan novedoso. "¿Es la posverdad algo nuevo? No, solo es una palabra nueva, un neologismo para definir un oficio tan viejo como la especie humana. Desde la antigüedad se han contado chismes, bulos y mentiras. Y desde los inicios del periodismo se han enfocado las noticias para atraer y fidelizar a los lectores moldeando los hechos a una verdad más afín a su pensamiento."

Usando una figura muy gráfica, Amorós apunta a que "las *fake news* son el tren de alta velocidad que nos lleva directos a la posverdad". Es decir, las noticias falsas nos cuentan la realidad "como nos gustaría que fuera: una realidad a la carta". "Las *fake news* vuelan, se viralizan y nos conducen a una realidad de posverdad donde solo importa mi verdad."[5]

En un artículo en el diario económico *El Financiero*,[6] el periodista jalisciense Salvador Camarena profundiza en el hecho de que López Obrador "abusa de las verdades a medias, de los datos sin fundamento, de aseveraciones imposibles de cotejar; y lo mismo niega frecuentemente la realidad que formula anuncios o promesas cuya viabilidad o veracidad, al poco de ser formuladas, comienzan a crujir sin remedio".

Como botón de muestra de lo que plantea Camarena podría servir la propuesta que AMLO realizó el 17 de enero de 2020 de rifar el lujoso avión presidencial Boeing 787 Dreamliner heredado de sus antecesores.[7]

Con el paso de los meses, la insólita iniciativa para deshacerse de ese ignominioso ejemplo de la ostentación y la corrupción del modelo que pretende combatir con su Cuarta Transformación, como ha reiterado una y otra vez, se convirtió en un sorteo de distintos premios millonarios que sumaban el valor total de la aeronave y en el que los principales empresarios del país acabaron comprando un buen porcentaje de los boletos en juego.[8] Mientras tanto, el gobierno seguiría intentando encontrar un comprador para la aeronave, cuya imagen aparecía impresa en los números del sorteo donde podía leerse la acro-

---

[5] Marc Amorós García, *Fake News: La verdad de las noticias falsas*, Plataforma, Kindle.
[6] https://www.elfinanciero.com.mx/opinion/salvador-camarena/cuidar-la-verdad.
[7] https://www.gob.mx/presidencia/es/articulos/version-estenografica-de-la-conferencia-de-prensa-matutina-viernes-17-de-enero-2020?idiom=es.
[8] https://lopezobrador.org.mx/2020/02/07/version-estenografica-de-la-conferencia-de-prensa-matutina-del-presidente-andres-manuel-lopez-obrador-252/.

bática leyenda "Premio Especial. Cien Premios de 20 millones de pesos cada uno. Equivalente al avión presidencial".

En el experimento no escasearon situaciones polémicas, como cuando una escuela de Veracruz que sacó uno de los números ganadores reclamó porque no le llegaba la recompensa económica por su afortunada participación en la rifa y denunció que un funcionario federal les había quitado el boleto ganador para resguardarlo "por seguridad".[9] Al menos hasta el cierre de este libro, el avión seguía sin poder venderse y el 28 de marzo de 2022 el mandatario lo ofrecía en alquiler para viajes de boda, cumpleaños o 15 años a Cancún.[10]

En su columna, Camarena hizo hincapié en que las "verdades a medias" y los "datos sin fundamento" no implicaban un deterioro en los índices de aprobación ciudadana del presidente, algo que tampoco cambiaría después, al atravesar el ecuador de su mandato. "A pesar de las crisis que enfrenta el país, la promesa de cambio de López Obrador sigue siendo digna de crédito entre la población, y su discurso —que elude la realidad al tiempo que alimenta la idea de que el cambio ha iniciado y que un radiante futuro está a la vuelta de la esquina— resulta exitoso incluso de cara a la disfuncional operación del gobierno en estos dos años."

En el capítulo de "verdades a medias" podríamos incluir la forma interpretativa y sesgada de presentar datos sobre temas sensibles para la administración lopezobradorista, por ejemplo, de la seguridad pública. En la mañanera del 21 de febrero de 2022 la secretaria federal encargada de esa área, Rosa Icela Rodríguez, presentó las estadísticas mensuales de incidencia delictiva y aseguró de forma imprecisa que el país llevaba cinco meses a la baja en feminicidios. "En el caso de la incidencia delictiva de los delitos del fuero común se ve el robo a ganado, el robo a casa habitación, el robo a transportista y el robo en transporte público individual. Delitos a la baja. También el feminici-

---

9 https://www.animalpolitico.com/2020/10/escuela-veracruz-ganadora-rifa-ca-chito-recursos/.
10 https://cnnespanol.cnn.com/2020/09/16/la-extrana-historia-de-la-rifa-del-avion-presidencial-en-mexico/.

dio. En enero de 2022 el feminicidio bajó 32 por ciento, esto con respecto al máximo histórico de agosto de 2021, donde se llevan cinco meses a la baja", afirmó.

Sin embargo, las cifras de la gráfica mostraban que, si bien desde agosto de 2021, mes en el que había habido un trágico récord histórico de 112 crímenes catalogados de esa manera, no hubo ningún mes en que se superase esa cifra, los feminicidios no habían disminuido mes a mes durante ese intervalo de tiempo. Las palabras de López Obrador inmediatamente posteriores a la intervención de Rodríguez son también una muestra clara de cómo las emociones o las creencias pueden acabar reemplazando a los datos duros: "Bueno, pues muy amplio el informe, pero es todo lo que se hace en el mes y en esencia podemos decir que son muy buenos los resultados, vamos avanzando".[11]

Tres días más tarde[12] el mandatario aseveró que, después de tres años con él en el poder, los jóvenes ya no participaban en delitos gracias a los programas sociales gubernamentales, sin ofrecer un solo dato que sustentara esa afirmación. Aunque esos son solo dos ejemplos de muchos, sería injusto afirmar que AMLO miente de forma sistemática. Lo que sí es posible decir es que con mucha frecuencia moldea la realidad de acuerdo con sus intereses, a veces con mentiras a medias o informaciones imposibles de comprobar, a veces con falacias que son fácilmente rebatibles con datos.

Gobernar es hablar

Carlos Loret de Mola, uno de los líderes de opinión que terminaría siendo blanco central de la ira del gobernante contra la prensa,

---

[11] https://lopezobrador.org.mx/2022/02/21/version-estenografica-de-la-conferencia-de-prensa-matutina-del-presidente-andres-manuel-lopez-obrador-688/.

[12] https://www.gob.mx/presidencia/es/articulos/version-estenografica-conferencia-de-prensa-del-presidente-andres-manuel-lopez-obrador-del-24-de-febrero-de-2022?idiom=es.

va un poco más lejos en esa visión. "No creo que haya un mexicano que dedique más tiempo de su día a hablar que el presidente López Obrador. Para el presidente gobernar es hablar. Hablar sobre todo de sí mismo, de sus autoproclamadas virtudes, aciertos, cualidades. Y en segundo lugar, de sus obsesiones: sus adversarios reales o inventados, las incesantes conspiraciones del mundo entero en su contra. Su frase de que tiene 'otros datos' es el sello de su discurso: construir su propia realidad a contrapelo de los datos verificados, científicos, técnicos. La mentira, pues. Habla, habla, habla. Y miente, miente, miente", escribió en un artículo en *El Universal*.[13]

En la esfera de absolutos de la posverdad no es de extrañar que cuando una reportera preguntó a López Obrador, el 18 de junio de 2021, si todas las vacunas que habían llegado a México se habían aplicado, el mandatario asegurara: "Todas". Sin tomar en cuenta que eso es materialmente imposible (porque en estos casos es habitual que algunas dosis sufran algún accidente o desperfecto antes de llegar a destino o se den otras circunstancias que impidan alcanzar la perfección en el proceso), en realidad, hasta entonces, habían llegado más de 49 millones de dosis y se habían aplicado menos de 39 millones, según el informe diario de la Secretaría de Salud Pública previo.[14]

La visión de Loret de Mola contrasta con la mayoría de la población, al menos tras el primer año de mañaneras. De acuerdo con la última Encuesta Nacional de Acceso a la Información Pública y Protección de Datos Personales (ENAID), que elabora el Instituto Nacional de Estadística y Geografía (INEGI),[15] la "confianza en la información que ofrece el gobierno" creció en aproximadamente 10 puntos porcentuales en 2019 en relación con 2015, la anterior ocasión en que

---

[13] https://www.eluniversal.com.mx/opinion/carlos-loret-de-mola/la-devaluacion-de-la-palabra-del-presidente.

[14] https://lopezobrador.org.mx/2021/06/18/version-estenografica-de-la-conferencia-de-prensa-matutina-del-presidente-andres-manuel-lopez-obrador-555/.

[15] https://www.inegi.org.mx/contenidos/programas/enaid/2019/doc/enaid_2019_principales_resultados.pdf.

se hizo el sondeo. La cifra puede resultar bastante reveladora respecto al desempeño de las conferencias presidenciales, tomando en cuenta la centralización que AMLO ha aplicado al mensaje gubernamental, cuyo principal canal de difusión es precisamente ese evento periodístico diario.

No obstante, el promedio de respuestas afirmativas a la pregunta es de apenas 51.35%; es decir, un aprobado mínimo para la administración de López Obrador. Por desgracia, el INEGI realiza esa encuesta cada varios años y no ha habido otra desde entonces que permita actualizar el dato.

En algunas oportunidades, AMLO puede realizar una aseveración categórica y, pocos segundos después, afirmar todo lo contrario como si las dos cosas fueran válidas y positivas para su gestión. Así lo hizo en la mañanera del 19 de enero de 2021.[16] Comenzó su alocución manifestando que había "un incremento en contagios" de coronavirus en la Ciudad de México y terminó dando un giro de 180 grados a su planteamiento: "Estamos nosotros ya advirtiendo que hay una disminución en contagios y deseamos que esta tendencia se mantenga, que vaya bajando".

La táctica se asemeja un poco al concepto de "doble pensar" o "doble pensamiento" (*doublethink*) incluido en el léxico de la "neolengua" en la distopía creada de forma magistral por George Orwell en su novela *1984*. El escritor británico acuñó el término para definir el acto de aceptar simultáneamente dos creencias tanto contradictorias como incorrectas. Algunos ejemplos del "doble pensamiento" en la famosa fábula de la sociedad controlada por el Gran Hermano son "la guerra es la paz", "la libertad es la esclavitud" o "la ignorancia es la fuerza".

Esa estrategia dialéctica es un recurso que López Obrador utiliza habitualmente en sus intervenciones públicas. Por ejemplo, cuando se queja de los "ataques" que recibe de los medios de comunicación

---

[16] https://lopezobrador.org.mx/2021/01/19/version-estenografica-de-la-conferencia-de-prensa-matutina-del-presidente-andres-manuel-lopez-obrador-461/.

"conservadores" y "neoliberales" a los que ha llegado a acusar de estar detrás de un plan de "golpe [de Estado] blando" contra su gobierno, y a continuación no solo resta importancia a esas arremetidas sino asegura que son "buenas" y hasta "indispensables" para el éxito de su movimiento transformador.[17]

El 1 de abril de 2022[18] el gobernante realizó un llamado desesperado a los legisladores del opositor Partido Revolucionario Institucional (PRI) para que respaldaran la reforma constitucional del sector eléctrico que se iba a votar pocos días después en la Cámara de Diputados. "¡Cómo el PRI va a actuar en contra del ideario del general Cárdenas y de Adolfo López Mateos! ¿En qué se van a convertir?", comenzó el exhorto. "Ojalá y los dirigentes los dejen en libertad a los representantes populares, a los legisladores y que cada quien vote de acuerdo a sus convicciones, a lo que le dicte su conciencia, en absoluta libertad, que no sea un asunto cupular, que no los coopten", dijo después. "Voten en libertad" pero "háganlo por mi propuesta, que coincide con los ideales de Cárdenas y López Mateos", dijo el mandatario.

El doble pensamiento se asocia al totalitarismo porque es un instrumento del que se sirve el poder para acaparar el abanico de opiniones que hay en la sociedad respecto a cualquier asunto con el fin último de imponer sus ideas. Por ejemplo, AMLO quiere implantar la idea de que los consejeros del Instituto Nacional Electoral —que, por cierto, avalaron su triunfo en las urnas en 2018— cuestionan que haga propaganda a favor de su gobierno a pesar de la veda electoral contra él porque son "corruptos", "neoliberales", "conservadores", pero mientras los critica de forma furibunda también celebra que actúen así porque, según sostiene, eso redunda en favor de la libertad de expresión.

Resulta interesante que esa facultad para ligar dos conceptos contradictorios como si no lo fueran es atribuida también a Trump,

---

[17] https://presidente.gob.mx/22-03-22-version-estenografica-de-la-conferencia-de-prensa-matutina-del-presidente-andres-manuel-lopez-obrador/.

[18] https://www.gob.mx/presidencia/articulos/version-estenografica-conferencia-de-prensa-del-presidente-andres-manuel-lopez-obrador-del-1-de-abril-de-2022?idiom=es.

quien fuera su homólogo durante el primer tercio de su sexenio y al que lo unen muchas similitudes en el terreno del manejo de la verdad. "Hoy el problema es demasiada información de demasiadas fuentes, con la consiguiente plaga de fragmentación y división; no una autoridad excesiva, sino su desaparición, lo que deja a la gente común resolver los hechos por sí misma, a merced de sus propios prejuicios y delirios", escribió el articulista y periodista George Paker en *The Atlantic*.[19]

Otras veces el gobernante mexicano parece olvidarse de una postura crítica sobre un asunto concreto cuando el tema expone a sus colaboradores, pese a haberla sostenido durante meses para atacar a sus opositores. Una de sus obsesiones desde que llegó al poder fue lograr que ningún funcionario público ganara más que el presidente, como parte de su política de austeridad. En ese tenor, cuestionó una y otra vez a los consejeros del INE por tener retribuciones bastante superiores a la suya.

Sin embargo, más de tres años después de asumir el cargo, se mostró benévolo respecto al hecho de que el salario del secretario de Marina, aliado suyo, fuera superior al del presidente, aspecto sobre el que le preguntó un reportero de *Publimetro* en la mañanera del 3 de marzo de 2022:[20] "Es distinto, es una situación que prevé la misma ley cuando se trata de un tema especializado que requiere de un trabajo con características de profesionalismo, técnicas, hay un porcentaje que se puede garantizar —está en la ley, está en la Constitución— para algunos servidores públicos. Es lo que pasa con el servicio exterior y pasa también con investigadores del Conacyt [Consejo Nacional de Ciencia y Tecnología] que tienen la categoría mayor, son eméritos y además su sueldo en esos casos no hay problema", argumentó.

Pero estos son solo algunos ejemplos entre muchos. La mayoría de ellos tiene tremendas coincidencias con expresiones de Trump y

---

[19] https://www.theatlantic.com/magazine/archive/2019/07/1984-george-orwell/590638/.

[20] https://www.gob.mx/presidencia/articulos/version-estenografica-conferencia-de-prensa-del-presidente-andres-manuel-lopez-obrador-del-2-de-marzo-de-2022?state=published.

varios están ligados a la confrontación con el gremio periodístico. El más famoso: la afirmación de ser los presidentes más atacados por la prensa en la historia de sus respectivos países.

"Mire la forma en que me han tratado últimamente, especialmente los medios", dijo Trump en un acto en mayo de 2017.[21] "Ningún político en la historia, y lo digo con mucha seguridad, ha sido tratado peor o más injustamente. No puedes dejar que te desanimen, no puedes dejar que los críticos y los detractores se interpongan en el camino de tus sueños", añadió.

"Imagínese, sin presumir, soy el presidente más atacado en los últimos 100 años, a diario son ataques. Es un timbre de orgullo porque quiere decir que vamos avanzando", señaló AMLO en julio de 2020,[22] como si hablara desde el otro lado de un mismo espejo, más al sur, en la nación vecina.

"Sí, pero no sólo es esto, no, es todos los días, un día sí y el otro también, campaña. Nunca los medios de información, desde Madero, habían atacado tanto a un presidente como ahora. Nunca", volvió a la carga en abril de 2021.[23]

También son conocidas las hiperbólicas arremetidas de Trump y AMLO contra la corrupción y sus ambiciosos compromisos para erradicarla. Mientras el republicano prometía "drenar el pantano" para expulsar a los lobistas de Washington a los que consideraba corruptos,[24] el morenista asegura una y otra vez que va a "barrer las escaleras de arriba abajo" en las viciadas instituciones mexicanas. "Ya están abiertas investigaciones para sancionar, castigar a los involucrados en el propósito también de aplicar el criterio de limpiar de arriba hacia abajo,

---

[21] https://edition.cnn.com/2017/05/17/politics/trump-coast-guard-speech/index.html.

[22] https://www.gob.mx/presidencia/es/articulos/version-estenografica-conferencia-de-prensa-del-presidente-andres-manuel-lopez-obrador-del-16-de-julio-del-2020.

[23] https://www.gob.mx/presidencia/articulos/version-estenografica-conferencia-de-prensa-del-presidente-andres-manuel-lopez-obrador-del-20-de-abril-del-2021?idiom=es.

[24] https://www.youtube.com/watch?v=Gg9ypxT9V3g.

porque la corrupción en México se ha dado de arriba para abajo, y así vamos a barrer el gobierno, como se barren las escaleras, de arriba para abajo", decía López Obrador el 11 de enero de 2019.[25]

Otra similitud entre ambos en este terreno es la falta de rigor de los dos presidentes en el manejo de informaciones que pueden reflejar (o directamente denotan) su ignorancia sobre determinados temas, sin que ello parezca perturbarlos lo más mínimo. Al hablar de la carrera espacial en Estados Unidos en junio de 2019, Trump no tuvo ningún empacho en escribir en su cuenta de Twitter que la Luna era parte de Marte. "Por todo el dinero que estamos gastando, la NASA [Administración Nacional de Aeronáutica y el Espacio, por sus siglas en inglés] no debería estar hablando de ir a la Luna. Lo hicimos hace 50 años. Deben centrarse en las cosas mucho más importantes que estamos haciendo, incluido Marte (del cual la Luna es parte), ¡Defensa y Ciencia!"[26]

Un mes antes AMLO había afirmado, sin despeinarse, que México existía varios milenios antes de la independencia de los españoles y que además albergaba avances sociales y tecnológicos que en realidad datan de hace pocos siglos. "La primera es nuestra cultura o nuestras culturas. México se fundó hace más de 10 mil años. Con todo respeto, todavía pastaban los búfalos en lo que hoy es Nueva York, y ya en México había universidades y había imprenta, este es un país con una gran cultura", indicó, en un acto en el estado central de Guanajuato.[27] La sentencia fue objeto de innumerables burlas en la prensa y en las redes sociales.

Esta clase de fabulaciones podrían entrar en el apartado de lo que el filósofo estadounidense Harry Frankfurt definió hace 15 años con la sugerente y aparentemente poco académica expresión *bullshit*[28] (mier-

---

[25] https://presidente.gob.mx/version-estenografica-de-la-conferencia-de-prensa-matutina-del-presidente-andres-manuel-lopez-obrador-21/.

[26] https://www.theguardian.com/science/2019/jun/07/trump-moon-is-part-of-mars-tweet-nasa.

[27] https://lopezobrador.org.mx/2019/05/26/version-estenografica-plan-nacional-de-refinacion-en-salamanca-guanajuato/.

[28] https://www.youtube.com/watch?v=W1RO93OS0Sk.

da de toro, burrada, dislate o como quieran llamarle), un concepto que puede ser también de utilidad para entender el cariz posverdadero de Trump y AMLO.

"Creo que el respeto a la verdad, la preocupación por la verdad, están entre los fundamentos de la civilización. Durante un largo tiempo estuve algo molesto por la falta de respeto y preocupación por la verdad que me parecía observar en la mayoría de discursos y escritos que se producían. *Bullshit* es una de las deformaciones de esos valores", comenzó Frankfurt, profesor emérito de Filosofía de la Universidad de Princeton, en una charla en 2007 con ese prestigioso centro educativo, para hablar del libro que publicó sobre la cuestión. ¿Pero qué es *bullshit* realmente? Según el experto, la idea "consiste en la falta de preocupación por la diferencia entre la verdad y la mentira". "La motivación de quien dice *bullshit* no es decir cosas que son verdaderas, ni siquiera decir cosas que son falsas, sino servir a otro propósito. La pregunta de si lo que dice es cierto o falso es realmente irrelevante en la persecución de su objetivo. Quien dice *bullshit* no es necesariamente un mentiroso, lo que dice puede ser perfectamente cierto y puede no pensar que es falso", ahondó.

El gran peligro de los *bullshiters* es que "son de alguna forma una amenaza más maliciosa para los valores", porque el mentiroso sabe dónde está la verdad y está preocupado por mantener a la gente alejada de ella. De esta forma, muestra respeto hacia su valor y su importancia. "Pero quien dice *bullshit* no está preocupado en absoluto" por ello. Y lo que es peor, la actitud de la sociedad hacia esas personas es mucho más tolerante que frente a las que mienten. "La mentira nos golpea de alguna forma como una violación, sentimos que el mentiroso nos está hiriendo de algún modo, está amenazándonos peligrosamente. No nos sentimos igual ante quien dice *bullshit* y realmente no entiendo por qué la actitud sobre estas dos deformaciones del respeto a la verdad es tan diferente", reflexiona Frankfurt.

El periodista español Arcadi Espada llegaba a una conclusión similar en una entrevista con el diario *El Mundo*:[29] "El caso Trump —digo Trump por no decir [el presidente del Gobierno español Pedro] Sánchez—, que es el símbolo de todo esto, no es la simple manipulación de la verdad, no se sitúa en el paradigma orwelliano de la neolengua: es que la verdad ha dejado de interesarle. Por eso va a montar su propia red social. Siente hacia los hechos una indiferencia total". Siempre ácido, Espada pone como ejemplo de eso la postura del republicano frente al resultado de las elecciones que perdió en noviembre de 2020. "Y lo avisó: que no lo reconocería. Hizo lo que se esperaba de un hombre al que no le interesan los hechos. Se mueve por un paradigma religioso. Importa la trascendencia, y toda trascendencia es subjetiva", remató el comunicador.

No son pocas las ocasiones en que el mandatario mexicano, como muchos otros políticos, ha utilizado el recurso del *bullshit*, si tomamos en cuenta su disposición enfermiza a hablar sobre cualquier tema. Solo así se explica que antes de asumir el poder, cuando anunció la construcción del Tren Maya, una obra de infraestructura en la península de Yucatán, reconocida por su frondosa selva tropical, dijera que no se iba a cortar ningún árbol para trazar la ruta del tren de mil 500 kilómetros de extensión.

"Vamos a utilizar los derechos de vía ya existentes, es decir, es la línea de ferrocarril del sureste en la mitad del tramo, y en la otra mitad va a ser el derecho de vía de la carretera y de las líneas de la Comisión Federal de Electricidad, entonces no se va a tirar ningún árbol, no se afecta ninguna reserva ecológica, se va a cuidar el medio ambiente." Obviamente, en una obra de tal envergadura, es ridículo realizar semejante afirmación. Más aun teniendo en cuenta las vicisitudes que esa clase de iniciativas enfrentan.

En enero de 2022 el secretario de Desarrollo Agrario, Territorial y Urbano, Román Meyer Falcón, reconoció que habían sido "removi-

---

[29] https://www.elmundo.es/cultura/2021/10/22/6172eb73fc6c835b428b46b1.html.

dos" más de 20 mil árboles para cambiar un tramo que iba a pasar por el destino turístico caribeño de Playa del Carmen.[30] Posteriormente, el Fondo Nacional de Fomento al Turismo (Fonatur), aseguró que "no hubo tala", pese a las denuncias de organizaciones civiles medioambientales, y aseguró que "muchos de los aproximadamente 20 mil árboles fueron rescatados y trasplantados por hoteleros de la zona".[31] Sin embargo, en respuesta a una solicitud de información del diario *El Universal*,[32] el Fonatur reconoció que desconocía el número de árboles removidos desde que inició la construcción del Tren Maya y dónde habían ido a parar. Finalmente, el propio López Obrador admitió la situación en una mañanera el 24 de marzo de 2022:[33] "No hay destrucción de la selva. Es una brecha cuando mucho de 50 kilómetros de los 1 550, 50 kilómetros. Y no es monte alto, no es selva, es un acahual […] pero a cambio de eso estamos sembrando en toda la ruta del tren maya 200 000 hectáreas de árboles".[34]

Dos semanas antes, en una época en la que López Obrador lanzó ataques casi a diario contra la prensa, tras varias exclusivas que expusieron presuntos casos de corrupción en su círculo más cercano, el mandatario quiso exponer a un reconocido periodista, Amador Narcia, acusándolo de llamarlo "imbécil" para mostrar que los medios lo insultan a diario, pero que él no va a censurarlos por ello.

Es cierto que Narcia publicó una columna titulada, de forma quizá malintencionada, "El imbécil del Palacio",[35] pero si el gobernante la hubiese leído habría descubierto que la descalificación no iba a dirigida

---

[30] https://twitter.com/Amadoelquelolea/status/1483933165542690825.

[31] https://www.animalpolitico.com/2022/01/cambian-ruta-tren-maya-playa-del-carmen/.

[32] https://www.eluniversal.com.mx/nacion/ignoran-cifra-de-arboles-talados-por-tren-maya.

[33] https://presidente.gob.mx/24-03-22-version-estenografica-de-la-conferencia-de-prensa-matutina-del-presidente-andres-manuel-lopez-obrador/.

[34] https://www.gob.mx/fonatur/prensa/en-carretera-cancun-tulum-hubo-rescate-y-trasplante-de-arboles-no-tala.

[35] https://www.eluniversal.com.mx/opinion/amador-narcia/el-imbecil-de-palacio.

a su persona, sino al jefe de Protección Civil de la presidencia, Marco Antonio Mosqueda, por haber impedido a los reporteros que cubren la rueda de prensa ponerse a salvo saliendo a la calle cuando sonó la alerta sísmica en la Ciudad de México, en plena mañanera, algo que sí hicieron raudamente el jefe de Estado y sus más estrechos colaboradores.[36]

En otras ocasiones AMLO se ha rehusado a responder las preguntas de los reporteros, diciendo que desconoce la materia sobre la que le consultan, pero en otras no ha mostrado ningún rubor en dar contestaciones improvisadas, imprecisas o sin sustento alguno, las cuales acaba redirigiendo intencionadamente hacia su conocido discurso de defensa y enaltecimiento de sus postulados políticos y su particular visión de la actualidad (y del pasado), donde abundan sus interminables y reiteradas denuncias contra los que le antecedieron en el poder, los políticos opositores o los medios de comunicación.

Es precisamente la repetición de sus alegatos otra característica de AMLO que lo acerca a la posverdad. Resulta cuanto menos llamativa la cantidad de veces en que se ha referido en sus intervenciones públicas al cerebro difusor de la ideología nazi, Joseph Goebbels, el ministro de propaganda de Hitler, que, como recalca McIntyre en su obra, pasó a la posteridad por ser "un maestro en la explotación de sesgos cognitivos como la 'amnesia de origen' y el 'efecto de repetición'".

Según la consultora Spin, que ha dado un seguimiento exhaustivo a las mañaneras en términos cuantitativos desde distintos ángulos, hasta el 15 de junio de 2021 el mandatario había mencionado 18 veces al ideólogo nazi por su frase "Una mentira repetida mil veces se convierte en una verdad".[37]

"Como esto todavía no se ha entendido bien, es tanta la manipulación, pero es fascistoide el manejo de los medios, acuérdense de lo de Goebbels, el ministro de propaganda de Hitler, que decía: 'Una mentira que se repite muchas veces puede convertirse en verdad'", afir-

---

[36] https://www.eluniversal.com.mx/nacion/sismo-hoy-mexico-alerta-sismica-interrumpe-la-mananera-de-amlo.

[37] http://www.spintcp.com/conferenciapresidente/infografia-54/.

mó en la mañanera del 9 de junio de 2021[38] al defender los resultados electorales obtenidos por los candidatos de su partido, en las elecciones intermedias de tres días antes, y a modo de respuesta a los titulares de los medios que subrayaban el debilitamiento de la coalición oficialista en la Cámara de Diputados.

Al día siguiente AMLO reanudó el ataque: "Entonces, fue un bombardeo tremendo. Es que eso ya lo padecí en el 2006, la guerra sucia, y es fascistoide, es de Goebbels, según su máxima de que una mentira que se repite muchas veces puede convertirse en verdad. Entonces, imagínense, pueden tener efectos de manipulación y eso fue".[39] En este segundo caso intentaba justificar por qué el Movimiento Regeneración Nacional (Morena) había experimentado una inédita derrota en su principal bastión, la Ciudad de México, que dejó a la agrupación con el control de la mitad de las alcaldías, cuando antes su dominio era abrumador en la capital.[40]

Aunque atribuya la estrategia goebbeliana a sus opositores —no sin cierta razón—, el propio AMLO conoce la importancia del recurso de la repetición para fijar sus postulados políticos en la mente de los electores: "Ofrezco disculpas por repetir y repetir porque, a diferencia de un escritor, que no debe de repetirse, no debe de caer en lugares comunes, un dirigente sí tiene que repetir y repetir, porque su labor es pedagógica, es de concientización", explicó en la mañanera del 5 de octubre de 2021.[41] La misma argumentación volvió a exponerla al menos una vez más, el 16 de diciembre de ese año.[42]

---

[38] https://lopezobrador.org.mx/2021/06/09/version-estenografica-de-la-conferencia-de-prensa-matutina-del-presidente-andres-manuel-lopez-obrador-548/.

[39] https://lopezobrador.org.mx/2021/06/10/version-estenografica-de-la-conferencia-de-prensa-matutina-del-presidente-andres-manuel-lopez-obrador-549/.

[40] https://www.animalpolitico.com/2021/06/alcaldias-cdmx-oposicion-arrebata-eleccion-morena-sheinbaum/.

[41] https://lopezobrador.org.mx/2021/10/05/version-estenografica-de-la-conferencia-de-prensa-matutina-del-presidente-andres-manuel-lopez-obrador-desde-veracruz-4/.

[42] https://lopezobrador.org.mx/2021/12/16/version-estenografica-de-la-conferencia-de-prensa-matutina-del-presidente-andres-manuel-lopez-obrador-651/.

En los primeros tres años de su gestión, en el transcurso de los pocos cientos de conferencias mañaneras que ha dado, el político tabasqueño ha hablado 229 veces de la consulta de revocación de mandato que él mismo impulsó y se celebró el 10 de abril de 2022 y 149 veces de la reelección o de reelegirse tras dejar el poder en 2024; ha mencionado a Petróleos Mexicanos (Pemex) mil 713 veces y se ha referido 566 veces a Carlos Salinas, el gobernante al que más ha citado, de acuerdo con el seguimiento diario que hace la consultora Spin.[43]

El ejemplo más claro del provecho que ha sacado el mandatario de la herramienta comunicativa de la reiteración tal vez sea su insistencia en que se cometió un fraude electoral en su contra en los comicios presidenciales de 2006 y de 2012. No es atribución del autor de este libro, por ser esta obra un ensayo sobre periodismo y no sobre política, ahondar en las razones o la verosimilitud de las reiteradas denuncias de López Obrador desde aquella contienda electoral, pero sí resulta importante subrayar el hecho de que esa teoría, difícilmente demostrable y negada por el aparato institucional mexicano y la mayor parte de la prensa y la comunidad internacional, ha logrado inocularse en la mente de sus seguidores como una verdad absoluta e irrefutable.[44]

Aunque tal vez no se den cuenta —o simplemente prefieren no reconocerlo—, muchos de ellos parecieran hallarse atrapados en la telaraña discursiva tejida hábilmente por AMLO durante toda su carrera política.

Estados Unidos, otrora bandera de la democracia en el planeta, experimentó un fenómeno parecido a raíz de las denuncias de fraude de Trump tras perder las elecciones del 3 de noviembre de 2020. Un año después de los comicios, que derivaron en un asalto al Capitolio que hizo tambalear los cimientos de su institucionalidad, una encuesta de la firma Morning Consult mostró que 70% de los encuestados que

---

[43] http://www.spintcp.com/conferenciapresidente/infografia-64/, http://www.spintcp.com/conferenciapresidente/infografia-62/.

[44] https://lopezobrador.org.mx/temas/fraudes-electorales-2006-y-2012/.

se identificaban como votantes de Partido Republicano, el de Trump, aseguraban que aquella votación no fue "ni libre ni justa".[45]

No son pocos los ejemplos del empleo de estrategias similares por parte del presidente mexicano para hacer pasar como ciertas cosas que no lo son. En la mañanera del 21 de octubre de 2021,[46] por citar uno, cuando hablaba sobre el caso del exsecretario de Seguridad Pública de Felipe Calderón, detenido en Estados Unidos, AMLO dijo sin inmutarse que "la mayoría de los medios en México protegen a [Genaro] García Luna y los que están siendo investigados en Estados Unidos", lo cual es falso, pero encaja con su insistente y también mentirosa teoría de que muchos diarios a los que tilda de "conservadores" y "neoliberales" no informaban con sentido crítico de lo que sucedía en los gobiernos que antecedieron al suyo.[47]

El 3 de noviembre de 2021[48] el gobernante afirmó a los asistentes de la mañanera y a sus entusiastas adeptos que siguen fielmente sus intervenciones diarias de forma virtual que una de las resoluciones de la Conferencia de Naciones Unidas para el Cambio Climático (COP-26), que se había celebrado por esos días en Glasgow (Escocia), un proyecto de reforestación masiva contra el calentamiento global había sido copiado en realidad de una iniciativa de su gobierno. "Y no van a reconocerlo, pero ¿qué fue lo más significativo de ese encuentro en la Gran Bretaña? Fue la firma, sí, para sembrar árboles. A ver, para que se enojen, ¿de dónde creen que salió esa idea?, de Sembrando Vida", indicó, dando continuidad a su reiterado mensaje de que desde que

---

[45] https://www.theguardian.com/us-news/2020/nov/10/election-trust-polling-study-republicans.

[46] https://www.gob.mx/presidencia/articulos/version-estenografica-conferencia-de-prensa-del-presidente-andres-manuel-lopez-obrador-del-21-de-octubre-de-2021?idiom=es.

[47] https://www.reforma.com/piden-proteger-documentos-de-caso-garcia-luna-por-seguridad/ar2281278.

[48] https://www.gob.mx/presidencia/articulos/version-estenografica-conferencia-de-prensa-del-presidente-andres-manuel-lopez-obrador-del-3-de-noviembre-de-2021?idiom=es.

él es presidente México ha obtenido el reconocimiento internacional que había perdido.

En septiembre del mismo año, en una de sus invectivas contra la oposición, AMLO afirmó que el feminismo en México había surgido a raíz de su llegada al poder, en diciembre de 2018, en consonancia con su repetido mensaje de que muchas demandas sociales han sido prácticamente inventadas con el ánimo de atacarlo. "Hay que ver qué es lo que está detrás, porque hace unos dos años, cuando empezó el movimiento feminista, muchas mujeres participaron, pero se empezaron a dar cuenta de que se habían convertido en feministas conservadoras solo para afectarnos a nosotros, solo con ese propósito."[49]

La misma estratagema es perceptible cuando AMLO se refiere al devenir de la democracia mexicana. "Desde Madero no ha habido democracia en el país, bueno, nunca ha habido democracia, porque imagínense, tres siglos de dominación colonial, 300 años, nos mandaban desde España a los virreyes. ¿Qué democracia podía haber?", afirmó el 26 de febrero de 2021 en una mañanera en la que volvió a denunciar el supuesto fraude electoral en su contra en la votación de 2006. "Entonces, ahora hay condiciones inmejorables porque, con todo respeto, yo no soy Fox, que llegó con la bandera de la democracia y traicionó a la democracia, porque él encabezó, pero además lo confesó, todo el operativo del fraude del 2006. No estoy inventando nada, él lo ha declarado", aseguró.

Con apego a la verdad

Bajo el prisma de AMLO, todo el mundo está desinformado menos él y sus "datos" son los únicos que valen.

---

[49] https://www.gob.mx/presidencia/es/articulos/version-estenografica-conferencia-de-prensa-del-presidente-andres-manuel-lopez-obrador-del-29-de-septiembre-de-2021?idiom=es.

El 5 de julio de 2021, cuando Jorge Ramos, el periodista mexicano-estadounidense del canal hispano Univision, le presentó en la mañanera unas cifras que evidenciaban que no había podido reducirse el nivel de violencia homicida en el país, AMLO le contestó: "Yo lamento mucho que un periodista como tú esté desinformado".[50]

El 23 de febrero de 2022, al ser preguntado por la preocupación expresada por el secretario de Estados Unidos, Antony Blinken, ante la falta de protección a los periodistas mexicanos, en medio del inicio del año más mortífero de la historia para el gremio, respondió: "Pues yo creo que está mal informado, porque de lo contrario estaría actuando de mala fe. Lo que él está sosteniendo no es cierto".[51]

Dos meses después se le planteó que un informe del Comité Contra la Desaparición Forzada de la Organización de las Naciones Unidas (ONU) reportaba que ese fenómeno se estaba incrementando en el país y reaccionó de forma tajante, negando los datos: "Ellos no tienen, con todo respeto, toda la información, no están actuando con apego a la verdad", afirmó,[52] para luego acusar a las Naciones Unidas de no haber denunciado los abusos que se cometían cuando gobernaban sus antecesores.

Para entender la forma que tiene AMLO de interpretar y comunicar los acontecimientos resulta fundamental revisar también su apasionada relación con la historia, tanto reciente como pasada, pero también escarbar un poco en su pasado personal y político, donde abundan las pistas sobre la huella que pretende dejar con su movimiento de transformación. "Dicen unos: '[la política] es un arte'; no, es un oficio, a mí me gusta entre todas las definiciones esa, según la cual la política es hacer historia, esa es la que más me gusta de las definicio-

---

[50] https://www.gob.mx/presidencia/articulos/version-estenografica-version-estenografica-conferencia-de-prensa-del-presidente-andres-manuel-lopez-obrador-del-5-de-julio-de-2021?idiom=es.

[51] https://presidente.gob.mx/23-02-22-version-estenografica-de-la-conferencia-de-prensa-matutina-del-presidente-andres-manuel-lopez-obrador/.

[52] https://lopezobrador.org.mx/2022/04/13/version-estenografica-de-la-conferencia-de-prensa-matutina-del-presidente-andres-manuel-lopez-obrador-719/.

nes de política", afirmó en un evento público en Durango el 8 de octubre de 2021.[53] Una auténtica declaración de principios.

Una prueba de la importancia que otorga a esa disciplina y de su obstinación por trascender podría ser su decisión, nada más llegar al poder, de cambiar la residencia presidencial de Los Pinos, junto a la lujosa zona de Polanco, al Palacio Nacional, en el Zócalo de la Ciudad de México. "Bajo el Salón de la Tesorería del Palacio Nacional, donde el presidente Andrés Manuel López Obrador da sus conferencias matutinas, están los vestigios de la casa de Moctezuma II. No es extraño que un presidente que conoce la historia haya decidido vivir y ejercer el poder desde aquí", recordó el articulista José Ignacio De Alba en el medio independiente *Pie de Página* el 18 de septiembre de 2020.[54]

Complementó la idea el analista Pedro Esteban Roganto en el portal de noticias *SDP* el 3 de diciembre de 2020: "Si algo ha logrado consolidar la autoproclamada 'cuarta transformación' en dos años de gobierno, no son sólo las bases, sino el levantamiento (sobre las ruinas de los pesos y contrapesos constitucionales) de una plataforma de poder que ha permitido este regreso a los tiempos del gran Tlatoani, nunca antes mejor dicho por tratarse en la traducción literal del náhuatl, no sólo del que gobierna, el que manda, sino fundamentalmente 'el que habla' ".[55]

Entre los estudiosos que mejor han definido esa faceta de López Obrador está Héctor Aguilar Camín, quien en un extenso artículo en la revista *Nexos* definía al tabasqueño como "un político apasionado por la historia con h mayúscula, la Historia de México de la que él quiere ser parte [...] Esa Historia se resuelve en tres grandes movimientos: la Independencia, la Reforma y la Revolución. Y en tres grandes presidentes: Benito Juárez, Francisco Madero y Lázaro Cárdenas. Lo

53 https://lopezobrador.org.mx/2021/10/08/version-estenografica-seguimiento-agua-saludable-para-la-laguna-en-lerdo-durango/.

54 https://piedepagina.mx/palacio-nacional-el-poder-del-centro/.

55 "AMLO y el regreso del tlatoani". https://www.sdpnoticias.com/columnas/amlo-y-el-regreso-del-tlatoani.html.

demás es historia pequeña, subsidiaria de la Historia con mayúscula, en cuyo cauce él quiere inscribirse",[56] explicó constatando algo que AMLO no solo no ha escondido sino de lo que está profundamente orgulloso y ha tratado de explotar hasta la saciedad.

Ricardo Monreal, coordinador del grupo parlamentario de Morena en el Senado, revelaba en una entrevista con Salvador García Soto en *El Universal*[57] que la verdadera aspiración personal de López Obrador es ser recordado durante años, décadas, tal vez siglos, gracias a su gestión y a su liderazgo: "Yo lo he dicho siempre, a Andrés Manuel López Obrador no le interesa el dinero, el poder económico, no le interesa incluso la ambición de tener bienes, una casa en Acapulco, otra casa en Nueva York, le interesa la historia, estar en la historia. Recuerden sus discursos de los últimos 18 años, desde que fue candidato a Jefe del Gobierno del DF, él decía la historia, yo quiero estar en la historia y que la gente me recuerde como el mejor presidente de México, como Juárez, como Lázaro Cárdenas. Y lo va a lograr, porque no está metido en los negocios, lo que le interesa es la historia, así tenga que sacrificar incluso a su familia".

Así, no son de extrañar las constantes digresiones del mandatario en las mañaneras sobre capítulos de la historia nacional que relata bajo su personal prisma, marcado por un fuerte maniqueísmo. Tampoco sorprende que en febrero de 2020 lanzara una iniciativa para que algunos días feriados que conmemoran eventos históricos se celebren en el día exacto en que se registraron, en lugar de trasladarse a los lunes para promover el turismo interno.

Para algunos especialistas, como el escritor Juan Villoro, este reclamo desvía en parte la atención de las verdaderas problemáticas actuales de los grupos marginados a los que López Obrador busca reivindicar, las comunidades indígenas. Lo explicó en un artículo sobre el retiro de la estatua de Cristóbal Colón del Paseo de la Reforma por

---

[56] https://www.nexos.com.mx/?p=37769.

[57] https://www.eluniversal.com.mx/opinion/salvador-garcia-soto/amlo-y-madero-entre-la-devocion-y-la-obsesion.

instrucción del Gobierno de la Ciudad de México en manos de Claudia Sheinbaum: "Pensar que el problema no está en la realidad sino en las estatuas equivale a suponer que la discriminación se limita al pasado y no atañe al presente. La solicitud de que España y el Vaticano pidan perdón por la Conquista se inscribe en la misma tesitura. Al término de la Nueva España, cerca del 70 por ciento de la población hablaba una lengua indígena. Hoy sólo el 6.6 por ciento las habla. La destrucción del patrimonio cultural prehispánico ha sido, en lo fundamental, obra del México independiente".[58]

Las críticas a España se han convertido en uno de los temas preferidos del mandatario, quien no ha dudado en tensar los vínculos bilaterales hasta provocar casi una ruptura mediante acusaciones de saqueo y corrupción, y por actitudes como la asumida el 9 de febrero de 2022,[59] cuando afirmó que iba a "pausar" las relaciones diplomáticas por su descontento respecto a la forma de comportarse de los gobiernos y las compañías del país europeo en los sexenios anteriores al suyo. Sin embargo, como tantas otras amenazas verbales del político tabasqueño, todo quedó en un arrebato matutino.

En una de sus arremetidas contra la antigua metrópoli, el gobernante aseguró que los españoles no solo trajeron la viruela desde Europa al Nuevo Mundo durante la Conquista, causando una elevada mortalidad entre los indígenas, sino que durante toda la etapa de la Conquista fueron incapaces de aportar un antídoto para la enfermedad. "Cuando llegaron los conquistadores, lo que es México hoy, contaba con 16 millones de habitantes y tres siglos después México apenas tenía ocho millones, porque se trajo la viruela, y en tres siglos ni siquiera fueron capaces de crear una vacuna; lo que ahora llevó un año en aquel entonces consumió tres siglos. Entonces, ¿dónde está el adelanto?",

---

[58] https://www.reforma.com/simbolos-y-realidades-2021-09-24/op212783?utm_source=twitter&utm_medium=social&utm_campaign=promocion_suscriptor.

[59] https://presidente.gob.mx/09-02-22-version-estenografica-de-la-conferencia-de-prensa-matutina-del-presidente-andres-manuel-lopez-obrador/.

se quejó.[60] De acuerdo con el Instituto Nacional de Salud Pública de México, la versión de AMLO es incorrecta o cuanto menos imprecisa, pues la vacuna contra la viruela llegó a México desde Europa poco antes de la Independencia, en una revolucionaria expedición dirigida por el doctor Francisco Javier Balmis (1803-1814).[61]

La inquina del presidente hacia España ha sido objetada por sus detractores y resulta llamativa tomando en cuenta que su ascendencia ibérica se remonta a apenas dos generaciones. Cuenta la leyenda que su abuelo,[62] natural de la localidad de Ampuero, un pueblito de la comunidad autónoma española de Cantabria, en el norte de la nación europea, llegó a México en barco, escondido en un barril y sin documentación, lo que para algunos podría explicar su resentimiento hacia la "Madre Patria", tal vez atribuible a un eventual interés de echar tierra sobre sus orígenes españoles.

Sea cual sea la razón, lo que importa aquí es que López Obrador, con su extrema habilidad para manejar a la opinión pública, ha usado frecuentemente su particular visión de la historia nacional para justificar su programa gubernamental aun a costa, o tal vez con la intención, de polarizar al país.

El camino correcto para México

La principal impronta de la administración de López Obrador ha sido, sin duda, definirla como un cambio de régimen al bautizarla como la Cuarta Transformación (4T). Como ya anticipaba Aguilar Camín, AMLO ha tomado como modelo al menos tres etapas

---

[60] https://www.gob.mx/presidencia/articulos/version-estenografica-conferencia-de-prensa-del-presidente-andres-manuel-lopez-obrador-del-22-de-septiembre-de-2021?state=published.

[61] https://saludpublica.mx/index.php/spm/article/view/5623/6106.

[62] https://elpais.com/politica/2018/12/07/sepa_usted/1544219644_808251.html.

históricas que considera capitales para dar continuidad a lo que, en su opinión, debe ser el camino correcto para México.

Las tres transformaciones previas a la suya son, simplificando, la Independencia del país (1810-1821), la Reforma (1855-1863) y la Revolución mexicana (1810). Para dejar patente ese sello histórico-ideológico mandó crear un logo para la presidencia que incluye una ilustración con la imagen del quinteto de personajes que considera fundamentales en el devenir de la nación: en el centro del logo Benito Juárez porta la bandera; a su derecha están Miguel Hidalgo y José María Morelos, y a su izquierda Francisco I. Madero y Lázaro Cárdenas.

En declaraciones hechas al diario *Reforma* en septiembre de 2019,[63] el director de la Academia Mexicana de la Historia, Javier Garciadiego, remarcaba la importancia que el tabasqueño le otorga a esa cuestión: "Esto no quiere decir que los anteriores ignoraran la Historia. No lo sé. Lo que sé es que muchos de ellos tenían sus preferencias individuales. A Miguel de la Madrid, por ejemplo, le gustaba el tema constitucional; Felipe Calderón dijo que simpatizaba con [José María] Morelos. Eso es una cosa; otra, convertir tus preferencias históricas en una política, en algo de interés público", añadió el investigador de El Colegio de México.

La identificación de AMLO con las tres transformaciones anteriores no es nueva. Otros gobiernos, sobre todo del PRI, también expresaron su afinidad con ellas, rememora el experto: "Esta continuidad histórica, la tríada, es la propuesta historiográfica de Jesús Reyes Heroles. Y las figuras que hasta ahora prioriza el presidente López Obrador son personajes identificados con el canon de la historia nacional: Madero, Cárdenas, Juárez. La novedad está en el acento, en la referencia constante a la historia".

Alfredo Ávila, académico del Instituto de Investigaciones Históricas de la Universidad Nacional Autónoma de México (UNAM), cuestionó en el mismo periódico la falta de tonalidades de la perspectiva presi-

---

[63] https://www.reforma.com/el-idilio-de-amlo-con-la-historia/ar1769404.

dencial. "Sería la gran crítica que le haría, y cuando me refiero a muy convencional, lo que quiero decir es que simplifica: [para el gobernante] la historia de México es de buenos y de malos, de liberales progresistas contra conservadores retrógrados, vendepatrias."

Quizá una de las mejores muestras de la obstinación de López Obrador con la historia fue la conmemoración en 2019 del 109 aniversario de la Revolución mexicana, el 20 de noviembre. En el Zócalo de la Ciudad de México, ante la atenta mirada del mandatario desde un palco, se desplegó un espectáculo de exacerbación patriótica y de una magnificencia que, aunque más pretenciosa que efectiva, ya hubiesen deseado algunos de los presidentes a los que López Obrador criticó durante años por la falta de austeridad que él dice promover. Durante una hora se escenificaron sobre la mayor plaza pública del país varios episodios cruciales de la Revolución. Como si fuese un efecto directo de la anterior, el acto terminó con la nacionalización petrolera del general Cárdenas, germen de la empresa estatal Petróleos Mexicanos (Pemex), a la que López Obrador intenta rescatar contra viento y marea, pese a su millonaria deuda y sombrío porvenir.

Cientos de actores y extras vestidos con uniformes, trajes típicos, sombreros, pelucas, barbas y bigotes postizos participaron de una coreografía largamente ensayada; armas y cañones con munición de fogueo fueron usados para representar batallas entre uno y otro bando; un avión de hélice, una locomotora antigua con varios vagones, vehículos de época y caballos se incorporaron también a un espectáculo aderezado con escenografías móviles y dos pantallas gigantes que compartían la transmisión que se realizó en vivo por televisión gracias a un importante despliegue de cámaras.

El relato fue narrado *in situ* por megafonía por varias voces masculinas y femeninas que ensalzaron a los héroes de la patria y denostaron a los villanos de la historia de México, siempre bajo la óptica de López Obrador y la 4T. Al día siguiente, por si alguien se había perdido el espectáculo, el gobernante compartió un *link* en su perfil de la red social Twitter para poder verlo. Lo hizo con una frase reveladora que ha repetido en infinidad de ocasiones: "No podemos olvidar las gestas de nuestros antepasados si queremos transformar la realidad".[64]

A veces, su obsesión por mirar por el espejo retrovisor al pasado lo ha llevado a darse algún patinazo, como cuando confundió en una de sus conferencias mañaneras a la esposa del dictador Porfirio Díaz, Carmelita Romero Rubio, con la de Benito Juárez.[65]

Más grave fue, en realidad, una noticia falsa diseminada por algunos líderes de opinión, como la conductora de radio Fernanda Familiar o el escritor y articulista Héctor de Mauleón, según la cual la imagen de López Obrador había sido escogida para ilustrar la portada de un libro de texto del ciclo escolar 2019-2020. La falsa noticia[66] estaba fundamentada en una foto del acto de presentación del curso académico en el que el secretario de Educación, Esteban Moctezuma, mostraba al auditorio la portada del libro. Manipulada por un usuario en las redes sociales para que apareciera el rostro del mandatario, la imagen contribuyó a enlodar, una vez más, la conversación entre ciudadanos.

La pifia de Familiar y de De Mauleón se podría explicar, aunque no justificar, por otras acciones gubernamentales que han activado las alertas respecto al uso que hace la 4T de la educación para adoctrinar a los electores del futuro. En los libros de texto de quinto grado de primaria en 2019, por ejemplo, apareció una mención al triunfo de López Obrador en los comicios presidenciales de 2018, siendo esta la primera ocasión que un mandatario en funciones aparece en esa clase de materiales didácticos.[67]

---

[64] https://www.youtube.com/watch?v=1mVQmTg97mA&feature=youtu. be&t=871.

[65] https://www.elsoldemexico.com.mx/mexico/sociedad/noticias-amlo-an-dres-manuel-lopez-obrador-hoy-conferencia-mananera-carmelita-romero-ru-bio-esposa-benito-juarez-fail-video-19-noviembre-2019-4474454.html.

[66] https://www.nacion321.com/ciudadanos/opositores-hacen-el-oso-al-difundir-fake-news-sobre-amlo-y-libros-de-texto.

[67] https://www.milenio.com/politica/amlo-aparece-en-nuevos-libros-de-histo-ria-de-primaria.

Dicen que la historia la cuentan los vencedores porque pueden construir a sus anchas un relato monopólico de sus gestas. El mordaz y transgresor Luis González de Alba (1944-2016) fue uno de los escritores que de forma más crítica cuestionó la forma en que se narró el devenir de México, especialmente en su libro *Las mentiras de mis maestros*, donde derriba varios mitos sobre los que se construyó la identidad de lo que hoy es la república.

Como falleció en 2016, González de Alba no alcanzó a ser testimonio del discurso sobre el que López Obrador está construyendo el legado histórico de su administración, pero antes tuvo tiempo de poner en entredicho el supuesto carácter rupturista que el tabasqueño se atribuye. En un artículo[68] recordó que en los años setenta del siglo pasado López Obrador fue presidente estatal del PRI en Tabasco, partido al que seguiría ligado después en el Distrito Federal (actual Ciudad de México). "Cuando otros fundábamos el Partido Socialista Unificado de México, con el registro del Partido Comunista, AMLO se integraba, ya en el DF, al Instituto de Capacitación Política del PRI", narró.

En la semblanza que puede leerse del tabasqueño en su página oficial en internet[69] no existe una sola mención a su pasado priista, aunque sí del Partido de la Revolución Democrática, del que fue presidente nacional y que abandonó para fundar Morena tras una serie de luchas fratricidas. Sobre el mito construido en torno a la afiliación del tabasqueño a la izquierda, el historiador estadounidense John Womack, autor del libro *Zapata y la revolución mexicana*, opinó a finales de julio de 2018, poco después del triunfo de López Obrador en las urnas, que esa victoria electoral no era realmente de "la izquierda histórica" mexicana, sino del ala izquierda del PRI: "López Obrador es priista, nació y fue creado como priista. Era veinteañero durante el sexenio de José López Portillo. Hizo carrera política en el PRI hasta 1988 y aún así siguió siendo priista, sólo que el PRI se fracturó en dos par-

---

[68] "La izquierda de hoy en 1968". https://www.milenio.com/opinion/luis-gonza-lez-de-alba/la-calle/la-izquierda-de-hoy-en-1968.

[69] https://lopezobrador.org.mx/semblanza/.

tes", explicó Womack, quien no es muy optimista con lo que pueda surgir de la 4T: "En la mejor de las circunstancias y con la mejor suerte, López Obrador podrá convertir a Morena en una especie de nuevo PRI. Si cumple al menos algunas de sus promesas creo que empezará a ser coherente con un nuevo PRI. Si no lo hace, esa gente se va a escindir en otra cosa y la política mexicana va ser aún más incoherente".[70]

Es por esa incómoda vinculación partidaria de su juventud, pero sobre todo por la forma paternalista de gobernar, que el 29 de noviembre de 2019 el Premio Nobel de Literatura peruano Mario Vargas Llosa sacó del fondo del armario su controvertida sentencia sobre la "dictadura perfecta" mexicana con la que dos décadas antes había acuñado la mejor descripción del periodo hegemónico de 71 años del PRI en el país (1929-2000).

"México comenzaba a salir de esa 'dictadura perfecta', que al final no era tan perfecta, era bastante imperfecta para las mexicanas y mexicanos, y me temo muchísimo que el populismo, que parece realmente la ideología del actual presidente de México [López Obrador], nos conduzca otra vez a la 'dictadura perfecta' ", afirmó[71] en el Museo de Memoria y Tolerancia apenas dos días antes de que el tabasqueño cumpliera el primer año de mandato.

Un mes y medio antes ya había anticipado ese punto de vista en una entrevista con el diario *Reforma*: "No era tan perfecta, porque finalmente la dictadura desapareció, pero lo que es terrible es que vaya a resucitar, ¿no? Porque yo tengo un poco la impresión de que López Obrador es como la resurrección del PRI, del PRI que formó parte de su juventud". Y aún antes, en junio, había expresado así su parecer sobre la actual coyuntura: "A mí me preocupa mucho México. México, que es un gran país, tiene hoy en día en la presidencia a un populista. Un populista que ha obtenido una mayoría absolutamente extraordinaria, y que podría llegar a destruir la democracia mexicana y perpetuarse

[70] https://www.sinembargo.mx/28-07-2018/3449193.
[71] https://www.elfinanciero.com.mx/nacional/vargas-llosa-teme-que-mexico-vuelva-a-la-dictadura-perfecta-con-gobierno-de-amlo/.

en el poder si se lo planteara, y perpetuarse en el poder a través de mecanismos democráticos".

Solo el tiempo dirá si, pese a los años transcurridos, el escritor peruano ha mantenido intacto el ojo clínico que le permitió plasmar con tanta precisión lo que muchos mexicanos no supieron, no pudieron o no quisieron reconocer durante décadas. La posibilidad de que el país tropiece otra vez con la misma piedra se ajusta a las teorías de que la historia tiene un carácter cíclico. Como decía el historiador y filósofo mexicano Edmundo O'Gorman: "El pasado es una realidad esencialmente idéntica a cualquiera otra realidad".

Por su parte, González de Alba, con su aguda y descarnada perspectiva, aportó sus propios ingredientes a esa hipótesis al aludir a la realidad mexicana: "Por siglos hemos preferido falsificar la historia en vez de dar la cara a la verdad y reconocer nuestras flaquezas y vicios: por eso estamos condenados a repetir los errores, sin pausa ni perdón".

La idea ya había sido planteada en realidad por Karl Marx, con similar crudeza, en su obra *El 18 brumario de Luis Bonaparte*, en una referencia al filósofo del que retomó algunos postulados para plasmar sus famosas doctrinas: "Hegel dice en alguna parte que todos los grandes hechos y personajes de la historia universal se producen, como si dijéramos, dos veces. Pero se olvidó de agregar: una vez como tragedia y otra vez como farsa".

Curiosamente, en alguno de sus múltiples y extensos circunloquios sobre la historia mexicana en las mañaneras, el presidente López Obrador ha sacado a relucir la cita de Marx con la que dice coincidir en parte: "Cicerón decía que la historia era la maestra de la vida y Marx, que era un gran filósofo, decía que la historia no se repetía, solo en su versión caricaturesca, y yo creo que en eso no fue tan atinado, como en otras cosas, un gran filósofo, pero sí se repite la historia", afirmó en su rueda de prensa del 3 de febrero de 2022.[72]

---

[72] https://presidente.gob.mx/03-02-22-version-estenografica-de-la-conferencia-de-prensa-matutina-del-presidente-andres-manuel-lopez-obrador/.

El hecho de que la sentencia marxista no resulte del todo del agrado del mandatario resulta lógico si tomamos en cuenta que, por una cuestión cronológica, el personaje que él representa sería indefectiblemente una repetición en forma de "farsa" o de "versión caricaturesca" de las figuras históricas que tanto admira y que considera su inspiración: Juárez, Madero y Cárdenas.

Como cualquier otro político, el mandatario entiende que en la batalla por los votos o por mantenerse en el poder lo más trascendente es el mensaje, sin importar muchas veces los hechos objetivos que su contenido trate de plasmar (o distorsionar). Durante la mañanera del 2 de junio de 2021 aseguró que la situación de la violencia en el país había mejorado desde que llegó al poder, pese a que las cifras indicaban que prácticamente era idéntica a la de los últimos años del sexenio anterior, cuando se había situado en cifras récord.[73]

"Eso lo hemos logrado entre todos y por más que quieran magnificar no obedece a la realidad, como dice la canción de Pablo: 'No vivimos en una sociedad perfecta, pero hay paz y hay tranquilidad en el país' ", afirmó. "¿Esto incluye la parte de Aguililla, señor presidente?", le interrogó su interlocutor, sobre esa población del estado occidental de Michoacán, sumida entonces en una terrorífica espiral de violencia e ingobernabilidad. "En todos lados, en todos lados hay tranquilidad, hay paz. Hay zonas con alguna tensión. Ayer tuvimos 57 homicidios cuando traemos un promedio de 80 a 90. A ver ¿por qué no ponemos eso?, porque es más objetivo que estar magnificando. Antes se llamaba, les decía yo, sensacionalismo, y luego empezó a llamarse amarillismo. Cincuenta y siete, 18 estados sin homicidios, eso es ayer; y en tres estados, 44 por ciento. Esa es la situación de seguridad en el país. Ya, no nos vayan a cepillar por esto", respondió.

En el terreno de la justicia sucede algo parecido cada vez que el tabasqueño hace referencia a la impunidad en el país: "Yo insisto en

---

[73] https://www.gob.mx/presidencia/articulos/version-estenografica-conferencia-de-prensa-del-presidente-andres-manuel-lopez-obrador-del-2-de-junio-de-2021?idiom=es.

que, entre otras diferencias, antes se cometían delitos e imperaba la impunidad, nunca se hacía justicia; ahora es diferente, en Sonora o en cualquier estado donde se comete un delito se investiga y se encuentra a los responsables y se les castiga".[74]

En septiembre de 2020, casi dos años después de que AMLO llegara a la presidencia, la organización civil Impunidad Cero informaba que en México la probabilidad de que un delito se denuncie y se esclarezca era de tan solo 1.3%. Esta cifra se explica por la baja efectividad de las procuradurías y fiscalías del país y por la enorme cifra negra que existe, ya que en México solo 7 de cada 100 delitos se denuncian, detalló.[75]

Un mes después el diario *El Economista* situaba[76] en 92.4% los delitos que quedan en la impunidad en la nación latinoamericana. Pero pese a los datos adversos, AMLO nunca da su brazo a torcer: "Para mí es muy difícil que me digan que soy un incongruente porque cuido mis palabras, no digo algo que no vaya a poder cumplir", se jactaba el 25 de junio de 2021.[77]

AMLO, el publicista

El uso de las palabras, del lenguaje en general, es clave para entender la relación que establece con la realidad el político tabasqueño.

Quien fuera portavoz durante buena parte del mandato de Vicente Fox (2000-2006), Rubén Aguilar, resaltaba el 13 de septiembre

[74] https://lopezobrador.org.mx/2021/07/05/version-estenografica-de-la-conferencia-de-prensa-matutina-del-presidente-andres-manuel-lopez-obrador-565/.
[75] http://www.impunidadcero.org/articulo.php?id=141&t=conoce-explora-y-usa-denunciaorg.
[76] https://www.eleconomista.com.mx/politica/Quedan-en-la-impunidad-92.4-de-delitos-en-el-pais-20201023-0010.html.
[77] https://www.gob.mx/presidencia/es/articulos/version-estenografica-conferencia-de-prensa-del-presidente-andres-manuel-lopez-obrador-del-25-de-junio-de-2021?idiom=es.

de 2016 una de las características que han definido la trayectoria de AMLO: "Andrés Manuel López Obrador, el líder de Morena [Movimiento Regeneración Nacional] y el eterno candidato a la presidencia de la República, tiene una habilidad especial, que es propia de los buenos publicistas, para fijar en una frase concisa y pegadora una idea o para descalificar con un adjetivo contundente a su adversario", decía en un artículo de opinión en *El Economista*,[78] donde aseguraba que el ahora mandatario redactó la letra de un himno para el PRI cuando fue su presidente en los años setenta del siglo pasado, algo que AMLO ha negado.[79]

"El estilo de su publicidad es agresivo. La construcción de sus frases y adjetivos busca denostar y golpear de manera contundente las instituciones, los grupos y a las personas. Es común que caiga en calificativos machistas y claramente misóginos. Expresan también intolerancia. El que no piensa como él no merece respeto", añadió el exportavoz de Fox.

Ya en el sexenio de López Obrador, el periodista y escritor Jesús Silva Herzog[80] concordaba con Aguilar respecto a la fuerte influencia que el particular léxico del político de Morena tiene entre la población. "Su vocabulario se convirtió en el vocabulario común. Nos hicimos de sus palabras, repetimos sus ocurrencias, empleamos el chicote de sus insultos, absorbimos el léxico de su epopeya. Ningún político ha tenido el éxito de López Obrador para colonizar nuestra expresión e insertarse en el seno de nuestra racionalidad. Hablamos pejeñol."

Pocas deben ser las personas que no hayan escuchado alguna vez expresiones o frases del mandatario como "frijol con gorgojo", "abrazos, no balazos", "como anillo al dedo", "prohibido prohibir", "yo tengo otros datos", "yo no fabrico delitos", "no es mi fuerte la venganza", "mi

---

[78] https://www.eleconomista.com.mx/opinion/AMLO-el-publicista-20160913-0007.html.

[79] https://www.nacion321.com/partidos/amlo-realmente-escribio-un-himno-para-el-pri.

[80] https://www.reforma.com/hechizo-de-palabras-2019-06-24/op159102.

pecho no es bodega", "aceptando sin conceder", "lo que diga mi dedito", "soy dueño de mi silencio", "fuchi, guácala", "al margen de la ley, nada; por encima de la ley, nadie", "antes no había un Estado de derecho, había un Estado de chueco", "no permitimos la corrupción", "las escaleras se barren de arriba para abajo", "por el bien de todos, primero los pobres", "el pueblo de México es mucha pieza", "solo doy un paso atrás para tomar impulso", "nada por la fuerza, todo por la razón y el derecho", "piquete de ojo", "nos hace lo que el viento a Juárez", "el pueblo bueno", "grupos de intereses creados", "la república amorosa", "la transformación está en marcha", "purificar la vida pública", "las cosas hay que llamarlas por su nombre", "energía limpia para hacer negocios sucios", "no lo tiene ni Obama", "la calumnia, cuando no mancha, tizna", "no vamos a ser tapadera de nadie", "a robar a otra parte", "callaron como momias", "eso sí calienta", "ya no somos colonia de nadie", "no somos iguales", "el que se aflige, se afloja", "no es un cambio de gobierno, es un cambio de régimen", "la mafia del poder", "el dinero es el papá y la mamá del diablo", "austeridad republicana", "detente, enemigo, el corazón de Jesús está conmigo", "conservadores", "neoliberales", "neoporfiristas", "potentados", "corruptos", "hipócritas", "estrategia golpista", "clase media aspiracionista", "la oligarquía", "no tienen llenadera", "son clasistas, racistas", "los de mero arriba", "prensa corrupta, vendida", "golpe blando", "golpeador", "se creían los dueños de México", "me colmaron el plato", "el moche", "ánimo", "son tiempos de zopilotes", "estamos bien y de buenas", "quiero que serenemos al país", "tengo miedo pero no soy cobarde", "empujar al elefante reumático", "chipocludos", "abogados huichaceros", "hay tequio", "vivir en la honrosa medianía", "es un timbre de orgullo", "corcholata", "amacollados", "nunca faltan los empinadores", "se camucó", "esta ancheta está muy angosta", "no hay ni para dónde hacerse", "nobleza obliga", "amor con amor se paga", "empieza la piñata", "lamparear", "chicanadas", "fáyuca", "zaperoco", etcétera.

Quizá una de las expresiones más representativas de su repertorio, porque mezcla su sentido del humor, su rebeldía, su tozudez y su sagaz manejo del lenguaje popular es: "Me canso ganso". La primera vez que usó la frase en público fue durante la toma de protesta del 1 de diciembre de 2018[81] y fue tal el impacto que generó que el Canal 22 anunció una serie de TV con ese título y en su tierra natal, Tabasco, le regalaron una pareja de gansos en un acto público.[82]

La pericia de AMLO en el ámbito del idioma es otro de los terrenos en los que su figura se toca con la del estadounidense Trump, que también supo sacar provecho de un modo de comunicarse muy particular y cercano. "El lenguaje de Trump parece estar diseñado para alinearlo con personas que no son políticas, para afirmar su identidad como un 'hombre común' ", decía la profesora de lengua inglesa Susan Hunton, de la Universidad de Birmingham, Reino Unido, en 2017.[83] "Aunque su lenguaje, tanto en contenido como en estilo, es extraño para un líder político, es familiar para su audiencia. Es el verdadero lenguaje del populismo", añadía al citar un estudio sobre las frases usadas por el republicano en sus debates presidenciales con la candidata demócrata Hillary Clinton del año anterior.

En México, un país tan creativo en el manejo del idioma español y una potencia cultural acostumbrada a exportar figuras lingüísticas de propio cuño, es lógico que la estrategia de AMLO funcione. Paradójicamente, la táctica recibe el inestimable respaldo de la prensa, muy dada a imponer fórmulas léxicas extravagantes, pero que se pegan enseguida en la mente de los ciudadanos comunes aun cuando estos últimos no entiendan necesariamente su significado.

Abundan ejemplos de esa particular terminología periodística: "pliego petitorio", "binomio canino", "deslindar o fincar responsabilidades", "externar una opinión", "el vital líquido", "el billete

[81] https://lopezobrador.org.mx/2018/12/01/andres-manuel-lopez-obrador-rinde-protesta-como-presidente-constitucional-de-mexico/.

[82] https://www.excelsior.com.mx/nacional/frase-de-me-canso-ganso-salta-a-la-tv-canal-22-producira-una-serie/1311157.

[83] https://www.birmingham.ac.uk/research/perspective/donald-trump-language-of-populism.aspx.

verde", "la fiesta de la democracia", "la fiesta de los libros", "los amigos de lo ajeno", "contra los demonios del alcohol", "el astro rey", "a lo largo y ancho del país", "el orbe", "la imperiosa necesidad", "la cortina de humo", "el chayote", "el embute", "el chacaleo", "el nosocomio", etcétera.

En sintonía con esa característica idiosincrásica de los periodistas y en general de los habitantes del país que gobierna, el político tabasqueño sabe que antes de desacreditar o descalificar a alguien es importante usar una vieja fórmula de cortesía: "con todo respeto". El subterfugio tiene otras interesantes variantes que ha utilizado en más de una oportunidad: "El INE [Instituto Nacional Electoral], sin el ánimo de polemizar, está actuando de manera totalmente antidemocrática, y está violando la Constitución, en la letra y en el espíritu", afirmó en la conferencia de prensa matutina del 14 de marzo de 2022.

En el foro "Los desafíos de la libertad de expresión",[84] organizado por la Universidad de Guadalajara en septiembre de 2021, Salvador Camarena señaló de partícipes involuntarios a los medios de comunicación del éxito del gobernante en materia del lenguaje: "Por más que distintos especialistas lo han planteado tomando ejemplos de lo que ocurre en otras latitudes, a un mandatario como AMLO se le da bien tanto capturar las palabras para cambiarles el significado, para prostituirlas, como crear un vocabulario nuevo que se vuelve moda o referencia. Y ¿cómo logra parte de esto último? Porque los medios, otra vez, le ayudamos a incorporar en el habla cotidiana desde grandilocuentes *slogans* hasta insultos".

A diferencia de sus antecesores, López Obrador sí sabe cómo conectar con la gente a través del uso de expresiones tan sencillas como demoledoras. "Son pocos los que tienen mucho y muchos los que tienen poco" o "se va a hacer más con menos, porque se acaba la corrupción".

Esa táctica de proximidad se manifiesta también a través de la pronunciación incorrecta o el uso en formas inadecuadas de un buen

---

[84] https://www.youtube.com/watch?v=MSAnNueUK5w&t=3601s.

número de términos aparentemente sencillos, como "idiales", "petrólio", "desmistificar", "hamburguesarse", "interperie", "hubieron", "preguntastes" o "deshacieron". A veces enfatiza la mala dicción de algunos conceptos o nombres, sobre todo en otros idiomas, para reflejar su distancia de aquellos más cultivados que sí los pronuncian bien. Repite una y otra vez "vi un Twitter" en lugar de "vi un tuit", y se refiere a menudo al diario estadounidense *New York Times* como "New York Tain" y a la plataforma de series de televisión Netflix como "Nefli". Esos desliz es fonéticos se magnifican, además, por su suave acento tabasqueño.

Otro elemento que denota su perspicacia a la hora comunicar es la variación del discurso en función del auditorio al que se enfrenta. No es lo mismo escucharlo hablar en la Sala de la Tesorería del Palacio Nacional frente a los periodistas o en un acto formal ante autoridades que en un mitin en un pueblo del interior del país ante sus seguidores, donde vocifera consignas y da rienda suelta a expresiones pedestres, sin importarle en absoluto la falta de rigor de su lenguaje.

"Ha escrito una veintena de libros, pero se enorgullece de hablar con faltas de ortografía y expresarse en dichos campiranos", recordaba el escritor Jorge Zepeda Patterson,[85] uno de los pocos líderes de opinión al que se ha referido el gobernante con deferencia y hasta cierta veneración. En un largo y valioso retrato de AMLO, el autor lo describe en otro momento como "un hombre de verbo agresivo e implacable a quien nunca se le ha visto perder los estribos".

Aun ante las preguntas más incisivas que ha recibido durante los primeros años de mandato en su mañanera, que no han sido tantas como podría esperarse —ya veremos más adelante por qué—, López Obrador siempre mantiene la calma y son muy pocas las ocasiones en que ha mostrado su contrariedad con un gesto brusco o una reacción verbal realmente fuera de lugar. A su favor juega su dominio de la ora-

---

[85] https://elpais.com/ideas/2021-10-09/lopez-obrador-el-luchador-social-y-sus-enigmas.html.

toria y su innegable narcisismo, que le permiten responder de forma pausada, tomándose sus tiempos para poder medir bien sus palabras.

"Lo que les molesta más es mi lentitud. Yo ofrezco disculpas, porque no hablo de corrido y dicen que me están viendo y que dicen: 'Ya, ya, ya'. Pues no puedo, tengo que hacerlo despacio, no hablo de corrido. Pero, además, imagínense que yo diga algo impropio por la prisa, se vuelve noticia mundial. Entonces, prefiero hablar despacio", bromeó en una conferencia de prensa matutina.[86]

Al final, como buen político, su mayor virtud es decirle a la gente lo que quiere escuchar y de la forma en que quiere escucharlo. En un rasgo intensamente posverdadero, cuando AMLO habla, por ejemplo, del "pueblo bueno", o cuando asegura que "el pueblo es mucha pieza", no está afirmando nada excesivamente concreto, pero está diciendo mucho y no de forma necesariamente sincera. El término "pueblo" es un concepto que en sentido estricto abarcaría a toda la población de México, pero todo el mundo sabe que no hay un solo pueblo en ningún país. En realidad se refiere a una parte de la ciudadanía: sus seguidores, pero usar esa palabra refuerza la idea de que su ascendencia es sobre el conjunto unitario de personas que conforman la población nacional.

Aunque resulta absolutamente artificioso, es inevitable que nos haga pensar en todos los mexicanos. Respecto al calificativo "bueno", el maniqueísmo y la generalización facilona que implica no merecerían más comentario, de no ser porque detrás del adjetivo subyace un juego tramposo, casi pueril, pero muy eficaz, del que nadie en México es ajeno. Mientras el mandatario ensalza las virtudes cuasi inmaculadas del pueblo, somos conscientes de que es imposible atribuir esa cualidad a todo el espectro de la sociedad.

Hasta el expresidente Felipe Calderón (2006-2012), uno de los acérrimos rivales políticos de AMLO desde hace años —"un adversa-

[86] https://presidente.gob.mx/30-03-22-version-estenografica-de-la-conferencia-de-prensa-matutina-del-presidente-andres-manuel-lopez-obrador/.

rio, no un enemigo", como diría el tabasqueño—, reconocía en una entrevista[87] las virtudes del que fuera su contrincante en las controvertidas elecciones que lo llevaron al poder, en una revelación inusitadamente sincera: "El presidente ha sido muy hábil y siempre lo ha sido en términos políticos y mediáticos, es un animal político y mediático y eso hay que reconocerlo".

Esa habilidad, asociada directamente con la posverdad, tiene otro célebre referente en el continente americano, Hugo Chávez, quien fuera presidente de Venezuela de 1999 a 2013, ya fallecido. A diferencia de Trump, que por su propio perfil de exitoso empresario siempre hizo del dinero su religión, la crítica a lo material es un postulado central de las filosofías de AMLO y Chávez.

"Ser rico es malo, es inhumano. Así lo digo y condeno a los ricos", espetó alguna vez el gobernante sudamericano a los empresarios de su país.[88]

"Y si tenemos y no lo necesitamos o nos sobra, ¿para qué acumular?, ¿por qué no ayudar a todos y no estar pensando que la felicidad es lo material y el lujo y la frivolidad? Todo eso", dijo López Obrador en la mañanera del 12 de junio de 2020.[89]

Para ambos —y en eso es posible encontrar también semejanzas con Trump— la proximidad de un presidente con el pueblo es la llave de la transformación social y, al mismo, tiempo, la herramienta más

[87] https://www.elfinanciero.com.mx/nacional/2021/05/20/felipe-calderon-en-10-frases-sobre-amlo-elecciones-narco-y-economia/.
[88] En abril de 2005, de acuerdo con https://books.google.com.mx/books?id=s9_0DwAAQBAJ&pg=PT510&lpg=PT510&dq=%E2%80%9CSer+rico+es+malo,+es+inhumano.+As%C3%AD+lo+digo+y+condeno+a+los+ricos%E2%80%9D+hugo+chavez&source=bl&ots=-8qAPn-7Cw6&sig=ACfU3U0fjVa8nnGpRqYgn_9s3HPW8wLqkA&hl=es&sa=X&ved=2ahUKEwjak7u00dnwAhVKmK0KHVHiDN0Q6AEwBXoE-CBQQAw#v=onepage&q=%E2%80%9CSer%20rico%20es%20malo%2C%20es%20inhumano.%20As%C3%AD%20lo%20digo%20y%20condeno%20a%20los%20ricos%E2%80%9D%20hugo%20chavez&f=false.
[89] https://lopezobrador.org.mx/2020/06/12/version-estenografica-de-la-conferencia-de-prensa-matutina-del-presidente-andres-manuel-lopez-obrador-337/.

útil para afianzar sus conquistas políticas y electorales. Un principio que para el venezolano y el mexicano adquiere un carácter casi mesiánico, al presentarse como la encarnación de sus seguidores. "Ya Chávez no soy yo, somos todos, tú también eres Chávez", decía el líder bolivariano en agosto de 2012 en el estado de Bolívar.

"Yo ya no me pertenezco, yo estoy encabezando un movimiento para transformar a México y no le voy a fallar al pueblo de México", juraba López Obrador el 5 de noviembre de 2020.[90]

La hiperbólica fórmula es en realidad la culminación de un alegato que el mandatario mexicano ya anticipó al ser investido presidente en el Zócalo de la capital mexicana en un emotivo discurso de apelación a su cercanía con la gente, terreno en que no tiene rival.

"Yo les digo, de corazón, de manera sincera, les necesito. Conozco la historia, cuando gobernantes revolucionarios se desprenden, cuando gobernantes revolucionarios cometen el error de separarse del pueblo, no les va bien. Gente buena que se ha ido quedando sola por no tener la comunicación con el pueblo. Yo les necesito porque, como decía el presidente Juárez, 'con el pueblo todo, sin el pueblo nada'. Con humildad les digo tengan confianza y estoy seguro de que no me van a dejar solo, y les digo no me dejen solo porque sin ustedes no valgo nada o casi nada. Yo ya no me pertenezco, yo soy de ustedes, soy del pueblo de México. Además, sin ustedes, y esto con todo respeto, hablando en el terreno político, los conservadores me avasallarían fácilmente, pero con ustedes me van a hacer lo que el viento a Juárez."[91]

Pero no se trata únicamente de una encendida soflama en mitad de un discurso lleno de emoción. Así ve su propio partido al gobernante, como quedó demostrado poco más de tres años más tarde, cuando los senadores de Morena emitieron una declaración de respaldo al mandatario en uno de los momentos más complicados de su

[90] https://lopezobrador.org.mx/2020/11/05/version-estenografica-de-la-conferencia-de-prensa-matutina-del-presidente-andres-manuel-lopez-obrador-411/.

[91] https://videos.jornada.com.mx/video/53607147/yo-ya-no-me-pertenezco-soy-de-ustedes-amlo/.

gestión: "El Presidente Andrés Manuel López Obrador encarna a la nación, a la patria y al pueblo; los opositores al Presidente, por consiguiente, buscan detener los avances para darle al pueblo de México un futuro más digno".[92]

Desde luego, el venezolano y el mexicano no son los únicos mandatarios que alguna vez usaron esa fórmula frente a un auditorio. Por ejemplo, y aunque la comparación resultará odiosa para algunos, el dictador alemán Adolf Hitler, antes de llegar al poder, usó una fórmula parecida en un discurso ante el Reichstag (Parlamento) el 1 de septiembre de 1939: "No debería haber ninguna privación en Alemania de la que no me haga cargo de inmediato. A partir de ahora toda mi vida pertenece aún más a mi pueblo. No quiero ser ahora otra cosa que el primer soldado del Reich alemán", proclamó ante el auditorio el *führer*.[93]

El pueblo, según estos líderes, está predestinado a salir del letargo en el que lo sumieron los gobernantes que durante décadas ostentaron el poder en beneficio propio, en palabras de Chávez y AMLO: "Cónchale, pero por lo menos vean la Constitución para que no queden tan mal ante un país que aprendió ya, un pueblo que despertó ya", profirió en tono amenazador el líder bolivariano en una conferencia sobre los resultados de una gira por Euroasia, en julio de 2007.[94]

"Entonces, echan a andar una campaña sucia, de mala fe y se les revierte, porque el pueblo de México ha despertado", advirtió AMLO en la mañanera del 26 de diciembre de 2018.[95]

Y todavía existe otra similitud fundamental en sus discursos: su aversión al imperialismo estadounidense, rotunda en el caso de Chávez, más sutil en el de López Obrador. "Aquí no había soberanía, aquí

[92] https://morena.senado.gob.mx/2022/02/15/version-estenografica-gp-morena-15febrero2021/.
[93] https://www.1000dokumente.de/index.html?c=barrierefreiheit_de&l=de.
[94] http://www.todochavezenlaweb.gob.ve/todochavez/2365-alocucion-del-comandante-presidente-hugo-chavez-resultados-de-la-gira-por-varios-paises.
[95] https://lopezobrador.org.mx/2018/12/26/version-estenografica-de-la-conferencia-de-prensa-matutina-del-presidente-andres-manuel-lopez-obrador-11/.

no mandábamos los venezolanos pues, nos mandaban desde fuera, venían unos señores 'yes, are, how are you, very, chévere, very good, se reunían y muchas veces no venían", parloteaba el venezolano en un acto por el Día del trabajo en abril de 2007.

AMLO, uno de los últimos presidentes en el mundo en reconocer el triunfo del demócrata Joe Biden en las elecciones del 3 de noviembre de 2020 en Estados Unidos, a pesar de lo delicado de esa postura, contraria a lo que estaba haciendo buena parte de la comunidad internacional, aseguró poco después de aquel triunfo electoral que no iba a ceder a supuestas presiones del equipo del candidato electo para que lo hiciera, usando estas expresiones: "Que si no reconocemos, van [sic] a haber represalias. No, no tiene por qué haber represalias, porque nos estamos apegando a nuestra política de principios, a nuestra legalidad; además, no somos colonia, somos un país libre, independiente, soberano. El gobierno de México no es pelele de ningún gobierno extranjero".

3

La ética periodística en el olvido

> La ética no es una condición ocasional, sino que
> debe acompañar siempre al periodismo como el
> zumbido de un moscardón.
>
> GABRIEL GARCÍA MÁRQUEZ

Para entender la inquina de AMLO hacia la prensa, puesta de manifiesto casi a diario con la interminable ristra de descalificativos que profiere contra ella para desacreditarla y satanizarla, resulta crucial examinar cuál es el papel de los periodistas y las empresas mediáticas del país en la añeja confrontación entre el presidente y el llamado "cuarto poder".

Como dice el famoso proverbio: el tango lo bailan dos. Y aunque para muchos los ataques del mandatario a las compañías informativas y a sus responsables pueden resultar parciales e injustificados, en otros subyace un poso de verdad que pone en tela de juicio la labor de un sector profesional cuya función es capital para la estabilidad democrática.

Decía William L. Rivers en su libro *The Adversaries* que "existe una relación ideal entre los funcionarios del gobierno y los periodistas y ésta debe ser la de adversarios".[1] Esa parece ser una de las doctrinas más arraigadas entre los corresponsales acreditados en la Casa Blanca.

La visión de Rivers fue cuestionada años después por Edmund Lambeth, profesor emérito de la Escuela de Periodismo de la Universidad de Missouri en su obra *Periodismo comprometido. Un código de ética para la profesión*. Para Lambeth esa forma de entender el quehacer de

---

[1] Cita del libro.

un reportero es parcial y dañina. No debería haber una oposición sistemática al gobierno desde la prensa, sino cooperación y neutralidad entre ambos, lo cual no exenta a los periodistas de ser escépticos respecto a los funcionarios y las políticas públicas, haciendo bueno su rol de intermediarios entre el poder y los ciudadanos.

Así, forzar a López Obrador a que rinda cuentas sobre su gestión es, por tanto, un deber inalienable de los medios de comunicación mexicanos, aunque para ello es crucial que se rijan por algo que se llama "ética periodística". Y es ahí donde surge el problema.

Pero vayamos por partes.

De entrada, deberíamos desentrañar el concepto de ética periodística para saber de qué estamos hablando. De acuerdo con la Real Academia Española, la ética es el "conjunto de reglas morales que rigen la conducta de la persona en cualquier ámbito de la vida". La ética, agrega la institución, puede ser "profesional, cívica, deportiva". En una segunda acepción define el término como la "parte de la filosofía que trata del bien y del fundamento de sus valores".[2]

Como en muchas otras profesiones —especialmente en el caso de los médicos, abogados, psicólogos o profesores—, los periodistas se han visto obligados a fijar una serie de preceptos éticos para el ejercicio de su actividad a medida que iban tomando conciencia de la responsabilidad social que implicaba su labor diaria. Esa aspiración tiene como fondo teórico la deontología, que podríamos definir como "la teoría del deber", un concepto acuñado por el filósofo británico Jeremy Bentham en el siglo XIX y que se materializa en los llamados códigos éticos o deontológicos.

Así como la mayoría de los expertos y las organizaciones que estudian la materia, como la Ethical Journalism Network (Red de Periodismo Ético), fundada por el prestigioso periodista británico Aidan White, Lambeth identifica al menos cinco principios éticos básicos en la profesión. El primero, el de la *verdad*, se refiere a la precisión a la

---

[2] https://dle.rae.es/%C3%A9tico.

hora de presentar los datos, pero también al conocimiento profundo que debe tener el reportero de los temas sobre los que versan las noticias que elabora.

El segundo, el de la *justicia*, tiene que ver con el equilibrio y la honestidad, que no con la objetividad, pues este último concepto es inaplicable en esta profesión desde el momento en que el reportero es un sujeto activo y protagónico en el proceso de producción de una noticia. Porque escoge los temas, las fuentes y los datos; realiza las entrevistas, cura la información... Así, por ejemplo, si un medio no incluye la versión de alguna de las personas o instituciones implicadas en un reportaje, si un redactor escribe su texto de forma tendenciosa o si un editor usa imágenes que confunden a la audiencia, todos ellos están vulnerando este principio.

El tercero, el de la *libertad*, se refiere tanto a la necesidad de que el periodista o el medio de comunicación ejerzan su labor sin presiones de cualquier índole como a que tomen distancia respecto a cualquier actor externo que pueda influir en su trabajo. En otras palabras, la libertad conlleva no solo permitir que los profesionales y empresas del gremio trabajen sin interferencias, sino también que eviten caer en la tentación de sacar provecho de su posición de poder para obtener favores o recompensas.

El cuarto, el de la *humanidad*, implica que el reportero no debe dañar de forma directa o intencionada a los demás. Todo lo contrario: debe evitar el sufrimiento de los otros siempre que sea posible. Recuerda Lambeth que en los años sesenta del siglo XX el prestigioso diario estadounidense *The New York Times* estaba a punto de publicar un reportaje sobre la inminente invasión de la Bahía de Cochinos en Cuba por parte de las tropas estadounidenses cuando el presidente John F. Kennedy llamó al rotativo para pedirle que no lo hiciera, por cuestiones de seguridad nacional. Más tarde, el propio Kennedy admitiría que hubiese preferido que se difundiera el artículo porque habría evitado la pérdida de vidas y otros daños para su país, que fracasó en la contienda bélica.

El quinto principio, el de la *mayordomía*, tiene que ver con la responsabilidad social del periodista, quien "se encuentra en una posición única para ayudar a mantener [no solo] libres de veneno a las fuentes del discurso público, sino totalmente limpias", explica Lambeth. Este último principio, íntimamente ligado al de verdad, ha cobrado mayor sentido en los últimos años ante la creciente diseminación de noticias falsas, sobre todo a través de las redes sociales.

Tan importante resulta la existencia de estos fundamentos teóricos como su aterrizaje en reglas pragmáticas y claras que concedan sentido, legitimidad y prestigio a la profesión al obligar a los integrantes del gremio a consultarlas y aplicarlas de forma cotidiana.

En el periodismo esa motivación surgió en la primera mitad del siglo XX, cuando los medios se percataron del enorme poder que estaba adquiriendo en la sociedad. Los primeros códigos éticos fueron gremiales, creados por empresas de una misma área periodística. Por ejemplo, colectivos de diarios o de emisoras de radio. Luego vinieron códigos regionales y nacionales. Y más tarde, con la instauración de la Organización de las Naciones Unidas a mediados del siglo XX, surgieron los códigos internacionales impulsados por el nuevo fervor multilateralista.

A pesar de que todos estos avances fueron de gran valor para poner diques de contención al cuarto poder y a la vez reforzar su reputación, el paso definitivo llegó en la década de 1970 a raíz de la publicación de la única noticia que seguramente se puede encontrar en todos y cada uno de los libros de historia del periodismo. Tan relevante, si cabe, como la invención de la imprenta de Gutenberg en el siglo XV. Nos referimos a la exclusiva del diario estadounidense *The Washington Post* sobre el famoso caso Watergate que forzó la dimisión del entonces presidente del país norteamericano, Richard Nixon, en 1974.

La vieja visión de los medios como adversarios del poder, anticipada por Rivers pocos años antes, llevada hasta las últimas consecuencias. Un reportaje capaz de cambiar el rumbo de un país, derribando nada más y nada menos que a un gobernante. Una espectacular noticia cuya publicación fue posible gracias a la figura del secreto profesional, un pilar ético del periodismo por el que los reporteros pueden no revelar la identidad de las fuentes cuando eso pueda poner a alguna de las partes en peligro, en este caso elevada a la enésima potencia mediante el manejo de la fuente anónima más célebre de la historia: *Garganta Profunda*,[3] la persona que guio a los reporteros Bob Woodward y Carl Bernstein hasta la exclusiva y cuyo nombre permaneció en la sombra durante tres décadas.

Además de ser un motivo de celebración para sus responsables, semejante éxito periodístico llevó a *The Washington Post* y a otras publicaciones estadounidenses a crear, en los años siguientes, sus propios códigos éticos internos en un esfuerzo por asegurarse de que su labor se veía sometida realmente a unas reglas estrictas que la justificaban. Y qué mejor que imprimirlas en un documento, tras una fase de profunda reflexión y autocrítica. El objetivo: que nadie pudiera reclamarles, tras difundir una información, por no haber sido consecuentes con esos ideales y prácticas.

Lo más común es que todos esos documentos, independientemente de la empresa u organización que esté detrás de ellos, comiencen planteando de forma general los principios morales de la profesión para desarrollar luego diversos apartados donde se define la forma idónea de trabajo en cualquier cobertura noticiosa (ruedas de prensa, *chacaleos*, entrevistas, etc.); se establecen los tipos de fuentes de información que existen (directas, indirectas, *on the record*, *off the record*, etc.) y cómo debemos relacionarnos con ellas (manejo de rumores, secreto profesional, conflicto de interés, etc.); se fija la manera en que se producirán y editarán las noticias (agenda, coordinación, jerarquización, responsabilidades, etc.); se especifica el lenguaje que debe emplearse, tanto desde un punto de vista técnico (apegado a los cánones académicos y divulgativos) como moral (inclusivo, no discriminatorio, etc.); se clasifica

---

[3] https://www.washingtonpost.com/politics/fbis-no-2-was-deep-throat-mark-felt-ends-30-year-mystery-of-the-posts-watergate-source/2012/06/04/gJQAwseRIV_story.html.

los géneros periodísticos que utilizará el medio (noticias urgentes, entrevistas, crónicas, reportajes, análisis); se detalla el mejor camino para informar sobre temáticas corrientes (política, elecciones, economía, finanzas, cultura, ciencia, tecnología, deportes, etc.) o más sensibles (violencia de género, asuntos policiales o judiciales, crimen organizado, catástrofes naturales, epidemias, religión, raza u orientación sexual), y se alerta sobre los riesgos jurídicos de algunas actividades periodísticas (cámara oculta, respeto a menores, derecho a la privacidad, derecho al honor y la imagen, derecho de réplica y rectificación, plagio, etcétera).

Es importante señalar que el concepto de código deontológico va, o en algunos casos debería ir, más lejos que la ley. Aunque no es ajeno a ella y en varias áreas se complementan, en ocasiones puede incluso rebasarla y contravenirla. Como explica el especialista Ernesto Villanueva, del Instituto de Ciencias Jurídicas de la Universidad Nacional Autónoma de México (UNAM), "con frecuencia se suele afirmar que los códigos deontológicos son innecesarios, ya que, en todo caso, los valores primordiales de la sociedad se encuentran a salvo, en virtud de que están jurídicamente protegidos en la legislación penal". Sin embargo, aclara, "esta afirmación debe calificarse de errónea, porque confunde los fines y propósitos de ambos cuerpos normativos".[4]

"Si los contenidos de la actividad periodística se intentasen garantizar principalmente a través de normas jurídicas, el peligro es que se podría encorsetar, sofocar y obstaculizar la propia libertad de expresión a través de una rígida coacción exterior y de una tipificación exagerada de conductas y manifestaciones en que lo lícito o ilícito se encuentra a veces en fronteras muy difíciles de deslindar", añade el jurista español Manuel Núñez Encabo. "En definitiva, en relación con el ejercicio del periodismo, es preferible aplicar un máximo ético y un mínimo jurídico", ahonda el catedrático de la Universidad Complutense de Madrid, que no obstante hace hincapié en que los compromisos asumidos en los códigos deontológicos de los medios deben ser

---

[4] https://biblio.flacsoandes.edu.ec/libros/digital/46858.pdf.

públicos porque estos últimos "ejercen claramente una función pública que afecta al mismo tiempo a todos los ciudadanos".[5]

En su reflexión sobre las diferencias entre la ética y el derecho, Villanueva[6] recalca que las normas éticas son autónomas (creadas por el sujeto que debe cumplirlas) y las jurídicas son heterónomas (creadas por un sujeto distinto al que van dirigidas). También son imperativas (establecen obligaciones para el sujeto que las creó), mientras que las segundas son imperativo-atributivas (estatuyen obligaciones y confieren derechos al sujeto de derecho). Son voluntarias (su cumplimiento tiene como premisa el convencimiento personal), en tanto las otras poseen la coercibilidad como sanción a la conducta contraria a la establecida como debida. Son particulares (dirigidas únicamente a quienes integran el gremio periodístico) frente a la generalidad que plantean las jurídicas (destinadas a todas las personas sujetas al sistema normativo). Y, por último, tienen como propósito la dignificación y el reconocimiento social, una finalidad distinta a las segundas, que buscan asegurar las condiciones mínimas para la coexistencia pacífica de los hombres en el seno de la sociedad.

A nivel internacional, no faltan valiosos prototipos de códigos de ética periodística, instrumentos que algunos equiparan con una suerte de biblia para la profesión, pero que en la práctica se asemejarían más al reglamento de un deporte. Entre los más elaborados y acuciosos sobresalen los de agencias de noticias internacionales como Reuters, de origen británico; Associated Press (AP), de Estados Unidos; Agence France Press (AFP), de Francia, o EFE, de España. Pero también el Libro de Estilo del diario español *El País* o las Pautas Editoriales de la cadena de televisión británica BBC, además de los documentos elaborados por los más afamados diarios estadounidenses, como *The New York Times* o *The Washington Post*.

---

[5] https://idus.us.es/bitstream/handle/11441/38799/Pages%20from%20LIBRO_ACTAS_3ICME_red-3.pdf;jsessionid=EDF8E53F7D6E49EB0DF056278A965308?sequence=1.

[6] https://biblio.flacsoandes.edu.ec/catalog/resGet.php?resId=46806.

Históricamente, la implantación de códigos éticos periodísticos en el mundo fue a varias velocidades, según el país y según el continente. En el caso de México, debemos entender que el debate sobre la cuestión llega bastante tarde respecto de Estados Unidos y Europa.

Es en la década de 1970, justo después de superar el ecuador de la hegemonía del Partido Revolucionario Institucional (PRI), un contexto en el que predominaba el oficialismo de una prensa supeditada a la publicidad oficial y donde proliferaban los llamados "chayotes" (dádivas) con los que las autoridades lograban que los reporteros escribieran de forma favorable a su gestión.

Es entonces cuando, apenas cuatro años después del Watergate, se produce la famosa salida del diario *Excélsior* de su director, Julio Scherer García, y de varios colaboradores, propiciada por la presión del gobierno de Luis Echeverría (1970-1976) a raíz de la negativa de la publicación a sumarse al "rito de la adulación al poder", en palabras del histórico periodista, que luego fundaría el prestigioso semanario *Proceso*.

Aunque el episodio fue el punto de quiebre que marcó el inicio del resquebrajamiento progresivo del modelo de subordinación de la prensa mexicana, todavía hubo que esperar a la década de 1990 para que se dieran los primeros pasos efectivos hacia una deontología periodística en las empresas informativas locales.

Primero, con la creación de un Defensor del Lector en el periódico *Unomásuno*, en 1992. Después, con la instauración de esa figura y el lanzamiento de los primeros recursos autorregulatorios por parte del diario *El Economista* en 1993. Y, finalmente, con la creación de códigos éticos propios por parte de *El Norte*, de Monterrey, ese mismo año, y *El Nacional*, en 1994, a los que siguieron *Novedades*, *El Financiero*, *Reforma*, *El Universal*, entre otros.

A nivel gremial, los medios electrónicos privados mexicanos se juntaron para redactar unas pautas éticas comunes de operación en 1995 a través de la Cámara Nacional de la Industria de Radio y Televisión (CIRT), actualizando un texto que habían elaborado hacía décadas, pero que permanecía lejos del escrutinio público, lo cual restaba todo sentido a la iniciativa y levantaba sospechas sobre el interés de sus firmantes de dar realmente seguimiento a las reglas que el texto estipulaba.

Más tarde vendrían los códigos de ética de los medios públicos como Canal Once y Canal 22, en televisión; Radio Educación e Instituto Mexicano de la Radio (IMER), en la radio, y la agencia de noticias Notimex, un rezago que explicaría también las dificultades que han experimentado estas organizaciones para lograr una verdadera independencia del poder y dejar de ser vistas como aparatos gubernamentales en lugar de ser vistas como lo que deberían ser: estatales.

Aunque la CIRT tiene un manual deontológico vigente, que muchas empresas televisivas y radiofónicas dicen seguir, eso no las exime de crear uno propio, como sugiere la Ley Federal de Telecomunicaciones y Radiodifusión: "Los concesionarios de radiodifusión o de televisión o audio restringidos deberán expedir Códigos de Ética con el objeto de proteger los derechos de las audiencias. Los Códigos de Ética se deberán ajustar a los lineamientos que emita el Instituto, los cuales deberán asegurar el cumplimiento de los derechos de información, de expresión y de recepción de contenidos en términos de lo dispuesto en los artículos 6° y 7° de la Constitución. Los lineamientos que emita el Instituto deberán garantizar que los concesionarios de uso comercial, público y social cuenten con plena libertad de expresión, libertad programática, libertad editorial y se evite cualquier tipo de censura previa sobre sus contenidos", dice el Título Cuarto de esa normativa.[7]

Pese a los intentos mencionados en las diferentes áreas del negocio informativo mexicano, la realidad de la deontología periodística en México presenta hoy en día un triste panorama. No solo en cuanto al limitado cumplimiento de las normas éticas por parte de las empresas que se rigen por esa clase de códigos, internos o sectoriales, sino también, y esto es igual o más grave, en cuanto al raquítico número de medios que disponen de uno de esos manuales y lo han hecho público.

---

[7] http://www.dof.gob.mx/nota_detalle.php?codigo=5352323&fecha=14/07/2014.

El tristemente desaparecido Omar Raúl Martínez, académico de la Universidad Autónoma Metropolitana y uno de los eruditos en la materia a nivel nacional, denunciaba en 2016 que "la preocupación ética de los medios y periodistas expresada en documentos de ese carácter en nuestro país continúa siendo mínima". La Secretaría de Gobernación tenía registrados por aquel entonces en todo el territorio nacional a 730 canales de televisión, mil 488 emisoras de radio, alrededor de 340 periódicos y unas 460 revistas. Sin embargo, hasta 2014, solo se conocían 36 códigos éticos de medios de comunicación. Estamos hablando de poco más de 0.1 por ciento.

Aunque no existen estadísticas oficiales recientes ni nuevos estudios al respecto, la escuálida proporción no parece haber variado mucho en los últimos años. Aunque algunos medios nativos digitales, contrario a lo que muchos podrían pensar, se han preocupado por crear esa figura. Tal es el caso, por ejemplo, de *Animal Político*[8] o *Cultura Colectiva*.[9]

A esta terrible carencia se suma la mala imagen que arrastran históricamente los medios en México, ligada a que durante décadas muchos de ellos fueron cómplices de la forma autoritaria de gobernar del priismo. Por desgracia, los resabios de esas dinámicas siguieron lastrando la imagen de los diarios, las televisoras y las radios, pese a las esperanzas surgidas a raíz de la transición democrática registrada en el cambio de milenio, con el triunfo del Partido Acción Nacional.

Consciente de ello, AMLO no ha dudado en recalcar este fenómeno negativo en público cada vez que ha podido: "¿Cómo les va a convenir la democracia a las grandes empresas de comunicación, si ellos eran los que mandaban antes? Ya lo he dicho muchas veces, no era el cuarto poder, era el segundo y a veces llegaron a ser el primer poder, ellos ponían a las autoridades, llegaron a poner a un presidente, aunque parezca increíble", denunció en la mañanera del 2 de agosto

---

[8] https://www.animalpolitico.com/codigo-de-etica/.
[9] https://news.culturacolectiva.com/codigo-de-etica/.

de 2021,[10] en la que se mostró más agresivo que de costumbre con la prensa, a la que acusó de sabotear con su supuesta indiferencia la consulta popular para que los ciudadanos dieran el visto bueno a su plan de enjuiciar a los presidentes que le precedieron, un ejercicio que no logró ser vinculante debido el escaso poder de convocatoria que tuvo.

Tiempo antes, el coordinador general de Comunicación Social de la presidencia y vocero de AMLO, Jesús Ramírez Cuevas, ya había expresado la visión del gobierno respecto a la tendencia histórica de los medios de aliarse con el poder: "Este país ha cambiado y uno de los ámbitos donde es muy claro eso es el de los medios. Venimos de una tradición de medios con una fuerza enorme, sobre todo radio y televisión. Eran 'Los Medios'. Eso se acabó ya. Siguen siendo muy influyentes, tienen todavía mucha audiencia, siguen marcando en cierta manera el debate, pero ya hay otras fuentes, otras dinámicas y otras formas de informarse".[11]

Más adelante señaló: "Venimos de un sistema autoritario que tenía el control absoluto de los medios, de los contenidos y del debate público. Luego, el neoliberalismo deterioró al poder político y económico, y su correlato fue el cambio del papel de los medios. Al empoderarse el poder económico, debilitó y subordinó al poder político. Esto es importante porque pasamos de la frase tan famosa del Tigre Azcárraga de 'hago televisión para jodidos y soy soldado del PRI' a un momento en el que Televisa ya estaba fabricando un presidente, con el poder para quitar de la contienda a quien quisiera. No solo fue dictar la agenda, sino establecer una colonización del presupuesto público. Las empresas mediáticas se diversificaron, se volvieron constructoras, se volvieron empresas energéticas, empresas proveedoras del gobierno en diversos campos; hasta a la industria farmacéutica fueron a parar algunos".

---

[10] https://www.gob.mx/presidencia/articulos/version-estenografica-conferencia-de-prensa-del-presidente-andres-manuel-lopez-obrador-del-2-de-agosto-de-2021?state=published.

[11] https://piedepagina.mx/se-acabo-la-subordinacion-del-presidente-con-los-medios/.

Manuel Alejandro Guerrero, catedrático de la Universidad Iberoamericana, relata también,[12] con mucha claridad, cómo fueron los años del priato para la libertad de prensa y el derecho a la información. "Desde los años cuarenta los términos de esta relación se mantuvieron casi inalterados hasta la década de los ochenta, basados en un intercambio de tipo corporativo de beneficios económicos hacia los medios —desde exenciones fiscales hasta compensaciones salariales directas— por apoyo político y lealtad hacia el régimen." Guerrero recupera un interesante concepto acuñado por el afamado periodista Miguel Ángel Granados Chapa: la "censura ambiental".

"Más que un control sobre la prensa —dice Granados Chapa (1981), en relación con el contexto—, la verdad es que hay autocontrol, un tipo de censura ambiental. Los periódicos saben hasta dónde pueden llegar, o saben al menos hasta dónde quieren llegar. Los eventuales mecanismos de control no se utilizan, pues son innecesarios", rememora el académico. Las relaciones entre la clase política y los dueños de los medios, la centralización de la información, el control gubernamental sobre el papel imprenta y sobre la distribución, las compensaciones salariales a periodistas y la publicidad oficial fueron algunos de los elementos que caracterizaron los complejos lazos entre el poder priista y la prensa.

Sin embargo, aun cuando algunos de aquellos vicios se han mantenido, los avances democráticos en el país han dotado a los medios de mayor independencia. Entonces, ¿tiene realmente razones AMLO para atacar así a la prensa? ¿Está realmente en el olvido la ética periodística en México?

Resulta difícil de negar la falta de interés, en general, de las empresas informativas en regular su actividad con códigos internos o de cumplirlos en el caso de aquellas que los tienen. A diario abundan ejemplos de noticias donde se vulneran estándares básicos de la profesión, pero hay casos que sobresalen.

---

[12] https://www.ine.mx/wp-content/uploads/2021/02/CDCD-34.pdf.

Sin entrar en valoraciones editoriales o ideológicas, el enemigo por antonomasia de AMLO, el diario *Reforma*, ha caminado en varias ocasiones sobre el alambre en términos de la ética periodística desde el 1 de diciembre de 2018, y directamente se ha precipitado alguna vez al vacío con algunas publicaciones, pese a que la línea crítica del periódico con el poder no difiera mucho de la que ha tenido con administraciones anteriores.

Tampoco ha cambiado su ofensiva mediática contra el tabasqueño, que fue feroz durante el largo tiempo en el que este último desarrolló su carrera política y lo sigue siendo ahora que tiene las riendas del país.

El ejemplo más flagrante y, a la vez, más polémico, fue cuando el periódico denunció en su portada una supuesta persecución del gobierno mediante presiones del Servicio de Administración Tributaria (SAT) en marzo de 2019. "Usan al SAT para intimidar a Reforma" fue el título de la información, que iba acompañaba de una fotografía en primera plana de los dueños del diario en las oficinas del recaudador de impuestos y comenzaba con un especulativo "En lo que puede interpretarse como un intento por presionar la labor periodística de esta casa editora...".[13]

Aunque el protagonismo de los medios de comunicación y los periodistas ha ido incrementándose por los ataques directos del presidente en sus conferencias de prensa diarias, nunca deberían ser el centro de la noticia, de acuerdo con cualquier manual de buenas prácticas de la profesión.

La noticia de portada de *Reforma* podría haberse justificado como un editorial o un artículo en la sección de opinión. Estirando mucho, hasta podría haberse incluido como una información más en las páginas interiores, si se le hubiera suprimido su cariz tendencioso e hipotético. Sin embargo, en primera plana y con ese enfoque incendiario, nada más pareció dar pábulo a la particular disputa del periódico con

---

[13] https://www.reforma.com/aplicaciones/articulo/default.aspx?id=1626324&utm_source=Tw&utm_medium=@Reforma&utm_campaign=pxtwitter.

el presidente, una pugna en la que los únicos que ganan son el primero, vendiendo más ejemplares, logrando más suscripciones o logrando
más publicidad, y el segundo reforzando su mensaje victimista e incrementando la fidelidad de sus seguidores y el encono que estos profesan
hacia los sectores opositores. Los derrotados aquí, los que más pierden,
son los ciudadanos y la democracia en general, porque el episodio solamente sirve para alimentar la polarización nacional.

La desidia de los medios de comunicación

Una laguna ética bastante frecuente —no solo en México sino también en otros países— es la falta de preocupación que muestra la
prensa respecto de la veracidad o falsedad, la exactitud o imprecisión,
de los comunicados de los estamentos oficiales que llegan a las redacciones, sobre todo aquellos relativos a temas como la cultura o la
ciencia, donde escasean los verdaderos especialistas.

Este fenómeno, que se traduce en una vulneración del deber de
la prensa de llevar la verdad a las audiencias, es causado, en parte, por la
precariedad con la que trabajan muchas veces los reporteros o, simplemente, por la desidia de los medios de comunicación. El 12 de abril
de 2016 la Universidad Nacional Autónoma de México (UNAM) remi-
tió a los medios un comunicado con un titular tan atractivo que muy
pocos periodistas desistieron de hacer una noticia con su contenido.

"En México hay más de 3 000 volcanes monogenéticos sus-
ceptibles de registrar una gran explosión", titulaba el boletín,[14] que
fue replicado de inmediato por un buen número de portales informativos[15] a pesar de que en el interior del texto se explicaba que "a
diferencia de los [volcanes] poligenéticos —con varias erupciones,

---

[14] https://www.dgcs.unam.mx/boletin/bdboletin/2016_233.html.
[15] https://aristeguinoticias.com/1204/kiosko/mas-de-3-mil-volcanes-monogene-
ticos-con-potencial-de-explosion-en-mexico/?fb_comment_id=83896627289
9817_839097319553379.

una vida larga y grandes edificios—, los monogenéticos tienen una sola expulsión, una existencia corta y suelen ser pequeños", y ponía como ejemplo de estos últimos al Paricutín, en Michoacán, a mediados del siglo xx.

Sin ser expertos en la materia, deberíamos preguntarnos, de entrada, cómo es posible cuantificar los volcanes monogenéticos proclives a erupcionar si solo lo hacen una vez y, obviamente, sin advertencia previa alguna. El único medio que contactó con la responsable del proyecto en la UNAM fue la agencia española de noticias EFE.[16] La investigadora le confirmó que este tipo de volcán "hace una erupción una sola vez en un lugar donde no hay un volcán" previamente. "Va a haber una erupción en los próximos mil años, estaría bastante segura de ello, pero puede ser también en 50, 100 o 200", añadió la experta, agregando un matiz que tiraba por tierra el alarmante y sensacionalista titular del comunicado de la Universidad Nacional.

Algunos medios y periodistas mexicanos presentan también carencias éticas en el indispensable respeto a los menores en los contenidos de sus noticias, a pesar de que en los últimos años ha incrementado la concienciación sobre el asunto. Sirva de ejemplo la primera plana de *Reforma* de junio de 2021, en la que expuso las fotografías de los rostros de infantes enfermos de cáncer en portada para cuestionar al subsecretario de Salud del gobierno de la 4T, Hugo López-Gatell, en una noticia titulada "Incumple con niños… y acusa golpismo".[17]

El rotativo aclaró en una leyenda en el pie de las fotos que los padres de los niños, que llevaban meses reclamando a las autoridades la entrega de medicamentos para combatir la enfermedad, dieron su consentimiento para la aparición de los menores, pero aun siendo así, ¿no es un recurso amarillista, indigno de uno de los principales periódicos del país, mostrarlos de esa forma? Más aún, ¿se preguntó el responsable de la difusión de las instantáneas qué sucederá cuando, dentro de

[16] https://www.efe.com/efe/america/mexico/los-3-000-volcanes-monogeneticos-mexicanos-causa-de-estudio-y-atencion/50000545-2894588.
[17] https://www.reforma.com/incumple-con-ninos-y-acusa-golpismo/ar2211257.

unos años, algunos de los niños, ya adultos, vean cómo fueron expuestos de esa manera, por muy loable que fuera la causa?

La misma lógica pareció seguir el canal de televisión Milenio cuando, el 4 de febrero de 2022, a mediodía, mostró imágenes del interior de una ambulancia en la que se observaba a un joven de Guanajuato, de 29 años, enfermo de covid-19 que llevaba 15 horas esperando para ser atendido en un hospital de la Ciudad de México. Si bien la denuncia es parte de la labor de la prensa, no había ninguna necesidad de mostrar al paciente con una mascarilla de oxígeno, el rostro demacrado y los ojos en blanco aparentemente debatiéndose entre la vida y la muerte.

Antes de mostrar las imágenes, el conductor de Milenio pidió discrecionalidad y aseguró que el canal había obtenido permiso de los familiares para mostrarlas. Sin embargo, eso no exime de la responsabilidad ética frente a la audiencia evitando exponerla a esas imágenes, especialmente en un horario para todos los públicos.

Detalla el Manual de Periodismo de la agencia de noticias internacional Reuters[18] que "al cubrir a las personas en las noticias", sus reporteros deberán "tratar a las víctimas con sensibilidad" y "evitar el sensacionalismo y la exageración". "Las áreas de televisión y fotografía deben tener cuidado al usar material gráfico que pueda lesionar la dignidad de las víctimas y causar angustia a sus familiares. Pregúntate cómo te sentirías si un pariente tuyo fuera claramente identificable al ser registrado", añade, con una cámara de fotos o de televisión.

En uno de los picos de la pandemia del coronavirus, el 11 de enero de 2021, Milenio había mostrado también imágenes de un joven moribundo abandonado en la calle frente a un centro hospitalario en Jalisco[19] y la discusión, grabada con un celular, entre la persona que aparentemente lo había llevado hasta allí y el personal médico que se negaba a atenderlo.

---

[18] https://www.trust.org/contentAsset/raw-data/652966ab-c90b-4252-b4a5-db8ed1d438ce/file.

[19] https://www.milenio.com/politica/comunidad/coronavirus-jalisco-hombre-abandonado-cruz-verde-leonardo-oliva.

En esas mismas fechas, en otro caso de vulneración de derechos fundamentales, *Reforma* compartió con *El Universal*, otro de los diarios fustigados habitualmente por AMLO, el dudoso privilegio de publicar una fotografía, viralizada previamente en las redes sociales, de una persona supuestamente fallecida por el covid-19 tirada en el suelo en una habitación de hospital en la capital mexicana. "Llega, lo atienden... pero fallece" fue el efectista encabezado de la noticia con la que *Reforma* pretendía denunciar la saturación de los servicios sanitarios y cuestionar así la labor del Ejecutivo en materia de salud pública y de manejo de la pandemia.[20]

Si bien el código de ética de *Reforma* no es de acceso público ni se puede revisar en su página web, como debería ser siempre para transparentar más la labor de los medios, *El Universal* sí dispone de uno al alcance de todo el mundo.[21] Ese manual incluye un apartado titulado "Respeto", donde reconoce que las personas tienen derecho a la privacidad, y otro denominado "Consideración", donde asegura que sus periodistas deben ser "especialmente cuidadosos en momentos de aflicción, pérdida personal o agobio emocional extremo en el que pudieran encontrarse inmersas las personas". Obviamente esas condiciones no se cumplieron en la noticia divulgada.[22]

Los episodios compartidos dejan clara la inclinación de los medios mexicanos a caer en el controvertido género de la "nota roja", una forma de sensacionalismo que cuenta con el ingrediente de violencia extrema que atribula, pero que también define a la sociedad mexicana.

Hace años que las imágenes de la sangre y los cadáveres de las víctimas de ese fenómeno —a veces desmembradas, otras colgadas, encajueladas, incineradas o disueltas en ácido...— llenan las hojas de los periódicos y los portales de noticias en internet, en una estrategia mediática que se queda a medio camino entre la denuncia y el imán para atraer audiencias.

---

[20] https://www.reforma.com/llega-lo-atienden-pero-fallece/ar2100513?v=2.

[21] https://www.eluniversal.com.mx/codigo-de-etica.

[22] https://www.eluniversal.com.mx/metropoli/cdmx/explican-foto-de-paciente-en-el-piso-de-un-hospital-de-cdmx.

El periodismo mexicano debería preguntarse cuánto aporta realmente a la sociedad el consumo de esa clase de materiales, más allá de saciar el morbo de algunos ciudadanos y generar más audiencia. Además, debería analizar si merece la pena saltarse las reglas más básicas de la ética periodística, tomando en cuenta que su incumplimiento le impide robustecer su imagen de credibilidad ante los ciudadanos y contradice su razón de ser como un servicio público.

La advertencia a la audiencia sobre la difusión de imágenes explícitas está incluida en el Acuerdo para la Cobertura Informativa de la Violencia, suscrito en 2011 por Televisa, TV Azteca, Grupo Multimedios, *El Universal, Excélsior, El Economista, La Razón*, Grupo Expansión, *Nexos, Etcétera*, Canal Once, Canal 22, Grupo Imagen, Grupo Radio Fórmula, Grupo Radio Centro, Grupo ACIR, W Radio y el Instituto Mexicano de la Radio. No todos sus firmantes han aplicado *a posteriori*.[23]

Los dos primeros objetivos del acuerdo son "proponer criterios editoriales comunes para que la cobertura informativa de la violencia que genera la delincuencia organizada con el propósito de propagar el terror entre la población no sirva para esos fines" y "establecer mecanismos que impidan que los medios se conviertan en instrumentos involuntarios de la propaganda del crimen organizado", aspiraciones que en la práctica casi nunca son satisfechas, pues a diario proliferan imágenes en los medios de masacres o asesinatos cometidos por violentos grupos armados que comportan mensajes simbólicos cuyo efecto en la opinión pública no es otro que la diseminación del miedo y la angustia entre los ciudadanos.

La vulneración de la ética periodística en esa clase de informaciones no se limita exclusivamente a la distribución de material gráfico sensible. A través del lenguaje también es posible caer en el amarillismo de la "nota roja" y contravenir los preceptos más básicos de cual-

---

[23] https://expansion.mx/nacional/2011/03/24/medios-mexicanos-firman-un-acuerdo-para-informar-sobre-violencia.

quier código deontológico. No olvidemos que el idioma es la materia prima principal con la que trabajamos los periodistas y debe cuidarse tanto como el propio contenido que difundimos, pues la forma es también fondo.

Eso explica, por ejemplo, que los manuales deontológicos de muchos medios incluyan un apartado sobre el buen uso de la lengua, evitando, por ejemplo, caer en discriminación de cualquier tipo. Las más atentas al buen uso del idioma suelen ser las agencias de noticias, que por la dispersión geográfica de sus corresponsalías u oficinas deben unificar al máximo sus formas de comunicar.

Deudas con la ética periodística

Ciro Gómez Leyva se encuentra entre las figuras del periodismo nacional a las que el presidente ha reprobado más de una vez en las mañaneras,[24] cuando ha tratado de justificar su agresividad contra los medios que lo cuestionan argumentando que sus ataques contra lo que califica de prensa "vendida", "alquilada", "corrupta" y "deshonesta" van dirigidos a los dueños y sus cabezas informativas, muchos de los cuales ejercen toda su influencia mediática en calidad de líderes de opinión masivos.

Pareciera que razones no le faltan. Más allá de la editorialización de la información, que tampoco juega a favor del buen nombre del periodismo, pero que es un fenómeno global inherente al cuarto poder desde sus orígenes, ¿de qué forma se podría defender la actitud que asumió Gómez Leyva en febrero de 2020, al entrevistar en la emisora Radio Fórmula al abogado Javier Coello, representante legal del exdirector de Petróleos Mexicanos (Pemex), Emilio Lozoya, tras ser capturado este último en España por un sonado caso de corrupción?

---

[24] https://www.gob.mx/presidencia/es/articulos/version-estenografica-conferencia-de-prensa-del-presidente-andres-manuel-lopez-obrador-del-25-de-febrero-de-2021?idiom=es.

117

"Detenido su defendido Emilio Lozoya en España", le informó en vivo el periodista al letrado. "Bueno, pues vamos a preparar la defensa en España y aportaremos todas las pruebas en el juicio de extradición y bueno, pues, empieza el litigio fuerte", respondió el entrevistado.[25] "Híjole, qué dura noticia, Javier", agregó el periodista, en una muestra de empatía que, más allá de la cortesía, jamás debería darse con una fuente de información.

El periodismo mexicano, en general, tiene otra deuda con la ética periodística en la falta de rigor en el manejo de las fuentes de información. Uno de los ejemplos más claros de esa carencia en los primeros años del sexenio de AMLO, aunque no fue una noticia que perjudicara directamente a su gobierno, es el de la cobertura que se hizo del partido de futbol entre el Querétaro y el Atlas el 5 de marzo de 2022 en el Estadio Corregidora.

Al margen de la falta de ética de muchos medios que replicaron videos subidos a redes sociales por aficionados con imágenes violentas que jamás debieron llegar a la audiencia, es interesante analizar la forma en que se propagó un bulo respecto al número de personas que supuestamente habían fallecido por los enfrentamientos entre grupos rivales dentro del estadio.

La falsa noticia surgió de un corresponsal de TV Azteca, David Medrano, que difundió el rumor en Twitter:[26] "Se habla de personas fallecidas en El Corregidora", señaló primero. Doce minutos después, lanzaba un dato en apariencia más preciso: "La primer cifra extraoficial es de 17 fallecidos".[27]

El manejo de una fuente extraoficial, bastante habitual entre periodistas y medios mexicanos, es sin duda un paso arriesgado. Como bien señala el adjetivo, ese tipo de fuente no tiene un carácter oficial. Es decir, estamos hablando de un funcionario o una institución públi-

---

[25] https://www.radioformula.com.mx/noticias/20200212/emilio-lozoya-abogado-javier-coello-pemex-otros-implicados-ultimas-noticias/.

[26] https://twitter.com/medranoazteca/status/1500291086450896900.

[27] https://twitter.com/medranoazteca/status/1500294274729975814.

ca que entregan la información, pero no en el ejercicio de su cargo o función. Eso no significa que esa fuente sea intrínsecamente peor que la anterior, pero debemos ser más cuidadosos con ella.

No olvidemos que, al final, detrás de una fuente oficial que acepta esa condición al informarnos se espera que haya un funcionario o una institución que den la cara si se les pide hacerlo, mientras que para una fuente extraoficial podría resultar más fácil librarse de la responsabilidad de asumir las consecuencias de la difusión de un dato.

La precipitación juega también malas pasadas en esos casos. Ganar la exclusiva resulta un premio demasiado atractivo para algunos. Pocas semanas después de la tragedia del estadio de Querétaro se produjo otro incidente que puso en entredicho también la precipitación que muchas empresas informativas nacionales e internacionales muestran a la hora de manejar informaciones sensibles. Nos referimos a un incidente que provocó imágenes de pánico en el aeropuerto de Cancún.[28] La versión de que había habido un tiroteo en una terminal, que en realidad surgió de comentarios de usuarios en redes sociales desde el lugar, acabó resultando un simple bulo alarmista que poco tuvo que ver con lo que en realidad pasó: la gente se asustó ante el estruendo ocasionado por la caída de unos letreros.

Siguiendo con las lagunas en el manejo de las fuentes, mientras algunos citan encuestas realizadas en redes sociales[29] para reforzar la línea editorial del medio, pese a no ser tal vez la opción más idónea por las sombras que se ciernen sobre las redes sociales respecto a la verdadera identidad de sus usuarios, otros, en especial los diarios, tienen la costumbre de citar a la competencia sin ningún pudor cuando no disponen de una información en exclusiva, pero quieren publicarla de todas formas, aun a sabiendas de que su actitud no resulta recomendable para la salud del derecho a la información y la democracia.

---

[28] https://www.jornada.com.mx/notas/2022/03/28/politica/reportan-balacera-en-el-aeropuerto-de-cancun/.

[29] https://twitter.com/CiroGomezL/status/1226879113014710272.

Incluso es habitual que en algunos medios se utilice a otro periodista como fuente de una información, como sucedió en la emisora W Radio cuando, en marzo de 2022, entrevistó a una reportera del diario español *El País* que había realizado un reportaje sobre el impacto de las obras del Tren Maya, la famosa obra de infraestructura turística impulsada por AMLO en el sudeste del país.

Si bien ambos medios tienen como accionista al Grupo Prisa, el periodista nunca debería tener ese protagonismo en un producto informativo porque eso resta credibilidad e imparcialidad al medio.[30]

El corporativismo es más grave si cabe en situaciones en las que otra empresa informativa es el foco realmente de la noticia, como cuando Televisa lanzó su alianza para crear una empresa de contenidos con la cadena hispana de Estados Unidos Univision. El director de *El Universal*, David Aponte, entrevistó entonces al dueño del conglomerado mediático mexicano, Emilio Azcárraga, un hombre que acostumbra a hablar poco con la prensa. Si bien es cierto que le preguntó sobre la fuerte división reinante en el país a raíz de la elección de López Obrador como mandatario, que dio pie al titular de la entrevista, una cita de Azcárraga ("La apuesta es invertir por México y el diálogo ante la polarización"), no le consultó sobre cuestiones claves como la publicidad oficial que sigue recibiendo el gigante de la información hispana o las críticas que ha recibido del gobernante. Es más, el texto tenía como colofón una frase que no representa precisamente el carácter incisivo que una entrevista de esas características podría y debería haber tenido: "Emilio Azcárraga se despide, convencido de que todos debemos encontrar el justo medio y trabajar en conjunto por el bien del país".[31]

Hay más ejemplos de figuras difícilmente sostenibles desde el punto de vista de las buenas prácticas en la obtención y difusión de la

---

[30] Peor aún si titulas la información: "Lamentable la devastación provocada por el Tren Maya: Teresa de Miguel". https://wradio.com.mx/programa/2022/03/03/asi_las_cosas/1646331161_648711.html.

[31] https://www.eluniversal.com.mx/cartera/emilio-azcarraga-la-apuesta-es-invertir-en-mexico-y-el-dialogo-ante-la-polarizacion.

información. El 4 de febrero de 2021, al dar la noticia de que una audiencia judicial del empresario Alonso Ancira había sido suspendida, los responsables de la página web de Joaquín López Dóriga, otro comunicador expuesto y criticado de forma constante por AMLO, usaron la injustificable fórmula "según detallan reporteros de la fuente cercanos al caso", para explicar las razones del aplazamiento.[32]

Parece difícil imaginar una fuente menos directa y más endeble que esa. De por sí, hablar de "fuentes cercanas al caso" se usa únicamente cuando necesitamos mantener su anonimato por razones de seguridad —y tampoco es lo más recomendable—, pero si hablamos de citar a un reportero de la fuente que es "cercano al caso" estamos siendo todavía más vagos y, por tanto, sosteniendo la información con una fuente de muy dudoso valor.

En este apartado, López Dóriga protagonizó un sonado resbalón al anunciar el que podría haber sido el primer fallecimiento por covid-19 de la pandemia del coronavirus el 16 de marzo de 2020, una noticia que todos los medios estaban pendientes de dar.

"La muerte de José Kuri Harfuch fue confirmada por la familia. Luego la @SSalud_mx la corrigió. Esperamos su siguiente comunicado", rectificó después el periodista en Twitter, la misma red social en que había dado la información. (Y efectivamente, la Secretaría de Salud sacó enseguida un comunicado desmintiendo ese extremo.)[33]

Aunque el veterano conductor no fue el único en reproducir esa información,[34] AMLO aprovechó el desliz para arremeter al día siguiente, en su mañanera,[35] contra él, como parte de una ofensiva que se volvería recurrente durante su sexenio.

---

[32] https://lopezdoriga.com/nacional/aplazan-audiencia-de-alonso-ancira-por-motivos-de-salud-del-empresario/

[33] https://www.gob.mx/salud/prensa/090-secretaria-de-salud-informa.

[34] https://twitter.com/lopezdoriga/status/1239432862518001665.

[35] https://www.gob.mx/presidencia/articulos/version-estenografica-de-la-conferencia-de-prensa-matutina-lunes-16-de-marzo-de-2020.

De rumores y trascendidos

Como dice el *Libro del Estilo Urgente*, un rumor "es lo contrario de la noticia", es "una información sin confirmar, y muy probablemente falsa". Los rumores deben ser investigados y "pueden merecer y sustentar informaciones las consecuencias de los rumores, cuando se traduzcan en hechos y puedan tener interés periodístico".

Este sería el caso de la información que utilizó el periodista Salvador García Soto el 2 de agosto de 2020 en Twitter sobre la salud de AMLO:[36] "Ante rumores de una supuesta hospitalización del presidente @lopezobrador_ fuentes de primer nivel en el gobierno afirman que el mandatario está bien de salud y está en Palacio Nacional está noche de domingo".

El mismo AMLO se refirió al asunto al día siguiente en la mañanera al corroborar que había ido al médico para una revisión. "No, estoy bien, estoy bien, muy bien. Fui a cardiología, pero fue a un chequeo, es muy bueno el Instituto de Cardiología, y a una prueba de esfuerzo y estoy al 100", dijo.[37]

Aunque todos los manuales de ética periodística señalan que no se deben difundir informaciones sin al menos haber buscado la postura de la persona o institución afectada para conseguir su versión —que en ocasiones se limita al tradicional "sin comentarios"—, es frecuente que los rumores se repliquen en los medios.

El 19 de noviembre, por ejemplo, Radio Fórmula publicó[38] el "trascendido" de que el secretario de Salud, Jorge Alcocer, había renunciado, citando al director de otro medio. El dato fue desmentido poco después por el gobierno,[39] al que nunca preguntó la emisora ra-

---

[36] https://twitter.com/SGarciaSoto/status/1290104214862139392?s=20.

[37] https://www.gob.mx/presidencia/es/articulos/version-estenografica-conferencia-de-prensa-del-presidente-andres-manuel-lopez-obrador-del-3-de-agosto-del-2020?idiom=es.

[38] https://www.radioformula.com.mx/noticias/20211119/trasciende-supuesta-renuncia-de-jorge-alcocer-a-la-secretaria-de-salud/.

[39] https://twitter.com/JesusRCuevas/status/1461747527422726157?s=20.

diofónica. Pero lo cierto es que aunque hubiese sido cierta la información, la base en que se fundamentó la noticia no dejará de ser nunca un simple dato no contrastado.

Otro funcionario al que dieron por "cesado del cargo" fue el subsecretario de Gobierno de la Secretaría de Gobernación, Ricardo Peralta, y de nuevo fue López Dóriga quien lanzó el bulo con una firmeza sorprendente el 14 de mayo de 2020.[40] El aludido aseguró[41] que era falso el rumor apenas 20 minutos después de que el periodista lo lanzara por Twitter, detallando que estaba en aislamiento tras haberse infectado de coronavirus, aunque pocos meses después dejó su cargo por una reestructuración administrativa que significó la desaparición de la dependencia que dirigía.

Un mes antes la precipitación ya le había ganado la partida al periodista. El 15 de abril anunció[42] que al día siguiente el gobierno iba a decretar la fase 3 de emergencia sanitaria por la pandemia del covid-19, lo cual terminó sucediendo casi una semana más tarde.[43]

Decía en una ocasión su colega Raymundo Riva Palacio que México es el único país del mundo donde las noticias están en las páginas de opinión de los diarios y la opinión en las de las noticias.

Aunque cierta, la aseveración no debería justificar que esas secciones de carácter opinativo sean aprovechadas por algunos articulistas para difundir rumores o informaciones directamente difamatorias, con el pretexto de que se trata de artículos de opinión.

El periodista Alejandro Páez Varela se refirió, en octubre de 2021, a los supuestos intentos infructuosos de una parte de la prensa mexicana de hacer caer la popularidad del mandatario en un interesante artículo[44] que resulta idóneo para reflexionar nuevamente sobre

---

[40] https://twitter.com/lopezdoriga/status/1261122992828006406.

[41] https://twitter.com/Ricar_peralta/status/1261127958309330944?s=20.

[42] https://twitter.com/lopezdoriga/status/1250549625217404928?s=20.

[43] https://www.gob.mx/presidencia/articulos/version-estenografica-de-la-conferencia-de-prensa-matutina-martes-21-de-abril-de-2020.

[44] https://www.sinembargo.mx/18-10-2021/4042421.

la ética o la carencia de ética de muchos comunicadores y medios nacionales.

"Hay muchas variables para explicar el fenómeno López Obrador, por supuesto. Pero cualquier reflexión debe pasar por una primera: ¿soy honesto cuando lo mido? Es decir: si analizo a AMLO, ¿soy frío, voy a los datos, o me gana el deseo de destruirlo? Y yo pienso que la oposición (medios, periodistas, empresarios, partidos, etc.) pierde justamente en esa primera pregunta. No quiere la verdad: quiere acomodar la verdad a lo que siente por él. Y todos sus análisis salen chuecos, a juzgar por los resultados. Ven a un hombre que no existe y se ponen los guantes para golpear la sombra que genera su propio análisis torcido. En mi manera de ver las cosas, su menosprecio al Presidente nubla sus estrategias", apuntó.

Carlos Loret de Mola —seguramente el periodista más fustigado públicamente por AMLO, en parte también porque es el que ha sacado a la luz las exclusivas que más daño han infligido a la imagen del mandatario, en especial aquellas relativas a supuestos actos de corrupción de sus familiares directos— ha puesto de manifiesto al menos en dos ocasiones esa obcecación gremial de nunca admitir los errores.

En septiembre de 2017, poco más de un año antes de que AMLO llegara al poder, cuando todavía conducía noticias en Televisa, tuvo que encarar una severa crisis reputacional del canal televisivo y de su equipo a raíz de la cobertura fallida del caso "Frida Sofía", sobre una supuesta niña que había sobrevivido al terremoto que golpeó al centro y sur país el día 19 de aquel mes y que presuntamente yacía con vida bajo los escombros de un colegio en el sur de la capital.

La historia resultó no ser cierta. Para justificar el resbalón, Loret de Mola y su colega presentadora, Denise Maerker, se escudaron[45] en el argumento de que toda la cobertura encabezada en la calle por la reportera Danielle Dhiturbide estuvo respaldada por la información

---

[45] https://vanguardia.com.mx/show/asi-respondieron-carlos-loret-de-mola-y-denise-maerker-por-frida-sofia-video-GQVG3334376.

que les proporcionó la Secretaría de Marina, que después la desmintió. "Nuestro objetivo fue siempre evitar rumores, evitar la difusión de noticias falsas", apuntó entonces Loret de Mola, sorprendido e indignado, en una explicación en la que no hubo ni un solo atisbo de culpa respecto a la labor del equipo periodístico que proporcionó al canal televisivo unos exorbitantes índices de audiencia durante largas horas, pero que incumplió una de las primeras reglas de la ética periodística: el contraste de fuentes.

¿Era imposible cotejar la información con alguien más, sobre todo después de tantas horas de cobertura? El ajetreo y las dificultades que comportan cubrir una catástrofe natural en vivo podrían haber sido un atenuante en esa ocasión, al igual que los férreos controles que una institución como la Marina acostumbran a imponer a los periodistas en las coberturas informativas, pero la falta de autocrítica por parte del periodista y sus compañeras no hizo más que mancillar su prestigio y el de Televisa frente a la audiencia, para la que en la memoria solo quedará una cosa: el caso Frida Sofía, la noticia estrella del terremoto, fue un engaño.

Aunque queda un poco lejos en el tiempo respecto al periodo que estamos analizando, es inevitable comentar aquí, por su alcance en materia de ética periodística, otra mancha en la trayectoria profesional de Loret de Mola y de Televisa que será recordada durante mucho tiempo: el caso Cassez, en 2005.[46]

Aquel episodio, paradigmático de cómo se pueden llegar a vulnerar las normas más básicas de la deontología de la profesión, sigue poniendo en entredicho, todavía hoy, la credibilidad del conductor, aunque la responsabilidad de lo sucedido debería ser compartida por

---

[46] Nos referimos, obviamente, a la famosa transmisión que Loret de Mola realizó en vivo, desde los estudios del Canal de las Estrellas, de la detención de la francesa Florence Cassez y su novio mexicano Israel Vallarta, cuando era el rostro del noticiero matinal de la empresa. Para sorpresa de la audiencia, pocos meses después se supo que el operativo policial, con el que las autoridades trataron de alardear de la eficacia de las fuerzas de seguridad, resultó ser un montaje.

Televisa, otros colegas y directivos de esa empresa, así como por TV Azteca y algún otro medio que cubrieron el caso en el inicio.

Se ha hablado mucho de las implicaciones y responsabilidades del incidente, que incluso forzó a Loret de Mola a acudir a declarar ante la justicia años después en un careo con excolegas de Televisa que se vieron implicados en la cobertura informativa y que lo acusaron de haberse prestado a la pantomima, lo cual él niega. No se ha podido probar fehacientemente que el periodista estuviera al tanto del engaño, algo que por otro lado no debe extrañar en un país como México, tan dado a las cortinas de humo que crean las autoridades como a las teorías conspirativas de todo tipo.

El entonces director de la Agencia Federal de Investigaciones (AFI), Genaro García Luna, afirmó semanas después en un programa de televisión que los medios le solicitaron reproducir el operativo una vez realizado. "Llegan los medios posterior al hecho y los colegas de los medios nos piden mostrarles cómo fue la intervención al domicilio. Lo que usted ve en el video es a petición de los periodistas", dijo quien luego fue elegido por el presidente Felipe Calderón como secretario de Seguridad Pública.[47]

A diferencia del caso de Frida Sofía, que por cierto tuvo un antecedente prácticamente idéntico en otra engañosa operación de rescate del niño "Monchito" replicada por los medios en el terremoto que asoló la Ciudad de México en 1985 (otro montaje), en esta oportunidad Loret de Mola sí pidió disculpas por no haberse percatado de lo que estaba sucediendo. "No me di cuenta de que aquello fuera un montaje, pero rechazo tajantemente haber organizado, colaborado, solicitado o haber sido cómplice de una escenificación ajena a la realidad."

No obstante, la petición de perdón parece a todas luces insuficiente cuando se revisa el manejo periodístico del operativo de detención de Cassez y Vallarta, tan insostenible que debería ser estudiado en cualquier facultad de periodismo como una muestra de lo que nunca se debe hacer en la profesión.

---

[47] https://www.sinembargo.mx/10-12-2019/3693514.

No solo porque el reportaje en vivo vulneró el principio básico de todo trabajo informativo, el respeto a la verdad, sino por la forma en que la televisora expuso gratuitamente a dos personas que, fueran o no culpables, tenían todo el derecho a que se respetara tanto su presunción de inocencia, desde un punto de vista jurídico, como su derecho al honor y la imagen, prerrogativas que el periodismo debe respetar según cualquier manual deontológico.[48]

Televisa, al igual que otros medios mexicanos, tiene un largo prontuario de coberturas periodísticas en las que se ha vulnerado el derecho al honor y a la intimidad, entre otros límites éticos, siendo el caso de la transmisión en vivo del linchamiento de dos policías en la delegación capitalina (actualmente alcaldía) de Tláhuac en 2004,[49] uno de los más llamativos y preocupantes, hasta el punto de abrir entonces un debate sobre el alcance de actividades informativas.

Por negligencia o de forma expresa, la realidad es que no existe en México la disposición de transparentar el trabajo periodístico, como sí sucede en otros países. *The New York Times*, siempre a la vanguardia en ese terreno, dispone de una sección llamada Times Insider (Times desde dentro) donde es posible encontrar desde el relato de un editor de transmisiones en vivo sobre cómo el periódico cubre las informaciones de matanzas armadas,[50] hasta una entrevista con un reportero que cubre la fuente política en la que explica cómo es su experiencia y cómo intenta dar un enfoque más humano e interesante a sus historias para acercarse a sus lectores.[51]

---

[48] No olvidemos que Cassez fue condenada a 96 años de cárcel, pese a haber testimonios que la exoneraban de culpa, y no salió de prisión hasta que, tras ejercer Francia una fuerte presión diplomática durante años, un fallo de la Suprema Corte de Justicia determinó en 2013 que se había vulnerado el debido proceso y los derechos humanos de la presa en el momento de la detención. Vallarta, en cambio, continúa en una cárcel una década y media después, a la espera todavía de sentencia.

[49] https://www.youtube.com/watch?v=SnWips3jw8s.

[50] https://www.nytimes.com/2021/03/26/insider/reporters-mass-shootings.html.

[51] https://www.nytimes.com/2021/06/16/insider/behind-byline-astead-herndon. html.

Entre los medios mexicanos ni siquiera existe interés en transparentar los códigos éticos que, como hemos visto, muy pocos poseen.

Opiniones a título personal

Si tomamos en cuenta que las redes sociales, además de convertirse en una suerte de feroz competencia para los medios de comunicación, resultan un formidable vehículo para seguir llevando sus noticias a los ciudadanos, se esperaría que la intensa relación que las empresas informativas mexicanas y sus integrantes se han visto forzados a establecer con esas plataformas digitales hubiera abierto también el debate respecto a la autorregulación en ese ámbito. Lamentablemente, eso tampoco ha sucedido.

Así, es entendible, aunque sea terriblemente peligroso para la salud del debate público en una democracia, que nunca quede del todo clara la frontera sobre la responsabilidad del periodista que publica opiniones en las redes sociales y el individuo que está detrás de esos mensajes. En realidad, esta indefinición y las consecuencias que comporta no se circunscriben solamente a México, sino que se reproducen en prácticamente todos los países donde la comunicación es libre. Muchos comunicadores apuestan a decir en su perfil que trabajan para determinado medio y colocar luego fórmulas como "las opiniones expresadas aquí son personales y no representan a la empresa para la que trabajo" para manifestar su postura individual sobre cualquier tema sin ninguna clase de restricción, lo cual no deja de ser ridículo porque parece inevitable que se les asocie con la empresa para la que trabajan y su línea editorial.

En septiembre de 2020 el nuevo director de la BBC, Tim Davie, solicitó a la plantilla de la cadena pública británica que no expresara sus opiniones políticas en redes sociales porque ponían en riesgo la reputación e imparcialidad del medio, en un controvertido gesto que alimentó el debate sobre la cuestión. "Si quieres ser un columnista de opinión o un activista de campaña en las redes sociales, entonces es una elección legítima, pero no deberías estar trabajando en la BBC", alertó en su primer discurso ante los trabajadores.[52]

Aunque para muchos colegas mexicanos ese planteamiento de Davie puede resultar demasiado rígido e incluso autoritario, la visión no es exclusiva de la cadena británica. Otros medios internacionales como el *New York Times* y las agencias de noticias AP, AFP y EFE han impuesto a sus empleados directrices sobre su participación en esos espacios virtuales.

El diario neoyorquino se muestra igual de restrictivo en sus Pautas para Redes Sociales: "Nuestros periodistas no deben expresar opiniones partidistas, promover puntos de vista políticos, respaldar a candidatos, hacer comentarios ofensivos ni hacer nada que socave la reputación periodística de *The Times*".[53] También advierte a su personal que sea cauteloso a la hora de publicar primicias o exclusivas de otros medios que el periódico no haya confirmado y que si un reportero del diario se siente amenazado en las redes lo reporte a sus superiores, entre otros puntos.

Aunque la agencia de noticias estadounidense Associated Press (AP) no tiene un apartado dedicado a esas plataformas digitales, sí las incluye tácitamente en el apartado "Expresiones de opinión" de su "Declaración de Normas y Principios Noticiosos". "Cualquier persona que trabaje para la AP debe saber que las expresiones que emita pueden dañar la reputación de la AP como fuente de noticias sin prejuicios. Deben abstenerse de expresar sus puntos de vista en materias conflictivas en todo foro público, ya sea en blogs en Internet, calcomanías, botones de publicidad, y no debe participar en manifestaciones de respaldo a causas o movimientos", apunta.[54]

---

[52] https://www.elperiodico.com/es/sociedad/20200904/bbc-periodistas-opinar-redes-sociales-twitter-8099869.

[53] https://www.nytimes.com/2017/10/13/reader-center/social-media-guidelines.html.

[54] https://www.ap.org/es/sobre-nosotros/valores-y-principios-noticiosos/.

La francesa AFP, en su Carta de Buenas Prácticas Editoriales y Deontológicas,[55] demanda a sus periodistas "respetar los valores de imparcialidad y equilibrio de la agencia y mencionar en su perfil que las opiniones expresadas son a título personal" y no difundir ni primicias ni informaciones urgentes de la agencia noticiosa. "Los periodistas de AFP deben ser cuidadosos y no difundir rumores o informaciones no confirmadas, por ejemplo, haciendo retuits", agrega. Además, advierte que los que quieran manifestar sus opiniones personales deben abrir "una segunda cuenta que no mencione su trabajo en AFP".

La española EFE también diferencia de entrada entre cuentas profesionales y cuentas personales.[56] Cualquier trabajador puede abrir una de las primeras para difundir informaciones de la agencia, aunque en la práctica nadie o muy pocos lo hacen. "El diálogo de los empleados de EFE con sus fuentes, sus seguidores o sus compañeros de trabajo se basará en el respeto y la buena educación. Los insultos, descalificaciones o comentarios despectivos podrán ser objeto de amonestación o falta disciplinaria." Respecto a las segundas, las cuentas personales, la agencia no se responsabiliza de su contenido y "se reserva el derecho de actuar judicialmente contra aquellos empleados que [...] utilicen contenidos propiedad de la Agencia" en ellas.

No hace falta realizar una investigación exhaustiva para constatar que los principales periodistas mexicanos, de la misma forma en que no parecen prestar mucha o ninguna atención a la necesidad de revisar los códigos deontológicos —cuando los medios de comunicación en que trabajan los tienen—, tampoco se han planteado a fondo la responsabilidad que tienen no solo como figuras públicas, sino también como profesionales de la información en términos de su participación en las redes sociales, convertidas en los nuevos centros de generación de la opinión pública.

---

[55] https://www.afp.com/sites/default/files/afp-carta-deontologica-esp-2016-09-19.pdf.

[56] https://www.abc.es/gestordocumental/uploads/Sociedad/guiaefe.pdf.

No nos detendremos aquí a revisar las constantes opiniones que muchos de ellos vierten sobre cuestiones políticas que en el fondo comprometen la imparcialidad que deberían mostrar como periodistas. Aunque el fenómeno es generalizado, resulta especialmente preocupante cuando los que muestran esa falta de preocupación por la cuestión son representantes de medios de comunicación que son propiedad del Estado.

El caso más interesante es el del presidente del Sistema Público de Radiodifusión del Estado Mexicano, Jenaro Villamil, quien en esas plataformas digitales da rienda suelta a sus pensamientos y opiniones, muchas veces defendiendo las políticas presidenciales ante los detractores de AMLO y alejándose de la figura de periodista independiente que durante tantos años cultivó con reportajes de investigación en la revista *Proceso*.

En pleno debate sobre la reforma constitucional de la industria eléctrica impulsada por el presidente, Villamil usó la red social del pajarito para instar a los legisladores del PRI que la respaldaran: "Cuando López Mateos nacionalizó la industria eléctrica hace más de seis décadas. ¿Aún lo recordarán quienes son herederos de su legado?", los interpeló el 5 de octubre de 2021.[57]

En otra ocasión, en coincidencia con un momento álgido de la campaña del mandatario contra el Instituto Nacional Electoral (INE), cuestionó a sus funcionarios por tener unos salarios que calificó de "insultantes".[58]

Y en noviembre de 2019 había respaldado la postura del presidente negando el uso de palabras que estigmatizan a los periodistas,[59] totalmente falsa.

Villamil ha defendido públicamente su actitud en esos espacios virtuales, a pesar de las críticas que ha recibido incluso de colegas que en otros tiempos lo celebraban o con quienes tenía afinidad. "Antes

---

[57] https://twitter.com/jenarovillamil/status/1445408096050896898?s=20.

[58] https://twitter.com/jenarovillamil/status/1472249681241677834.

[59] https://twitter.com/jenarovillamil/status/1192074787054653440?s=20.

me tocaba cuestionar al poder y ahora me corresponde ejercer ese poder y ese mandato que deriva de una propuesta y de un ejercicio", se justificó en una entrevista en el canal de televisión La Octava,[60] en la que lamentó la creciente polarización en las redes sociales, especialmente en Twitter. Sin embargo, aseguró que "hay una simpatía muy clara hacia los comunicadores, los periodistas que están a favor de una transformación o de un cambio".

En ese apartado, el paulatino deterioro de la situación de la agencia de noticias estatal, Notimex, a raíz de la llegada de López Obrador al poder y el nombramiento al frente de la empresa de la periodista Sanjuana Martínez, ha marcado también un retroceso respecto a los intentos de dotar de mayor independencia a los medios públicos.

Si bien durante años fue cuestionada por su subordinación al gobierno en turno, con el paso del tiempo Notimex se convirtió en un testimonio de gran utilidad de la labor de las administraciones federal, estatal y municipal, así como una valiosa herramienta informativa para los medios que querían aprovechar su vasta red de corresponsales, no solo en el interior del país, sino en el extranjero.

Además, a diferencia de la mayoría de compañías informativas nacionales, contaba con un código ético que nada tenía que envidiar al de otras agencias de noticias de otros países. En medio de un grave conflicto con el sindicato, Notimex dejó de operar a mediados de 2020.[61]

Pero antes de eso, la degradación de la calidad de su trabajo y su abierta militancia progubernamental quedaron de manifiesto en diversos episodios protagonizados por Martínez y su equipo. Algunos de ellos casi hilarantes, como la mala interpretación de un error ortográfico en un tuit del canciller Marcelo Ebrard.[62]

---

[60] https://www.youtube.com/watch?v=yfPF6T3Orf0.

[61] https://elpais.com/internacional/2020-06-10/la-agencia-de-noticias-mexicana-cierra-tras-ser-obligada-a-acatar-una-huelga-para-desescalar-el-conflicto-laboral.html.

[62] En el que escribió en inglés "Think thanks" en lugar de "Think tanks" y la re-

Más grave fue el error de un redactor al colocar en una noticia de una orden de arresto de una corte de Nueva York contra un excomandante de la Policía Federal, Iván Reyes Arzate, la imagen del comisionado de ese cuerpo, Manelich Castilla Craviotto, quien pidió de inmediato a Notimex que corrigiera la publicación.[63]

En otras ocasiones, la agencia estatal de noticias pareció ejercer de azote presidencial contra periodistas críticos, como Héctor de Mauleón, que fue blanco de una hiriente crónica sobre la presentación de uno de sus libros, alejada completamente de los estándares de neutralidad que estipula cualquier manual de estilo periodístico.[64]

El activismo de Notimex llegó a tal extremo que, como una aparente forma de defender la reacción del gobierno de AMLO frente a la pandemia del coronavirus, se sacó de la manga una tendenciosa crónica para criticar la gestión de la epidemia de influenza por parte de Felipe Calderón en 2009 con el poco equilibrado titular "A 11 años del dispendio y opacidad de Calderón ante la Influenza AH1N1".[65]

La falta de disposición de las empresas informativas a atender los desafíos en materia de ética periodística es un grave error de cálculo ante la crisis de credibilidad por la que atraviesan desde hace años, agravada por ataques de gobernantes populistas que sacan un creciente provecho precisamente de esa tendencia de la prensa a contravenir las normas más elementales de la deontología de la comunicación.

Algunos dirán, no sin cierta razón, que en tiempos de polarización en la sociedad, recrudecida por el éxito de las redes sociales y su falta de regulación, líneas editoriales más marcadas en la prensa, en detrimento del equilibrio informativo, son la única garantía de supervivencia.

dacción de la agencia tradujo como "Piensa, gracias" en vez de "Laboratorio de ideas": https://politica.expansion.mx/mexico/2019/06/04/el-error-de-marcelo-ebrard-que-notimex-hizo-viral.

[63] https://twitter.com/ManelichCC/status/1221116266452144129.

[64] https://www.sdpnoticias.com/nacional/mauleon-twitter-hector-chocan.html.

[65] https://twitter.com/Notimex/status/1253875320022798336.

Otros irán más lejos y argumentarán que inculcar esos valores es válido cuando el cometido es convertirse en un contrapeso del poder, apelando a la famosa máxima de "el fin justifica los medios".

Pero la realidad es que, aun si aceptáramos como válida esta última premisa, la fórmula tampoco ha demostrado ser el antídoto más eficaz para hacer frente a gobernantes como López Obrador.

De ahí la importancia de que las cabezas que conducen las compañías periodísticas mantengan a sus redacciones balanceadas, eviten caer en el sensacionalismo y respeten los valores fundamentales de la profesión.

En definitiva, que no pierdan el norte respecto a la razón de existir del gremio y la necesidad de que este se autorregule como un gesto de empatía y consideración con las audiencias.

No hay que olvidar que, al final, salvo giros históricos inesperados, personajes como AMLO llegan y se van, pero los diarios, radios y televisoras, por muchos cambios tecnológicos que se produzcan, deben proseguir su singladura, cuidando su buena imagen y reforzando su legítima aspiración de mantenerse como un elemento capital para la estabilidad democrática. Pues sin ellos el sistema enfrentaría serios riesgos.

4

El presidente más atacado de la historia

Temo más a tres periódicos que a cien mil bayonetas.

NAPOLEÓN BONAPARTE

Si José López Portillo pasó a la posteridad por decir —palabras más, palabras menos— que no pagaba a la prensa para que le pegara; Vicente Fox Quesada por afirmar que "Las buenas noticias también son noticias", y Enrique Peña Nieto por usar el lema "Lo bueno casi no se cuenta, pero cuenta mucho", Andrés Manuel López Obrador podría ser perfectamente recordado por su célebre frase: "Soy el presidente más atacado de la historia desde Madero", que ha repetido con frecuencia en sus famosas ruedas de prensa matutinas.

Las desavenencias entre AMLO y los medios de comunicación son de larga data pero, como era de esperar, se han intensificado desde que el tabasqueño llegó a la presidencia. Aunque existen episodios muy añejos que dibujan a la perfección el sempiterno desacuerdo entre las partes, en las primeras ruedas de prensa diarias en el Palacio Nacional la presencia de reporteros de medios tradicionales, tanto nacionales como internacionales, no solo resultó frecuente sino que alentó la esperanza de que se enriqueciera y se democratizara el debate público.

Eran los días en que las mañaneras funcionaban, realmente, como cualquier otro encuentro abierto entre un gobernante y la prensa en cualquier parte del planeta.

Las preguntas y respuestas se sucedían sin que las personas que tomaban la palabra —sobre todo el mandatario— divagaran durante largos minutos, y sin los distractores que representaron luego las actividades que la presidencia fue incorporando al evento, como secciones informativas periódicas, actos de gobierno o conexiones en vivo con funcionarios en otros puntos del país o con autoridades extranjeras en otros rincones del mundo.

Uno de los primeros choques entre AMLO y un periodista en la conferencia diaria tuvo lugar el viernes 12 de abril de 2019,[1] apenas cuatro meses después de que el tabasqueño asumiera el mando, cuando el conductor de noticieros del canal hispano Univision Jorge Ramos se enfrascó en una discusión con López Obrador sobre las cifras de seguridad en el país y la supuesta falta de eficacia de la estrategia gubernamental para combatir a los grupos de delincuencia organizada.

Ante los insistentes cuestionamientos del reportero, que aseguró contar con cifras oficiales que evidenciaban un retroceso en la materia, el gobernante lanzó contestaciones como "Hemos controlado la situación, según nuestros datos" y "Yo tengo otra información", haciendo gala una vez más de su particular interpretación del concepto de verdad.

En una segunda consulta,[2] Ramos interrogó al mandatario sobre unos comentarios que este último había realizado en una mañanera celebrada dos días antes, cuando planteó que el diario *Reforma* debía revelar la identidad del funcionario que le filtró el contenido de una carta que su gobierno había enviado a España para solicitarle que pidiera perdón por los abusos cometidos durante la Conquista del actual territorio de México en el siglo XVI.

"Sería bueno que [se hiciera], en aras de la transparencia, porque todos estamos obligados, la vida pública tiene que ser cada vez más pública. Es un buen debate esto. Entonces, la transparencia nada más, es la obligación de transparencia nada más, es del gobierno o todos, y en particular los medios. Los medios, es interesante el tema, porque para

---

[1] https://lopezobrador.org.mx/2019/04/12/version-estenografica-de-la-conferencia-de-prensa-matutina-del-presidente-andres-manuel-lopez-obrador-64/.

[2] https://lopezobrador.org.mx/2019/04/10/version-estenografica-de-la-conferencia-de-prensa-matutina-del-presidente-andres-manuel-lopez-obrador-62/.

mí los medios son organismos de interés público, o sea, y se tiene también que cumplir con una ética. No debe haber privilegios. Es distinto el respeto a la libertad de expresión, la libertad de manifestación, de ideas, la libertad de prensa, pero cuando se trata de unos asuntos así, ¿por qué no revelar la fuente?, sería interesantísimo", reflexionó en voz alta el gobernante aquel día.

La propuesta de AMLO resultó reveladora porque evidenció su total desconocimiento de la ética periodística, que tiene entre sus pilares el secreto profesional, la prerrogativa de cualquier reportero o medio de comunicación de mantener bajo reserva la identidad de una fuente en aras de proteger su integridad, la de la persona que le proporcionó la información o la de ambas.

En su libro *Comunicación responsable. Deontología y autorregulación de los medios*, Hugo Aznar recuerda que esa figura, reconocida en la reciente Constitución de la Ciudad de México, no solo es un derecho sino también un deber ético fundamental, en tanto que representa una salvaguarda necesaria para el trabajo periodístico y una garantía más del derecho a la información del público.

En otras palabras, si el secreto profesional no existiera, muchas fuentes preferirían no filtrar información trascendente por las peligrosas consecuencias que eso tendría para ellas y muchos periodistas optarían por no dar determinadas noticias debido a los riesgos que implicaría hacerlo.

El Instituto Poynter de la Universidad del Sur de Florida, una referencia internacional en el análisis, la innovación y la formación periodísticas, documentó[3] la creciente tendencia de los reporteros que cubrían la Casa Blanca durante el mandato del republicano Donald Trump de apelar al secreto profesional para confirmar historias noticiosas. Como ejemplo exponía el caso de un artículo de *The Atlantic*[4]

---

[3] https://www.poynter.org/newsletters/2020/heres-why-you-should-be-willing-to-believe-anonymous-sources/.
[4] https://www.theatlantic.com/politics/archive/2020/09/trump-americans-who-died-at-war-are-losers-and-suckers/615997/.

que aseguraba que el magnate neoyorquino tildaba de "perdedores" y "tontos" a los militares en activo y retirados.

Al analizar aquella exclusiva, Poynter incluía un revelador testimonio del periodista Carl Bernstein, que junto con su colega Bob Woodward sacó a la luz el famoso caso Watergate en uno de los mandatos presidenciales más controvertidos de la historia estadounidense: el de Richard Nixon. "Casi la totalidad de nuestras 200 noticias sobre el Watergate estuvieron basadas en fuentes anónimas", confesó Bernstein.

El Manual de Periodismo de la agencia de noticias internacional Reuters subraya la trascendencia del uso de este tipo de fuentes como mecanismo para conseguir una exclusiva, pero es muy claro también al alertar de su fragilidad: "Las fuentes más débiles son aquellas cuyos nombres no podemos publicar. Reuters utiliza fuentes anónimas cuando cree que están proporcionando información precisa, confiable y de interés periodístico que no podría obtener de otra manera", y advierte que la responsabilidad de emplear esa clase de recursos recae tanto en la agencia de noticias como en el reportero.

Según el texto, "las fuentes anónimas deben tener conocimiento directo de la información que nos brindan" y las historias que se basan en ellas "requieren una verificación cruzada particularmente rigurosa", que normalmente debería implicar contar con dos o tres fuentes de esa índole para poder ser publicadas.

Cuando fue Defensora del Lector del diario *El País* la periodista española Malén Aznárez, ya fallecida, compartió en 2003 una interesante carta de un ciudadano que cuestionaba una noticia del periódico sobre el conflicto en el País Vasco con la banda terrorista ETA. El lector acusaba al rotativo de usar en exceso y de forma tendenciosa declaraciones entrecomilladas de fuentes que pedían mantener bajo reserva su identidad.

Aznárez publicó como respuesta la argumentación del autor de la noticia, su colega José Luis Barbería, quien, sin probablemente pretenderlo, realizó un ejemplar y honesto alegato sobre la importancia del secreto profesional: "El lector tiene razón cuando advierte negativamente sobre la presencia en este reportaje de algunas declaraciones hechas por personas no identificadas con sus nombres y apellidos. De hecho, todos los manuales de periodismo desaconsejan genéricamente la utilización del anonimato, y cualquier periodista le reconocerá que el uso de fuentes innominadas implica en sí mismo un cierto fracaso profesional, puesto que le aleja del objetivo ideal de asentar la información sobre la base de la máxima transparencia y rigor. En lo que nuestro lector se equivoca, y gravemente, es en considerar que las declaraciones sin fuentes identificadas constituyen una manipulación. Efectivamente, él no tiene forma de saber si esas frases entrecomilladas son verdaderas o no, pero la duda ofende, y mucho. Se supone que la compra misma del periódico resulta ya un elemental ejercicio de confianza en el diario elegido, por no hablarle del código deontológico que, obviamente, nos impide inventarnos declaraciones. Nuestro lector se sorprendería seguramente si supiera cuántos testimonios cargados de graves implicaciones se quedan sin publicar porque carecen del respaldo público de la fuente y los periodistas no somos capaces de confirmar su veracidad".[5]

Así, además de cuestionar sin conocimiento de causa un derecho clave para el periodismo, el del secreto profesional, aquel 12 de abril de 2019 López Obrador evidenció otro elemento clave que describe a la perfección su estrategia informativa: apuntar a un medio de comunicación como culpable de los males de su administración. Gradualmente esa táctica se transformó en crecientes ofensas contra distintas empresas mediáticas, a las que acabó catalogando como el enemigo público número uno del pueblo, con el argumento de que son un obstáculo para su proyecto de transformación.

El diario *Reforma* —que meses más tarde llegaría a ser comparado por AMLO con una empresa mafiosa— fue blanco de acusaciones muy graves por parte del presidente, como que protegió a gobiernos

---

[5] https://elpais.com/diario/2003/11/30/opinion/1070146808_850215.html.

del periodo neoliberal, a Carlos Salinas de Gortari y a Ernesto Zedillo, entre otros: "Incluso tengo pruebas de que ayudó a legitimar el fraude electoral del 2006 y apoyó mi desafuero, porque es un partido… sí es un partido… es un periódico conservador", sostuvo, confundiendo esas dos figuras —partido y periódico— en un aparente desliz del subconsciente.

Al día siguiente *Reforma* respondió a esos dichos, en lo que sería el inicio de una interminable guerra sin cuartel. El diario expuso[6] una larga lista de portadas que contradecían las afirmaciones del gobernante con titulares como "Piden indagar el gasto de PRI [Partido Revolucionario Institucional] en Fobaproa [Fondo Bancario de Protección al Ahorro]", "Exigen actuar contra CSG [Carlos Salinas de Gortari])", "Censura Zedillo a oposición", "Es final cardiaco" (sobre la elección de 2006), "Aprueban a AMLO, rechazan desafuero" (sobre una encuesta previa a los comicios de aquel año), "Exhibe fuerza AMLO", etc. Con toda la intención, el periódico tituló aquella información "Ante los dichos… estos son los hechos".

Acorralado por Ramos en aquella rueda de prensa, AMLO matizó su postura inicial respecto al secreto profesional: "Que no revelen las fuentes, Jorge, no es obligatorio, ni va a haber coerción, no va a haber represión", dijo. Sin embargo, al lunes siguiente Marco Antonio Olvera, uno de los nuevos rostros de la fuente presidencial, puso en entredicho al periodista de Univision siguiendo un *modus operandi* que también ha sido habitual entre otros *youtubers* e *influencers* progubernamentales que se ensañan con representantes de los medios tradicionales. "¿Qué opinión le merece, presidente, o qué sabor de boca le deja que reporteros vengan a increparle y que acallen la violencia que existe en el país a cambio de publicidad?"[7]

La respuesta de AMLO acabó convirtiéndose en una amenaza velada contra la prensa: "El otro día vi, con motivo de esta entrevis-

---

[6] https://www.reforma.com/amenaza-amlo-a-grupo-reforma/ar2351934?v=2.

[7] https://www.gob.mx/presidencia/prensa/conferencia-de-prensa-del-presidente-andres-manuel-lopez-obrador-del-15-de-abril-de-2019-197270.

ta, vi a un columnista diciendo que los que venían aquí no eran buenos periodistas, que Jorge Ramos sí era muy buen periodista. No. Yo pienso, con todo respeto, discrepo, creo que ustedes no sólo son buenos periodistas, son prudentes porque aquí los están viendo y si ustedes se pasan, pues, ya saben lo que sucede. Entonces, pero no soy yo, es la gente; no es conmigo, es con los ciudadanos, que ya no son ciudadanos imaginarios. Hay mucha inteligencia en nuestro pueblo, antes se menospreciaba a la gente", expuso de forma enigmática pero marcadamente amedrentadora.

Durante aquella disertación, López Obrador también introdujo en el debate público otro asunto que ha marcado su relación con los medios de comunicación desde entonces, y que ha propiciado muchas reacciones en contra de respetados periodistas de larga trayectoria profesional y de especialistas en materia de derechos civiles. "Dicen: 'Es que el presidente no debe de desacreditar a los medios'. ¡Ah!, los medios sí pueden desacreditar al presidente y el presidente no se debe de defender, se tiene que quedar callado. Eso sí no. Voy a ejercer mi derecho réplica siempre, con respeto", argumentó.

Analizado el caso con cierta perspectiva, ese día bien pudo ser la ocasión en la que al mandatario le pasó por primera vez por la cabeza la creación de la sección mañanera "Quién es quién en las mentiras". "Entonces, qué bien que se dan estas cosas porque ayuda, enriquece la vida pública del país; y que, además, si nosotros damos un dato equivocado, corregirlo, que nos estén ustedes haciendo contrapeso, que nadie se sienta absoluto en ningún nivel de la escala social, que se garantice el derecho a disentir y poder rectificar. Si hay un dato equivocado, un señalamiento equivocado decirlo y si corresponde a la realidad rectificar y decir: nos equivocamos. No hay que caer en la autocomplacencia. Ese es mi punto de vista, libertad en todos los casos. Y esa es la diferencia con las dictaduras. En una dictadura no se puede disentir, es muy difícil, en una democracia tiene que haber pluralidad y apego a la verdad siempre."

Menos de dos semanas después, la periodista Carmen Aristegui publicó un artículo de opinión en *Reforma*[8] en el que abordó ese tema: "El presidente de la República no se puede poner de tú a tú como si fuera un simple ciudadano. No lo es. Su figura representa no solo a uno de los poderes de la República, sino que en un régimen como el nuestro representa al propio Estado mexicano […] López Obrador está obligado a pensar el alcance y efecto de cada una de sus palabras. Asumir como adversario, casi enemigo, a un medio de comunicación es una postura contraria a lo que se espera de un mandatario que ofrece construir un auténtico Estado democrático".

Similar punto de vista tuvo su colega Julio Hernández López, Astillero:[9] "Es probable que ahora le falten razones y perspectiva al titular del poder establecido para confrontar de esa manera a quienes constituyen la actual oposición periodística, pues López Obrador es ni más ni menos que el presidente de la República, el más poderoso que se haya conocido desde la Revolución Mexicana a la fecha, y sus palabras, críticas y sentencias públicas pueden tener consecuencias que van más allá del mero atril mañanero de Palacio Nacional".

El 25 de enero de 2022 un reportero preguntó a López Obrador sobre su decisión de quitar a Rogelio Jiménez Pons la dirección del Fondo Nacional del Turismo, que estaba a cargo de la gran obra de su sexenio: el Tren Maya. En su lugar, AMLO colocó a Javier May, secretario del Bienestar. "¿Fue debido a algún error, presidente?", inquirió el periodista.

La respuesta del gobernante no dio lugar a muchas dudas: "Lo lamentamos mucho, nos da pena, pero por encima de todo está el interés superior, el interés del pueblo y de la nación, y nosotros tenemos un compromiso con la transformación del país. O sea, podemos querer mucho a una persona, pero si esa persona no se aplica, no se entusiasma, no tiene las convicciones suficientes, no internaliza de que

---

[8] https://www.reforma.com/el-presidente-vs-reforma-2019-04-26/op155416.

[9] https://www.youtube.com/watch?app=desktop&v=JjDzVmpySJg.

estamos viviendo un tiempo histórico, un momento estelar de la vida pública de México, un tiempo interesante, si está pensando que es la misma vida rutinaria del gobierno, que todo es ortodoxo, que todo es plano, que no importa que se pase el tiempo, pues entonces no está entendiendo de que una transformación es un cambio profundo, es una revolución de las conciencias".

Luego explicó que el Aeropuerto Internacional Felipe Ángeles y la refinería de Dos Bocas, las otras dos obras emblemáticas de su sexenio, se terminarían en tiempo y forma porque tienen al frente al general Gustavo Vallejo y a la secretaria de Energía, Rocío Nahle, respectivamente. "Está ahí día y noche", afirmó sobre el primero. "No se despega, no está perdiendo el tiempo", señaló sobre la segunda. "Por eso Javier May [va] al Tren Maya, porque en diciembre del año próximo vamos a inaugurar el Tren Maya, a pesar de los pesares, aunque nos pongan obstáculos."

Como era lógico, *Reforma* y el portal de noticias de Aristegui publicaron noticias centrándose en las críticas al director saliente del Fondo Nacional de Fomento al Turismo (Fonatur). Incluso usaron el mismo titular, lo cual es curioso si tomamos en cuenta que su línea editorial es bastante distinta en términos generales: "Culpa AMLO a Jiménez Pons por retraso en Tren Maya".[10]

Al día siguiente, en su conferencia de prensa,[11] AMLO acusó a ambos medios de mentir, sin que estos pudieran ofrecer sus descargos, como sucedería en un verdadero diálogo: "Además, si no hay pruebas, si no hay elementos y se inventan cosas… Ayer estaba yo viendo, hice una aclaración a una pregunta del porqué del cambio en la dirección de Fonatur, y Carmen Aristegui y el *Reforma* y otros hablando de que había yo descalificado a Jiménez, a Rogelio Jiménez Pons. Pero una distorsión completa".

---

[10] https://www.reforma.com/culpa-amlo-a-jimenez-pons-por-retraso-en-tren-maya/ar2337492, https://aristeguinoticias.com/2501/mexico/culpa-amlo-a-jimenez-pons-por-retraso-en-tren-maya-enterate/.

[11] https://presidente.gob.mx/26-01-22-version-estenografica-de-la-conferencia-de-prensa-matutina-del-presidente-andres-manuel-lopez-obrador/.

Ningún medio, ni *Reforma* ni *Aristegui Noticias*, dijeron que el gobernante había descalificado al funcionario, pero sí que lo había responsabilizado de que la obra del Tren Maya estuviera retrasada. "AMLO carga contra Jiménez Pons y explica por qué salió del Fonatur y Tren Maya", tituló *Proceso*,[12] "Jiménez Pons no se aplicó en obra del Tren Maya", encabezó *Milenio*.[13] Y así muchos otros: "AMLO sugiere que Jiménez Pons dejó el Tren Maya por falta de acción y retrasos en la obra" (*Reporte Índigo*),[14] "AMLO, tras salida de Jiménez Pons: Se necesita más acción" (*La Razón*)[15] y "AMLO da 'coscorrón' a Jiménez Pons por pocos avances en el Tren Maya" (*Forbes*).[16]

Es decir, aunque lo expresaron con matices, todos reportaron prácticamente lo mismo que *Reforma* y *Aristegui Noticias* porque fue eso lo que dijo el gobernante, pese a que él lo negara después. Una vez más: se negaba a aceptar los datos. Y lo que es más grave: trataba de tener él la última palabra.

Jenaro Villamil, justificó lo que sucede en las mañaneras con el argumento de que "López Obrador tiene un estilo directo, frontal, es un hombre que no calla lo que piensa".

Villamil opinó que el hecho de que el mandatario "debata con los periodistas o con algunos columnistas o articulistas que no coinciden con su punto de vista no significa que los esté coercionando". Añadió: "No hay un solo hecho de coerción directa, una llamada telefónica, una suspensión de publicidad, una petición de que muevan a ese columnista o a ese periodista, que […] existió durante toda la épo-

---

[12] https://www.proceso.com.mx/nacional/2022/1/25/amlo-carga-contra-jimenez-pons-explica-por-que-salio-del-fonatur-tren-maya-279755.html.

[13] https://www.milenio.com/videos/politica/jimenez-pons-aplico-obra-tren-maya-amlo.

[14] https://www.reporteindigo.com/reporte/amlo-sugiere-que-jimenez-pons-dejo-tren-maya-por-falta-de-accion-y-retrasos-en-la-obra/.

[15] https://www.razon.com.mx/mexico/amlo-defiende-cambios-fonatur-concretar-tren-maya-2023-468559.

[16] https://www.forbes.com.mx/politica-amlo-da-coscorron-a-jimenez-pons-por-pocos-avances-en-el-tren-maya.

ca del PRI [Partido Revolucionario Institucional] y los doce años del PAN [Partido Acción Nacional]. Muchas veces las palabras pueden generar una percepción diferente".[17]

John Ackerman, el investigador de la Universidad Nacional Autónoma de México (UNAM) casado con Irma Eréndira Sandoval, exsecretaria de la Función Pública de López Obrador, coincidía con Villamil en esa apreciación: "Tenemos una plenitud de libertad de expresión en los medios nacionales, se acabó con la vieja práctica de las llamadas constantes, desde la presidencia de la República, chantajeando, amenazando, regañando a los dueños y directores de los principales medios de comunicación nacionales".[18]

Ackerman, de origen estadounidense, sí considera que existe verdaderamente un diálogo de tú a tú entre el presidente y los medios, además de advertir que estos últimos son "empresas muy poderosas" y "no hay que compadecerlas", sino todo lo contrario: "Es una relación horizontal que establece el presidente con los medios, es un diálogo circular que ocurre todos los días, todas las mañanas. Él emite sus opiniones y los periódicos y los medios también. Esa no es una relación de poder. No es el presidente chantajeando, controlando el contenido de los medios de comunicación a partir del dinero y la utilización de su poder. Es un diálogo horizontal entre medios y el gobierno. Que no les gusten a algunos los adjetivos que use, también tienen su derecho de que no les guste, pero eso no cambia la relación horizontal del presidente con los medios".

En las antípodas de las visiones de Villamil y Ackerman, Salvador García Soto criticaba dos meses antes la actitud del mandatario frente a los medios: "Se irrita y se descompone cuando abre un periódico como *El Universal* y no encuentra artículos y columnas donde hablen bien de él y de su gobierno". Para García Soto, el principal problema de AMLO es que "no se asume como el poder, el cual detenta y ejer-

---

[17] https://www.youtube.com/watch?v=yfPF6T3Orf0.

[18] https://www.eluniversal.com.mx/nacion/algunos-medios-podrian-te-ner-mas-poder-que-el-presidente-john-ackerman.

ce con toda su fuerza y dureza, entre los mexicanos". Y recalcó: "En esa calidad es que los medios y los periodistas le analizamos y lo criticamos, como el poder que representa, porque la esencia y la razón de ser de la libertad de prensa es criticar y cuestionar al poder".

El articulista también aseguró que en sus 30 años de trayectoria profesional nunca antes había escuchado a un presidente "llorar y quejarse en público de las críticas de la prensa y de lo que los articulistas y columnistas escribían sobre él".

"El nivel de intolerancia a la crítica que muestra el presidente —de cualquier tipo pero especialmente a la de los periodistas— sólo puede entenderse de dos maneras: o su ego personal es enorme y no soporta los comentarios negativos ya sea de él o de su gobierno, o estamos ante un perfil autoritario y dictatorial que, bajo la lógica del blanco y negro o del 'estás conmigo o estás contra mí', confunde y no entiende que la crítica y el análisis que se hace de su gobierno no es un tema de 'liberales o conservadores' sino más bien de la revisión obligada de su papel actual como gobernante y representante del poder", abundó.[19]

Las advertencias de García Soto resultan especialmente preocupantes si tomamos en cuenta la visión de los ciudadanos mexicanos respecto a cuáles son las instituciones o sectores más poderosos en su país. De acuerdo con el Latinobarómetro 2021,[20] a la pregunta de "¿Quién tiene más poder?", los mexicanos ubicaron en el primer lugar al gobierno, con 75%, frente a 57% de promedio regional. Muy abajo en el listado situaron a los medios, con apenas 21% frente a 14% de media en todos los países, y por detrás de las grandes empresas, los partidos políticos, los militares o los bancos.

El estudio, que explica esa tendencia regional porque "la pandemia [del coronavirus] le ha dado más protagonismo" a las autoridades,

---

[19] https://www.eluniversal.com.mx/opinion/salvador-garcia-soto/esta-columna-tampoco-le-va-gustar-al-presidente.

[20] Un estudio de opinión pública fundamentado en 20 mil entrevistas en 18 países de América Latina.

realiza una reflexión que viene muy *ad hoc* con lo que se ha comentado hasta aquí sobre la relación de AMLO con la prensa. "Muchos presidentes, candidatos y partidos señalan que los medios de comunicación tienen demasiado poder" e incluso algunos llegan a plantear maneras de "controlarlos". ¿Por qué deberían hacerlo si la gente común no cree que los medios tengan tanta influencia?

El Latinobarómetro no alcanza a ofrecer una respuesta a ese punto, cuya explicación puede tener, en el fondo, muchas aristas. Si pensamos en las disputas entre López Obrador y la prensa mexicana, podríamos afirmar, por un lado, que todo se reduce a la histórica contienda entre el gobierno y las élites empresariales, a las que el mandatario identifica claramente cuando habla de "conservadores" y "neoliberales", y que históricamente han sido capaces de influir notablemente en la intención de voto de los ciudadanos, casi tanto como los partidos políticos.

La diferencia en la percepción ciudadana sobre el poder del gobierno y de los medios de comunicación, expresada en el Latinobarómetro,[21] plantea un escenario de tormenta perfecta para la prensa mexicana, que además de haber perdido parte de su influencia entre la ciudadanía por los cambios de hábitos de consumo de información asociados a los dispositivos digitales, internet y las redes sociales, es usada prácticamente a diario como saco de boxeo por López Obrador.

Así lo ve el exdirector de Comunicación Social de Carlos Salinas de Gortari y del Fondo de Cultura Económica en tiempos de Peña Nieto, José Carreño Carlón,[22] quien denunció que las ruedas de prensa presidenciales "se parecen cada vez más a los 'noticieros' oficiales de las dictaduras, con ataques sistemáticos a críticos y opositores por un conductor que, en nuestro caso, es también el declarante único, el comentarista y el presidente de la República". Y agregó: "Todos los roles de la comunicación monopolizados por una voz suprema. Un

---

[21] https://www.latinobarometro.org/lat.jsp.
[22] https://www.eluniversal.com.mx/opinion/jose-carreno-carlon/show-con-re-presion-alevosia-y-mordaza.

atracón propagandístico con sus coros de invitados incondicionales y paleros", se quejó.

De "guillotina" había tildado meses antes las conferencias de prensa del Palacio Nacional Rubén Aguilar:[23] "En Naciones Unidas hay 194 países y de esos tengo estudiado un modelo de comunicación en el que solo 20 jefes de Estado y primeros ministros del mundo siguen básicamente el mismo modelo de comunicación que implica, entre otras cosas, denostar a los medios, convertirlos en los enemigos para poder construir la narrativa que desde el poder se necesita para llegar a sus electores. El presidente López Obrador asemeja muchísimo a Trump, a Bolsonaro, en Brasil; a Bukele, en El Salvador, al primer ministro de Hungría, Viktor Orbán, o al primer ministro de Polonia, Mateusz Morawiecki; hay un modelo de comunicación construido desde la lógica populista, de derecha o de izquierda, que tiene como eje central denostar, criticar, descalificar a la prensa, como uno más de sus enemigos, no es el único, vive de la búsqueda de enemigos para polarizar y construir un mundo de buenos y malos, conservadores y progresistas, donde ellos se convierten en el centro de esa disputa, en los garantes del pueblo en contra de los malos y los burgueses".

Si Trump se quejaba día y noche de la prensa y llegó a ser muy agresivo con determinados reporteros y medios, catalogándolos de "enemigo del pueblo" o "locos y deshonestos",[24] AMLO los ha tildado de "el hampa del periodismo", "propaganda", "chayote", "prensa fifí", "conservadores", "sabelotodos", "hipócritas", "doble cara", "prensa vendida, alquilada", "manipulación", "pasquines" o "prensa inmunda".

En Brasil, Jair Bolsonaro ha mantenido un enfrentamiento permanente con las empresas informativas, como denunciaba la Sociedad Interamericana de Prensa el 21 de octubre de 2020. En enero siguien-

---

[23] https://www.eluniversal.com.mx/nacion/politica/mananeras-de-amlo-una-guillotina-exvocero-de-fox.

[24] https://thehill.com/homenews/administration/437610-trump-calls-press-the-enemy-of-the-people.

te, el mandatario sudamericano llegó a insultar directamente al gremio por sus denuncias de corrupción gubernamental, calificándolo de "prensa de mierda", entre otros agravios.[25]

En El Salvador periodistas del combativo periódico digital *El Faro* han denunciado expulsiones del país y espionaje en su contra por parte del gobierno.[26] Y mientras tanto, el presidente Nayib Bukele se entretiene subiendo a redes sociales mensajes como el siguiente: "Ser 'periodista' es el nuevo FUERO. Pueden traspasar propiedad privada, invadir la intimidad, mentir, falsear documentos, difamar, comprar drogas, violar, evadir impuestos, lavar dinero, violar leyes migratorias, etc. Pero si la autoridad hace cumplir la ley, activan el FUERO".[27]

A veces, Bukele ha sido todavía más agresivo en su estigmatización de la profesión: "Importante: Cuando uno de estos 'periodistas' vuelva a afirmar algo, recuerde que a ellos NO LES INTERESA LA VERDAD; de hecho, están dispuestos a manipularla, incluso a reportar lo contrario, con tal de lograr el objetivo para el que les pagan: ENGAÑAR A LA POBLACIÓN".

En fin, las escaramuzas iniciadas en abril de 2019 por la publicación de la carta de AMLO al gobierno español por parte de *Reforma* se intensificaron al mes siguiente con un incidente que levantó sospechas respecto a la presunta falta de autenticidad de las mañaneras.

El 16 de mayo, nada más entrar en el Salón de la Tesorería, el mandatario dio la palabra a un reportero de *Sin Censura*, un exitoso canal de YouTube dirigido desde Estados Unidos por el periodista mexicano Vicente Serrano,[28] quien no ha escondido su simpatía con la 4T y que ataca constantemente a los medios convencionales con un estilo popular y transgresor. "Informando como los chayo-

---

[25] https://www.dw.com/es/jair-bolsonaro-insulta-a-la-prensa-por-denuncias-de-corrupci%C3%B3n/a-56365970.

[26] https://elpais.com/internacional/2022-01-13/la-redaccion-de-el-faro-de-el-salvador-ha-sido-espiada-con-pegasus-durante-el-gobierno-de-bukele.html.

[27] https://twitter.com/nayibbukele/status/1446232694900158471?s=2.

[28] https://www.youtube.com/SinCensuraMedia.

teros no se atreven o no conviene porque no van a morder la mano que les da de tragar", reza la frase con la que se define Serrano en su perfil de Twitter.[29]

Al tomar la palabra, el reportero de *Sin Censura*, Rafael Herrera, se refirió a un listado publicado por ese medio digital con la identidad de periodistas e intelectuales adjudicatarios de importantes cantidades de dinero por concepto de publicidad oficial durante el sexenio de Enrique Peña Nieto (2014-2018). "Queremos saber si estos personajes se encuentran en la lista que usted tiene, presidente, para que la dé a conocer y con todo respeto, acate lo que señaló el INAI [Instituto Nacional de Transparencia, Acceso a la Información y Protección de Datos Personales], que la presidencia de la República deberá dar a conocer e investigar esta información relacionada con estos personajes físicos y morales que recibieron recursos de la publicidad oficial del pasado sexenio del 2012 a la fecha. Queremos ver si usted nos puede dar o nos puede indicar esta lista de personajes que se embolsaron más de mil millones de pesos", planteó.[30]

"Tengo entendido que nos están solicitando de parte de Transparencia el que se entregue la información. Se va a hacer. Todavía no concluye el plazo, el término de ley creo que fueron 10 días, se está haciendo ya la recolección, el acopio de elementos para entregar esta información a Transparencia. Nosotros no vamos a darla a conocer, se va a entregar a Transparencia y ellos van a decidir", respondió el mandatario, con un tono de exagerado desinterés que suele usar cuando en realidad algo motiva su atención.

El origen del caso es cuando menos extraño, pues todo surgió a raíz de una solicitud de "un ciudadano común" a la Oficina de la Presidencia reclamando información "de las personas físicas y morales que

---

[29] Donde, hasta la conclusión de este libro, tenía más de 475 mil seguidores. En YouTube tenía casi 1.1 millones de suscriptores. https://mobile.twitter.com/_VicenteSerrano.

[30] https://lopezobrador.org.mx/2019/05/16/version-estenografica-de-la-conferencia-de-prensa-matutina-del-presidente-andres-manuel-lopez-obrador-83/.

recibieron recursos públicos por publicidad en cualquier tipo de medio de comunicación" durante el sexenio de Peña Nieto, como contó la comisionada del INAI, Blanca Lilia Ibarra Cadena, al presentar un recurso de revisión en una sesión del instituto el 8 de mayo de 2019. La presidencia dijo no tener información y el INAI la conminó a dársela de todas formas.

Al final, el 22 de mayo, seis días después de aquella mañanera, el INAI emitió un comunicado señalando que había recibido la información del gobierno, que la iba a compartir con el ciudadano recurrente y que en caso de que se diera por cumplido el trámite el expediente quedaría archivado.[31]

Sorpresivamente, al día siguiente, el diario *Reforma* publicó la lista completa[32] en una noticia en la que señalaba que la presidencia había divulgado el material, lo cual fue negado por AMLO y por el propio instituto de la transparencia.

"Miren, bajo palabra de decir verdad, nosotros no dimos a conocer los nombres de quienes reciben o recibían estos apoyos para trabajos informativos", se defendió López Obrador la mañana siguiente a la difusión del artículo.[33]

El listado estaba compuesto por 36 personas físicas y morales receptoras de recursos públicos "por concepto de Gastos de Comunicación Social y otros servicios" en aquel periodo. Entre los mencionados sobresalieron líderes de opinión nacionales como Joaquín López Dóriga, cuyas empresas se adjudicaron contratos por casi 252 millones de pesos, Federico Arreola (151 millones) o Enrique Krauze (144 millones), que fueron los que más se beneficiaron, aunque había muchos otros.

---

[31] https://politica.expansion.mx/mexico/2019/05/24/amlo-y-el-inai-se-echan-la-bolita-por-la-lista-de-periodistas-con-contratos.

[32] https://www.reforma.com/divulga-presidencia-contratos-con-periodistas/ar1684409.

[33] https://lopezobrador.org.mx/2019/05/24/version-estenografica-de-la-conferencia-de-prensa-matutina-del-presidente-andres-manuel-lopez-obrador-89/.

Podríamos aquí conjeturar sobre las posibles razones de la posible filtración. Desde luego al mandatario le interesaba exponer a esos individuos y empresas por sus contenidos informativos críticos con el gobierno y su persona, pero *Reforma*, al no mostrarse en esa relación pese a ser también receptor de fondos en publicidad oficial, también pudo haber sacado provecho intentando dejar patente su supuesta independencia del poder político.

Sea como fuere, lo cierto es que el incidente terminó convirtiéndose en un ominoso espectáculo que expuso ante el país a los agraciados por el "antiguo régimen".

Federico Arreola, director del portal de noticias *SDP* (participado por Televisa), exjefe del diario *Milenio* y un personaje históricamente afín al movimiento de López Obrador, fue uno de los que respondió con más virulencia a la revelación de la lista, acusando al mandatario de exhibirlo sin necesidad ni justificación: "De un total aproximado de 30 mil millones de pesos que el gobierno de Enrique Peña Nieto gastó o invirtió en publicidad en medios de comunicación, tu gobierno dio a conocer el destino de nada más 1 mil millones de pesos; esto es, apenas el 3%. El único pecado que cometimos quienes fuimos exhibidos —es mi caso y el de Enrique Krauze, al menos— es el de ser 'periodistas' además de emprendedores", denunció.

"Me apena y me entristece mucho, presidente López Obrador, que sea yo blanco de los ataques de un movimiento en el que creo, en el que participé y al que seguiré defendiendo", añadió.[34] *SDP* posee el portal satírico *El Deforma*, dirigido por Federico Arreola hijo, quien se entrevistó con AMLO en el Palacio Nacional el 15 de diciembre de 2020, en un encuentro que pareció a todas luces muy cordial.[35] En su artículo de descargo, Arreola padre mostró además su indignación porque la presidencia no hubiera incluido en el listado a *Reforma*, al que, según él, Peña Nieto otorgó contratos en publicidad por 300 millones de pesos.

---

[34] https://www.sdpnoticias.com/columnas/presidente-periodista-chayotero-lopez.html.

[35] https://twitter.com/lopezobrador_/status/1339031249294266368.

Dos años más tarde el gobernante acabaría haciéndolo, en una conferencia de prensa matutina[36] en la que presentó los datos de los recursos públicos recibidos por concepto de publicidad oficial durante los sexenios de Fox, Calderón y Peña Nieto, no solo por *Reforma*, sino también por el otro gran periódico nacional: *El Universal*. En el caso del segundo, dijo que había recibido 274 millones de pesos con el primer presidente, 368 millones con el segundo y 450 millones con el tercero, y comparó esos montos con los 50 millones anuales que, según su información, tienen de presupuesto 80% de los 2 mil 500 municipios mexicanos.

"A esto habría que agregar que les dieron crédito de Nacional Financiera", agregó. En el caso de *Reforma* fueron 292 millones con Fox; 404 millones con Calderón y 291 millones con Peña Nieto. "Se podrá decir: 'Es poco, es la mitad de lo que recibió *El Universal*', nada más que aquí hay que aclarar que este periódico es el vocero de los potentados de México y recibe financiamiento de las grandes corporaciones que han hecho su agosto con el presupuesto público en los tiempos del periodo neoliberal. ¿Quién sostiene al *Reforma*? Los bancos, Telmex, Oxxo, la Coca Cola, Bimbo, muchas de estas empresas que recibían condonaciones de impuestos, que no pagaban impuestos o, si pagaban, se los devolvían. Entonces, esto no incluye esa publicidad", añadió.

De la misma manera en que *Reforma* rechazó la denuncia de AMLO de que en el pasado había defendido a Salinas de Gortari y Zedillo, exponiendo ejemplos de lo contrario, *El Universal* también ha salido en algún momento a responder al mandatario por sus reiterados ataques. Con motivo de los 105 años de vida del rotativo, su presidente ejecutivo, Francisco Ealy Ortiz, publicó en las páginas del diario un mensaje dirigido a López Obrador, en un gesto poco frecuente de parte del dueño de un medio: "Es mi convicción que todos aquellos colaboradores, articulistas y columnistas que escriben en el diario y sus

---

[36] https://www.gob.mx/presidencia/articulos/version-estenografica-conferencia-de-prensa-del-presidente-andres-manuel-lopez-obrador-del-4-de-agosto-de-2021?idiom=es.

plataformas digitales les sean respetadas sin censura alguna sus opiniones y sus datos, que acompañan con sus firmas. Ellos ejercen sin cortapisas la libertad de expresión en esta tribuna", comenzó Ealy, para subrayar luego que en el pasado fue perseguido por el gobierno del PRI y encarcelado por una "falta fiscal", y que no le es "extraño ser blanco de ataques personales por garantizar derechos" como "el libre ejercicio del periodismo y la libertad de expresión".

"Señor Presidente, siempre he dicho que México es más grande que sus problemas y mi lema de toda la vida es que la libertad de prensa no se agradece, se ejerce", concluyó.[37]

Así pues, la conflictiva relación entre López Obrador y los medios de comunicación parece ser producto de un fenómeno que se observa casi a diario en las conferencias en el Palacio Nacional y que el gobernante no puede ni parece querer ocultar: su pasión por el periodismo y el reconocimiento que da a esa actividad como un elemento de especial trascendencia en la historia nacional.

Raúl Trejo Delarbre tenía razón en mayo de 2021, cuando predecía que el combate con los medios iba a seguir creciendo hasta que acabara la gestión presidencial. "Él [López Obrador] no solo quisiera una prensa complaciente, sino que abomina de la prensa que dice cosas que a él no le gustan y lo expresa de manera muy desparpajada", señaló en una entrevista. "Esto va a proseguir, esto se va a intensificar, vamos a ver una prensa mucho más agresiva con el presidente y un presidente mucho más agresivo también con la prensa, a menos que hubiera mecanismos de control que apacigüen esta prensa", agregó.[38]

De acuerdo con la organización Artículo 19,[39] "el peligro de fijar los 'términos y condiciones' del debate público a través de las conferencias [mañaneras] no sólo radica en la desinformación o la informa-

[37] https://www.eluniversal.com.mx/nacion/mensaje-del-licenciado-juan-francisco-ealy-ortiz-al-presidente-lopez-obrador.

[38] https://proyectopuente.com.mx/2020/05/21/como-ha-sido-la-relacion-de-la-prensa-con-los-presidentes-en-mexico-desde-cardenas-hasta-amlo-raul-trejo/.

[39] https://disonancia.articulo19.org/.

ción sesgada, sino que se convierte en un elemento importante en la profundización de la polarización". "Las conferencias han sido el espacio para pontificar, moralizar, dictar prioridades, fustigar adversarios (entre los que se incluye en voz del presidente a las y los periodistas), instruir acciones de gobierno en tiempo real y emitir juicios públicos sobre la responsabilidad moral, política y hasta legal de ciertos personajes", denunció la asociación en su informe de 2019, donde analizaba el primer año de AMLO en el sillón presidencial.

En noviembre de ese año[40] el holandés Jan-Albert Hootsen, representante en México del Comité para la Protección de Periodistas, al preguntar al mandatario en la mañanera por la situación de violencia contra la prensa en el país, le pidió frontalmente si se comprometía "a utilizar un lenguaje que no estigmatice a periodistas y que no estigmatice el periodismo".

"Nunca he utilizado un lenguaje que estigmatice a los periodistas. Yo quiero estigmatizar a la corrupción, no a los periodistas. Aquí lo que hay siempre es un diálogo circular. Y antes no se acostumbraba esto porque la prensa estaba sometida en México, con honrosas excepciones, subvencionada. Entonces, ahora hay libertades plenas y lo único que se hace aquí es informarles a los ciudadanos, garantizar el derecho del pueblo a la información. Eso es lo que hacemos", respondió.

Una colega española preguntó a continuación al gobernante: "¿Se compromete usted a demostrar de manera clara y contundente su apoyo al rol del periodismo en una sociedad democrática y participativa, aunque este periodismo sea crítico con el gobierno?".

"Siempre los he respetado a todos, no los veo yo como enemigos, sino como adversarios", contestó AMLO.

Carlos Loret de Mola expuso el 30 de diciembre de 2019[41] un listado por orden alfabético de los improperios y expresio-

---

[40] https://www.gob.mx/presidencia/articulos/version-estenografica-de-la-conferencia-de-prensa-matutina-miercoles-6-de-noviembre-2019.

[41] https://www.eluniversal.com.mx/opinion/carlos-loret-de-mola/el-gran-insultador-exige-no-ser-insultado.

nes descalificatorias que hasta entonces había proferido el mandatario contra sus opositores, no solo los políticos sino también los representantes de la prensa: "Achichincle, alcahuete, aprendiz de carterista, arrogante, blanquito, calumniador, callaron como momias, camajanes, canallín, chachalaca, chayotero, cínico, cómplice, conservador, corruptos, corruptazo, deshonesto, desvergonzado, espurio, farsante, fichita, fifí, fracaso, fresa, gacetillero vendido, hablantín, hampones, hipócritas, huachicolero, ingratos, intolerante, ladrón, lambiscones, machuchón, mafioso, mafiosillo, maiceado, majadero, malandrín, malandro, maleante, malhechor, mañoso, mapachada de angora, matraquero, me da risa, megacorrupto, miente como respira, mentirosillo, minoría rapaz, mirona profesional, monarca de moronga azul, mugre, ñoño, obnubilado, oportunista, paleros, pandilla de rufianes, parte del bandidaje, payaso de las cachetadas, pelele, pequeño faraón acomplejado, perversos, pillo, piltrafa moral, pirrurris, politiquero demagogo, ponzoñoso, pregonero, prensa vendida, ratero, reaccionario de abolengo, represor, reverendo ladrón, riquín, risa postiza, salinista, señoritingo, sepulcro blanqueado, simulador, siniestro, tapadera, tecnócratas neoporfiristas, ternurita, títere, traficante de influencias, traidorzuelo, vulgar, zopilote".

Entre las afirmaciones que efectuó el político tabasqueño el día en que aseguró falsamente que no agraviaba a los medios, la más interesante es la defensa que realizó de su derecho a replicar lo que estos publican, asumiendo que está en su derecho de hacerlo en su calidad de ciudadano y olvidando la preeminencia que tiene su figura de presidente respecto al resto de la sociedad: "No va a haber censura para nadie. Les recuerdo, porque a lo mejor no tienen ustedes todos los antecedentes, pero antes el periodista que criticaba al gobierno podía ser despedido. Así despidieron durante el gobierno de Felipe Calderón a José Gutiérrez Vivo, se tuvo que ir al exilio, allá está en Estados Unidos protegido, destruyeron su empresa y nadie lo defendió; en el sexenio pasado sucedió algo parecido con Carmen Aristegui y también nadie o muy pocos la defendieron", manifestó.[42]

---

[42] Produce cierta estupefacción escuchar su reivindicación de la figura de Aristegui, a la que dos años después colocaría en su "lista de negra" de periodistas por

EL PRESIDENTE MÁS ATACADO DE LA HISTORIA

Aunque repita una y otra vez su famosa frase "No es mi fuerte la venganza", los hechos demuestran que el mandatario ha desvirtuado la razón de ser de lo que debería ser una rueda de prensa como la mañanera para convertirla en una suerte de ajuste de cuentas en el que coloca casi a diario a comunicadores y empresas informativas en un paredón de fusilamiento del que no escapa nadie. (O casi nadie.)

La saña suele ser directamente proporcional a la molestia que el gobernante es incapaz de esconder cuando comprueba que periodistas que en el pasado sintió cercanos porque cuestionaban a los gobiernos que él deseaba ver caer para llevar a cabo su Cuarta Transformación, como Aristegui, siguen haciendo lo mismo, con la única pero trascendental diferencia de que ahora es él quien debe responder por el rumbo del país.

De dispensarle un trato afable y notables reconocimientos en público, López Obrador pasó a colocar a Aristegui, en su rueda de prensa del 9 de febrero de 2022, entre varios de los periodistas e intelectuales que más detesta. "Eran [algunos empresarios] los dueños o se sentían los dueños de México, con periodistas deshonestos como Carmen Aristegui, periodistas no sólo deshonestos, sino corruptos y mercenarios, capaces de inventar cualquier situación, como Loret de Mola, la señora que está con Claudio X González que pertenece al grupo de Aguilar Camín, María Amparo Casar."

Una actitud cada vez más crítica hacia AMLO

Si ha habido una empresa informativa que ha tomado decisiones laborales y editoriales controvertidas a raíz de la elección del 1 de julio de 2018, esa es Grupo Radio Centro. Sumida en un declive de audiencia y del negocio desde hacía años, la cadena de emisoras

publicar en su portal de noticias un reportaje que vinculaba a los hijos del mandatario con un posible caso de corrupción ligado al programa gubernamental Sembrando Vida.

de radio dio un fuerte giro al perfil ideológico de sus programas informativos, con varios cambios en la conducción de sus espacios, durante la transición presidencial y los primeros meses del sexenio de López Obrador.

Los damnificados fueron, primero, Carlos Loret de Mola, y posteriormente, Sergio Sarmiento y Guadalupe (Lupita) Juárez, quienes dieron paso a periodistas más combativos con los presidentes del PRI y del PAN que precedieron a AMLO, como Astillero, Álvaro Delgado, Alejandro Páez Varela y Aristegui.[43]

El caso de Loret de Mola es el más interesante porque pocos meses después de decir adiós a Grupo Radio Centro se despidió también del noticiero matutino de Televisa, el 22 de agosto de 2019, tras casi dos décadas en la empresa. Una noticia que no dejó a nadie indiferente en el gremio periodístico. En ninguno de los casos el comunicador dejó ni siquiera entrever que sus salidas tuvieran alguna relación con una eventual censura gubernamental o un acto de autocensura por parte del medio o medios que decidieron prescindir de sus servicios.

Sin embargo, es también notorio el hecho de que Loret de Mola había ido asumiendo, con el paso de los meses, una actitud cada vez más crítica hacia AMLO, una postura que seguiría agudizando después con su programa de mediodía en W Radio, su columna en el diario *El Universal* y en el nuevo proyecto digital, *Latinus*, en el que no solo expuso más abiertamente sus opiniones contrarias a López Obrador sino que sacó a la luz varios casos de posible corrupción en la familia del gobernante, su partido, Movimiento Regeneración Nacional (Morena), y otros miembros de la administración.[44]

Apenas cuatro horas y 28 minutos después de que Loret de Mola comunicara con un mensaje en redes sociales que abandonaba Televi-

---

[43] https://twitter.com/RadioCentroMX/status/1069692660397559808.

[44] https://www.eluniversal.com.mx/nacion/sociedad/anuncia-loret-de-mola-nuevo-proyecto-llamado-latinus.

sa,[45] el vocero presidencial, Jesús Ramírez Cuevas, se apresuró a desmentir las versiones de que su salida respondía a una directriz desde el Palacio Nacional.

La respuesta de Ramírez Cuevas en Twitter no dejó de sorprender por la celeridad con que fue publicada. "El @GobiernoMX respeta el trabajo de los y las periodistas y defiende la libertad de expresión. Por tanto, no censura, ni reconviene, ni pide el despido o remoción de nadie en ningún medio. Afirmar lo contrario es una noticia falsa", indicó.[46]

Entre las personas que cuestionaron lo sucedido está el padre de Loret de Mola, Rafael, que poco más de un año después fue preguntado en una entrevista con el canal televisivo La Octava si el gobierno había propiciado la partida de su hijo y respondió así: "Absolutamente, López Obrador firmó un convenio de publicidad por 1 000 millones de pesos con Televisa con la intención de sacar a Carlos de allá".

"Creyeron mucho que sacándolo de Televisa lo iban a liquidar periodísticamente; pues debe haber tenido una úlcera el señor López Obrador al darse cuenta de que cuando lo sacaron de Televisa se volvió más influyente y se volvió más severo en sus críticas. Como se dice vulgarmente, le salió a López Obrador el tiro por la culata",[47] agregó el también periodista, abogado, historiador y político, que actualmente está implicado en el movimiento político-ciudadano de extrema derecha Frente Nacional Anti-AMLO (FRENAA) que intenta sacar al mandatario del poder a través de "herramientas jurídicas, de presión social y de medios", según su ideario.

El 29 de noviembre de 2019, tres meses después de que Loret de Mola abandonara Televisa, apareció otra figura de primera línea de los medios de comunicación mexicanos, Víctor Trujillo, mejor conocido por su particular personaje Brozo, el payaso que durante años ha contado de una forma fresca, divertida y polémica la actualidad informativa nacional.

---

[45] https://twitter.com/carlosloret/status/1164627609596104706.

[46] https://twitter.com/jesusrcuevas/status/1164695155821174784.

[47] https://twitter.com/laoctavadigital/status/1311477211644473346.

Brozo, que se incorporó más tarde al proyecto *Latinus* con Loret de Mola, tampoco adujo motivos extraordinarios para la salida de su programa *El mañanero*, de la emisora Aire Libre, más allá de un acuerdo de partes.[48] Una de las reacciones más llamativas a la desvinculación de Brozo de la emisora radiofónica provino de Astillero: "El próximo viernes será el último programa de @brozoxmiswebs en @airelibre_fm. Lamento el cierre de este ciclo, uno + de los q #Brozo ha vivido. Su voz es necesaria, a pesar de (o por ello mismo) un ambiente nacional con frecuencia crispado. Un abrazo y espero q pronto reinicie", dijo en Twitter.[49]

En una mañanera posterior, López Obrador se refirió a ambos casos para negar las acusaciones de censura. "Somos incapaces de pedirle a los dueños de un medio de comunicación que quiten a un periodista. Nunca lo hemos hecho, es un asunto de principios. Cuando estábamos en la oposición corrían a periodistas que nos daban espacios. Yo les he platicado, tengo ejemplos, una vez en Guanajuato me hicieron una entrevista y corrieron al que me hizo la entrevista", dijo primero sobre el exconductor del noticiero matutino de Televisa.

"Ahora que se va Brozo, lo mismo, lo mismo. Imagínense, Brozo hasta me cae bien, es simpático. Y ahora sí como diría el clásico, ¿y yo por qué? Nadie, nadie de este gobierno censura, no somos iguales", añadió.

Respecto a este último caso, el comentarista Álvaro Cueva afirmó[50] que si bien "hubo un tiempo en que los comunicadores y sus espacios desaparecían por órdenes de la autoridad", la salida de Brozo se debía a que el locutor ya no daba resultados desde el punto de vista de negocio. "Con la 4T está complicadísimo que los comunicadores de la vieja guardia den resultados, porque cobran mucho y porque

[48] https://www.eluniversal.com.mx/espectaculos/farandula/el-mananero-de-brozo-sale-del-aire-y-en-redes-denuncian-censura.

[49] https://twitter.com/julioastillero/status/1199010413406502916.

[50] https://www.milenio.com/opinion/alvaro-cueva/el-pozo-de-los-deseos-reprimidos/la-salida-de-brozo?utm_medium=taboola.

están acostumbrados a una serie de privilegios, de todo tipo, que ya casi nadie les puede dar", puntualizó.

No existen pruebas de que haya habido presiones del poder sobre los medios en esas oportunidades. También es cierto que en casos sonados del pasado reciente en que algún periodista dejó su cargo entre denuncias de haber sido objeto de un castigo por parte del medio en que trabajaba, como el caso de Carmen Aristegui cuando salió de MVS tras la publicación del reportaje sobre la "Casa Blanca", tampoco pudo ser probado ese extremo, aunque las sospechas fueron mucho mayores, por razones obvias.[51]

Sin embargo, durante el mandato de AMLO se ha dado al menos otra situación que ha disparado las especulaciones respecto a la posible censura gubernamental de determinados líderes de opinión o la eventual autocensura de algunos medios por intentar quedar bien con el poder.

En el que hasta ahora ha sido el pico de las hostilidades entre López Obrador y los periodistas, a principios de 2022, cuando una ola de asesinatos de reporteros en varios puntos del país y la denostación reiterada de Loret de Mola en las mañaneras por parte del presidente provocaron una serie protestas del gremio, el conductor del noticiero principal de Imagen TV, Ciro Gómez Leyva, fue noticia al ausentarse el viernes 4 de febrero y el lunes siguiente de su programa y transmitir un día después un mensaje dando a entender que su labor en ese canal televisivo había llegado a su fin.[52]

AMLO se apresuró a desmentir supuestas versiones de que su gobierno había tenido algo que ver con la posible salida del comunicador de esa empresa: "Ayer corrió el rumor de que Ciro Gómez Leyva iba a dejar el programa, también queriendo hacer creer de [*sic*]

---

[51] Recordemos que en aquella ocasión la partida de la periodista fue precedida del despido de sus dos colaboradores responsables de aquel llamativo trabajo periodístico, que expuso a Angélica Rivera, primera dama en el sexenio de Peña Nieto, e hizo tambalear a Los Pinos porque involucraba a una firma contratista del gobierno del Estado de México, cuando el expresidente había sido gobernador de esa entidad.

[52] https://twitter.com/CiroGomezL/status/1493816980054454279.

que ya hay censura. No, eso es un asunto de Olegario [Vázquez Aldir, dueño del Grupo Empresarial Ángeles, que posee el canal]. A lo mejor se están peleando por cuánto más hay que pagarle, pero nosotros no tenemos nada que ver, ni vamos jamás a censurar a nadie, o sea, ningún periodista va a ser perseguido, censurado por sus expresiones, manifestaciones", dijo.[53]

Horas después, Gómez Leyva opinó que el presidente debía estar "mal informado", "mal asesorado" o "bien asesorado, otra vez, para sembrar hostilidad". "No sé a qué se refiere con que corrió un rumor. Yo había estado ausente dos noches del noticiero de Imagen Televisión, el viernes y el lunes. ¿Por qué? Porque como ocurre en todas las empresas editoriales, al menos en todas las que he trabajado, hay momentos de tensión editorial entre quienes producimos lo que hacemos y quienes dirigen las empresas. Y viernes y lunes hubo un momento de tensión sobre una cobertura, que además coincidió con un fin de semana", relató.

El conductor televisivo reveló que las partes aprovecharon ese momento de "tensión editorial" para "discutir, dialogar" y para "refrendar acuerdos". "Obviamente la parte económica no tenía nada que ver, era una parte editorial. Pero sí, tensión frente a la información novedosa, difícil, confusa que estamos viviendo", añadió, sin especificar si se refería al conflicto entre López Obrador y Loret de Mola.[54]

Otro caso que podríamos agregar a este apartado es el de Rubén Aguilar, quien aseguró[55] que había dejado de publicar artículos en el diario *El Economista* a petición de un secretario de Estado: "El ejercicio del periodismo está amenazado por un presidente como López Obrador [...] Cada mañana tú puedes ser objeto de la guillotina francesa, ahora puesta en Palacio Nacional, y pasar cuchillo porque no dijiste lo

[53] https://www.gob.mx/presidencia/articulos/version-estenografica-conferencia-de-prensa-del-presidente-andres-manuel-lopez-obrador-del-16-de-febrero-de-2022?state=published.

[54] https://twitter.com/elisaalanis/status/1493967837567848452.

[55] https://www.eluniversal.com.mx/nacion/politica/mananeras-de-amlo-una-guillotina-exvocero-de-fox.

que el Presidente quería oír o porque fuiste crítico. Yo fui expulsado recientemente de un periódico a petición de un secretario de Estado, por eso dejé de publicar en *El Economista*, hay una amenaza real, lo he vivido", afirmó.

Entre las reiteradas conjeturas sobre potenciales intentos de controlar a los medios por parte de la presidencia, Raymundo Riva Palacio denunció[56] que Ramírez Cuevas había creado un equipo para dar seguimiento a la actividad de determinados líderes de opinión, entre ellos Loret de Mola, María Amparo Casar, Federico Reyes Heroles y Jesús Silva Herzog, para lo cual supuestamente contrató "a un profesional que estaba fuera del gobierno", aunque no dio ni siquiera una pista de cuál fue su fuente o sus fuentes de información.

"El seguimiento que se le encargó fue no solo de lo que publican o dicen en la prensa, radio y televisión, sino también que registraran todas sus declaraciones y sus presentaciones en seminarios o invitaciones para hablar con diferentes grupos", detalló Riva Palacio.

En su opinión, la estratagema "no es espionaje", pero demuestra el nivel de relevancia que da el mandatario a la intervención de esos personajes en la opinión pública.

Pasquín inmundo

López Obrador no solamente vive pendiente de lo que se publica sobre su administración y su persona en los medios de comunicación, sino que tiene una extraña fijación con determinados líderes de opinión. "Dije que no es mi fuerte la venganza, y que si bien no olvido, sí soy partidario del perdón y la indulgencia", afirmó el presidente en su discurso en el Congreso el 1 de diciembre del 2018 al tomar posesión del cargo.[57]

---

[56] https://www.elfinanciero.com.mx/opinion/raymundo-riva-palacio/2021/10/22/marcaje-a-periodistas/.

[57] http://cronica.diputados.gob.mx/Estenografia/64/2018/dic/20181201.html.

Sin embargo, da la sensación de que en su mente resuena una y otra vez la célebre una frase de su idolatrado Francisco Zarco, personaje histórico al que considera el mejor ejemplo del "periodismo comprometido": "Cuando muere el periodismo, los gusanos de su tumba son el pasquín, el anónimo, el libelo clandestino".[58]

Su inquina hacia determinadas cabeceras de prensa viene de lejos, en muchos casos de la decisión editorial de casi todas ellas, tanto mexicanas como extranjeras, de no legitimar su lucha contra el "fraude electoral" del que dijo haber sido víctima en 2006.

El 4 de junio de 2020,[59] en el momento más delicado de la pandemia del coronavirus para su gobierno, se cebó contra *Reforma* por publicar que México estaba en el tercer lugar en número de fallecidos totales por el covid-19, lo cual era cierto, aunque en la estadística de decesos por cada 100 mil habitantes no estaba tan arriba en el listado.

"Están actuando por la animadversión que tienen a nuestro movimiento, a mi persona, al proceso de transformación, están actuando de manera alarmista e irresponsable, están actuando de acuerdo a la máxima del hampa del periodismo de que la calumnia, cuando no mancha, tizna", se quejó, usando una expresión que ha repetido hasta la saciedad. "Esto lo considero como falta de profesionalismo, sobre todo porque producen alarma, inquietud, miedo y el pueblo no merece ser tratado de esa forma. Todos tenemos que actuar con responsabilidad."

El 11 de septiembre de 2020 fue otro de los días en que atacó con mayor virulencia a *Reforma*, al que calificó de "pasquín inmundo", en respuesta a una noticia que informaba de la decisión del Congreso de Tabasco de desconocer a las autoridades de Macuspana, el pueblo natal del gobernante, tras encontrar un aparente desfalco que provocó la renuncia del alcalde, de Morena, varios regidores y la síndico, cuñada del gobernante.

---

[58] "Las restricciones a la libertad de la prensa", *El Siglo Diez y Nueve*, 30 de octubre de 1857, pp. 1-2.

[59] https://www.gob.mx/presidencia/articulos/version-estenografica-de-la-conferencia-de-prensa-matutina-jueves-4-de-junio-de-2020?idiom=es.

La información, colocada en portada del periódico con el sugerente titular " 'Esfuman' 23 mdp en terruño de AMLO", no pudo ser desmentida por el mandatario, quien afirmó,[60] como en otras ocasiones en las que sus familiares han sido señalados por corrupción, que no pone la mano en el fuego por nadie. "Yo he dicho con mucha claridad que si algún familiar comete un delito debe ser juzgado, sea quien sea", subrayó.

Su animadversión hacia la publicación lo ha llevado a perder en alguna ocasión las formas de cortesía y el control de sí mismo, de los que suele hacer normalmente gala como avezado político y orador. El 18 de octubre de 2019, un día después del fallido operativo de captura en Culiacán, Sinaloa, de Ovidio Guzmán,[61] hijo del capo del narcotráfico Joaquín *el Chapo* Guzmán, un reportero de ese diario realizó varias preguntas sobre el incidente, considerado para muchos analistas como un grave tropiezo en la estrategia de seguridad del gobierno.

"¿De qué periódico es usted?", le interrogó en un momento dado el mandatario. "Del periódico *Reforma*", respondió su interlocutor. "Ah, claro. Es el punto de vista de nuestros adversarios y de la prensa opositora", argumentó López Obrador, para lanzar una diatriba contra la publicación.[62]

En otro arranque contra el periódico, el 14 de octubre de 2021, AMLO llegó a decir abiertamente: "No le crean al *Reforma*".[63]

El gobernante tampoco ha dejado títere con cabeza cada vez que la prensa internacional ha publicado noticias o artículos de opinión que lo exponían, siendo el diario *El País* el que más ha sufrido sus embestidas.

---

[60] https://twitter.com/Reforma/status/1304444719502688257?s=20.

[61] https://www.animalpolitico.com/2019/11/fallas-operativo-ovidio-guzman-cu-liacan/.

[62] https://www.gob.mx/presidencia/articulos/version-estenografica-de-la-conferencia-de-prensa-matutina-viernes-18-de-octubre-2019?idiom=es.

[63] https://lopezobrador.org.mx/2021/10/14/version-estenografica-de-la-conferencia-de-prensa-matutina-del-presidente-andres-manuel-lopez-obrador-623/.

López Obrador parece no perdonar que el rotativo ibérico diera por bueno el triunfo de Calderón el 6 de julio de 2006, apenas cuatro días después de la ajustada elección presidencial que perdió aquel año.[64] Tampoco le gustó nada el editorial que publicó el periódico cuando perdió por segunda vez consecutiva los comicios presidenciales en 2012, en aquella ocasión ante Peña Nieto: "Obrador es un lastre".[65] "A *El País*: dejen la manía de hacer periodismo colonizante. Mejor hagan la autocrítica por su responsabilidad en el desastre de España", escribió entonces en su cuenta de Twitter en respuesta a la postura del rotativo, según el cual "la izquierda mexicana debería replantearse el liderazgo de su candidato presidencial derrotado", al que señalaba de "populista" y "mal perdedor".

Con ese antecedente, no parece tan sorprendente que al llegar al poder se haya desquitado contra el diario de la forma en que lo ha hecho en varias ocasiones, llegándolo a calificar de "boletín de las empresas españolas".[66]

Una de las agresiones más coléricas contra *El País* llegó a raíz de un artículo publicado por el periódico el 19 de noviembre de 2020 con el título "México, un país roto", que relataba el impacto de la pandemia del coronavirus tomando como punto de partida el hecho de que la nación latinoamericana hubiera alcanzado los 100 mil muertos por el covid-19.

Al día siguiente,[67] AMLO acusó al diario de representar los "afanes colonialistas" españoles y de haber protegido "a las empresas españolas que recibieron un trato especial en México en los gobiernos

---

[64] https://elpais.com/diario/2006/07/07/internacional/1152223202_850215.html.

[65] https://www.bbc.com/mundo/ultimas_noticias/2012/07/120715_ultnot_mexico_lopez_obrador_responde_el_pais_editorial_lastre_jrg.

[66] https://www.gob.mx/presidencia/es/articulos/version-estenografica-conferencia-de-prensa-del-presidente-andres-manuel-lopez-obrador-del-15-de-marzo-de-2021.

[67] https://www.gob.mx/presidencia/articulos/version-estenografica-conferencia-de-prensa-del-presidente-andres-manuel-lopez-obrador-del-20-de-noviembre-de-2020?idiom=es.

anteriores". Asimismo, recurrió a una publicación de redes sociales para desatar toda su ira: un texto publicado por "un tal Bonet",[68] dijo antes de dar paso a Ramírez Cuevas para que leyera el mensaje, cargado de descalificativos contra las autoridades y empresas españolas.

Lo curioso de aquel caso es que el gobernante manifestó no conocer a Bonet, un reconocido actor, productor y promotor cultural cuyo nombre completo es Juan Carlos Gutiérrez Bonet y que trabajó como responsable de la Dirección General de Cultura de la delegación capitalina Miguel Hidalgo, cuando gobernó por primera vez ahí Víctor Hugo Romo.

El delegado estaba entonces en el Partido de la Revolución Democrática (PRD) y en 2021 intentaría reelegirse en el cargo por Morena. Para entender todavía mejor la cercanía de Bonet con la 4T baste decir que un mes después de ser mencionado por López Obrador como un "ciudadano desconocido" en la mañanera, el 23 de diciembre de 2020 fue seleccionado por la secretaria de Cultura, Alejandra Frausto, para incorporarse al gobierno federal como secretario ejecutivo del Sistema de Apoyos a la Creación y a Proyectos Culturales (el antiguo Fonca).[69]

La beligerancia de López Obrador con los responsables editoriales de *El País* contrasta con el acercamiento que tuvo el 23 de agosto de 2021 con el presidente de Prisa,[70] la empresa propietaria del diario español, durante una reunión en el Palacio Nacional sobre la que no hubo más detalles que un mensaje publicado en redes sociales por el gobernante: "Conversamos con mi amigo Francisco González, de Multimedios y con Joseph Oughourlian, presidente del periódico *El País* y de grupo Prisa, de España. Platicamos de manera franca y cordial".

[68] https://www.facebook.com/juancarlos.bonet.1/posts/10164360882830262.
[69] https://www.proceso.com.mx/cultura/2020/12/24/juan-carlos-bonet-nuevo-responsable-del-sistema-de-apoyos-culturales-255076.html.
[70] https://twitter.com/lopezobrador_/status/1429926771772690439, https://www.forbes.com.mx/amlo-critica-a-el-pais-y-milenio-pero-conversa-cordialmente-en-privado/.

Hasta el momento, el diario español no ha respondido de manera abierta a los ataques que recibe constantemente, apostando a una estrategia que parece compartida por las compañías y la diplomacia del país europeo, que evitan a toda costa la confrontación con AMLO, sabedoras de que, en un cruce de declaraciones, el presidente mexicano gozaría de una posición de superioridad incontestable al tener un altavoz único en su conferencia de prensa diaria.

Si bien la atención sobre lo que publica *El País* parece lógica porque el diario español tiene una edición mexicana, López Obrador también revisa constantemente lo que publican medios de otros países, algunos de los cuales han sido blanco igualmente de duras críticas en sus ruedas de prensa.

Así sucedió el 28 de mayo de 2021 con *The Economist*, del Reino Unido, a raíz de que la revista inglesa le dedicara una portada con el retador titular "El falso mesías".[71] Fue poco antes de las elecciones intermedias de aquel año, donde Morena mantuvo la mayoría simple en el Congreso, pero no logró su aspiración de lograr una mayoría calificada (dos tercios) que le hubiera dado la posibilidad de realizar reformas constitucionales.

"Andrés Manuel López Obrador persigue políticas ruinosas por medios indebidos", decía la publicación británica, según la cual "los votantes deberían frenar al presidente hambriento de poder".

Tras señalar que se trataba de "un artículo muy propagandístico en contra" de él y bromear con que se sintió "muy importante" por aparecer en primera plana de la revista, AMLO argumentó que los responsables de ese medio europeo estaban "muy molestos" porque durante años respaldaron la aplicación en el país de un "modelo neoliberal, que no es más que una política de pillaje". Y denunció: "Estas revistas o periódicos del extranjero se dedicaron a aplaudir las políticas neoliberales, están a favor de las privatizaciones y siempre guarda-

---

[71] https://www.economist.com/leaders/2021/05/27/voters-should-curb-mexicos-power-hungry-president.

ron silencio ante la corrupción que imperó, se dedicaban nada más a elogiar a los políticos corruptos de México, porque son conservadores siempre".

Con cierta razón, López Obrador cuestionó la "falta de ética" de *The Economist* por llamar a los mexicanos a no votar por él y consideró, de forma nuevamente equivocada —pues él no es un periodista o un medio, sino un presidente y el líder de un país— que hacer eso es como si él pidiera a los ingleses que votaran por su amigo el político laborista Jeremy Corbyn, quien por cierto estuvo meses después en una mañanera.[72]

El mandatario también ha lanzado a las llamas de la hoguera de sus rencores matutinos a otros medios anglosajones como *The Financial Times*, *The Washington Post*, *The New York Times* o *The Wall Street Journal*, a pesar de que la mayoría de las veces las informaciones que ha cuestionado eran editoriales o artículos de opinión en los que la prensa tiene toda la legitimidad para imprimir un cariz más subjetivo a sus textos.

Otras veces ha sido la Secretaría de Relaciones Exteriores la que ha querido hacer valer su derecho de réplica con cartas dirigidas a esas empresas informativas por publicaciones que consideraba imprecisas o tendenciosas.

Juan Villoro remarcó en una entrevista con el diario *El País*[73] que "desde el punto de vista estratégico [la conferencia de prensa presidencial] ha tenido logros, porque no hay ningún medio que influya más que las mañaneras en la agenda pública que se establece ahí". Sin embargo, consideró un desacierto la sempiterna lucha de AMLO con las empresas informativas. "A mí, en lo personal, me parece que un pre-

---

[72] https://www.gob.mx/presidencia/es/articulos/version-estenografica-conferencia-de-prensa-del-presidente-andres-manuel-lopez-obrador-del-3-de-enero-de-2022?idiom=es.

[73] https://elpais.com/mexico/2021-09-09/juan-villoro-me-preocupa-que-en-esta-polarizacion-surja-una-respuesta-autoritaria.html?utm_medium=Social&utm_source=Twitter&ssm=TW_MX_CM#Echobox=1631224598.

sidente debería estar por encima de la discusión de los medios, no debería darles resonancia."

Para Julio Astillero, aunque la mañanera tiene una audiencia "que ya la quisiera cualquiera de los medios", "la excesiva exposición de sus adversarios [del mandatario] en la pantalla presidencial y el atril presidencial ha magnificado a sus propios opositores". "*Reforma* hay que pagar para verlo y en lugar de eso te lo pone en la pantalla presidencial con centenares de miles de vistas. Dices, bueno, pues es un regalo", recalcó.

Como parte de su obcecación en criticar en público a los medios, en una actitud que algunas veces roza incluso lo sarcástico, el mandatario ha llegado a asegurar que la exhibición que hace de las noticias con las que no está de acuerdo, para contrarrestarlas con su versión de los hechos, no es para perjudicarlos sino por el bien del país: "En buen plan, no tengo ningún problema con Juan Francisco Ealy Ortiz ni con ningún directivo de *El Universal*, mucho menos con los periodistas ni nada, o sea, que ojalá comprendan que tengo que hacer estas cosas porque si no se debilita el gobierno; o sea, con todas estas cosas hay quienes pueden llegar a creer que son ciertas, entonces va perdiéndose autoridad y esto debilita al gobierno. Y si no tenemos autoridad moral, no tenemos autoridad política y si no tenemos autoridad política, pues ¿ya qué hacemos? es mejor que dejemos el gobierno".[74]

Otra actitud del gobernante que para muchos de sus detractores resulta falaz es su reiterada mención a la idea de que "la prensa se regula con la prensa", basada en una reflexión de Zarco en el siglo XIX que en realidad rezaba: "Para la imprenta no hay mejor correctivo que el de la misma imprenta".

El periodista Salvador Camarena cree que el planteamiento de López Obrador no puede estar más alejado de esa idea: "Más que

---

[74] https://lopezobrador.org.mx/2020/06/12/version-estenografica-de-la-conferencia-de-prensa-matutina-del-presidente-andres-manuel-lopez-obrador-337/.

prensa regulando a prensa tenemos a un presidente capturando instancias públicas para contrarrestar información independiente", señaló.[75]

El 9 de febrero de 2022, en la sección de la mañanera "Quién es quién en las mentiras"[76] fue presentado un estudio para mostrar el seguimiento que habían dado los medios a uno de los reportajes de Carlos Loret de Mola, una investigación que demostraba que un hijo de López Obrador, José Ramón, había rentado en Houston, Texas, junto con su esposa, una lujosa mansión con alberca a un directivo de una empresa llamada Baker Hughes que fue contratista de Petróleos Mexicanos (Pemex) y había comprado otra en una zona exclusiva.[77]

"En un total el tema de la casa de Houston se mencionó en los medios de comunicación 390 veces del 28 de enero al 7 de febrero, es decir, 11 días. Y dicen que no es campaña", expuso Ana Elizabeth García Vilchis, quien presenta la sección. Respecto al alcance del tema por líder de opinión, la funcionaria detalló que Loret de Mola había logrado llegar a casi 75 mil usuarios. "Es verdaderamente escandaloso", opinó.

Apenas dos días después el gobernante provocó un verdadero terremoto en la opinión pública nacional al presentar un documento con los supuestos ingresos de Loret de Mola de las distintas empresas para las que trabajó en 2021. Sobre la procedencia del material insinuó que se lo hizo llegar alguien al Palacio Nacional, sin dar más detalles, una explicación similar a la que dio cuando en 2020 desveló la teórica existencia de un complot en su contra a partir de la creación de un presunto grupo bautizado como Bloque Opositor Amplio (BOA), del que nunca más se supo.

"Yo tengo como 50 millones [de personas] que me informan. Ya les voy a dar el dato de cuántos llegan a Palacio Nacional a entregarme informes", se justificó esta vez. Según el documento, repleto de faltas

---

[75] https://www.elfinanciero.com.mx/opinion/salvador-camarena/prensa-amlo-igualito-a-pena.

[76] https://presidente.gob.mx/09-02-22-version-estenografica-de-la-conferencia-de-prensa-matutina-del-presidente-andres-manuel-lopez-obrador/.

[77] https://latinus.us/2022/02/20/mas-contradicciones-version-oficial-casa-gris-houston-en-la-que-vivio-hijo-de-amlo/.

ortográficas y que tenía la apariencia de un borrador improvisado, Loret de Mola habría recibido en 2021 unos 35 millones de pesos en retribuciones de empresas informativas, entre ellas Televisa, para la que dejó de trabajar en 2019. El escrito colocaba, junto al salario del periodista, el del mandatario, de poco más de 2 millones de pesos anuales, como si el salario del gobernante, que es el de un funcionario que además vive en el Palacio Nacional, pudiera utilizarse como parangón.

"Nada más voy a solicitarle, para darle trabajo también, al instituto de la transparencia, que cobran y no hacen mucho que digamos […] que soliciten al SAT [Servicio de Administración Tributaria], a [la Secretaría de] Hacienda, para que me certifiquen los datos", anunció también. "Voy a pedir que me den la información a detalle sobre esto, sin meterme en otros bienes, nada más esto por lo pronto, por ahora", agregó, en tono de amenaza.

Como hizo cuando expuso al presidente de *El Universal*, en esta oportunidad AMLO aseguró que no había ningún revanchismo, algo difícilmente creíble habida cuenta de la molestia que llevaba días mostrando por el reportaje sobre la mansión de su hijo en Houston. Podríamos decir que esa fue la primera vez en el sexenio en la que el gobernante perdió el control de la narrativa de la información gubernamental que tan bien domina, pues desde la publicación de la exclusiva y durante varias semanas todas las mañaneras giraron alrededor del caso, en medio de intentos exasperados por desmentir el posible conflicto de interés y destrozar la credibilidad de Loret de Mola y los periodistas implicados en la investigación.

Al respecto, Raúl Trejo Delarbre escribió en Twitter: "Desesperado e iracundo, AMLO intenta descalificar a @CarlosLoret porque difundió cómo vive su hijo. Se trata de una ilegal venganza personal, desde el poder político. Cierta o no, la información de los ingresos de una persona que no vive del presupuesto público debe ser privada".[78]

---

[78] https://twitter.com/ciberfan/status/1492168822878519298?s=20&t=NFlJn7_qBcWPviJznsKBpg.

La de Trejo fue solamente una de las muchas reacciones que llegaron desde México y del extranjero. "Los ataques a Loret, Carmen Aristegui y otros personajes no desmontan los hechos de la casa gris. Más bien suenan a venganza por haberlo develado", resaltó el politólogo José Antonio Crespo.[79]

Similar reflexión hizo el periodista sinaloense Adrián López Ortiz, del portal de noticias *Noroeste Media*, en uno de los análisis más equilibrados sobre el incidente, publicado en *Animal Político*.[80] Tras recordar que Loret lo ha entrevistado en varias ocasiones en su programa de W Radio por ser un experto en temas de narcotráfico, denunció "el uso de recursos públicos para facilidades logísticas que Loret [de Mola] tuvo en sus coberturas" informativas de las dos detenciones del capo de las drogas Joaquín *el Chapo* Guzmán en Mazatlán y Los Mochis en años anteriores.

"En Mazatlán le prepararon hasta escenografía y en Mochis aguantaron el acceso de la prensa local hasta que él llegó. Eran los tiempos de Peña Nieto en Los Pinos y de Loret en Televisa", subrayó. Sin embargo, enfatizó que ahora soplan otros vientos, que el periodista ya no trabaja en el canal televisivo y que, tras su reportaje sobre el hijo del mandatario, este último "cruzó una línea que no debió [cruzar]".

"Obnubilado, López Obrador abusó de su poder, cometió una ilegalidad y se exhibió como un hombre autoritario. Un presidente atacando a un periodista en vivo y a todo color. La investidura presidencial mexicana al servicio de la venganza personal de quien la ostenta", lamentó.

El exdirector del diario español *El País*, Antonio Caño,[81] fue un poco más lejos: "Lo ocurrido hoy en México es muy grave. La intimidación del presidente a los periodistas se ha hecho insoportable.

[79] https://twitter.com/JACrespo1/status/1492168002493726727?s=20&t=YZeg-MOX8YG_3hSSGCTmdqg.

[80] https://www.animalpolitico.com/contrapoder/a-ciudadanos-y-periodistas-esto-no-se-trata-de-loret/.

[81] https://twitter.com/Antonio_Cano_/status/1492214805196906504.

López Obrador se ha convertido en una amenaza para la democracia mexicana".

El analista Alejandro Hope vio en la estrategia de AMLO reminiscencias de la táctica usada por el presidente estadounidense Richard Nixon. "Entre otros muchos delitos, Richard Nixon utilizó información fiscal reservada como garrote contra sus enemigos. Pero, eso sí, nunca se atrevió a hacerlo en público y frente a las cámaras."[82]

Tras negar que las cifras fueran ciertas, Loret de Mola acusó al presidente de ser "un aspirante a dictador".[83] Además, en un artículo en la sección de Opinión del diario estadounidense *The Washington Post* lo acusó de "usar los instrumentos del Estado para intimidar a un periodista" y de poner en riesgo su vida y la de su familia, en un país donde la protección de los datos personales es doblemente necesaria por los altos índices delictivos.

Rafael Barajas, *El Fisgón*, una de las figuras de la comunicación en México que ha mostrado abiertamente desde hace años su afinidad con el gobernante, piensa muy distinto sobre la estrategia presidencial en este caso: "Yo sí creo con toda honestidad que sí es muy importante el debate sobre el dinero, es importante saber quién patrocina, de dónde viene el dinero, cuánto cuestan las cosas y quién está detrás", afirmó.[84]

Para justificar la revelación de esa información, el caricaturista se preguntó "¿cómo es posible que los consorcios mediáticos, que efectivamente son una concesión […] tengan el poder que tienen, tengan la fuerza que tienen?", una visión calcada a la de López Obrador, con el que el 29 de agosto de 2020 sostuvo un encuentro privado en el Palacio Nacional al que asistieron también sus colegas de *La Jornada* José Hernández y Antonio Helguera, este último tristemente fallecido en junio de

---

[82] https://twitter.com/ahope71/status/1492214428481343498?s=24.

[83] https://twitter.com/CarlosLoret/status/1492163152099909639?s=20&t=tLG-B2XYHyUPMSyBV2fv6eQ.

[84] https://aristeguinoticias.com/1602/mexico/ve-fisgon-guerra-hibrida-contra-amlo-video/.

2021, y el columnista Pedro Miguel, de la revista *El Chamuco*. La reunión fue publicitada por el mandatario como un encuentro con "amigos".[85]

Más allá de las connotaciones éticas de la táctica presidencial contra el periodista Loret de Mola, también saltaron las alarmas respecto a sus consecuencias jurídicas, en caso de que la información desvelada fuera real. Según el artículo 16 de la Constitución Política de los Estados Unidos Mexicanos, "toda persona tiene derecho a la protección de sus datos personales, al acceso, rectificación y cancelación de los mismos, así como a manifestar su oposición, en los términos que fije la ley, la cual establecerá los supuestos de excepción a los principios que rijan el tratamiento de datos, por razones de seguridad nacional, disposiciones de orden público, seguridad y salud públicas o para proteger los derechos de terceros".

Además, en el país existe una Ley General de Protección de Datos Personales[86] que es clara y meridiana sobre la materia. El artículo 6 indica que "El Estado garantizará la privacidad de los individuos y deberá velar por que terceras personas no incurran en conductas que puedan afectarla arbitrariamente. El derecho a la protección de los datos personales solamente se limitará por razones de seguridad nacional, en términos de la ley en la materia, disposiciones de orden público, seguridad y salud públicas o para proteger los derechos de terceros".

El artículo 31 de la ley, que regula la actividad en ese terreno de las autoridades, entidades y organismos de los distintos poderes del país, señala que "con independencia del tipo de sistema en el que se encuentren los datos personales o el tipo de tratamiento que se efectúe", estos deberán "establecer y mantener las medidas de seguridad de carácter administrativo, físico y técnico para la protección de los datos personales, que permitan protegerlos contra daño, pérdida, alteración, destrucción o su uso, acceso o tratamiento no autorizado, así como garantizar su confidencialidad, integridad y disponibilidad".

---

[85] https://twitter.com/lopezobrador_/status/1299866569544052736.
[86] https://www.diputados.gob.mx/LeyesBiblio/pdf/LGPDPPSO.pdf.

El caricaturista Barajas disiente de ese punto de vista: "Independientemente de que se rompa la legalidad, es un debate que se tiene que dar en los medios".[87]

No ha sido esa la única vez que López Obrador ha tratado de denigrar a Loret de Mola en sus mañaneras.

La cobertura informativa de la detención de Florence Cassez en 2005 se convirtió durante varias conferencias presidenciales en el pretexto perfecto para exponerlo y descalificarlo en la esfera que más daña a un periodista: la de la credibilidad.

Una de ellas fue el 7 de abril de 2021. "Terminando esta ceremonia, la entrega de estos premios, vamos a abordar el tema de los montajes que se realizan en los medios de información con el propósito de manipular a la opinión pública, a la gente. Se va a tratar este tema porque tenemos que avanzar en el derecho a la información, en garantizar el derecho a la información, en el que se diga la verdad, que no haya distorsiones, que no haya noticias falsas, que haya ética en el manejo de la información", comenzó aquel día AMLO.[88]

El titular del Sistema Público de Radiodifusión del Estado Mexicano, Jenaro Villamil, que como periodista había escrito varias piezas de investigación sobre el caso Cassez, y la secretaria de Gobernación, Olga Sánchez Cordero, fueron los encargados de exponer durante largos y bochornosos minutos los alcances de aquel terrible montaje, cuya revisión sigue ensombreciendo el currículo del periodista y el canal de televisión.[89]

El coordinador general de Comunicación Social de presidencia, Jesús Ramírez Cuevas, defendió aquel ajusticiamiento como una muestra de respeto a la sociedad: "La libertad de expresión es un derecho que debemos defender. Las audiencias merecen medios libres,

---

[87] https://aristeguinoticias.com/1602/mexico/ve-fisgon-guerra-hibrida-contra-amlo-video/.

[88] https://presidente.gob.mx/07-04-21-version-estenografica-de-la-conferencia-de-prensa-matutina-del-presidente-andres-manuel-lopez-obrador/.

[89] https://jenarovillamil.wordpress.com/tag/el-equipo/.

contenidos responsables, verídicos y sin manipulación de ningún tipo. Esa es la condición de una democracia construida desde abajo, con debate abierto y con información verificada", argumentó.

La decisión de crucificar al famoso reportero, por muy indignante que sea el caso Cassez, fue tomada por la presidencia aun a sabiendas de que podría propiciar, como efecto colateral, una ola de críticas contra la productora de las mañaneras, Azucena Pimentel, que lo era del noticiero televisivo de Loret de Mola cuando se registró aquel montaje.[90]

Tras la insistente demanda de varios nuevos rostros de la nueva fuente presidencial de que fuera removida del cargo, Pimentel, defensora acérrima de la Cuarta Transformación a través de sus redes sociales, abandonó esa responsabilidad,[91] aunque fue recolocada como coordinadora general del programa gubernamental Aprende, una iniciativa de la Secretaría de Educación Pública para fortalecer las habilidades digitales de los estudiantes.

La especial animadversión de AMLO contra Loret de Mola ha encontrado una respuesta en el posicionamiento crítico del periodista contra el mandatario, vulnerando con frecuencia las normas básicas de la ética periodística al editorializar las noticias en sus programas diarios en la cadena W Radio, donde en ocasiones llega al extremo de presentar los hechos de forma claramente imprecisa e incluso engañosa.

El 14 de octubre de 2021 iniciaba así el relato noticioso de las declaraciones que había realizado aquella mañana el gobernante sobre la vacunación contra el covid-19 de los menores de edad: "El presidente López Obrador no está a favor de que se vacune los niños en este país y anda muy enojado por la determinación de un juez para que todos los menores de 12 a 17 años […] sean vacunados contra el coronavirus".[92]

---

[90] https://azucenapimentel.com/la-calumnia-cuando-no-mancha-tizna/.
[91] https://www.reporteindigo.com/opinion/redes-de-poder-salida-discreta-de-pimentel-en-presidencia/.
[92] https://play.wradio.com.mx/audio/w_radio_asilascosasconcarlosloretdemola_20211014_130000_140000/.

En realidad, AMLO no se mostró ese día abiertamente en contra de vacunar a menores de edad, aunque no hubiera dado aún ninguna instrucción para que recibieran la inyección, sino que explicó que esperaría a que la Organización Mundial de la Salud (OMS) hiciera una recomendación directa sobre el asunto.

Aquel día, de hecho, dijo lo siguiente en su conferencia de prensa matutina: "Estamos esperando decisiones de la Organización Mundial de la Salud para que podamos también, si se requiere médicamente, vacunar a los menores de 18, porque aquí entran también intereses de las farmacéuticas que quieren que estemos comprando y comprando vacunas". Y añadió: "Entonces, ahora se decidió, así como vacunar a mujeres embarazadas, también a niñas, niños con alguna enfermedad crónica, alguna discapacidad, ya lo estamos haciendo, y estamos esperando a que la Organización Mundial de la Salud resuelva lo de los jóvenes, porque ahora, si aplicáramos vacunas, solo está autorizada para ese propósito Pfizer".[93]

Después de que AMLO expusiera lo que gana Loret de Mola para acusarlo de recibir dinero sucio para atacarlo, el conductor alardeó en Twitter que la etiqueta #TodosSomosLoret había congregado en los Spaces de Twitter (espacios de discusión con voz, sin filtro, en esa red social) a miles de personas en solidaridad con él.[94]

Sin embargo, varios reconocidos líderes de opinión y periodistas que no forman parte del grupo de comunicadores abiertamente afines a AMLO, como los que acuden a las mañaneras, tomaron distancia del #TodosSomosLoret.

El escritor Jorge Zepeda Patterson, en un artículo en *Milenio*, dijo "diferir" del tipo de comunicación que el extrabajador de Televisa está haciendo porque "en algún momento cruzó el límite de periodista para convertirse en activista político".

---

[93] https://presidente.gob.mx/anuncian-registro-para-vacunar-contra-co-vid-19-a-personas-de-15-a-17-anos-sin-comorbilidades/.

[94] https://twitter.com/carlosloret/status/1492370236414246918.

"Me parece que hay una diferencia sustancial entre criticar el abuso del soberano en contra de un crítico; e identificarse con lo que sostiene este crítico. Como decían los clásicos: un periodismo que solo ve cosas 'buenas' en el gobierno no es periodismo, sino propaganda; pero solo inventariar lo negativo y olvidarse del resto de la información no equivale a hacer periodismo, sino política partisana", lamentó.

Carmen Aristegui también quiso dejar claro que su forma de hacer periodismo nada tenía que ver con la de su colega Loret de Mola: "En esta parte [López Obrador] está revolviendo la gimnasia con la magnesia si nos coloca, hablando de *Aristegui Noticias*, en un mismo saco, porque, a ver, aquí no tenemos a un Roberto Madrazo y por supuesto no todos somos Loret. Aquí no tenemos un Ricardo Salinas que hace negocios con el gobierno muy fuertes como con Pemex", se defendió, para aclarar luego que su portal de noticias y programa de radio se sostiene con su labor diaria, que le asegura el apoyo de la audiencia y de los anunciantes: "Para nosotros no hay un financiamiento de ningún otro tipo ni nacional extranjero que impulse nuestro trabajo".[95]

Recortes a la publicidad oficial

Una de las estratagemas del gobernante para contrarrestar las noticias críticas de los medios respecto a su persona y su administración es recortar la publicidad oficial.

El 24 de junio de 2021 lo dejó claro con sus razonamientos sobre lo que él llama prensa "vendida", "alquilada", "fifí", "neoliberal", etc. "Para decirlo con mucha claridad, es una prensa convencional, la de México, muy corrupta; y muchos periodistas, articulistas, escritores, muy mal acostumbrados a vivir del presupuesto público y ese es el problema de fondo. No es nada más un asunto ideológico, es que ya

---

[95] https://twitter.com/RuidoEnLaRed/status/1496181064439672835?s=20&t=-17QB32QNGyhldz3f2MzRhw.

no reciben el dinero que les daban antes. Parece muy vulgar, pero lo es y hay que decirlo, ese es el problema", dijo.

Ese día también denunció que los diarios *El Financiero* y *El Universal* habían recibido millones de dólares en créditos de la banca de desarrollo del Estado mexicano. "Entonces se enojan mucho porque ya no se recibe ese dinero, porque ese dinero se utiliza para mejorar la situación de más de 60 millones de pobres que hay en el país, que fue la herencia que dejó el régimen de corrupción. Entonces, eso es lo que está en el fondo."

Pero como todo en la vida, a veces es tan importante lo que se dice como lo que se omite. Si se revisa a qué medios de comunicación no ha atacado frontalmente López Obrador, o a los que menos se ha referido de forma despectiva, descubriremos que coinciden con las tres empresas que lideraron la lista de receptores de fondos públicos por concepto de publicidad oficial en los dos primeros años del sexenio: Televisa, TV Azteca y *La Jornada*.

En el caso del periódico, de marcada línea ideológica de izquierdas y proclive al movimiento de AMLO, ha sido tratado con especial deferencia. Recordemos la reacción del mandatario cuando falleció su director editorial, el vasco Josetxo Zaldua, el 30 de septiembre de 2021: "Nuestro abrazo, nuestro pésame a todos los jornaleros, a Carmen Lira, directora de *La Jornada*, que era además su gran amiga. Entonces, un abrazo a Carmen y a todos, desde luego a sus familiares. Eso es lo que quería transmitir", señaló al inicio de una mañanera,[96] presa de una emoción pocas veces vista en él y que jamás expresaría de fallecer un directivo de un medio opositor.

Para entender la cordialidad y cercanía con *La Jornada* basta con revisar un análisis que López Obrador presentó el 25 de septiembre de 2020 en su conferencia de prensa diaria sobre las columnas y los artículos publicados el día antes en ocho diarios nacionales: *El Financiero*,

---

[96] https://lopezobrador.org.mx/2021/09/30/version-estenografica-de-la-conferencia-de-prensa-matutina-del-presidente-andres-manuel-lopez-obrador-616/.

El Universal, El Economista, La Jornada, Excélsior, El Heraldo, Milenio y *Reforma*: "Los que antes callaban como momias ante el saqueo, ante las atrocidades cometidas por los gobiernos anteriores, ahora gritan como pregoneros y ejercen a sus anchas la libertad".[97]

Según el estudio, cuya metodología no fue detallada, se revisaron 148 textos periodísticos (aparentemente de opinión), de los cuales 95 hablaban sobre su proyecto gubernamental. Entre los que hacían referencia a la 4T, sólo 10.6% (11 textos) tenía un enfoque positivo. El 23% (21) tenía posturas neutras y 66.3% (63) negativas. De todos los diarios, el único en el que el equipo del presidente no halló ningún artículo o columna negativa fue *La Jornada*, a pesar de que se revisaron ocho de ellos, uno más que *Reforma* y uno menos que *El Economista*, por comparar con otros dos periódicos de la lista.

Aunque Televisa ha sido cuestionada por el mandatario por episodios del pasado, como los citados casos de la francesa Florence Cassez o de la inexistente niña superviviente del terremoto de 2017, Frida Sofía, no parece que el mayor grupo de comunicación en español le provoque muchas agruras. Todo lo contrario, en varias oportunidades ha invitado a sus directivos a las mañaneras, al igual que a los de TV Azteca.

El 11 de marzo de 2021 la combativa reportera Haydeé Ramírez, de *Pie de Página*, preguntó a AMLO sobre unos contratos públicos que supuestamente estaban favoreciendo con importantes sumas de dinero a Televisa y a TV Azteca. En lugar de aprovechar esa ocasión propicia para criticar la labor de las dos televisoras y su vínculo con la famosa "mafia del poder", respondió que se iba a revisar el caso.[98]

Siempre habilidosa para mantener buenas relaciones con el gobierno en turno, Televisa ha mostrado un perfil muy bajo desde que el político tabasqueño dirige el país. Sin ir más lejos, pocas veces o casi

[97] https://lopezobrador.org.mx/2020/09/25/version-estenografica-de-la-conferencia-de-prensa-matutina-del-presidente-andres-manuel-lopez-obrador-383/.
[98] https://www.gob.mx/presidencia/es/articulos/version-estenografica-conferencia-de-prensa-del-presidente-andres-manuel-lopez-obrador-del-11-de-marzo-de-2021?idiom=es.

ninguna sus reporteros han realizado preguntas en las mañaneras, algo simplemente inexplicable teniendo en cuenta que sus noticieros están entre los de máxima audiencia y su poder de difusión es muy vasto a nivel territorial.

Además, a través de la Fundación Teletón ha tenido un notable protagonismo institucional en varias de esas ruedas de prensa, normalmente con la activa presencia del presidente de esa institución, Fernando Landeros, pero en un par de ocasiones con la participación de Emilio Azcárraga Jean, como presidente del Consejo de Administración de Televisa.

En diciembre de 2021 Azcárraga y el vicepresidente del conglomerado de medios, Bernardo Gómez, se reunieron en el Palacio Nacional con López Obrador en un encuentro cuyo contenido no trascendió. Una de las actividades del político tabasqueño como presidente electo fue su asistencia, en octubre de 2018, al pomposo evento de lanzamiento de un anticipo de la temporada 2019 de la compañía en su famosa sede de San Ángel. Entonces el gobernante entrante afirmó que "la empresa es extraordinaria para el país", además de "un orgullo".

Lejos parecen quedar los tiempos en que AMLO atacaba con dureza a la televisora con mensajes como un tuit del año 2014,[99] en alusión al supuesto apoyo mediático que ofreció a Enrique Peña Nieto para que ganara la presidencia: "Los dueños de Televisa engatusaron con la telenovela de EPN, pero ahora que se convirtió en tragicomedia ni siquiera ofrecen disculpa".

Una de las veces que Azcárraga estuvo en la rueda de prensa presidencial fue para anunciar la participación de la empresa en un proyecto gubernamental de la Secretaría de Educación Pública que permitió llevar las clases escolares a las casas de forma virtual durante la pandemia, cuando los colegios permanecieron cerrados como parte de la contingencia sanitaria.[100]

---

[99] https://twitter.com/lopezobrador_/status/540276700353798144.
[100] https://heraldodemexico.com.mx/opinion/2018/10/30/espaldara-zo-de-amlo-televisa-63015.html.

En ese evento estuvo Benjamín Salinas Sada, director general de TV Azteca e hijo del multimillonario Ricardo Salinas Pliego, dueño del emporio Grupo Salinas que incluye Elektra y Banco Azteca. TV Azteca, junto con Televisa e Imagen Televisión, de Olegario Vázquez Aldir, colaboró con la iniciativa de educación a distancia del gobierno de AMLO. Salinas Pliego y Vázquez Aldir, junto con Bernardo Gómez, fueron seleccionados por López Obrador como integrantes de un consejo asesor empresarial con importantes figuras del mundo de los hombres de negocio locales.

En el caso de Salinas Pliego y su imperio, el mandatario ha respondido con evasivas cada vez que en la mañanera le han consultado sobre algún tema polémico respecto al magnate y sus empresas. En una ocasión, el 12 de noviembre de 2020,[101] le preguntaron por qué la escuela Humanitree, una de las más caras de México y propiedad del multimillonario, era la única en todo el país que permanecía abierta durante la pandemia del coronavirus a pesar de la instrucción del gobierno de que todos los centros educativos permanecieran cerrados durante meses y meses por la contingencia sanitaria. El presidente aseguró que había una investigación en curso y que se iba a informar.

"Creo que [el secretario de Educación Pública] Esteban [Moctezuma] puede explicar sobre esta situación. No adelantar los juicios, vamos a esperarnos, en todos los casos tenemos que actuar con prudencia y justicia", prometió. El 14 de diciembre siguiente Moctezuma, quien durante años se desempeñó como presidente de Fundación Azteca, del Grupo Salinas, cargo que dejó para ser secretario del gabinete lopezobradorista, dijo que había un amparo y que la resolución del caso estaba en el terreno judicial. Dos días después, AMLO anunció su nombramiento como embajador de México en Estados Unidos.

López Obrador también se salió por la tangente cuando se le preguntó, el 16 de febrero de 2021, por los 40 mil millones de pesos

---

[101] https://presidente.gob.mx/12-11-20-version-estenografica-de-la-conferencia-de-prensa-matutina-del-presidente-andres-manuel-lopez-obrador/.

en impuestos que adeuda Ricardo Salinas Pliego al SAT, según la propia dependencia:[102] "No tengo información, es un asunto que está atendiendo el SAT, pero todos están ayudando, todos están contribuyendo, nadie se niega a contribuir, a ayudar. Y también, no hay persecución, no hay lo que antes se conocía como terrorismo fiscal, no. Es convencer, es persuadir de que todos tenemos que contribuir, y se está dando también este fenómeno", afirmó[103] en un tono infinitamente más conciliador que el que había utilizado antes para reclamar el pago de impuestos a otras grandes empresas nacionales y multinacionales.

El aparente cuidado con el que maneja su relación con el Grupo Salinas no parece haber sido del todo correspondido por TV Azteca que, a diferencia de Televisa, sí ha enviado a las mañaneras a un reportero para realizar preguntas sobre cuestiones de actualidad política, muchas veces incómodas para el mandatario. Nos referimos a Irving Pineda. El joven comunicador se ha ganado incluso la enemistad de los seguidores del gobernante, quienes han llegado a insultarlo en público, como ocurrió durante una visita de AMLO a Washington el 8 de julio de 2020,[104] en un desagradable incidente que reflejó la ira y el resabio de los votantes del tabasqueño contra los medios tradicionales.

Las dos mayores televisoras del país renovaron por anticipado la concesión de sus señales por 20 años el 2 de noviembre de 2018, cuatro meses después de que López Obrador lograra su histórico triunfo en las urnas y un mes antes de que se le colocara la banda presidencial.[105]

[102] https://aristeguinoticias.com/0502/dinero-y-economia/adeuda-salinas-pliego-40-mil-mdp-al-fisco-jefa-del-sat.
[103] https://www.gob.mx/presidencia/es/articulos/version-estenografica-conferencia-de-prensa-del-presidente-andres-manuel-lopez-obrador-del-16-de-febrero-de-2021?idiom=es.
[104] https://es-us.noticias.yahoo.com/simpatizantes-amlo-agreden-reportero-irving-115115140.html.
[105] https://www.televisa.com/sala-de-prensa/corporativo/1037576/canales-tv-abierta-televisa-son-prorrogados/
https://expansion.mx/empresas/2018/10/31/ift-renueva-concesion-a-tv-azteca-por-20-anos.

La jugada levantó suspicacias sobre un posible "pacto de transición" entre el mandatario entrante y el saliente, Enrique Peña Nieto, según varios expertos, porque los permisos iban a vencer ya durante el mandato de AMLO y la definición de ese asunto, aunque depende de un órgano autónomo como el Instituto Federal de Telecomunicaciones (IFT) y no del gobierno, hubiese expuesto a la nueva administración en términos de la imagen de renovación que pretendía imponer.

"Suena curioso, por decir lo menos, que a un mes de terminar el gobierno actual se le renueven estas concesiones a las televisoras. Eso, por supuesto, en un análisis de dimensión menos técnica y más política sí me llama la atención, sobre todo porque hay otro tipo de funciones o de acciones que están en revisión que no han sucedido", dijo Jorge Fernando Negrete, presidente de la Asociación Mexicana de Derecho a la Información (Amedi), en un debate en el programa de Carmen Aristegui.[106]

En la misma mesa de análisis, Irene Levy, presidenta de la asociación civil Observatel, fue un poco más lejos: "Pareciera un blindaje que se hacen las propias televisoras", que podría deberse a "dos alternativas", comenzó. Una, "que esto se haya dado por la libre", es decir, por iniciativa de las dos compañías para cerrar el asunto antes del cambio de mando en el país, y la otra, "que esto se haya pactado con López Obrador y su equipo de transición".

"Por cómo se ha venido dando esta transición se ve difícil que un golpe tan importante y tan fuerte en materia mediática no se haya ni siquiera comentado con el equipo de transición, inclusive con el propio López Obrador, y que sea él mismo el que haya dicho 'yo no me quiero llevar ese golpe de que se vaya a hacer [la renovación de licencias] en mi gobierno, absorban ustedes eso', como otros golpes que se han estado absorbiendo en esta administración […] y ya yo llego y digo 'no se hizo en mi administración, se hizo un mes antes' ", especuló.

---

[106] https://aristeguinoticias.com/0511/kiosko/renovacion-de-concesiones-a-televisa-y-tv-azteca-parece-blindaje-y-causa-suspicacia-levy-y-negrete-video/.

5

Estrellas de la nueva fuente presidencial

> Siempre debemos escudriñar los argumentos, cuestionar el consenso y hacer que el poder rinda cuentas con coherencia y la debida imparcialidad.
>
> BBC

"Miiiren", vocifera, desde un atril, con tono imperativo. El obediente auditorio levanta la cabeza y observa una gran pantalla, silencioso, expectante. La concurrencia se cuenta por decenas y está muy alerta a pesar de lo temprano que es.

Son los reporteros que acuden diligentemente a la conferencia de prensa que el presidente Andrés Manuel López Obrador ofrece, de lunes a viernes, al despuntar el alba. Un "verdadero ejercicio democrático", repite, una y otra vez, el gobernante. Es el espacio donde se produce a diario "un diálogo circular" con los periodistas, muy alejado de la verticalidad que sus antecesores en el poder en México establecieron con la prensa, enfatiza, incesantemente.

"Préstame", conmina AMLO a uno de sus asistentes, quien le entrega un micrófono con el que se aproxima a la pantalla, lentamente, aunque con mayor celeridad que la que aplica para hablar durante la rueda de prensa. Son los pasos de un hombre mayor, pero enérgico. Viste un traje de color gris oscuro y una corbata, también oscura. El tono casi negro de su indumentaria contrasta con su cabello gris claro.

"Cabecita de algodón", le han puesto de mote sus acólitos, en un gesto de afecto. El apodo lo utilizan también sus críticos, pero en tono burlesco. Es el hombre que rige los destinos de los 126 millones de habitantes de México, la segunda mayor economía de América Latina y la primera potencia del planeta por número de hablantes de habla hispana.

"El boleto tendría esto. Es una cooperación para equipos médicos y hospitales donde se atiende de manera gratuita a la gente pobre", afirma apuntando al recuadro luminoso, donde puede observarse un billete de una rifa con la imagen impresa de un Boeing 787-8 Dreamliner. AMLO está anunciando que sorteará el avión presidencial mexicano entre la población. Aunque no rifará la aeronave, como querría y como quedará demostrado con el transcurrir de los meses. La realidad y la lógica se lo impiden. Solo otorgará un premio en dinero, pero eso no le importa. Su único deseo es que quede claro que el objetivo de la iniciativa es ayudar a los más necesitados y, sobre todo, dejar en evidencia la forma de gobernar "faraónica" de sus predecesores, subrayando por enésima ocasión que sigue en pie su principal consigna desde que llegó a la presidencia el 1 de diciembre de 2018: luchar contra la corrupción.

"Bueno, ya, allí quedó", concluye apostado de nuevo en el atril.

El relato corresponde a la conferencia de prensa mañanera del 28 de enero de 2020[1] en el Salón de la Tesorería del Palacio Nacional, un día en el que uno de los temas centrales en la opinión pública nacional e internacional eran unas alarmantes noticias que llegaban desde China. El gigante asiático había comenzado a tomar medidas para aislar y confinar a la provincia de Wuhan y sus zonas aledañas por la aparición de un nuevo virus. La comunidad internacional, tan lenta como ingenuamente, estaba analizando qué medidas tomar frente al coronavirus, sin percatarse de que tenía frente a sí una de las mayores amenazas para la salud pública a nivel mundial en más de un siglo.[2]

En México no era diferente. El gobierno rehuía cualquier signo de alarma. "Esta influenza es la influenza estacional y hoy este virus

[1] https://www.gob.mx/presidencia/articulos/version-estenografica-de-la-conferencia-de-prensa-matutina-martes-28-de-enero-2020?idiom=es.
[2] https://www.dsn.gob.es/es/actualidad/sala-prensa/coronavirus-2019-ncov-28-enero-2020.

o los virus que circulan en la temporada de influenza, H1 y H3, son aproximadamente 10 veces más virulentos, es decir, causan enfermedad grave 10 veces más que lo que causa el coronavirus nuevo 2019 que afecta a China", dijo ese día el subsecretario de Salud, Hugo López-Gatell.

El episodio del lanzamiento de la rifa del avión presidencial en semejante contexto es solo un ejemplo de los habilidosos caminos que parece haber diseñado el mandatario para domar a la opinión pública y conducir su mensaje a los ciudadanos en sus ruedas de prensa diarias.

Muchos de ellos han provocado controversia por distraer a la población de los asuntos verdaderamente importantes. Otros por su carga ideológico-electoral en la antesala de alguna votación en las urnas, y la mayoría por la supuesta falta de seriedad de un evento público que, como ningún otro, ha abierto el debate sobre los límites de la investidura presidencial.

En los cientos de mañaneras registradas hasta la conclusión de este libro, López Obrador ha sacado varias veces un pañuelo blanco o se ha sostenido sobre un solo pie para asegurar que durante su gestión se ha erradicado la corrupción reinante en México hasta su llegada al poder; ha pedido a sus colaboradores que pongan temas musicales del grupo puertorriqueño Calle 13 y de los cantautores Silvio Rodríguez, Óscar Chávez o Joan Manuel Serrat; ha presentado una actuación en vivo de la artista Eugenia León por el Día de las Madres; ha imitado la forma de declamar cantando de los llamados "niños gritones" de la Lotería Nacional y ha emulado el balido de un borrego.

Esas excentricidades, relativamente puntuales, han encontrado también un entorno propicio en el ambiente de complacencia con el mandatario, que reina con demasiada frecuencia en el Salón de la Tesorería. Primero por la ya mencionada escasa asistencia de periodistas de medios tradicionales nacionales y extranjeros que, de participar más a menudo en el evento, podrían haber fortalecido su papel de mediador entre el poder y la población cuestionando al gobernante de forma incisiva, como sucede en otras partes del mundo. Sin embargo, paulatinamente fueron perdiendo interés en el evento y dejaron de acudir a él. Segundo, por el orden en que toman la palabra los reporteros —por decisión del gobernante la mayoría de las veces y en ocasiones tras apuntarse a una lista controlada por los organizadores de la conferencia—. Y tercero, por el insospechado protagonismo adquirido —gracias, en parte, a la estrategia de difusión presidencial y al dedo imperativo de AMLO, que señala a quién debe preguntar en cada turno— por un heterogéneo y nutrido grupo de nuevas figuras del mundo de la información, la mayoría casi totalmente desconocidas previamente en el sector de la prensa nacional.

Son las estrellas de la nueva fuente presidencial: un enjambre de comunicadores de perfiles tan diversos como singulares que transmiten sus noticias y, sobre todo, opiniones a través de sus cuentas de redes sociales, la plataforma digital de videos YouTube, páginas webs, blogs o medios de comunicación regionales, muchos de ellos en línea y algunos de muy reciente cuño.

Pese a que algunos ya habían cosechado una notable audiencia en sus perfiles de redes sociales, y sobre todo con canales propios en YouTube, la gran mayoría ha crecido en popularidad únicamente a raíz de su aparición constante en las conferencias de prensa de López Obrador.

Entre denuncias de realizar "preguntas a modo" (como se denomina popularmente a las consultas formuladas con la clara intención de propiciar el lucimiento del interrogado o evitar colocarlo en un apuro), estos nuevos reporteros han dado un sabor único a las mañaneras, despertando reacciones que van desde la rechifla, el sarcasmo o el chiste hasta la más honda indignación.

Antes de lanzar sus preguntas, algunos de ellos acostumbran a ensalzar, sin ningún atisbo de sonrojo, el desempeño de la administración de López Obrador; otros han optado por adular sin ambages al gobernante olvidando su deber de interrogarlo. Incluso algunos han llegado a subirse a la tarima desde donde habla el mandatario, para abrazarlo.

El *Libro del Estilo Urgente*, manual de buenas prácticas de EFE,[3] estipula con claridad cómo debe ser la intervención de los reporteros en una rueda de prensa, en el apartado relativo a las coberturas presenciales: "A la hora de formular las preguntas hay que recordar que no se hace a título personal, sino en nombre del medio al que se representa, y procurar que tengan sentido periodístico pero también pertenencia y propiedad".

Abundan los ejemplos de la vulneración de estos primeros preceptos en las mañaneras. Quizá el individuo que más veces ha infringido esas máximas periodísticas sea Carlos Pozos, quien se identifica como reportero del portal *Líderes Mexicanos*, y de la revista *Petróleo y Energía*, aunque en su perfil profesional en internet aparece como gerente comercial de esas publicaciones.

Pozos se ha hecho famoso por el estrambótico seudónimo de Lord Molécula, que él mismo acuñó a raíz de una de sus primeras intervenciones en la mañanera, la del 21 de enero de 2019.[4] Aprovechando la participación en el evento del director de la petrolera estatal Petróleos Mexicanos (Pemex), el reportero efectuó una consulta que quedará en el recuerdo de los momentos más surrealistas de esas ruedas de prensa: "Y, finalmente, director, si nos pudiera decir: ¿cuál es el punto de ignición de la molécula? Gracias".

El 8 de febrero inmediatamente posterior Lord Molécula volvió a sorprender al auditorio al preguntar al gobernante qué tipo de sangre tiene. "R4", respondió el interrogado, que luego bromeó señalando que en realidad era "T4 positivo: Transformación Cuarta Positivo", en alusión a la forma en que ha bautizado el cambio de régimen que asegura encabezar. Y Pozos inició, entonces, su verdadera consulta: "Aparecieron dos mantas ayer, señor, del cártel de los Arellano Félix, y quiero comentarle, presidente, el 24 de marzo de 1994 yo le doné sangre al licenciado Luis Donaldo Colosio en el Hospital General de zona. Me dice la gente que le pida por favor que cuide a

---

[3] Publicado por la agencia española de noticias en 2011.

[4] https://www.gob.mx/presidencia/prensa/conferencia-de-prensa-del-presidente-andres-manuel-lopez-obrador-del-21-de-enero-de-2019?idiom=es.

Andrés Manuel López Obrador, que cuide usted al presidente de México, que no venda el avión presidencial, que refuerce su seguridad, señor presidente. ¿Qué nos puede responder?"[5]

Uno de los mensajes de esas mantas, encontradas por la policía local colgando de puentes en Tijuana, contenía duras amenazas de ese grupo delictivo contra el mandatario en respuesta al refuerzo de la presencia militar en la zona.[6]

Tanto o más atónitos se quedaron los que siguen la mañanera con el siguiente requerimiento de Pozos a López Obrador el 2 de abril de 2020: "Presidente de México, los demonios están sueltos y los conservadores quieren recuperar el poder sobre los muertos en sus cenizas. Esa es mi primera pregunta".[7]

Así, la fama de Pozos ha traspasado fronteras. El periódico peruano *La República* le dedicó un breve artículo el 1 de julio de 2020[8] y apareció en otra noticia publicada el 9 de febrero de 2021 por el diario español *El Mundo*,[9] donde se analizaba el carácter excepcional de las mañaneras, tildadas por el rotativo de "show mediático".

En la prensa mexicana el portal de noticias *Ejecentral* dedicó a Pozos,[10] el 10 de enero de 2020, un extenso artículo donde enumeraba ejemplos de sus peculiares formas cada vez que toma el micrófono. "Buenos días, presidente de todos los mexicanos", "Buenos días, jefe del Estado mexicano", "Buenos días, ciudadano presidente", "Licenciado Andrés Manuel López Obrador, presidente legítimo de México, presidente constitucional de los Estados Unidos Mexicanos", "Comandan-

[5] https://lopezobrador.org.mx/2019/02/08/version-estenografica-de-la-conferencia-de-prensa-matutina-del-presidente-andres-manuel-lopez-obrador-41/.

[6] https://www.sinembargo.mx/07-02-2019/3532942.

[7] https://lopezobrador.org.mx/2020/04/02/version-estenografica-de-la-conferencia-de-prensa-matutina-del-presidente-andres-manuel-lopez-obrador-290/.

[8] https://larepublica.pe/mundo/2020/07/01/lord-molecula-quien-es-carlos-pozos-el-periodista-que-se-volvio-viral-en-redes-sociales-por-sus-preguntas-en-la-mananera-de-amlo-atmp/.

[9] https://www.elmundo.es/internacional/2021/02/09/60229a40fddd-ffe0188b4676.html.

[10] https://www.ejecentral.com.mx/lord-molecula-el-groupie-de-lopez-obrador/.

te supremo de las Fuerzas Armadas, muy buenos días", "Buenos días, presidente, me alegra escucharle bien de su faringitis" o "Presidente de todos los mexicanos, buenos días y felicidades. La verdad hace usted un esfuerzo sobrehumano, no descansa ni sábados ni domingos".

En la conferencia matutina del 31 de octubre de 2019 AMLO anunció, nada más comenzar, que iba a contestar a preguntas sobre un polémico operativo militar en Culiacán, capital de Sinaloa, para detener a un hijo del famoso capo del narcotráfico Joaquín *el Chapo* Guzmán: Ovidio Guzmán.

La opinión pública ansiaba conocer más detalles sobre un suceso que marcaría un punto de inflexión en la política de "abrazos, no balazos" prometida por el gobernante para enfrentar a los grupos criminales, pues él mismo ordenó liberar a Guzmán para evitar un "baño de sangre", como confesaría después.

Ese día Pozos lo volvió a hacer: "Buenos días a quienes nos ven y a quienes nos escuchan. Gracias por permitirme el uso de la palabra. Presidente, primero quiero dar tres datos. Ayer se subastaron 57 objetos olmecas, mayas, mexicanas y teotihuacanos en Francia. Mi segundo dato es: hoy por la noche nace una nueva cadena de televisión, en donde hay nuevos periodistas. Y el tercer dato, presidente, los Astros perdieron contra los Nacionales".

Señala el citado libro de la agencia EFE que en las ruedas de prensa "deben evitarse preguntas múltiples, largas o farragosas, las que sugieran de alguna forma la respuesta e, igual que hacemos en las noticias, aquellas que incluyan opiniones o juicios de valor". "Al mismo tiempo, hay que descartar preguntas que parezcan complacientes, faltas de interés o extemporáneas", añade. Ese tampoco parece ser el caso en la mayoría de las participaciones de las nuevas estrellas de la fuente presidencial.

El 29 de octubre de 2021,[11] durante la conferencia celebrada en Campeche, una mujer que no se identificó, despertando la duda de si

---

[11] https://lopezobrador.org.mx/2021/10/29/version-estenografica-de-la-conferencia-de-prensa-matutina-del-presidente-andres-manuel-lopez-obrador-634/.

se trataba de una periodista o una activista por el tono de sus preguntas, inició su intervención de la siguiente forma: "Señor, dos cosas en una misma pregunta. Recientemente se publicó una encuesta a favor del proyecto del Tren Maya con cerca de 90% de aceptación por parte de la población en esta región del país. Sería conocer su opinión sobre este resultado en el ánimo de los ciudadanos mexicanos en esta zona". La condescendiente pregunta permitió al gobernante defender de forma plácida esa iniciativa de infraestructura turística, uno de los planes estrella de su gobierno.

Entre los comunicadores que más a menudo han burlado la recomendación de EFE de no realizar consultas que parezcan complacientes podría estar el reportero Diego Elías Cedillo, que se identifica como periodista de *Tabasco Hoy*, *Campeche Hoy*, *Quintana Roo Hoy* y *Diario Basta* de la Ciudad de México. Así, el 6 de diciembre de 2021[12] inició su intervención recordando que el fin de semana anterior una consultora llamada Morning Consult había publicado una encuesta en la que el gobernante aparecía entre los dos líderes con un mayor índice de aprobación a nivel planetario.

"Me gustaría compartirle la portada corporativa de todo Grupo Cantón al respecto de la aprobación que mantiene con base en todos los líderes mundiales, estando a la par, e incluso por encima, del presidente Modi, de India, si no me equivoco. Entonces, presidente, yo me permitiría preguntarle: ¿a qué adjudica usted esta aprobación de toda la ciudadanía y cuál consideraría que sería este eje rector que ha llevado a que su gobierno tenga este nivel de aprobación?, ¿alguna obra en especial, alguna política pública? ¿Cuál, a su consideración, sería esta premisa que ha dado este resultado de aprobación, presidente? Gracias."

Cedillo ha recurrido a comentarios destinados a establecer una relación de camaradería con López Obrador a través de sus preguntas. Uno de los aspectos que suele rechazarse en los códigos de ética pe-

---

[12] https://presidente.gob.mx/06-12-21-version-estenografica-de-la-conferencia-de-prensa-matutina-del-presidente-andres-manuel-lopez-obrador/.

riodística, especialmente cuando se trata de un evento público con un personaje político, es precisamente ese, ya que tal postura puede poner en entredicho la imparcialidad del medio de comunicación.

Así lo hizo el 3 de noviembre de 2021: "Señor presidente, antes que nada me gustaría preguntarle cómo se la pasó ahora que estuvo en estos días de guardar en Tabasco, y en lo particular si pudo usted desayunar o comer tamalitos de chipilín propios de la zona, del sureste tabasqueño".[13]

Las sospechas sobre la honestidad y credibilidad del intercambio entre los reporteros y las autoridades en una rueda de prensa pueden surgir también en el caso inverso, cuando el político muestra abiertamente un exceso de familiaridad con el periodista. Tal como sucedió el 12 de febrero de 2021.[14]

Ese día, en su introducción inicial, AMLO se dirigió directamente a Lord Molécula para celebrar su presencia en la mañanera tras recuperarse del covid-19: "Me da mucho gusto verte y verte muy bien, mucho gusto que estés aquí de nuevo con nosotros", señaló. "Primero, que te abrazo, te apoyo en lo que has padecido, sobre todo por la muerte, por el fallecimiento de tu papá", indicó luego AMLO, al responder a una pregunta de Pozos.

La suavidad e indulgencia con la que muchas estrellas de la nueva fuente presidencial realizan sus consultas al mandatario es tal que no resulta fácil encontrar ejemplos de periodistas mexicanos de medios tradicionales tratando con tan exacerbada cortesía a gobernantes del país en el pasado, ni siquiera en entrevistas cara a cara.

Esas formas lisonjeras en el trato a López Obrador en las mañaneras son habituales entre reporteros de medios de comunicación del

---

[13] https://www.gob.mx/presidencia/es/articulos/version-estenografica-conferencia-de-prensa-del-presidente-andres-manuel-lopez-obrador-del-3-de-noviembre-de-2021?idiom=es.

[14] https://www.gob.mx/presidencia/articulos/version-estenografica-conferencia-de-prensa-del-presidente-andres-manuel-lopez-obrador-del-12-de-febrero-de-2021?idiom=es.

sudeste nacional, de donde es originario el mandatario. Este es el caso del mencionado periodista del Grupo Cantón, o de la reportera Janet Galindo, quien el 4 de noviembre de 2021[15] se identificó como corresponsal de *La Chispa*, un medio nativo digital con ediciones de Quintana Roo, Campeche, Tabasco y Yucatán.

"Con respecto a cómo es que está blindando o se están blindando los gobiernos después de todo el desastre que han dejado administraciones salientes, de caos […] como, por ejemplo, en el estado de Michoacán, en el estado de Campeche, ¿qué es lo que se está haciendo?, ¿de qué forma se va a apoyar?", le consultó primero. "Y en cuanto a todas las obras que se han estado haciendo en el sureste, en cuanto a lo del Tren Maya, en Dos Bocas, todo lo que se ha estado avanzando, ¿cuál es el proyecto que se tiene para que gobiernos posteriores continúen con toda esa labor que usted ya ha realizado?", fue su segunda pregunta.

Hernán Gómez Bruera opinó[16] lo siguiente sobre esa clase de preguntas benévolas y fáciles de contrarrestar para el gobernante: "Me sigue impresionando lo malas que son la mayor parte de las preguntas que se hacen en las mañaneras. Preguntan: 'Presidente, ¿qué opinión le merece…?' para que la respuesta sea un choro eterno. En vez de eso deberían ir bien preparados para contrastar hechos con palabras".

Más allá de que la actitud de las estrellas de la nueva fuente presidencial puede convertirse en un factor de aburrimiento para los espectadores de la mañanera, de alguna forma representa también una amenaza para el primer principio incluido en el Código Internacional de Ética Periodística de la Organización de las Naciones Unidas para la Educación, la Ciencia y la Cultura (UNESCO), del año 1983: el derecho del pueblo a una información verídica. Apunta en ese apartado la UNESCO que los ciudadanos "tienen el derecho a recibir una imagen objetiva de la realidad por medio de una información precisa y completa, y de expresarse libremente a través de los diversos medios de di-

---

[15] https://lopezobrador.org.mx/2021/11/04/version-estenografica-de-la-conferencia-de-prensa-matutina-del-presidente-andres-manuel-lopez-obrador-636/.
[16] https://twitter.com/HernanGomezB/status/1252217885562245124?s=20.

fusión de la cultura y la comunicación". Si uno como periodista no consulta a las autoridades sobre cuestiones que permitan transparentar su gestión o que expongan sus errores con el fin de que sean corregidos, ese principio pierde su sentido.

Otra reportera que durante largo tiempo fue habitual en las conferencias de prensa matutinas, Verenice Téllez, del diario *Unomásuno*, fue un poco más lejos que Galindo el 4 de abril de 2020, cuando aduló sin tapujos al presidente: "Mi pregunta va con respecto a esto que viene mencionando, que estamos viviendo todos, el nuevo orden mundial, y que, además, bueno, pues, su postura la verdad es que se aplaude porque, ante los organismos internacionales, hacía tiempo que México no tenía, digamos, este liderazgo".

Entre las preguntas más zalameras realizadas al mandatario en el Salón de la Tesorería encontramos otra, de Sandra Aguilera, que se presenta como reportera del Grupo Larsa Comunicaciones. El 8 de marzo de 2019[17] dijo: "Señor presidente, muchos mexicanos estamos muy preocupados y ocupados también, y esto más que nada lo ha dicho usted muchas veces que va a terminar, que está bien, pero aquí estoy hablando de su salud. Sabemos que está muy bien, al contrario, yo creo que todos queremos saber qué hace, si usted utiliza algún método alternativo, si utiliza cámaras hiperbáricas; tiene mucha energía de verdad y usted es como un corredor keniano, o sea, realmente lo hemos visto, ni siquiera con un resfriado y muchas personas nos preguntan —y nosotros mismo nos preguntamos— qué es lo que hace. Gracias, señor presidente".

Pero la palma se la llevó una periodista llamada María Elizabeth Bello Caro, de la emisora La Nueva Joya Radio, de Minneapolis, Minnesota (Estados Unidos), al pedirle un abrazo a AMLO en mitad de la mañanera y terminar subiendo al estrado para intercambiar arrumacos con el mandatario.[18]

---

[17] https://lopezobrador.org.mx/2019/03/08/version-estenografica-de-la-conferencia-de-prensa-del-presidente-andres-manuel-lopez-obrador-10/.

[18] https://www.youtube.com/watch?v=VT1kisx9tYE.

Tales situaciones, que resultan casi indignantes para muchos periodistas con vasta experiencia en esa clase de eventos, sirven para que muchos días el velero de la mañanera navegue plácidamente sobre aguas inusitadamente calmas, mientras su capitán disfruta del suave viento de popa, como si todo en México transcurriera en total armonía y tranquilidad.

No importa que nubes tormentosas acechen a su administración, como sucedió el 20 de abril de 2020, el primer día en que se celebraba la conferencia de prensa después del demoledor anuncio del viernes anterior, de la agencia calificadora Moody's, que redujo la nota de la petrolera estatal Pemex al rango de "basura". Pese a ser un tema tan delicado y trascendente para el mandatario, por su defensa a ultranza de la compañía, ni uno solo de los comunicadores presentes en el Palacio Nacional preguntó sobre el tema.

Esa actitud, en general indulgente y en muchas otras ocasiones militante, que muestran las estrellas de la nueva fuente presidencial ha sido motivo de permanente sospecha por aquellos que siguen el evento. Sobre todo en el tenor de la visión que AMLO ha dicho tener públicamente respecto a lo que él considera "buen periodismo".

El 14 de abril de 2020,[19] pocas semanas después de que se desatara la crisis sanitaria por la propagación del coronavirus alrededor del país, una de las nuevas figuras de la fuente de presidencia preguntó en la mañanera, tras una extensa introducción donde habló de las críticas que la respuesta de las autoridades de salud a la pandemia recibía desde diversos sectores de la opinión pública, si había un intento de "sabotaje" de la prensa tradicional para mermar el "liderazgo científico" del subsecretario López-Gatell y del gobierno.

El autor de la consulta fue Hans Salazar, personaje icónico de las mañaneras por sus benevolentes preguntas, pero también por incidentes con otros periodistas o figuras públicas que cuestionan a la Cuar-

---

[19] https://www.gob.mx/presidencia/es/articulos/version-estenografica-de-la-conferencia-de-prensa-matutina-martes-14-de-abril-de-2020?idiom=es.

ta Transformación. En su perfil en la red social profesional LinkedIn,[20] Salazar dice dedicarse a las relaciones internacionales y en internet es posible encontrar el rastro de la presentación de su tesis de grado para obtener la licenciatura en esa materia en la Universidad Nacional Autónoma de México (UNAM).[21]

En su cuenta de Twitter,[22] donde hasta la conclusión de este libro tenía la nada desdeñable cifra de casi 131 mil 900 seguidores, se identifica escuetamente como "asistente asiduo de las mañaneras del presidente AMLO" y su actividad parece centrarse exclusivamente en colaboraciones en varios portales de noticias afines al mandatario: *Noticiero en redes*, *Zócalo Virtual* y *Gurú Político*.

En sus intervenciones, Salazar suele enumerar la ristra de plataformas de comunicación para los que trabaja, un rasgo característico de las nuevas estrellas de la fuente presidencial cada vez que se presentan antes de dirigirse al mandatario. El recurso, tan reiterativo como innecesario por su diaria presencia en esos actos, pareciera un intento de estos comunicadores de legitimar su perfil "periodístico", subrayando la vertiente cuantitativa frente a la cualitativa.

La realidad es que las empresas informativas a las que dicen representar carecen del impacto mediático que tienen los diarios, revistas, emisoras de radio y canales de televisión tradicionales. Incluso lo carecen en internet y en las redes sociales, donde en los últimos años han aparecido nuevos y poderosos actores que han puesto en entredicho la hegemonía de *Reforma*, Televisa, *El Universal*, Radio Fórmula, Televisión Azteca, etc. Ninguno de los blogs o canales de YouTube hasta ahora mencionados ni de los que serán citados más adelante aparecen en el Ranking Social de Medios en México de noviembre de 2021,[23]

---

[20] https://www.linkedin.com/in/hans-salazar-5123b9140/?originalSubdomain=mx.

[21] https://repositorio.unam.mx/contenidos/el-impacto-del-zapatismo-en-la-sociedad-civil-internacional-y-el-efecto-de-la-actuacion-de-esta-en-la-solucion-pacifica-d-436448?c=3AMJoj&d=false&q=*:*&i=7&v=1&t=search_0&as=0.

[22] https://twitter.com/hans2412?lang=es.

[23] Elaborado por la prestigiosa consultora especializada Storybaker para enume-

ni siquiera *Unomásuno*, que procede también de la prensa convencional, pues surgió a finales de los años setenta del siglo pasado tras el famoso incidente con Julio Scherer y su equipo en *Excélsior*.

En el caso de Salazar, más allá de analizar la relevancia de las plataformas digitales y los portales en los que colabora, tal vez resulte más interesante detenerse en sus otras actividades profesionales. Según una noticia del diario *El Universal* de 2004, Salazar fue director de Protección Civil de Tláhuac, alcaldía de la Ciudad de México.[24] El rotativo detalló en aquella ocasión que el funcionario fue citado a declarar en un caso de posible extorsión a una empresa distribuidora de gas y de tráfico de influencias en esa demarcación del sureste de la capital.

En 2015 Salazar fue candidato independiente a diputado del entonces Distrito Federal, según reseñó el medio de información económica *Expansión*.[25]

Y más recientemente, tras el triunfo del tabasqueño en las elecciones presidenciales del 1 de julio de 2018, fue contratado por honorarios en la alcaldía capitalina de Iztacalco,[26] en manos de Morena, desde el 1 de octubre hasta el 31 de diciembre de aquel año, terminado casi un mes después de que López Obrador llegara al poder.

Lo que para muchos podría ser motivo de conflicto de interés, una de las situaciones que cualquier profesional de la información debe evitar siempre, de acuerdo con los códigos de ética periodística, no lo ha sido para Salazar.

En la mañanera del 30 de junio de 2021[27] Salazar cuestionó a las empresas de comunicación tradicionales por su cobertura de un mor-

---

rar a los medios con mayor impacto en Facebook, Twitter e Instagram, por poner un ejemplo.
[24] https://archivo.eluniversal.com.mx/ciudad/62811.html.
[25] https://politica.expansion.mx/adnpolitico/2015/02/05/68-ciudadanos-van-a-la-final-para-ser-candidatos-independientes-en-el-df.
[26] http://www.iztacalco.cdmx.gob.mx/inicio/images/oip/art_121/xii/A121Fr12_2018_Personal-contratado.xls.
[27] https://lopezobrador.org.mx/2021/06/30/version-estenografica-de-la-conferencia-de-prensa-matutina-del-presidente-andres-manuel-lopez-obrador-563/.

tal accidente en la Línea 12 del metro capitalino en la alcaldía de Tláhuac, uno de los golpes más fuertes recibidos por el movimiento de la
Cuarta Transformación porque impactó en la imagen del canciller Marcelo Ebrard y de la jefa de Gobierno de la Ciudad de México, Claudia
Sheinbaum. Ambos, aspirantes a suceder a López Obrador en la presidencia en 2024.

"La pregunta sería: ¿usted qué les diría a los habitantes de Tláhuac, concretamente del oriente de la ciudad que están sufriendo este
linchamiento mediático, acoso y discriminación por parte de quienes atienden la agenda nacional contra su persona y la 4T?", planteó
el comunicador.

Al margen del contenido de sus intervenciones, Salazar ha saltado a la fama también por participar en uno de los varios incidentes
que se han dado entre reporteros que acuden a la conferencia presidencial diaria, en este caso con el periodista Daniel Blancas, del diario *La Crónica de Hoy*, que podemos incluir en la categoría de prensa
convencional.

Al final de una de las ruedas de prensa, el 4 de marzo de 2020,
otra de las estrellas de la nueva fuente presidencial, Marco Antonio
Olvera, sobre el que volveremos a hablar más adelante, se enzarzó en
una acalorada discusión con la periodista y activista defensora de los
derechos de las mujeres Verónica Villalvazo, quien se hace llamar públicamente "Frida Guerrera". Villalvazo fue durante meses una de las
más aguerridas en sus consultas al presidente López Obrador al cuestionar en varias oportunidades la política de su administración en relación con los feminicidios.[28]

Como relató la revista *Proceso*,[29] después de la discusión hubo
otro momento de tensión en un espacio contiguo al Salón de la Tesorería en el que supuestamente Blancas forcejeó con Salazar porque lo estaba grabando con el celular. En el episodio, registrado por

---

[28] https://elpais.com/planeta-futuro/2021-01-19/frida-guerrera-o-el-cora-
je-de-la-cronista-de-los-feminicidios-en-mexico.html.

[29] https://twitter.com/proceso/status/1235283064340836353?s=20.

las cámaras de los dispositivos móviles de las personas que estaban presentes, cobró también protagonismo Sandra Aguilera, quien al escuchar a Blancas llamarla a ella y a Salazar "pagados", "sinvergüenzas" y "corruptos", respondió con un enigmático: "Ay, sí, somos corruptos y sinvergüenzas, pero no unos gatos que nada más digan 'periodismo con rigor' ".

Tal fue el revuelo por lo sucedido que Jesús Ramírez Cuevas tuvo que pronunciarse en un tuit ese mismo día, tratando de calmar los ánimos: "La violencia, amenazas, agresiones y acoso que reciben las mujeres periodistas son inaceptables y constituyen un delito. El @GobiernoMX actua [*sic*] para acabar con la impunidad. En las mañaneras tampoco se permitirá que ningun [*sic*] periodista agreda a otr@. Periodismo con libertad y respeto", dijo el vocero presidencial.[30]

Pero sería un error quedarse en lo anecdótico. Lo importante del asunto fue que un año y medio más tarde un juez vinculó a proceso a Blancas. Es decir, consideró suficientemente fundadas las acusaciones de Salazar y sus colegas en su contra —respaldadas por la Fiscalía Especial para la Atención de los Delitos Cometidos contra la Libertad de Expresión (Feadle)— como para iniciar un proceso penal.[31]

El diario donde Blancas trabaja, *La Crónica de Hoy*, defendió al reportero en un artículo[32] en el que subrayó el supuesto doble rasero de la Feadle: "Una riña sin lesionados, sin amenazas, entre periodistas con visiones diferentes, es llevada ante un juez, algo que no ha ocurrido en casos de reporteros asesinados o amenazados desde el gobierno o por el narco", apuntó, al recordar que, después del incidente, Blancas siguió acudiendo a la rueda de prensa en el Palacio Nacional y conviviendo con las estrellas de la nueva fuente presidencial sin que suce-

---

[30] https://twitter.com/JesusRCuevas/status/1235279411215249408.

[31] https://www.proceso.com.mx/nacional/2021/9/15/la-cronica-denuncia-que-la-feadle-vinculo-proceso-su-reportero-daniel-blancas-272000.html.

[32] https://www.cronica.com.mx/notas-lo_secuestraron_y_la_fiscalia_no_hizo_nada__tiene_roces_con____mascotitas____de_la_mananera_y_lo_vinculan_a_proceso_penal-1203436-2021.html.

diera ningún otro lance. La publicación señaló también que esa misma fiscalía apenas se implicó, en cambio, en otro caso en el que Blancas estuvo involucrado, esta vez como aparente víctima.

Según el periódico, el reportero pidió apoyo a la Feadle tras haber sido secuestrado a punta de pistola en febrero de 2019 por unos traficantes de combustibles —o *huachicoleros*— en el estado de Hidalgo, cuando realizaba un trabajo periodístico sobre la lucha de las fuerzas del orden contra esa actividad ilegal. "El avance fue cero, ni un detenido, ni una pesquisa, nada judicializado", recalcó el rotativo.

Salazar estuvo también en el epicentro de la polémica en julio de 2020 al recibir amenazas en las redes sociales del dirigente de la plataforma opositora de ultraderecha Frente Nacional Anti-AMLO (FRENAA), Gilberto Lozano, después de exponer en una de sus preguntas en la mañanera al controvertido personaje y su organización por unas advertencias de tinte antidemocrático que este último lanzó contra el mandatario. El caso fue denunciado por la asociación internacional de defensa de la libertad de prensa Artículo 19 y la organización civil Periodistas Desplazados de México.[33]

Pero estos no han sido los únicos incidentes con reporteros que acuden a la mañanera.

Sandra Aguilera acaparó la atención de los seguidores de la rueda de prensa presidencial el 21 de enero de 2021, cuando un colega, Demián Duarte, otro de los fijos en las sesiones matutinas en el Palacio Nacional, reportó que la mujer estaba en un hospital tras desaparecer misteriosamente.

"Al parecer fue un atentado en su contra. Ella está hospitalizada, está grave, incluso sabemos que está en terapia intensiva y que está recibiendo donadores de sangre", apuntó en tono de alarma.

Duarte manifestó así su preocupación al mandatario sobre los riesgos que corren los reporteros en el país. AMLO contestó que el gobierno estaba pendiente del caso y que se iba a investigar. Un día an-

---

[33] https://twitter.com/PDesplazadosMX/status/1281331156982665222.

tes una organización civil que se identifica en las redes sociales con el nombre de Periodistas Desplazados México explicó que la reportera, ya aparecida, presentaba varias costillas rotas y sangre en los pulmones. "Lo único que se sabe es q la colega Sandra Aguilera, fue a un Spa, que sí estuvo desaparecida aprox 36 hrs y está en terapia intensiva…"[34]

En medio de especulaciones de que el incidente habría estado ligado a una fallida operación de cirugía estética, la Fiscalía General de Justicia del Estado de México emitió un comunicado el 25 de enero en el que detalló que la reportera, antes de desaparecer, había ingresado en un inmueble del área de Ciudad Satélite del municipio de Naucalpan el 18 de enero, donde "fueron encontrados medicamentos diversos, cremas, termómetros, monitor de presión, jeringas de insulina, un medidor de grasa corporal, mesas para masajes y fajas reductoras y post operatorias, entre otros artículos".

Dos días después fue ubicada en un hospital cercano del Instituto Mexicano del Seguro Social (IMSS), explicó la fiscalía.[35] Y concluyó: "Luego de que el ministerio público de esta institución entabló comunicación con la víctima en el Hospital donde es atendida, la mujer lesionada declinó realizar denuncia en contra de alguna persona por la comisión de algún hecho delictivo".

El caso fue mencionado el 25 de enero de ese año en una singular mañanera, en la que María Luisa Estrada, reportera de la *Grillotina Política*, un canal de YouTube abiertamente afín a la Cuarta Transformación, acusó a Irving Pineda, periodista de TV Azteca y asistente habitual a las ruedas de prensa presidenciales, de difamar a Aguilera.

La respuesta de Pineda incrementó la tensión en el ambiente en un día que por sí solo ya era excepcional debido a que la entonces secretaria de Gobernación, y luego presidenta del Senado, Olga Sánchez Cordero, tuvo que dirigir la rueda de prensa ante la ausencia de López Obrador, quien se había contagiado de coronavirus.

---

[34] https://twitter.com/PDesplazadosMX/status/1352095330091864064.
[35] https://twitter.com/fiscaliaedomex/status/1353819706386493442.

El reportero puso sobre la mesa, como pocas otras veces se ha hecho, el debate en torno a la presencia de *youtubers* en las sillas del Salón de la Tesorería y la sensación de que sus preguntas podrían tener como fin último distraer a la audiencia de los asuntos importantes, en este caso la salud del mandatario. "Nada más preguntar tu nombre y de qué medio eres, porque está haciendo una alusión a mi persona y están utilizando la mañanera en un día tan importante cuando el presidente López Obrador está enfermo […] es que es muy sospechoso lo que está sucediendo esta mañana", afirmó Pineda.[36]

En los días y semanas posteriores no se volvió a tocar el asunto de Aguilera ni se supo más de la investigación anunciada por AMLO, pese a la seriedad de la denuncia y la solemne respuesta del gobernante.

La reportera reapareció el 5 de abril de 2021 en la conferencia de prensa en el Palacio Nacional con el siguiente mensaje: "Presidente, antes que nada quiero agradecerle su apoyo a usted, a Gobernación y al ISSSTE [Instituto de Seguridad y Servicios Sociales de los Trabajadores del Estado] por el apoyo que me dieron ahora que tuve el atentado, a los médicos que salvaron mi vida y a todas las personas que me estuvieron apoyando donando sangre. Gracias, presidente".[37]

Nunca más se supo de aquel "atentado".

Otro polémico nuevo rostro de la fuente que ha seguido a diario al mandatario es Paul Veláquez, un *youtuber* de Sinaloa que durante meses acaparó la atención de la audiencia de la mañanera después de aparecer el 5 de febrero de 2020 con un parche en el ojo y denunciar que había sido blanco de un atentado con disparo de bala que pudo acabar con su vida o dejarlo ciego: "Presidente, nos están matando, no lo olvide, por favor, nos están matando".[38]

---

[36] https://www.gob.mx/presidencia/articulos/version-estenografica-conferencia-de-prensa-del-presidente-andres-manuel-lopez-obrador-del-25-de-enero-de-2021?idiom=es.

[37] https://www.gob.mx/presidencia/articulos/version-estenografica-conferencia-de-prensa-del-presidente-andres-manuel-lopez-obrador-del-5-de-abril-de-2021?idiom=es.

[38] https://www.gob.mx/presidencia/articulos/version-estenografica-de-la-confe-

Ese día relató que el ataque en su contra tuvo lugar el 19 de diciembre de 2019 en la localidad sinaloense de Los Mochis, en plena calle, a 300 metros de su estudio de grabación, y que había señalado al alcalde de esa localidad de ser el autor intelectual del crimen.

Velázquez se identifica como comerciante-periodista y asegura haber regenteado una mueblería durante años en Los Mochis. En su perfil de redes sociales ha comercializado desde ventiladores hasta objetos con la imagen de López Obrador, como tazas o camisetas. Cuando aparece en la mañanera se presenta como reportero de *Ni uno más, ni un corrupto más en gobierno*, un espacio de comunicación en el que parece ser el único productor de contenido a través de YouTube y, sobre todo, Facebook. Su cuenta ahí se llama "Paul Velazquez #Ni1+" y lleva la etiqueta de "medio de comunicación".

A los dos años del ataque armado que sufrió, Velázquez colocó como foto de perfil en esa red social una plantilla con una invitación al "2do Aniversario del Balazo" para el 19 de diciembre de 2021, con una foto suya y una imagen caricaturizada de una bala con ojos y boca dirigiéndose a su cabeza. La agenda de la surrealista conmemoración incluía la celebración de una misa y una fiesta con piñata.

Como sucede con la mayoría de las estrellas de la nueva fuente presidencial, su presencia en las plataformas digitales tiene como principal rasgo el activismo a favor de la Cuarta Transformación y muy poco de periodismo. En su canal de YouTube es posible ver cápsulas de video de opinión desde 2016 en las que el comunicador cuestiona con dureza a políticos de partidos diferentes al Movimiento Regeneración Nacional (Morena). A partir del atentado de diciembre de 2019, los distintos tratamientos médicos y operaciones quirúrgicas por las secuelas que dejó el disparo centran parte de su producción videográfica.[39]

Sin embargo, el protagonismo de Velázquez ha ido más allá de aquel terrible suceso.

---

rencia-de-prensa-matutina-miercoles-5-de-febrero-de-2020.
[39] https://www.youtube.com/channel/UCP9d4RPwl54a7Je4WJFsucA/videos.

El 6 de junio de 2019 Elisa Alanís, periodista del canal de televisión Milenio, subió a Twitter un video del comunicador en el que se refería a los periodistas de medios tradicionales que acuden a la mañanera como "prostitutas de la información", entre otros descalificativos.[40]

Sara Pablo, corresponsal de Radio Fórmula en las ruedas de prensa presidenciales, también denunció el caso en sus redes sociales: "Del 'chayotera' 'prianista' pasamos al 'prostitutas de la información': este tipo de personajes cuentan con acreditación para entrar a las mañaneras… apertura o complicidad?… Ya se verá Dónde queda el debate con respeto que promueve @lopezobrador_ Con quien dicen coincidir".[41]

Nueve meses después, en una entrevista que le realizó a las puertas del Palacio Nacional el comunicador Vicente Serrano, de la plataforma de información digital *Sin Censura*, abiertamente afín a la 4T, Velázquez envió un mensaje amenazador a otra reportera de un medio tradicional que asiste asiduamente a las mañaneras, Isabel González, de Grupo Imagen: "Se atrevió a decirme falso pirata y yo de verdad de todo corazón que también le deseo que reciba un balazo, sin censura, se lo deseo y si queda viva platicamos lo del tema del parche", advirtió el *youtuber*.[42]

En respuesta, desde la primera fila de la rueda de prensa matutina del 5 de marzo de 2020,[43] González denunció el caso ante López Obrador identificándose como "víctima de un acto de odio, de incitación a la violencia" en su contra, y pidió al gobernante tomar cartas en el asunto: "Hoy lo registra la prensa nacional, no solamente las redes sociales, diciendo que ojalá me balearan como a él [Velázquez] lo balearon solo por decirle que su parche lo hace ver como un pirata falso. Porque es muy curioso, a la vista de los auténticos periodistas

---

[40] El material también fue subido a la misma red social por la organización Prensa de la Ley y el Orden, que dice representar a reporteros mexicanos de diversos medios de comunicación. https://twitter.com/elisaalanis/status/1136718671890567168.

[41] https://www.sopitas.com/noticias/denuncian-redes-paul-velazquez-prostitutas-informacion/.

[42] https://twitter.com/vampipe/status/1235304925640429579.

[43] https://lopezobrador.org.mx/2020/03/05/version-estenografica-de-la-conferencia-de-prensa-matutina-del-presidente-andres-manuel-lopez-obrador-270/.

que cubrimos las actividades presidenciales, no solo este diálogo circular, las actividades, que cuando llega a [la calle de] Moneda llega sin parche, le toca la luz artificial, platica, admite ante varios colegas que en su ojo no tiene nada e incita a que me cometan un crimen de odio. Eso no se vale", explicó la veterana periodista, quien pidió protección de la Secretaría de Gobernación.

En medio de murmullos de disconformidad, el mandatario indicó que para resolver el asunto debería darle la palabra a Velázquez, sentado también en primera fila, a solo dos sillas de González, pero que no era el lugar para resolver esas diferencias. En ningún momento censuró las amenazas del comunicador, a pesar de que hubiera sido un buen momento para hacerlo, en medio de la creciente indignación ciudadana por el auge de los feminicidios en el país y las agresiones a periodistas.

Las sospechas sobre la supuesta mascarada de Velázquez en torno al uso del parche fueron expuestas nuevamente al mes siguiente por varios periodistas a raíz de las imágenes de una mañanera en las que se le observó retirárselo para rascarse el ojo en varias ocasiones. El episodio es visible en el minuto 40:10 de la transmisión gubernamental del evento del 1 de abril de 2020.[44]

El *youtuber*, que se describe en Facebook como "Joven, empresario, político" y lleva como lema "Periodismo de investigación vs la corrupción", presenta otra característica coincidente con otras estrellas de la nueva fuente presidencial, como se ha visto en el caso de Salazar y se verá más adelante con otros ejemplos: su paso por la conferencia de prensa parece ser un trampolín para una incipiente carrera política.

En su caso, una carrera tempranamente truncada, pues intentó presentarse a una candidatura plurinominal a diputado federal por Morena en las elecciones intermedias de julio de 2021 y resultó derrotado.[45]

---

[44] https://youtu.be/8_tgt5mTwbM?t=2410.

[45] https://www.proceso.com.mx/nacional/2021/1/12/youtuber-de-las-mananeras-buscara-una-diputacion-por-morena-256117.html.

Frente a estas situaciones es difícil que alguien permanezca indiferente ante la actuación y la imagen que ofrecen a diario esos personajes. Hasta la controvertida directora de la agencia de noticias del Estado mexicano, Notimex, nombrada por López Obrador, Sanjuana Martínez, mostró su disconformidad con ellos el 24 de febrero de 2020.

Ese día un periodista le solicitó al gobernante que interviniera en la disputa entre la funcionaria y el sindicato de ese medio de comunicación público, lo que molestó a Martínez: "La Mañanera no debe seguir siendo un coliseo donde se va a sacrificar la honorabilidad y la buena imagen de personas, ni tampoco un lugar ocupado por pseudo periodistas cuyo único propósito es denostar, difamar y calumniar. Busquemos un nuevo modelo de comunicación. Muy lamentable", denunció en Twitter.

Sanjuana no solo calificó aquel día de "pseudo periodistas" a algunos de los asistentes sino que sugirió negarles el acceso, en una propuesta que podría ser vista como un llamado abierto a la censura. "El ingreso a La Mañanera se debe regir por estándares profesionales, de prestigio y credibilidad de los medios y periodistas que la cubren, no por el número de seguidores en Twitter, Facebook o YouTube. La difamación debe ser suficiente para la revocación de una acreditación", dijo, aunque borró esos tuits.[46]

La forma y el fondo de las consultas de las estrellas de la nueva fuente presidencial, más allá de contravenir muchas de las mejores prácticas del periodismo, han desatado también conjeturas sobre la posibilidad de que las mañaneras sean producto de una manipulación, total o parcial, e incluso resultado de un guion preestablecido, con el

---

[46] Afortunadamente quedaron grabados en el archivo de publicaciones del portal de noticias de Carmen Aristegui, antigua aliada de Martínez cuando en la primera década del siglo XXI esta última destapó varias exclusivas sobre casos de pedofilia en la Iglesia católica mexicana. Actualmente las periodistas están enfrentadas a raíz de una serie de ataques que Aristegui recibió en redes sociales, supuestamente orquestado por personal de Notimex. https://arteguinoticias. com/2402/mexico/proposito-de-pseudoperiodistas-que-cubren-la-mananera-es-difamar-dice-sanjuana-martinez/.

fin último de evitar que el presidente se enfrente a situaciones comprometedoras.

El 14 de febrero de 2020 la reportera apodada Frida Guerrera había estado ya en el epicentro de la controversia cuando un reportero de un medio nativo digital, *Nación 14*, afín a la 4T, tomó la palabra para pedir que dejara de preguntar sobre el fenómeno de los feminicidios en el país, uno de los asuntos que más escozor ha causado a la administración de López Obrador.[47]

"Buenos días, presidente. Cambiando de tema un poquito, presidente. Carlos Domínguez, de *Nación 14*. Es que creo que usted ya habló suficiente del tema. Vamos a cambiar, por favor", afirmó, levantando especulaciones sobre si su taxativa intervención había sido planificada por Ramírez Cuevas para frenar las consultas sobre la cuestión, pues segundos antes de tomar el micrófono observó en varias ocasiones a la zona donde está el vocero presidencial.

Para aquellos que no hayan visto o no conozcan al detalle las mañaneras, el funcionario asiste de cerca al mandatario durante esos eventos, apoyándolo con informaciones cuando no las tiene, coordinando la operación de la pantalla ubicada detrás de AMLO, tomando el micrófono para aclarar algún punto específico o poniendo orden entre los periodistas.

Aunque Domínguez se disculpó horas después en las redes sociales,[48] lamentando haber interrumpido a la colega, y *Nación 14* expresó su "disconformidad" y "desconcierto" respecto a la actitud "irresponsable" de su reportero, quedó la duda de si las ruedas de prensa presidenciales son realmente un "diálogo circular" donde todo el mundo tiene la posibilidad de intervenir y las preguntas siempre encuentran una respuesta, si son un intercambio equitativo de puntos de vista donde las voces surgen de forma espontánea y se expresan sin más freno que la lógica cortesía y el respeto a un orden razonable

---

[47] https://www.gob.mx/presidencia/es/articulos/version-estenografica-de-la-conferencia-de-prensa-matutina-viernes-14-de-febrero-de-2020?idiom=es)%E2%80%93.
[48] https://twitter.com/C_Dominguez_R/status/1228403439018708992.

en las intervenciones, como propugna el gobernante y su equipo de comunicación.

Eventos propagandísticos

En la mayoría de los casos no son las preguntas de los reporteros las que levantan sospechas, sino la presencia de determinadas autoridades en momentos clave de la pugna política. Son aquellos días en los que, en lugar de ruedas de prensas integrales, de principio a fin, las mañaneras incorporan actos de gobierno y se asemejan más a un evento propagandístico que a un intercambio con la prensa.

El 23 de febrero de 2021 la atención de la opinión pública estaba centrada en la posibilidad de que se retirara el fuero al gobernador de Tamaulipas, Francisco Javier García Cabeza de Vaca —uno de los líderes regionales opositores a AMLO—, por sus supuestos lazos con el crimen organizado.

El coordinador de la bancada de diputados del partido oficialista Morena, Ignacio Mier Velazco, anunció ese día que había recibido de la Fiscalía General de la República (FGR) una "solicitud de declaración de procedencia" contra el gobernador por la "probable comisión de los delitos: delincuencia organizada, operación con recursos de procedencia ilícita y defraudación fiscal equiparada".[49]

Durante las siguientes horas, la FGR no aclaró esa versión, pero al día siguiente uno de los invitados a la rueda de prensa matutina fue el fiscal general, Alejandro Gertz Manero, quien ha acudido en contadas ocasiones al evento y del que López Obrador asegura una y otra vez que trabaja con total autonomía del Poder Ejecutivo.

El pretexto de invitarlo a aquella mañanera fue para que hablara del apoyo de la fiscalía a la labor del Instituto para Devolver al Pueblo lo Robado, creado por AMLO para redistribuir entre la población, a

---

[49] https://twitter.com/NachoMierV/status/1364392799060127745.

través de donativos y sorteos, los bienes incautados a los grupos delictivos, sobre todo los cárteles de droga. Sin embargo, tras intervenir las
autoridades, cuando se abrió el micrófono para los reporteros, la primera pregunta fue dirigida a Gertz Manero para que hablara del caso
Cabeza de Vaca.[50]

Cuatro meses más tarde, la mañanera del 24 de junio de 2021[51]
comenzó con las palabras de la reportera Lizbeth Álvarez, de *ZMG
Noticias* y *Gurú Político* —los mismos medios en que colabora Hans
Salazar—. Álvarez abrió ese día el fuego con una pregunta abierta, en
las antípodas de lo que plantea el *Libro del Estilo Urgente* de EFE, donde se sugiere que, si bien son tan legítimas esas consultas como aquellas que solo pueden responderse con un sí o con un no, "han de ser
suficientemente concretas para evitar que [el cuestionado] divague o
eluda el tema".

"Presidente, preguntarle cómo califica la lucha contra la corrupción de su gobierno. ¿Qué falta hacer? Si hace falta limpiar el pasado."
Como contestación, AMLO inició una larga perorata en la que volvió
a sacar del bolsillo su famoso pañuelo blanco y a sostenerlo en su mano
derecha para defender que en su gestión ha desaparecido la corrupción
reinante hasta que él ocupó el sillón presidencial. Luego presentó unas
diapositivas que parecían haber sido expresamente seleccionadas con
anterioridad por la rapidez con las que fueron subidas a la pantalla gigante situada a su espalda.

"Acabo de ver unas láminas sobre percepción de corrupción y
son bastante satisfactorias en lo que corresponde al gobierno federal y a
la policía, al Ejército. Básicamente a la Guardia Nacional, a la Marina
y al Ejército", dijo en un momento de su reflexión. "Les voy a poner
las tres láminas, primero sobre las policías, es una como un triángu-
lo", agregó el mandatario dirigiendo su mirada al equipo de Ramírez

---

[50] https://lopezobrador.org.mx/2021/02/24/version-estenografica-de-la-confe-
rencia-de-prensa-matutina-del-presidente-andres-manuel-lopez-obrador-476/.

[51] https://presidente.gob.mx/24-06-21-version-estenografica-de-la-conferen-
cia-de-prensa-matutina-del-presidente-andres-manuel-lopez-obrador/.

Cuevas, que ya estaba mostrando en la sala la presentación con las cifras escogidas por el gobernante para defender su labor en la materia.

Tres meses antes, el 1 de marzo de 2021,[52] la mañanera vivió un momento de tensión cuando, en mitad de la participación que tiene todos los lunes el titular de la Procuraduría Federal del Consumidor (Profeco), Ricardo Sheffield, un joven anónimo surgió de detrás del decorado donde está el atril desde el que se comunica el presidente para decirle algo.

Las cámaras no registraron completamente el suceso, pero finalmente el espontáneo fue retirado del lugar por la directora de Atención Ciudadana de la presidencia, Leticia Ramírez Anaya. Cuando más tarde la periodista Sara Pablo, de Radio Fórmula, preguntó a AMLO sobre el incidente, el gobernante pidió a Ramírez que lo explicara: "Es un joven de 31 años de edad, se llama José Luis y tiene una gran desesperación porque me dice, y es lo que estaba informando al señor presidente, que le plantaron droga, dice él, y por lo tanto le metieron a la cárcel. Dos años estuvo ahí y no tuvo el apoyo de ningún abogado, no tuvo el apoyo de nadie y al salir no encuentra ninguna posibilidad para salir adelante. Vive con su madre y está con mucha desesperación para poder continuar con las cosas que tiene que hacer, tiene también una hija, a la cual no le permiten verla. Entonces, como que todas las cosas que se le dificultan al salir de la prisión no puede él realmente encontrar un camino para rehacer su vida. Quedamos ahorita de ver qué más podríamos hacer", relató la funcionaria.[53]

"¿Hasta ahora no se sabe cómo logró entrar?", inquirió la reportera. "Se está investigando", contestó Ramírez.

En un artículo publicado por la revista *Letras Libres* con las versiones de varios periodistas que han acudido a la mañanera, Ruth Muñiz,

---

[52] https://www.gob.mx/presidencia/articulos/version-estenografica-conferencia-de-prensa-del-presidente-andres-manuel-lopez-obrador-del-1-de-marzo-de-2021.

[53] https://abcnoticias.mx/nacional/2021/3/1/lo-llaman-lordmontajes-tras-incidente-en-mananera-133937.html.

directora del portal de noticias *Ruido en la Red* y editora de redes sociales de Quinto Elemento Lab, afirmó que tiene la sensación de que "hay preguntas sembradas" entre los participantes en el evento informativo. "Es muy notorio", enfatizó.[54]

En el mismo texto, la reportera del Instituto Mexicano de la Radio (IMER), de titularidad pública, pareció dar la razón a su colega: "A mí no me parece un ejercicio de rendición de cuentas, porque López Obrador y su equipo presentan los datos a su modo. Creo que la iniciativa de las 'mañaneras' pudo haber funcionado muy bien, pero se vició en el camino", opinó.

"He notado que a ella asisten medios de comunicación 'raros': gente que dice que no trabaja para el gobierno, pero yo tengo mis dudas sobre eso porque son muy cercanos a Morena. Ese tipo de cosas son las que desvirtúan el ejercicio original. La necesidad que tiene AMLO de dominar el discurso oficial no beneficia a nadie", añadió.

Estén más cerca o más lejos de la verdad las dos comunicadoras, existen algunos aspectos que invitan a pensar que detrás de las preguntas de algunos de los asistentes podría estar el aparato de comunicación de Ramírez Cuevas.

Por ejemplo, en la multitud de ocasiones en que las estrellas de la nueva fuente presidencial leen sus preguntas desde el celular, trastabillándose, como si se tratara de un texto que vieran por primera vez y, por tanto, escrito por un tercero.

El mandatario ha sido el primero en negarlo: "Nosotros no tenemos ningún grupo de comunicadores, no se orquesta nada desde la presidencia, se los puedo garantizar, o sea, no estamos a favor de esas prácticas, porque las hemos padecido. Antes, pero hace muy poco, leía uno un periódico y otro y otro y otro y era la misma nota, eran los boletines, porque había consigna, a veces el mismo texto, ni siquiera

---

[54] https://letraslibres.com/politica/las-mananeras-de-amlo-dividen-opiniones-en-la-prensa-mexicana/.

lo cambiaban, porque era la política del boletín", aseguró el 25 de noviembre de 2020.[55]

Para Gómez Bruera la posibilidad de que las conferencias de prensa matutinas sean producto de un maquiavélico guion resulta dudosa, aunque tampoco tiene pruebas de que no sea así: "Hay quien dice que participaciones como la de Lord Molécula son orquestadas. Que el propio Jesús Ramírez Cuevas le siembra las preguntas a él y a otros. La suposición me parece absurda. Si así fueran las cosas, serían más discretas, menos burdas".

¿Pero qué dice el coordinador de Comunicación Social de la presidencia? En una extensa entrevista con el medio independiente *Pie de Página* el 12 de julio de 2020,[56] Ramírez Cuevas explicó con bastante profundidad la razón de ser de esas conferencias matutinas y ofreció algunas pistas interesantes: "Había que crear una fuerza comunicacional, informativa, que pudiera enfrentar a ese ecosistema mediático opuesto al cambio, porque estaban muy acostumbrados a recibir mucho dinero", inició en alusión a la estrategia para combatir a los poderosos conglomerados privados de comunicación mexicanos.

Las mañaneras, argumentó, "nacen como una manera de marcar la agenda, de transparentar la acción del gobierno, pero también de establecer este diálogo del presidente para poder construir una subjetividad favorable al cambio".

"Por primera vez, el gobierno tomó en cuenta a los ciudadanos. Es decir, construyó una política comunicacional con base en el Derecho a la Información y el Derecho a la Libertad de Expresión que tienen los ciudadanos. A través de las redes hemos generado otro tipo de comunicación: una muy centrada en el presidente, otra en las dependencias, en el trabajo que se está haciendo. Y lo más relevante:

---

[55] https://www.gob.mx/presidencia/articulos/version-estenografica-conferencia-de-prensa-del-presidente-andres-manuel-lopez-obrador-del-25-de-noviembre-de-2020?idiom=es.

[56] https://piedepagina.mx/se-acabo-la-subordinacion-del-presidente-con-los-medios/.

convertir a los ciudadanos en entidades informativas del gobierno", ahondó el funcionario.

Aunque son miles las personas que respaldan a la Cuarta Transformación en las plataformas digitales, por su intensa actividad comunicativa y su creciente audiencia, las estrellas de la fuente presidencial se ubican en la primera fila del ejército ciudadano que defiende al movimiento en el ecosistema virtual.

No solo eso. A medida que fueron transcurriendo la primera mitad del sexenio y, de forma paralela, la gestión de la jefa de Gobierno de la Ciudad de México, Claudia Sheinbaum, algunos *youtubers* habituales en el Palacio Nacional aparecieron repentinamente entre el grupo de periodistas de las conferencias de prensa diarias de la política de Morena.

Marco Olvera, Hans Salazar e incluso Lord Molécula fueron algunos de los comunicadores afines a la 4T que comenzaron a intervenir en las ruedas de prensa de Sheinbaum, que hasta entonces habían sido verdaderos ejercicios de rendición de cuentas porque asistían sobre todo reporteros de medios convencionales.

Su progresiva presencia en esos eventos y sus preguntas, tan suaves y lisonjeras como las que realizan al mandatario en el Salón de la Tesorería, coincidieron con la crisis de imagen de la jefa de Gobierno capitalina tras el mortal accidente de la Línea 12, y se intensificaron después de que en 2021 Morena perdiera terreno en varias alcaldías de la Ciudad de México que habían sido su bastión.

La aventura de la conferencia de prensa

Ya hemos hablado con anterioridad de las graves consecuencias que ha tenido el desinterés de los medios de comunicación tradicionales de asistir a las conferencias de prensa de AMLO, que podría ser también una estrategia premeditada para no caer en el juego del mandatario, quien pocas veces responde a las preguntas difíciles que se le realizan.

Sin embargo, muchos de ellos sí asisten y toman la palabra para cuestionarlo sobre temas de actualidad en los que el gobierno debe dar la cara. El problema estriba en la forma en que son escogidos los reporteros para que realicen sus preguntas.

Según la consultora Spin,[57] hasta septiembre de 2021 existía 55% de posibilidades de que el periodista que preguntara estuviera en la primera fila y 24% en segunda fila. Respecto a la distribución de las preguntas según el tipo de medio, 48% procedía de uno digital, 23% de un periódico, 14% de televisión, 7% de la radio, 2% de una revista y 6% de otra clase de empresa informativa.

No son pocos los reporteros y medios que han realizado y difundido noticias de color sobre la aventura que representa llegar a la conferencia de prensa matutina en el Zócalo de la Ciudad de México.

Uno de ellos fue *Publimetro*, que en agosto de 2020 relataba así su experiencia de varias jornadas intentando meterse en la conferencia y participar en ella: "El primer día del recorrido, personal de este diario llegó poco antes de las 2 A.M. con la intención de obtener un buen lugar para ingresar al recinto histórico, sin embargo la sorpresa fue enorme al encontrar a periodistas que habían llegado una hora antes para obtener un lugar en la primera fila, entre ellos Carlos Pozos, también conocido como 'Lord Molécula' quien afirmó que desde la primera fila, es más probable que López Obrador otorgue la palabra".

"Por cuatro días salteados a lo largo del mes de julio y pese a no haber obtenido la asignación de pregunta por parte del mandatario a pesar de estar frente a él, en el quinto intento y con una ubicación prácticamente alejada, AMLO otorgó la palabra a la reportera de este medio [Cristina Fernández]".

Según el rotativo, "es difícil que el presidente otorgue la palabra pues muchas veces las conferencias se extienden y no hay tiempo para exponer todas las inquietudes", mientras que en otras ocasiones el

---

[57] http://www.spintcp.com/conferenciapresidente/infografia-61/.

mandatario llama por lista a reporteros que se han anotado el día anterior, lo cual obliga a asistir varias jornadas seguidas.

Pero ni así parecen existir garantías de poder recibir el micrófono en un periodo corto de tiempo. "Hacer una pregunta es cuestión de suerte", concluye *Publimetro*.[58]

Incluso representantes de plataformas afines a la Cuarta Transformación, como la comunicadora Meme Yamel, del portal de noticias *Sin Censura*, han señalado las dificultades para conseguir un lugar de privilegio en la mañanera.

El 14 de septiembre de 2021 Yamel aseguró en su cuenta de Twitter[59] que aquel día había logrado sentarse en la primera fila después de meses de intentarlo, aunque en su caso parece más un comentario de cara a la galería porque ha podido hacer sus consultas en muchas ocasiones, independientemente de su ubicación en el recinto. Al menos lo hizo en noviembre y diciembre de 2020, y en febrero, abril, mayo, octubre, noviembre y diciembre de 2021.

"Nosotros llegamos tan temprano como hemos podido, yo he llegado a formarme incluso un día antes a la mañanera, ocho de la noche de un domingo para entrar un lunes. Yo he llegado a la una de la mañana y allí están todos mis tuits, con fotos, con imágenes. Es decir, nos hemos ganado un lugar", explicó Hans Salazar en una entrevista con Carmen Aristegui el 20 de septiembre de 2021, argumentando por qué su voz es una de las que más se oyen cada mañana en ese acto del recinto ubicado en el Zócalo.

Además, Salazar defendió su labor periodística en esos eventos al recordar, por ejemplo, que expuso ante AMLO su disconformidad por la continuidad en el cargo de la productora de las mañaneras, Azucena Pimentel, por su pasado en el noticiero matinal de Televisa cuando el periodista Carlos Loret de Mola transmitió el famoso montaje de la detención de la ciudadana francesa Florence Cassez: "Cuestioné la pre-

---

[58] https://www.publimetro.com.mx/mx/estilo-vida/2020/08/14/madrugar-entrar-la-mananera-amlo.html.

[59] https://twitter.com/MemeYamelCA/status/1437745500174917636?s=20.

sencia de Azucena Pimentel y… hasta pensé, ojalá y después de esta, incluso hasta ni me corran como reportero, un poco en broma, un poco nervioso, porque pensé 'esto puede incomodar en Palacio Nacional' ".

En la misma entrevista, Salazar desmintió los rumores de que el grupo de nuevos comunicadores surgidos al calor de las mañaneras, en el que él está inserto, haya recibido alguna vez el texto de las consultas que realizan todos los días. "Nadie me pasa preguntas, yo no he sabido si a alguien le pasan preguntas… nadie, nunca, ni dinero… que yo haya visto no, a mí no, y de los demás, que yo haya visto, nunca…", indicó insistentemente, antes de lanzar un mensaje contra los medios tradicionales: "A varios reporteros, reporteras, no todos, aclaro, les enoja tanto nuestra libertad de preguntar, porque ellos sí reciben una línea".[60]

En cualquier caso, parece evidente que la forma en que se desarrollan esas ruedas de prensa, incluso desde antes que comiencen, puede haberse convertido también en un freno para muchos periodistas y medios a la hora de definir su presencia en ellas.

Cuando se cumplían casi tres años de la primera rueda de prensa presidencial, el director de la consultora Spin, Luis Estrada, subrayaba las dificultades que enfrentan los asistentes al acto, agravadas entonces por las limitaciones generadas a raíz de las medidas de contingencia sanitaria por la pandemia del coronavirus: "Con esto de las restricciones por covid, la discriminación o la separación entre los y las reporteros que van a la conferencia no se da solamente entre quiénes se sientan en primera fila o en las filas subsecuentes sino también de que quiénes entran al Salón de Tesorería y los mandan a un salón aparte, desde donde obviamente no pueden hacer preguntas".[61]

Cuando comenzó el experimento informativo de López Obrador, en diciembre de 2018, las restricciones de acceso al recinto eran mínimas. Sin embargo, y tal vez por el enorme interés que generaron sus

---

[60] https://aristeguinoticias.com/2009/mexico/hay-medios-que-odian-a-nuevos-comunicadores-por-invadir-monopolio-de-informacion-hans-salazar-enterate/.

[61] Afirmó en una entrevista con Leonardo Curzio en Radio Fórmula el 2 de diciembre de 2021. https://www.facebook.com/watch/?v=497550464608551.

comparecencias —o por la pretensión del gobierno de otorgar mayor solemnidad al evento—, la Coordinación General de Comunicación Social anunció, el 26 de febrero de 2019, apenas dos meses y medio después de la primera mañanera, que iba a imponer una serie de requisitos indispensables para entregar gafetes a quienes quisieran entrar en el acto a partir del 1 de abril.[62]

Cartas de los directores de los medios, semblanzas curriculares y acreditación de una antigüedad de más de cinco años fueron algunas de las condiciones que se exigieron y que, a tenor de la participación posterior de comunicadores de portales de YouTube de muy reciente creación o con una experiencia muy breve en el sector, debieron flexibilizarse según los casos.

Si bien es cierto que las estrellas de la nueva fuente presidencial se han ganado un lugar a base de perseverancia, llama la atención que en el "Top 5 de periodistas que más preguntan" publicado en septiembre de 2021 por Spin, figuraba en primer puesto Sara Pablo, reportera de Radio Fórmula que habitualmente realiza consultas ligadas a la actualidad con mayor o menor filo, pero siempre con intención periodística. Eso sí, seguida de varios *youtubers* e *influencers* de redes sociales afines al gobierno, entre ellos Carlos Pozos y Hans Salazar.[63]

Ernesto Ledesma, de la plataforma digital *Rompeviento TV*, cuestionó un día a López Obrador por la forma en que se selecciona a los reporteros que pueden preguntar: "Quisiera saber un poco el criterio para la asignación de preguntas que usted hace a nosotros los periodistas, porque este es el sexto día que vengo, presidente, y ha habido un periodista, por ejemplo, que le ha dado la palabra en tres ocasiones en estos seis días; o al de TV Azteca, que viene un día y se le da la palabra. Yo entiendo que no somos una televisora poderosa, pero…", planteó el 30 de septiembre de 2021.

---

[62] https://www.gob.mx/cms/uploads/attachment/file/449064/Acreditaciones__final_13_24hrs_MEMBRETADA__26feb19.pdf.
[63] http://www.spintcp.com/conferenciapresidente/infografia-60/.

"Pues, si quieren, pongan aquí un ánfora, si les parece, mejor. Es que, digo, yo no tengo problema porque no tengo nada que ocultar; al contrario", contestó de forma sorpresiva el gobernante.

"Por eso, nada más pregunto: ¿cuál es el criterio para que usted decida?", preguntó el reportero nuevamente. "Por eso, resuélvanlo, porque lo mejor es una tómbola y sólo se deja un lugar, uno, por si viene una persona del extranjero o una cuestión grave, se le da un lugar. Pero eso sería una forma buena. Porque a mí también me meten en lío, o sea, porque me levantan la mano ¿y ahora a quién le doy? Y saben que no hay preferencias para nadie; es más, ahora que tienen hasta cubrebocas ni les veo bien la cara pues", remató AMLO.

Durante meses no se supo más de ese ofrecimiento presidencial hasta que, repentinamente, el 18 abril de 2022, varios medios que acuden a la mañanera informaron que los organizadores del evento matutino habían dispuesto por primera vez un sistema aleatorio para elegir a las personas que podrían cada día sentarse en las dos primeras filas, tras constatar que los asistentes al evento cada vez llegaban más temprano.[64]

Así, terminó realizándose una tómbola, como había sugerido López Obrador. Antes de las seis y media de la mañana los reporteros y *youtubers* deben poner un papelito con su nombre en urnas con las etiquetas "Prensa escrita", "Radio", "Televisión" "Digitales", "Multimedia" y "Redes sociales", categorías tan abiertas que, sobre todo las tres últimas, resultan hasta difíciles de diferenciar. Los organizadores escogen al azar a los que se sentarán adelante en el Salón de la Tesorería, lo que no les asegura poder preguntar porque al final el gobernante señala con su dedo a quiénes sí y quiénes no pueden formular las consultas.[65]

Al hablar de su experiencia en la cobertura de las ruedas de prensa que se realizan en Washington con el presidente de Estados Unidos,

---

[64] https://politico.mx/se-aleja-la-idea-de-una-tombola-para-las-preguntas-en-las-mananeras-de-amlo.

[65] https://heraldodemexico.com.mx/nacional/2022/4/18/presidencia-sortea-lugares-prensa-en-la-mananera-video-396834.html.

el fotoperiodista Ulises Castellanos opinó, por ejemplo, que la forma de conceder las acreditaciones en México debería ser más estricta: "La conferencia en la Casa Blanca es en muchos sentidos muy distinta a la mexicana. En primer lugar, los periodistas están acreditados como corresponsales en la Casa Blanca; es decir, son periodistas que están asignados permanentemente en la Casa Blanca […] le tienen el pulso al presidente, mantienen comunicación permanente con el presidente, están todo el tiempo en la Casa Blanca y son de los mejores periodistas y reporteros de los medios de comunicación norteamericanos o de agencias del extranjero".

Castellanos recuerda que ser parte de la fuente presidencial estadounidense "es un mérito, es una carrera". Y añade: "Requiere una cierta cantidad de protocolos para que tú seas llamado corresponsal en la Casa Blanca, porque también viene de tus pares, de la asociación de corresponsales de la Casa Blanca, que son los que determinan quién está".

Efectivamente, existe una Asociación de Corresponsales de la Casa Blanca que lanza cada año una convocatoria para ser parte de la fuente presidencial, a la que se accede mediante el pago de una cuota y que divide a sus miembros en tres categorías: regulares, asociados y honorarios.

Los regulares deben estar acreditados por un comité permanente del Congreso y, al igual que los asociados, deben demostrar que son empleados de plantilla del medio para el que trabajan. La autorización de los honorarios debe llegar de la junta directiva de la asociación y solo se da a personas que se hayan distinguido en la vida pública, en el campo del periodismo o que hayan prestado servicios al colectivo.

Y, lo más importante, la organización es muy rigurosa respecto a la integridad de los reporteros: "Quedará excluida de la membresía: cualquier persona que participe en actividades de cabildeo, relaciones públicas o en el procesamiento de cualquier reclamo pendiente ante el Congreso o cualquier Departamento de Gobierno; cualquier persona empleada directa o indirectamente por cualquier bolsa de valores, junta de comercio u organización similar o casa de corredores de bolsa o dedicados a la compra o venta de valores o mercancías. Cualquier persona que participe en cualquiera de las actividades anteriores después de la admisión a la Asociación será expulsada de la manera aquí prevista", advierte.[66]

La Asociación de Corresponsales de la Casa Blanca cuenta incluso con un documento de "Prácticas y Principios"[67] de acceso a la cobertura periodística de la presidencia estadounidense, en el que se establecen condiciones como que el gobernante en turno deberá responder a preguntas de los reporteros al menos una vez a la semana, aunque no necesariamente en una rueda de prensa, evento que sí deberá realizar al menos una vez al mes (aunque esto parece no cumplirse). También contiene criterios respecto a la forma de cubrir la agenda del mandatario, desde las conferencias con reporteros hasta los viajes con el avión oficial y los servicios religiosos a los que acuda, pasando por sus desplazamientos a zonas peligrosas o sus actividades de ocio, estas últimas obviamente restringidas.

"Tanto en la Casa Blanca como en cualquier otro lugar dentro de la logística norteamericana, los asientos están asignados a los medios, no hay necesidad de formarse tres horas antes, cuatro horas antes, o de acampar afuera", complementa Castellanos. "La posición tiene que ver con la longevidad del medio. Los medios más viejos, el *New York Times*, *Washington Post*, tienen sus lugares al frente. Por supuesto tiene que ver con la influencia. Pero lo asignan en función de la fuerza que tienen para la audiencia. En la primera fila están los medios más importantes para la audiencia norteamericana", detalla.

En contraposición, las mañaneras "están hechas a la mexicana", remarca el fotoperiodista. "Ahí entra, no quiero decir que cualquiera, pero el rango de apertura que tiene la mañanera que, en algún sentido tiene un beneficio, también tiene un efecto contrario. Está llena de

[66] https://whca.press/for-members/.
[67] http://rotation.whpoolreports.com/practices-and-principles.

personajes extraños [...] que no necesariamente tienen el mismo nivel y por eso la conversación no mantiene el mismo nivel."

"En la conferencia de prensa en la Casa Blanca solo puedes hacer una pregunta y es a discreción del presidente norteamericano si te permite hacer dos. Y tiene que avisar el reportero si va a hacer una o dos. Pero prácticamente nadie lo hace", remata Castellanos.

La discrecionalidad con la que se conceden las acreditaciones para poder asistir a la rueda de prensa de López Obrador, o con la que se otorga la palabra a los presentes en el evento, patentiza un problema que se ha producido también históricamente en la distribución de los fondos gubernamentales en comunicación, especialmente en publicidad oficial.

De la misma forma en que no existen verdaderos parámetros que justifiquen esas partidas —como pudieran ser los índices de audiencia, el alcance mediático, la representatividad ciudadana o la reivindicación de la labor de medios tradicionalmente ignorados en este terreno, pero que tienen un importante valor social como las radios indígenas—, tampoco en la mañanera parece haber ninguna lógica que apunte al cumplimiento cabal del derecho a la información de la ciudadanía.

El artículo 6 de la Constitución, que obliga al Estado a garantizar el derecho a la información, especifica que "toda persona tiene derecho al libre acceso a información plural y oportuna, así como a buscar, recibir y difundir información e ideas de toda índole por cualquier medio de expresión". Al tenor de las preguntas y las respuestas que se dan cada mañana en el Palacio Nacional, la pluralidad y la oportunidad no parecen ser precisamente el principal objetivo de ese difícilmente definible ejercicio de comunicación.

Más allá de que parte de la mañanera, o su totalidad, puedan ser fruto de una planificación más o menos exhaustiva por parte de sus organizadores, ese elemento no parece tener tanta trascendencia si tomamos en cuenta que, al final, con sus respuestas o evasivas, el control absoluto de lo que sucede entre las cuatro paredes del Salón de la Tesorería lo acaba teniendo el gobernante.

Así, en un abrir y cerrar de ojos, el mandatario puede convertir el supuesto "diálogo circular" en largos monólogos para no responder preguntas incómodas, un terreno en el que es un verdadero especialista. Claro que no es lo mismo evadir una consulta en una rueda de prensa que en una entrevista cara a cara donde es posible preguntar de nuevo hasta obtener una contestación, lo cual explicaría por qué históricamente el tabasqueño ha sido tan reacio a acceder a esa clase de conversaciones frontales con reporteros, con contadas excepciones.

También resulta interesante comprobar cómo, según Spin, a medida que han ido transcurriendo los meses la voz de AMLO ha ido acaparando cada vez un lapso mayor de tiempo en las mañaneras. "Hasta el viernes 3 de mayo [de 2019], el tiempo promedio de duración de las conferencias se ha estabilizado en 82 minutos por conferencia, de los que AMLO destina en promedio 63 minutos a contestar preguntas. El tiempo promedio de duración de las conferencias ha cambiado poco, pero el tiempo promedio que el presidente toma para responder a cada pregunta se ha duplicado: la implicación es que cada vez da la palabra a un menor número de periodistas por conferencia", explicaba cinco meses después de que comenzaran las mañaneras Samara Fernández, la consultora de Spin.

En las primeras cinco conferencias que concedió en diciembre de 2018, López Obrador otorgó la palabra a 61 reporteros, un número que se había reducido a 31 en la semana del 29 de abril al 3 de mayo de 2019, especificó.[68]

La mejor demostración de la evolución que ha tenido la actividad que concentra a diario la agenda informativa del país es constatar cómo la primera rueda de prensa[69] que dio AMLO el 3 de diciembre de 2018 tuvo apenas 52 minutos de duración y en ella preguntaron representantes de 11 medios, entre ellos nacionales, como TV Azteca, *El Universal*, UNO TV, Multimedios y *La Razón*, e interna-

---

[68] https://www.animalpolitico.com/lecciones-de-las-elecciones/quien-pregunta-en-las-conferencias-matutinas-de-amlo/.

[69] https://www.youtube.com/watch?v=RUD8ea5dBSE.

cionales como Univision y Bloomberg. En aquel intercambio inicial los reporteros realizaron solo una pregunta por turno, ninguno divagó, y el mandatario ofreció contestaciones escuetas y con información trascendente.

La tendencia a la concentración de las intervenciones en pocas personas y al incremento del tiempo de palabra del mandatario ha ido *in crescendo* desde entonces. Luis Estrada lo explicaba así:[70] "No solamente por una cuestión de que el presidente haya decidido que ya mínimo dos horas y media sea el tiempo [de duración de la conferencia], sino que también hemos visto que cada vez toma menos preguntas y él se extiende más. [Las mañaneras] duran más porque el presidente habla más".

Aunque hemos visto que la popularidad de las ruedas de prensa se ha mantenido con altibajos, tras uno de los momentos de menor aprobación, en abril de 2021, Gómez Bruera advertía que la presidencia debía entender que el formato podía haberse "agotado". "Al final, la disyuntiva está entre mantener este ejercicio como una mera herramienta de propaganda y contrapeso frente a los grandes medios tradicionales —aunque pase a la historia como un meme de Lord Molécula o algún personaje análogo—, o convertirse en un mecanismo verdaderamente útil de rendición de cuentas y acceso a la información", reflexionaba el 11 de mayo de 2021.[71]

Pero la responsabilidad por las carencias del experimento no recae únicamente en el mandatario, sino también en las empresas informativas y en los principales líderes de opinión del país, como subrayó una semana más tarde el periodista y escritor Jorge Zepeda Patterson: "Cabría preguntarse si no habrá llegado el momento de que los medios de comunicación líderes en el país aprovechen de mejor manera este espacio y lo conviertan en una experiencia mucho más útil para

[70] Entrevista del director de Spin del 2 de diciembre de 2021 en el programa de Leonardo Curzio en Radio Fórmula.
[71] https://www.lapoliticaonline.com/mexico/hernan-gomez-bruera-mx/hernan-bruera-como-evitar-que-las-mananeras-naufraguen.

el debate público. A ratos da la sensación de que el propio presidente necesita un interlocutor de más peso y que represente un mayor desafío. No se trata de una confrontación entre adversarios políticos; la prensa no debería ser ni de oposición ni comparsa. Se trata de establecer un intercambio profesional que permita presentar preguntas incómodas, pero bien documentadas, argumentadas y expresadas, e incluso que ofrezca la posibilidad de réplica frente a las respuestas del mandatario. Es cierto que eso podría generar momentos ríspidos, pero seguramente produciría una conversación más útil, para ambas partes, que el actual cruce de mutuos epítetos y descalificaciones. Después de todo, en muchos países la prensa profesional envidiaría la posibilidad de tener dos horas diarias, y a su disposición, al mandatario de la nación. ¿Que habrá respuestas evasivas, largas y retóricas?, sin duda, pero también el derecho a cuestionar esas respuestas. Quedan tres años más de mañaneras, ¿no podríamos aprovecharlas mejor?"[72]

---

[72] https://www.milenio.com/opinion/jorge-zepeda-patterson/pensandolo-bien/que-hacemos-con-las-mananeras.

6

El periodismo comprometido

La emisión de las ideas por la prensa debe ser tan libre como es libre en el hombre la facultad de pensar.

BENITO JUÁREZ

La mayoría de los cientos de mañaneras que se han celebrado hasta ahora en el Palacio Nacional han sido plácidas travesías para López Obrador, en contraste con lo que acostumbra a suceder en cualquier conferencia de prensa de un mandatario en otras partes del mundo.

A veces ha sido así por el control de los tiempos y la narrativa que ejercen AMLO y la organización del evento, que permiten extender las exposiciones y respuestas del gobernante a su antojo, evitando así responder a más consultas y potencialmente a algún planteamiento incómodo.

En otras oportunidades se ha debido, sencillamente, a las preguntas que en general recibe el jefe de Estado por parte de las estrellas de la nueva fuente presidencial, fácilmente manejables, "pura moña" para que pueda "batear por arriba de 300", parafraseando al gobernante.

Uno de los pocos episodios en los que el Salón de la Tesorería fue escenario de una verdadera escena de tensión entre López Obrador y un reportero tuvo lugar el 22 de julio de 2019. No es que antes no hubiera habido ocasiones en las que un periodista, casi siempre de empresas informativas convencionales, lo hubiera cuestionado sobre algún asunto de forma punzante, pero la importancia del lance que vamos a analizar tiene especial interés por el trasfondo histórico y ético de la postura expresada por el mandatario ante la firmeza con la que defendió sus argumentos el reportero. Y sobre todo por el enorme significado que dotó al incidente la identidad del medio de comunicación al que este pertenecía.

Llegaba a su fin la mañanera del lunes, que comenzó con la sección en la que el titular de la Procuraduría Federal del Consumidor (Profeco), Ricardo Sheffield, denuncia a las empresas que venden la gasolina a precios más elevados en el país. Una sección que en otros rincones del planeta sería vista casi como un recurso de tintes totalitarios, pero que en México podría tener cierto sentido, al menos bajo el tenor de lo que subyace en algunas resoluciones tomadas en el pasado por organismos antimonopolio contra los pactos establecidos entre grandes empresas para fijar tarifas convenientes para ellas y perjudiciales para el consumidor.

Sin embargo, el hecho de que surja del gobierno, y no de un regulador autónomo, la falta de valor vinculante de sus denuncias y las limitadas posibilidades de que un conductor saque partido del listado de las gasolineras más caras para no acudir a ellas convierte la sección en una propuesta de dudosa eficacia.

En aquella conferencia de prensa estuvo el canciller Marcelo Ebrard para que ofreciera detalles de un encuentro que había sostenido en la víspera con su homólogo estadounidense, Mike Pompeo.

Una reunión de suma importancia, en medio de una coyuntura diplomática compleja después de que Washington lograra que México se comprometiera a reducir el flujo migratorio hacia Estados Unidos en respuesta a las amenazas de Donald Trump de imponerle aranceles si no lo hacía.

El debate público giraba también en torno a la posibilidad de que México se convirtiera en un "tercer país seguro" (según una cláusula de un tratado firmado por Estados Unidos y Canadá) donde recalaran los solicitantes de asilo en territorio estadounidense (como algunos centroamericanos); una imposición que se acabaría fraguando de alguna forma con el programa Protocolos de Protección a Migrantes (MPP), también conocido como "Quédate en México", que obligó a esas personas a esperar al sur del río Bravo a que sean procesadas sus solicitudes.

De las dos horas que duró la referida conferencia, el secretario de Relaciones Exteriores permaneció más de la mitad del tiempo en el atril contestando las inquietudes del auditorio, donde intervinieron, mayoritariamente y de forma excepcional, reporteros de medios diferentes a los blogs y canales de YouTube de las estrellas de la nueva fuente presidencial.

Los participantes realizaron consultas eminentemente periodísticas, algunas de las cuales colocaron al canciller en situaciones comprometidas. Preguntaron representantes de *La Crónica de Hoy*, *Reforma*, *Pie de Página*, *Reporte Índigo* e incluso de medios internacionales como Univision o *The Financial Times*.

Mientras tanto AMLO observaba atentamente de pie, con las manos en la espalda, a pocos metros detrás de Ebrard, quien trataba de contrarrestar la lluvia de interrogantes.

AMLO tomó la palabra en la recta final del acto y respondió a algunas preguntas, aunque —como sucedería en pocas ocasiones en los meses y años posteriores, sobre todo por la creciente participación en las mañaneras de comunicadores afines a la 4T y el progresivo desinterés de los medios tradicionales en estar presentes en el evento periodístico— el gobernante pareció algo molesto con la evolución de la conferencia y se mostró incluso ansioso por ponerle fin. "Dijimos tres [preguntas más] y ya van como cinco", se quejó, en algún momento.

Arturo Rodríguez, reportero de la revista *Proceso*, pidió al mandatario un comentario sobre el reportaje central del último número de la publicación, que denunciaba la probable implicación de Ricardo Salinas Pliego, dueño de TV Azteca y miembro del consejo asesor empresarial del presidente, en una red de compañías fantasma con la que supuestamente controló una firma de fertilizantes, Fertinal, que más tarde sería vendida a la estatal Petróleos Mexicanos (Pemex), en una operación ensombrecida por posibles sobornos y sobreprecio.[1]

Algo molesto al ser preguntado varias veces sobre sus respuestas, AMLO inició una reflexión que ha repetido hasta la saciedad en su carrera política sobre cómo la prensa en México estuvo durante décadas subyugada al poder político: "La revista *Proceso*, por ejemplo, no se portó bien con nosotros. No es ningún reproche", sentenció al final de su alegato. "No es papel de los medios portarse bien, presidente, con alguien", contestó Rodríguez. "No, pero estamos buscando la transformación y todos los buenos periodistas de la historia siempre han apostado a las transformaciones", argumentó López Obrador. "Los periodistas militantes sí, presidente", reviró el reportero. "Es una visión distinta, sí, pero Zarco estuvo en las filas del movimiento liberal y los Flores Magón, también", se justificó el mandatario. "Son 150 años de distancia, presidente", respondió su interlocutor. "Sí, los periodistas mejores que ha habido en la historia de México, los de la República restaurada, todos, tomaron partido. Y es que es muy cómodo decir: 'Yo soy independiente o el periodismo no tiene por qué tomar partido, o apostar a la transformación'. Entonces es nada más analizar la realidad, criticar la realidad, pero no transformarla", ahondó el gobernante, quien recibió entonces por respuesta un "No, es informar, presidente". "Sí, pero a veces ni eso, es editorializar para afectar las transformaciones", reiteró AMLO. "Editorializar es también tomar partido, presidente", le contestó Rodríguez, antes de añadir: "O sea, usted pide que editorialicen nada más a favor de usted". "Para el conservadurismo", arremetió el mandatario. "Para conservar, no para transformar, o sea, que es lo que se ha hecho en el caso de *Proceso*, mucho en ese sentido. Por eso lo leo poco ya, desde que falleció don Julio Scherer, al que admiraba mucho, pero ese es otro asunto. Qué bueno que podamos debatir así", remató el político tabasqueño.

---

[1] https://www.proceso.com.mx/reportajes/2019/7/20/salinas-pliego-el-magnate-que-movio-los-hilos-en-la-estafa-pemex-fertinal-228279.html.

El intercambio dialéctico que cerró la rueda de prensa hizo correr ríos de tinta en los diarios y llenó muchos minutos de los espacios de la radio y la televisión, además de convertirse en tendencia en las redes sociales y acaparar amplios espacios en las plataformas digitales.

Artículo 19, la organización internacional defensora de los derechos de los periodistas, denunció que la argumentación del mandatario fue "una forma de presión e intimidación" contra la prensa. "Los dichos del presidente Andrés Manuel López Obrador no sólo contravienen su obligación de ser un garante de la libre expresión sino profundizan un discurso oficial que considera a quienes realizan trabajos periodísticos críticos sobre su gobierno, como un obstáculo. Si bien ser funcionario público no restringe la libertad de expresión del mismo, en contextos adversos descalificar o señalar negativamente a medios o periodistas puede abonar al clima de animadversión",[2] consideró la asociación civil, que recordó el alarmante contexto de violencia contra los periodistas que vive México desde hace años.

Seis días después, en un acto en Zongolica, en el estado de Veracruz, López Obrador volvió a cuestionar a la revista mexicana, que en la actualidad es también un portal de noticias. En esta oportunidad lo hizo por la entrevista a un exdirector del Consejo Nacional de Evaluación de la Política de Desarrollo Social, el órgano que mide la pobreza en el país y examina las políticas gubernamentales para combatirla. "Hoy me dijeron, porque ya no leo esa revista, pero me entero —no la leo desde que falleció su director, porque se volvió muy conservadora esa revista, *Proceso*— hoy viene un reportaje, una entrevista al que estaba de director del Coneval [Consejo Nacional de Evaluación de la Política de Desarrollo Social]."

El 3 de noviembre de 2018, menos de un mes antes de sentarse en el sillón presidencial, una de las portadas de la revista había causado urticaria en el entorno del gobernante. "AMLO se aísla. El fantasma

---

[2] https://articulo19.org/senalamientos-del-presidente-a-la-revista-proceso-son-una-forma-de-presion-e-intimidacion/.

del fracaso", rezaba la polémica primera plana de la publicación. Un día después, Beatriz Gutiérrez Müller, la esposa de López Obrador, atacó con dureza a la publicación con el siguiente mensaje en su cuenta de Twitter: "Todavía no toma posesión y ya está 'solo' y a punto del 'fracaso'. El conservadurismo, de izquierda o de derecha, nubla el juicio y da pie a conjeturas fantasiosas. Los extremos pueden tocarse y abrazarse. Bienvenida la pluralidad y el debate. Lo bueno es el desenmascaramiento".[3]

El entonces director de la revista, Rafael Rodríguez Castañeda, criticó la respuesta de Gutiérrez Müller y defendió la independencia de la publicación: "O sea, doña Beatriz, a @lopezobrador_ ni con el pétalo de una rosa. @revistaproceso es fiel a su historia y a la herencia de Julio Scherer García, a quien bien conoció usted: libres ante el poder y ante quienes aspiran a ejercerlo. Ni de izquierda ni de derecha. Sólo libres".[4]

El propio López Obrador no pudo esconder su disconformidad con aquella portada en un video subido 24 horas después a su perfil de Facebook,[5] donde calificó a la publicación de "sensacionalista" y "amarillista": "Pero es normal, así es la libertad, así es la democracia, es pluralidad, es libertad de expresión, no es pensamiento único y yo no aspiro a ser un dictador, yo aspiro a representar a una república democrática; eso sí, tengo una ambición legítima, quiero ser uno de los mejores presidentes de México, y para eso se requieren los cambios, la transformación, no al gatopardismo, no más de lo mismo, cambio de régimen", añadió.

Las desavenencias entre AMLO y *Proceso* impactan en mayor medida si tomamos en cuenta que la revista fue una de las publicaciones que con más fuerza impulsó los cambios sociales y políticos que llevaron al triunfo electoral del tabasqueño en 2018, a través de reportajes de investigación que golpearon una y otra vez a las administraciones que le precedieron durante décadas.

---

[3] https://twitter.com/BeatrizGMuller/status/1059114962944176128.

[4] https://twitter.com/RRodr1guezC/status/1059184728102776832.

[5] https://www.facebook.com/watch/?v=642559569471890&t=1.

El propio origen de la empresa informativa tuvo un carácter tan transgresor como lo fue la figura de AMLO para la opinión pública nacional y para los poderes fácticos del país, un elemento que pareció unir de forma inexorable sus destinos.

Pero mientras López Obrador ha pasado de luchar desde la oposición contra las administraciones del Partido Revolucionario Institucional (PRI) y el Partido Acción Nacional (PAN) a desbancarlas del puesto de mando y a gobernar el país —con toda la responsabilidad que eso comporta—, la revista no ha cambiado su razón de ser y su forma de hacer periodismo —al menos en apariencia—: pedir cuentas al gobierno en turno.

Un artículo de opinión escrito a cuatro manos sobre el asunto por la periodista Marcela Turati y su colega Javier Garza para la versión en español del diario estadounidense *The New York Times* apuntó con precisión al meollo de la cuestión:[6] "La referencia de AMLO del buen periodismo pertenece a la antigua tradición de editorialistas militantes al servicio de un proyecto político, como ocurrió durante la guerra de Reforma en el siglo XIX y durante la Revolución mexicana, a inicios del XX", comienza el texto, publicado 10 días después del incidente.

"Su exhortación significa un rechazo a lo que ha costado más de un siglo forjar: una prensa que busca la imparcialidad, la independencia y ser el contrapeso a cualquier gobierno sin importar el signo ideológico. Es también un 'estatequieto' al periodismo de investigación independiente que —en medio de dificultades y peligros— ha revelado escándalos de corrupción estatal que contribuyeron al clima de hartazgo ciudadano que López Obrador capitalizó en su triunfo electoral. Aplicado hoy a su gobierno, ese cuestionamiento le resulta incómodo y lo fustiga en cualquier oportunidad", añade el artículo.

Pese a las diferencias de contexto histórico, que dificultan realizar una comparación justa y certera entre Zarco y otras figuras del

---

[6] https://www.nytimes.com/es/2019/08/07/espanol/opinion/lopez-obrador-periodistas.html.

periodismo mexicano, AMLO ha recordado en diversas ocasiones que el escritor Carlos Fuentes equiparó al desaparecido fundador de la revista *Proceso*, Julio Scherer García, con el decimonónico personaje.

Una de esas oportunidades fue cuando falleció Scherer, en enero de 2015, suceso al que el político tabasqueño se refirió con sentida emoción durante un acto proselitista en Cosoleacaque, en el estado de Veracruz, cuando recorría el país para buscar adeptos a su proyecto político de cara a los comicios presidenciales de 2018. "Estoy seguro, porque conocí muy bien a don Julio, nos queríamos mucho, que él estaría muy contento de saber que aquí en Cosoleacaque, en mi primer acto, en mi primera conferencia, en esta gira por el país, le hago, junto con ustedes, le hacemos todos un gran homenaje, dedicándole un minuto de aplausos. ¡Que viva don Julio Scherer!", proclamó.[7]

La defensa del legado individual de Scherer, que AMLO parecía todavía mantener cuando cuatro años y medio más tarde se produjo el incidente con el reportero de *Proceso*, Arturo Rodríguez, cambió radicalmente dos años después, el 29 de noviembre de 2021.

Ese día, López Obrador reprendió con dureza al semanario y a la periodista Carmen Aristegui por sendos reportajes sobre los supuestos beneficios que los hijos del político tabasqueño habrían obtenido de la aplicación del programa gubernamental Sembrando Vida a través de su empresa de producción de chocolate.[8]

Entre las reacciones de solidaridad con la comunicadora y la revista destacó la de Julio Astillero, quien colabora desde hace muchos años en *La Jornada*, cuando el periódico impulsaba abiertamente la candidatura presidencial de AMLO. "Reincide @lopezobrador_ en descalificar el periodismo que no se acopla a sus propósitos. @AristeguiOnline y @proceso han hecho periodismo muy valioso, al servi-

[7] https://lopezobrador.org.mx/2015/01/07/scherer-fue-un-periodista-incorruptible-amlo/.

[8] https://www.proceso.com.mx/nacional/2021/11/28/sembrando-vida-la-fabrica-de-chocolates-276570.html.

cio de la sociedad. La crítica presidencial de hoy desgasta más al emisor que a las publicaciones criticadas", advirtió Astillero,[9] quien acabaría confrontando al gobernante en una mañanera tras ser señalado de mentiroso por un reportaje.

"Y hay muchos que están en nuestro movimiento, que apoyan la transformación y que piensan que [Scherer y Aristegui] son personas que han ayudado al movimiento o apoyan al movimiento. No, ni cuando vivía don Julio Scherer, que lo quiero mucho, lo sigo queriendo, pero en *Proceso* tenían una línea editorial que no era afín a la nuestra", manifestó AMLO sobre los artículos que cuestionaban a sus vástagos.

"Nada más recuerdo que estábamos en plena guerra sucia, nos estaban bombardeando en vísperas de las elecciones del 2006 y la portada del *Proceso* fue en contra mía. La recuerdo bien porque es parecida a la campaña de ahora, que soy autócrata, autoritario, dictador. En aquel entonces la campaña la portada de *Proceso* era 'El Estado soy yo'; pero eso en la época de don Julio, estoy hablando del Francisco Zarco del siglo XX, según el finado Carlos Fuentes", agregó.[10]

Proceso nunca tituló así aquella primera plana. La portada que abrió el número 1539 del 29 de abril de 2006 decía "Ante el bajón… La estrategia soy yo".[11] En su interior, el artículo cuestionaba la obcecación de AMLO en continuar centrando la campaña en su figura, a pesar de que la tendencia en la intención de voto, que le había sido favorable al principio, comenzaba a torcerse en su contra. En ningún caso la revista lo catalogó de "dictador", "autócrata" o "autoritario".

---

[9] https://twitter.com/julioastillero/status/1465373317477584899.

[10] https://www.gob.mx/presidencia/es/articulos/version-estenografica-conferencia-de-prensa-del-presidente-andres-manuel-lopez-obrador-del-29-de-noviembre-de-2021?idiom=es.

[11] https://www.proceso.com.mx/nacional/2021/11/29/yo-siempre-yo-276624.html.

Periodistas editorialistas

En la mañanera del 21 de enero de 2021,[12] al recibir una aleatoria pregunta de una de las estrellas de la nueva fuente presidencial sobre su opinión respecto a la labor de los reporteros de calle, el mandatario dijo que el periodismo "es un oficio muy humano, que llena de satisfacción". No solo el periodismo de investigación sino también el análisis periodístico, aclaró. "En la época de los mejores periodistas, en la época de la Reforma, de la República Restaurada, no era periodismo informativo, era el periodismo de análisis, los periodistas eran editorialistas. Zarco era eso, era un periodista de análisis", añadió, volviendo a contradecirse, si tomamos en cuenta que sus constantes críticas a comunicadores y medios de comunicación se deben a que, según él, editorializan las noticias para atacarlo.

Desde la perspectiva de los códigos deontológicos que rigen o deberían regir las redacciones informativas, reivindicar la editorialización de la información resulta, hasta cierto punto, algo herético. Esos manuales de buenas prácticas tienden siempre a diferenciar entre las noticias y los artículos de opinión, a fijar una frontera que limite la exposición de hechos y datos de los comentarios y opiniones del periodista.

Así lo explica en su Consultorio de Ética Periodística la Fundación Gabo (anteriormente Fundación de Nuevo Periodismo Iberoamericano),[13] en un artículo donde reconoce que, a pesar de que "la realidad es más compleja que las teorías" y la selección de temas, fuentes y formas de presentar una noticia son una manera de subjetivación de los acontecimientos, los códigos éticos en general "reprueban la práctica de informar para opinar".

"El que aprovecha la información para infiltrar sus opiniones hace un doble juego, desleal para con el receptor, que espera y tiene

---

[12] https://presidente.gob.mx/21-01-21-version-estenografica-de-la-conferencia-de-prensa-matutina-del-presidente-andres-manuel-lopez-obrador/.

[13] https://fundaciongabo.org/es/consultorio-etico/consulta/99.

derecho a encontrar informaciones pero encuentra, disfrazada de noticia, la opinión del periodista", agrega la institución.

No faltan ejemplos de manuales que enfatizan esa cuestión. Las "Políticas y Estándares" del diario estadounidense *The Washington Post*, por ejemplo, son muy tajantes en el apartado relativo a la opinión: "La separación de las columnas de noticias de las páginas editoriales es solemne y completa. Esta separación está destinada a servir al lector, que tiene derecho a conocer los hechos en las columnas de noticias y las opiniones en las páginas editoriales y de 'opinión'".[14]

El *Libro de Estilo* del diario *El País*, por su lado, alerta en sus "Principios éticos" que "rechazará cualquier presión de personas, partidos políticos, grupos económicos, religiosos o ideológicos que traten de poner la información al servicio de sus intereses".

"Esta independencia y la no manipulación de las noticias son una garantía para los derechos de los lectores, cuya salvaguardia constituye la razón última del trabajo profesional. La información y la opinión estarán claramente diferenciadas entre sí", prosigue y agrega tajantemente que "el periodista transmite a los lectores noticias comprobadas, y se abstiene de incluir en ellas sus opiniones personales".[15]

Ryszard Kapuściński decía en su libro *Los cínicos no sirven para este oficio* que "para ejercer el periodismo, ante todo, hay que ser buenos seres humanos".

"Las malas personas no pueden ser buenos periodistas. Si se es una buena persona se puede intentar comprender a los demás, sus intenciones, su fe, sus intereses, sus dificultades, sus tragedias", reflexionaba el autor de varios libros sobre la descolonización de África o sobre las antiguas repúblicas socialistas soviéticas, entre otros temas, en los que trataba siempre de dar voz a los desamparados para explicar el acontecer noticioso.

---

[14] https://www.washingtonpost.com/policies-and-standards/.
[15] *Libro de estilo de El País*, Penguin Random House Grupo Editorial España, Kindle.

Además, Kapuściński consideraba que el periodista "es una persona viva que, viviendo, toma posición. Tiene emociones, siente, y sentir y tener emociones ya es tomar partido".

"No creo en el periodismo que se llama así mismo impasible, tampoco en la objetividad", añadía el polaco, aunque luego aclaraba que la suya era "una profesión apasionante, pero si solo la mueve la emoción está lejos de cumplir su cometido; si a esta aúna el conocimiento, entonces el resultado puede ser realmente importante".

La óptica de López Obrador sobre el periodismo explica, sin duda, las situaciones que se dan en las mañaneras de la mano de las nuevas figuras de la comunicación que a diario acaparan las preguntas de la conferencia.

Y aunque no existen pruebas de que la persona responsable de organizar la mañanera, Jesús Ramírez Cuevas, controle el contenido y el orden de las preguntas que se escuchan en el Salón de la Tesorería, es frecuente que muchas consultas de las estrellas de la nueva fuente presidencial se dirijan, por ejemplo, a cuestionar a políticos y autoridades opositoras, normalmente de estados donde no gobierna el Movimiento Regeneración Nacional (Morena), en lugar de poner en jaque a personajes de la 4T.

El gobierno de Guanajuato (centro), controlado históricamente por el PAN, es quizá el que más golpes ha recibido, a veces de la forma más variopinta, pero siempre con la intención de derrumbar su imagen.

En la mañanera del 24 de septiembre de 2021, después de la pregunta de un reportero de San Luis Potosí sobre la presencia del crimen organizado en este último territorio y lo que se esperaba de la llegada al puesto de gobernador de Ricardo Gallardo Cardona, del Partido Verde Ecologista de México (PVEM), aliado de López Obrador, el mandatario terminó refiriéndose a la situación de violencia en Guanajuato.

La siguiente persona en preguntar fue la *youtuber* Fátima Ramírez, del canal *Despertar Político*, que con más de 179 mil suscriptores (hasta la finalización de este libro) defiende abiertamente en sus videos la gestión de AMLO y critica con saña a la oposición.

Ramírez se refirió a un supuesto plan para trasladar el museo de las momias de Guanajuato a un nuevo espacio; una noticia totalmente local y aparentemente anecdótica, pero destinada a exponer la supuesta corrupción del gobierno guanajuatense en manos del panista Diego Sinuhé Rodríguez.

"Este es un ejemplo más de cómo los gobiernos lucran con el recurso público, están utilizando las momias para garantizar la afluencia al museo, dado que el área contemplada para dicho museo solo abarca 24.6% de la construcción y lo demás será un área comercial, que hasta el momento no se ha transparentado quién administrará la plaza, qué tipo de actividad estará en los locales, además de la afectación a las familias que se dedican al comercio y están alrededor del actual museo", indicó la *youtuber*.

"Presidente, la pregunta es esta: ¿tenía conocimiento del tema? Y segundo, ¿se podría solicitar se agilice por parte del INAH [Instituto Nacional de Antropología e Historia] el análisis para reconocer a las momias como monumentos históricos y así dotarlas de mayor seguridad jurídica, se dejen de utilizar con fines mercantiles y se deje de hacer negocio privado con recurso público?", planteó, finalmente.[16]

El caso de Guanajuato y su gobernador —una figura que ha sido expuesta constantemente por el presidente casi cada vez que se han tocado temas de inseguridad pública en la mañanera— es similar al de Jalisco y el titular del Poder Ejecutivo, Enrique Alfaro, del opositor Movimiento Ciudadano.

Al igual que Fátima Ramírez, Juncal Solano es una *youtuber*, aunque el canal que dirige, *El Charro Político*, es mucho más popular: tiene 1.27 millones de suscriptores (hasta la conclusión de este trabajo).

A pesar de que había intervenido anteriormente en la mañanera, comenzó a hablarse a nivel nacional de esta *influencer*, que cuenta con 292 mil seguidores en Twitter (datos también hasta el fin de este

---

[16] https://www.gob.mx/presidencia/articulos/version-estenografica-conferencia-de-prensa-del-presidente-andres-manuel-lopez-obrador-del-24-de-septiembre-de-2021?idiom=es.

libro), tras una mañanera celebrada en el municipio jalisciense de Zapopan el 16 de julio de 2020.

En el evento presentó una serie de cifras sobre el supuesto endeudamiento millonario del gobierno de Alfaro, criticó los presuntos usos de las arcas del estado por parte del gobernador y terminó exhibiéndolo de forma manifiesta con una pregunta tan capciosa como alejada de cualquier norma de ética periodística: "Uno podría decir como jalisciense: esto va destinado, bueno, para áreas necesarias. El problema es cuando nos encontramos que cinco millones aproximadamente fueron destinados a personajes que, bueno, lo comparan al gobernador con Mariano Otero, me refiero a Enrique Krauze, por concepto de un contrato de difusión sobre programas y actividades gubernamentales. El hecho es que el endeudamiento ya está, ya está adquirido por el estado. Mi pregunta es la siguiente, señor gobernador: ¿podría dar su palabra, ahora que estamos junto con el presidente Andrés Manuel López Obrador, de no endeudar más al gobierno del estado de Jalisco a menos de que sea por causa mayor?".[17]

La *influencer*, que aquel día dijo colaborar también con otro popular portal de YouTube llamado *Nopal Times* (un millón de suscriptores), dejó todavía más claro, 10 meses después, su posicionamiento ideológico al lanzarse al ruedo político con una candidatura a diputada local por el municipio de Zapopan.[18]

Resulta sorprendente cómo algunas figuras del movimiento político de López Obrador no tienen rubor en exponer abiertamente sus afinidades con los nuevos comunicadores que acuden a la mañanera.

El mismísimo presidente de Morena, Mario Delgado, no tuvo ningún reparo en fotografiarse con varios reporteros cuestionados por su abierta inclinación a la 4T, como Carlos Pozos, Hans Salazar, San-

---

[17] https://www.gob.mx/presidencia/es/articulos/version-estenografica-conferencia-de-prensa-del-presidente-andres-manuel-lopez-obrador-del-16-de-julio-del-2020.

[18] https://www.radioformula.com.mx/noticias/20210312/youtubers-conferencia-mananera-candidatos-morena-elecciones-2021/.

dra Aguilera, Carlos Domínguez o Paul Velázquez, y subir la imagen a sus redes sociales en una ocasión en que todos se desplazaron en avión a León para cubrir un debate de candidatos a la presidencia de ese municipio.

"Y ahora, ¿Quién [*sic*] cubrirá la mañanera?", escribió Delgado en tono de broma en Twitter, arrobando a todos ellos. Esos mismos personajes fueron objeto del escrutinio crítico de la prensa y las burlas de los usuarios del ecosistema digital por otra instantánea que los reunió el 15 de agosto de 2020, donde se les observa con coloridas togas y birretes, sosteniendo un certificado de doctor *honoris causa* del llamado Claustro Académico Universitario.[19] Su falta de formación académica y experiencia previa en periodismo, en casi todos los casos, y el hecho de que esa organización de la sociedad civil hubiese reconocido anteriormente a personajes como la conductora peruana de programas sensacionalistas de televisión, Laura Bozzo, a la que se llegó acusar de comprar la distinción, pusieron una vez más en entredicho la imagen de las estrellas de la nueva fuente presidencial.

Morena ha tratado, incluso, de institucionalizar de alguna forma a un grupo de informadores progubernamentales bajo la lógica del mandatario de que gracias a las redes sociales cada ciudadano es un medio de comunicación.

El 17 de marzo de 2022 representantes de Morena lanzaron el Frente Nacional de Comunicadores del Pueblo en medio del agrio debate relacionado con la difusión de la consulta sobre la revocación del mandato presidencial que se celebró el 10 de abril siguiente, considerada una pantomima por la oposición y una estrategia para mantener activa a la militancia lopezobradorista por algunos especialistas.[20]

---

[19] https://www.reporteindigo.com/reporte/lord-molecula-recibe-un-doctorado-honoris-causa/.

[20] https://www.proceso.com.mx/nacional/2022/3/17/morena-crea-red-nacional-de-contraperiodismo-asegura-que-seran-los-comunicadores-del-pueblo-282741.html.

"Nuestro objetivo es ser una Asociación Civil organizada, que busca fomentar la cultura democrática y promover la democracia participativa a través de posicionamientos en eventos públicos y privados en medios de comunicación, incluidas las plataformas digitales", dijo la diputada morenista Claudia Yáñez al presentar al colectivo, integrado supuestamente por medio millar de miembros, según sus impulsores.[21]

"Como comunicadores del pueblo, deseamos que cada ciudadano se convierta en un comunicador; y de esta manera emprender la batalla contra la desinformación y el ataque sistemático a nuestro Presidente Andrés Manuel López Obrador y a su proyecto de transformación. Somos una espada contra el golpe blando de algunos medios. Somos una espada contra los millonarios intereses de los corporativos de los medios de comunicación", agregó la parlamentaria.

Un video subido a la cuenta de este nuevo grupo en Twitter[22] señaló abiertamente a varios líderes de opinión nacionales, de los que los "Comunicadores del Pueblo" dicen estar hartos porque "mienten todos los días", porque "difaman, confunden, embisten", y a los que señalan de haber "usurpado los medios de comunicación, que son bienes públicos", que "no son de ellos, son de todos", en un mensaje más que preocupante en términos de la libertad de prensa.

"No somos Loret, López Dóriga, Ciro ni Aristegui, más bien somos un esfuerzo colectivo, hecho con lo que se puede y por supuesto emanado del pueblo", indica la voz de una joven en el video, que expuso también imágenes de Denise Dresser, Héctor Aguilar Camín, Jesús Silva Herzog, Óscar Mario Beteta y Brozo, como muestra de esas figuras alejadas del "periodismo comprometido" que anhela AMLO.

Pese a su beligerancia y a que los medios convencionales informaron de su creación —aun cuando según ese colectivo silencian lo que hace López Obrador y su movimiento—, 10 días después de iniciar su

---

[21] https://www.proceso.com.mx/nacional/2022/3/22/comunicadores-del-pueblo-lanzan-manifiesto-para-emprender-batalla-contra-la-desinformacion-video-282975.html.

[22] https://twitter.com/DelppuebloVideos/status/1506317483493535747.

andadura los "Comunicadores del Pueblo" tenían menos seguidores en su perfil de Twitter (369) que supuestos miembros (500). En Facebook, la red social con más usuarios en México, sus seguidores sumaban poco más de mil 600. Entre sus publicaciones en esas plataformas digitales únicamente es posible encontrar mensajes en forma de manifiestos políticos para contrarrestar la información contraria a la labor de la 4T como, por ejemplo, la campaña impulsada por el actor Eugenio Derbez y otros personajes públicos para exigir que se realicen más estudios medioambientales antes de proseguir con uno de los tramos del Tren Maya.

También hay varios comunicados de repudio al Instituto Nacional Electoral (INE), entre ellos uno que lo acusa de retirar credenciales de electores para evitar que voten en el referéndum revocatorio.[23] Una denuncia realizada por otra diputada que está detrás de la propuesta, María de los Ángeles Huerta, y que fue desmentida por el departamento de verificación de datos de la agencia de noticias Reuters.[24]

La línea que divide la actividad periodística y la política entre las estrellas de la nueva fuente presidencial que acuden a las mañaneras no solamente es muy delgada. En realidad, a veces desaparece del todo.

Por ejemplo, en el caso de Juncal Solano, la mencionada *influencer* de Jalisco. El diputado federal de Morena Miguel Torruco Garza, que es hijo del secretario de Turismo de AMLO, Miguel Torruco Marqués, le dio su bendición en la misma red social para desearle éxito en su carrera al Congreso: "¡¡¡Juncal, serás una GRAN DIPUTADA!!! @juncalssolano Muchas felicidades, estoy seguro que serás una digna representante del sexto distrito por Zapopan en el congreso local de Jalisco. Cuenta con todo mi apoyo, jóvenes como tú son clave para transformar a México".[25]

---

[23] https://www.facebook.com/ComunicadoresDelPuebloAC/photos/pcb.107106391935547/107106098602243/.

[24] https://www.reuters.com/article/factcheck-revocacionmandato-ine/fact-check-el-ine-asegura-que-no-est-retirando-credenciales-de-voto-en-domicilios-para-la-consulta-de-revocacin-de-mandato-en-mxico-idUSL2N2VJ3EY.

[25] https://twitter.com/migueltorrucog/status/1370063849517412355.

Ni el impacto de la *youtuber* en las plataformas digitales, ni su aguerrida militancia contra la oposición en las mañaneras, ni el apadrinamiento del hijo legislador del secretario de Turismo resultaron finalmente armas efectivas para que lograra su objetivo.[26] Tras la derrota en las urnas, la candidata se lo tomó con humor, rozando el cinismo: "A mí no me tocó hoy hueso, pero a Tyson sí ¡un pequeño chiste!", publicó en su cuenta de Twitter con una foto de su perro.[27]

Sin embargo, Solano no parece haber abandonado sus aspiraciones políticas, como quedó demostrado con su participación en el primer foro organizado por el INE sobre la consulta para la revocación de mandato de abril de 2022, en el que se enfrentó a un personaje de la oposición muy alejado del periodismo, el líder del movimiento ultraconservador Frente Nacional Anti-AMLO (FRENAA): Gilberto Lozano.

Otra comunicadora de ese estado del oeste de México, Pamela Cevallos, de las plataformas *La Bandida*, *Defensor Sin Censura* y *Defensor de la Verdad*, llevó a la mañanera del 27 de octubre de 2021 una consulta en la que insinuó, sin mostrar pruebas, que el gobernador Enrique Alfaro pudo estar detrás del robo de más de 37 mil medicamentos oncológicos de una empresa farmacéutica en la delegación capitalina de Iztapalapa el 4 de octubre de 2020, al asegurar que en Guadalajara, capital jalisciense, habían sido encontradas, poco después, 35 mil 169 medicinas en un cateo a una finca, lo que no fue reportado por los medios de comunicación.

"Yo estuve investigando todo este caso desde entonces y mágicamente estos medicamentos fueron a parar hasta Guadalajara, Jalisco, como si alguien lo hubiera tramado desde los sótanos del poder de Guadalajara para generar desabasto de medicamentos de forma deliberada para dañar su gobierno", indicó Cevallos, citando uno de los temas más delicados de la gestión de López Obrador —porque la falta de suministro de esos productos contra el cáncer ha provo-

---

[26] https://www.sdpnoticias.com/estados/jalisco/elecciones-2021-como-le-fue-a-la-youtuber-juncal-solano/.

[27] https://twitter.com/juncalssolano/status/1402841014507819011.

cado sonadas protestas de madres y padres de niños que padecen esa enfermedad—.[28]

"Me da mucho gusto conocerte y que tengas el valor de denunciar", respondió AMLO, quien se comprometió a pedirle al secretario de Gobernación que atendiera el caso personalmente.[29]

Y aunque las autoridades siguieron investigando, la fiscalía capitalina informó el 16 de octubre de 2020,[30] pocos días después del robo, que aquellos fármacos, o al menos parte de ellos, habían sido encontrados en otra delegación de la urbe, Azcapotzalco, en manos de unos criminales. El propio Congreso de la Ciudad de México reclamó después que los medicamentos fueron destruidos conforme a la recomendación de las autoridades sanitarias, concretamente del director del Instituto Mexicano del Seguro Social (IMSS), Zoé Robledo.

Es cierto que la conferencia de prensa del Palacio Nacional ha ofrecido una oportunidad única para escuchar denuncias de ciudadanos que en el pasado nunca hubiesen tenido la oportunidad de que sus voces llegaran a oídos del presidente. El escritor y analista político Fabrizio Mejía Madrid destacó precisamente ese aspecto durante una de sus participaciones en el programa informativo de Carmen Aristegui:[31] "La mañanera en los últimos meses se ha convertido también en un lugar de denuncia, de petición, y quedan ahí comprometidas las autoridades a las que se refieren las denuncias", opinó, y puso el ejemplo de la periodista Judith Valenzuela, de Sinaloa, quien reclamó la liberación de su hijo preso. Logró la intercesión de AMLO con el presidente de la Suprema Corte de Justicia de la Nación (SCJN), Arturo Zaldívar, para lograr que saliera libre.

---

[28] https://www.congresocdmx.gob.mx/comsoc-exhortan-destruir-medicamentos-oncologicos-robados-iztapalapa-y-encontrados-azcapotzalco-1935-1.html.

[29] https://www.gob.mx/presidencia/es/articulos/version-estenografica-conferencia-de-prensa-del-presidente-andres-manuel-lopez-obrador-del-27-de-octubre-de-2021?idiom=es.

[30] https://twitter.com/FiscaliaCDMX/status/1317245704419631107.

[31] https://youtu.be/KMFb3W2JHTo?t=10647 (2h.57min.27seg).

Sin embargo, en muchas ocasiones las promesas del gobernante de atender los asuntos que le plantean, normalmente delegando en algún funcionario esa responsabilidad, se quedan solo en eso: en promesas vanas. Una de las periodistas que con más insistencia ha exigido al mandatario rendir cuentas de sus compromisos es la sonorense Reyna Haydee Ramírez, reportera independiente que escribe para el portal *Pie de Página* y forma parte de los colectivos Alianza de Medios y Red Sonora de Periodistas, dedicados a defender el derecho a ejercer la profesión de forma libre y con garantías. En el pasado fue corresponsal en Hermosillo del diario *Reforma* y redactora del periódico regional *El Imparcial*.[32]

Al iniciar su intervención en la mañanera el 26 de marzo de 2020[33] cuestionó abiertamente la distribución del turno de preguntas: "Buen día, presidente. Gracias por darme la palabra porque cumplo 36 días sin que me la dé; y [si] es por levantar la mano, no he parado, cuando hay personas que hablan tres veces por semana, hasta tres veces por semana". Luego expuso un caso de unos ejidatarios de ese estado norteño a los que no les entregaban unas tierras pese a tener una sentencia favorable desde 2014, y denunció que dos de ellos estaban desaparecidos sin que las autoridades hicieran nada. Tras una respuesta evasiva de AMLO, puso en duda la afirmación del gobernante de que con él en el poder ya no había impunidad. Más tarde, ante un "Nosotros no protegemos a nadie, a nadie, no es el tiempo de antes" del presidente, Ramírez le rebatió con un "Eso es lo que ellos esperan, que no fuera el tiempo de antes…".

El 18 de octubre de 2021 Ramírez consultó a López Obrador sobre la liberación del exgobernador sonorense Guillermo Padrés en febrero de 2019, después de que este último enviara una carta al mandatario al iniciar su gestión en diciembre de 2018 pidiéndole que intercediera por él para poder seguir en libertad un proceso judicial en su contra. "¿Usted leyó la carta y le creyó que era un preso político?

---

[32] https://www.iwmf.org/community/reyna-haydee-ramirez-hernandez/.

[33] https://lopezobrador.org.mx/2020/03/26/version-estenografica-de-la-conferencia-de-prensa-matutina-del-presidente-andres-manuel-lopez-obrador-285/.

¿Hubo un acuerdo con usted o su gobierno con él para que saliera libre?", preguntó la reportera.

Esa clase interrogantes sí que se ajustan a las pautas éticas fijadas en el *Libro del Estilo Urgente* de la agencia española EFE, pues buscan confrontar a la autoridad para sacarle una respuesta aclaratoria y están muy lejos de la complacencia mostrada por la mayoría de los personajes que cubren la rueda de prensa presidencial.

Pero la cosa no quedó ahí.

La reportera volvió a la carga: "El caso es que está pasando lo mismo ahora, presidente. ¿A quién está poniendo en las dependencias que siguen con los mismos procesos de corrupción? O sea, no está, no se ve una Cuarta Transformación en Sonora porque justo…", y se explayó, pero fue interrumpida por el tabasqueño, quien respondió: "Pues yo creo que sí, pero tú eres libre, como todos, de tener tu punto de vista". "No es un punto de vista", contraatacó Ramírez.[34]

La activista Frida Guerrera también ha reclamado abiertamente resultados al mandatario en su gestión en varias ruedas de prensa y de forma persistente. El 18 de febrero de 2020 Leopoldo Gómez, entonces máximo responsable de Noticieros Televisa, publicó un artículo en *Milenio* donde llamó la atención sobre la novedosa relación prensa-poder en el país a partir de una ocasión en la que esta defensora de los derechos de las mujeres se enfrentó a López Obrador.[35]

"Pocas veces se ve una dinámica así entre un presidente y una activista en una conferencia de prensa —dijo Gómez—. Más allá de la diferencia de enfoques, el hecho de que se hayan ventilado las posturas en la mañanera suma a la causa de quienes, como Frida, demandan ser escuchados y atendidos. La resonancia que la mañanera dio a sus pronunciamientos difícilmente podría haberse alcanzado en otro foro", recalcó.

---

[34] https://presidente.gob.mx/18-10-21-version-estenografica-de-la-conferencia-de-prensa-matutina-del-presidente-andres-manuel-lopez-obrador/.

[35] https://www.milenio.com/opinion/leopoldo-gomez/tercer-grado/de-regreso-a-la-mananera-del-viernes.

La pregunta es, ¿son las ruedas de prensa el espacio para que vayan a preguntar activistas o deberían ser solo periodistas los que lo hicieran?

Lo suyo es la información, no la propaganda

Alex Grijelmo, autor del *Manual de Estilo* de *El País* y expresidente de EFE, bajo cuya gestión se desarrolló además el *Libro del Estilo Urgente* de esa agencia de noticias, considera que "el periodista puede tomar las banderas que desee cuando hace opinión. Pero no cuando escribe información".

"La información debe exponerse con sentido crítico, sin omitir lo que es relevante, criticable, denunciable; pero de modo que los hechos hablen por sí mismos", remata.

Según el colombiano Javier Darío Restrepo, ya fallecido, "la actividad proselitista o de propaganda corresponde a los políticos y activistas, pero no al periodista". Para empezar porque "lo suyo es la información y no la propaganda".

Restrepo, un ferviente defensor de la ética periodística, expone como botón de muestra lo que sucede con los derechos humanos: "una creíble y completa información motiva más eficazmente que el discurso, el sermón o la exposición académica sobre el tema. Un hecho vale más que cien discursos". Además, prosigue, "la propaganda a una idea o a algún credo es excluyente", porque "se dirige a los que comparten o se disponen a compartir un mensaje", mientras que "los demás no cuentan". En cambio, "toda información periodística debe ser universal; se hace con la intención de llegar y servir a todos, sin excepción", señala, antes de sentenciar: "Por eso el buen periodismo descarta cualquier técnica publicitaria y se esfuerza por informar a todos con la sola contundencia de los hechos".[36]

---

[36] https://fundaciongabo.org/es/consultorio-etico/consulta/1940.

A pesar del singular estilo que López Obrador y su equipo de comunicación han impuesto a la mañanera, permitiendo la constante intervención de personas cuyo perfil dista mucho del de un periodista profesional, pocas veces se han acercado al Palacio Nacional personas para reivindicar alguna causa que resulte comprometedora para el presidente.

Una de ellas es la politóloga y articulista Denise Dresser, quien el 29 de enero de 2020 presentó en el evento el caso de su colega Sergio Aguayo, asediado por aquel entonces por un artículo publicado contra Humberto Moreira, exgobernador de Coahuila, y expresó su preocupación por la filtración de unos supuestos documentos de trabajo de la Fiscalía General de la República que incluirían un plan de reformas contra la libertad de prensa, como volver a calificar de delito la difamación y penarla con cárcel.

"¿Usted aquí, frente a nosotros, frente al país, se compromete a que su gobierno, su partido, su movimiento no impulsarán leyes que permitan acosar judicialmente a periodistas y perseguir a personas que no piensan como usted? ¿Se compromete a que no se hará un uso faccioso del aparato del Estado para perseguir una persona como a veces parecería que ocurre desde esta tribuna?", preguntó Dresser, quien se presentó como representante de *Reforma* y de *Proceso*, publicaciones en las que publica artículos, pero no ejerce ni ha ejercido nunca de periodista.[37]

El que sí es periodista, Jorge Ramos, ha acudido también a la mañanera en más de una ocasión para confrontar a López Obrador con preguntas sobre la estrategia gubernamental en materia de seguridad. Ramos, quien ha hecho de sus disputas con mandatarios parte de su éxito profesional, no entiende cómo sus colegas no acuden al Palacio Nacional a interpelar al gobernante: "Para mí es difícil de entender cómo otros periodistas en México, particularmente los que critican a AMLO, no aprovechan esa oportunidad. Esto hubiera sido impensa-

---

[37] https://www.gob.mx/presidencia/articulos/version-estenografica-de-la-conferencia-de-prensa-matutina-miercoles-29-de-enero-2020?idiom=es.

ble con cualquier otro presidente mexicano. Solo basta ir", explicó en un artículo en el diario *Reforma*.[38]

Sin embargo sus participaciones parecen haber tenido más un carácter reivindicativo, de activismo contra las políticas del mandatario, que periodístico. Observemos, si no, el inicio de una de sus intervenciones en la mañanera del 5 de julio de 2021: "Como periodistas independientes usted sabe que parte de nuestra labor es venir a cuestionarlo, somos contrapoder, así como lo hicimos con otros presidentes antes. Yo estuve aquí en la mañanera de enero del 2020 para preguntarle sobre la terrible ola de violencia aquí en el país y usted me dijo lo siguiente, y estoy citando: 'Este año va a haber resultados'. Bueno, después de más de un año, después, hay resultados, pero muy negativos, señor presidente. Su gobierno está en camino a convertirse en el más violento en la historia moderna de México: más de 86 mil muertos hasta el momento desde que usted tomó posesión, según estas cifras oficiales. Si sigue así, va a haber más muertos que con Peña Nieto y que con Calderón. Los feminicidios, usted lo sabe, lo dijo la semana pasada, siguen en aumento respecto al año anterior. Y fuera de la burbuja de Palacio Nacional, el país no está en paz y tranquilidad, señor presidente. Le están matando casi 100 mexicanos por día, en Aguililla, en Zacatecas, en Reynosa. Usted no cumplió con su promesa de no militarizar a la Guardia Nacional. Y ya lleva casi la mitad de su gobierno y sigue todavía culpando a otros expresidentes por lo que usted no ha podido hacer, así que mi pregunta es si usted cree que su estrategia de abrazos y no balazos ha sido un verdadero fracaso. Están los muertos, están todos ahí. Y si va a pedir ayuda, porque hasta el momento no se ha podido".

Durante varios minutos posteriores, Ramos y AMLO estuvieron discutiendo sobre las cifras para discernir cuál de los dos tenía razón, pero en ningún momento, en ni un solo momento, el periodista formuló una pregunta al gobernante.[39]

---

[38] https://www.reforma.com/aplicaciones/editoriales/editorial.aspx?id=155000.

[39] https://www.gob.mx/presidencia/articulos/version-estenografica-version-este-nografica-conferencia-de-prensa-del-presidente-andres-manuel-lopez-obrador-del-5-de-julio-de-2021?idiom=es.

El activismo, una forma de posicionamiento que, como estamos viendo, rompe con el talante de ecuanimidad y equilibrio que se espera de un periodista, es todavía más condenable cuando encima tiene como objetivo ponerse del lado del poder. Pero el peor escenario es cuando el comunicador usa el foro de una conferencia de prensa para ensañarse con otras figuras de la esfera pública en pro de una causa oficialista y sin que los aludidos puedan responder.

Marco Olvera ha sido quizá el comunicador más aguerrido de entre los surgidos al calor de la 4T en las mañaneras. En alguna ocasión Olvera aprovechó una de sus intervenciones en el Salón de la Tesorería para lanzar ataques furibundos contra Carmen Aristegui, ante la permisividad de AMLO. Una permisividad que muchos entendieron tiempo después, cuando el propio mandatario atacó a la periodista.

"El día de antier, más bien durante esta semana, se ha generado una ola de opiniones de especialistas en derecho internacional con el tema del general Salvador Cienfuegos [exsecretario de Defensa], en la Fiscalía General de la República, encabezada por el doctor Gertz Manero, y por supuesto por la conductora Carmen Aristegui, que más bien parece ya vocera de la DEA [oficina antidrogas estadounidense], pero más bien es el títere de CNN en Atlanta", opinó de forma gratuita Olvera, que incluyó en sus críticas a la escritora Elena Poniatowska, por cuestionar el sentido de las mañaneras.

En otra ocasión, el 10 de marzo de 2021,[40] el comunicador volvió a arremeter contra Frida Guerrera al calificarla de "feminazi" por cuestionar la candidatura del político morenista Félix Salgado Macedonio a la gubernatura de Guerrero. Salgado estuvo en el epicentro de la polémica tras ser denunciado de violación por varias mujeres y el INE acabó suspendiendo su postulación por una falta administrativa, ante la molestia de López Obrador.

---

[40] https://www.gob.mx/presidencia/es/articulos/version-estenografica-conferencia-de-prensa-del-presidente-andres-manuel-lopez-obrador-del-10-de-marzo-de-2021?idiom=es.

Olvera se identifica en las conferencias de prensa presidenciales como representante de *Énfasis*, un portal de noticias creado en 2013 que, según el apartado "Quiénes somos" del sitio web, es "serio y objetivo, con credibilidad". "Por eso creemos que somos un buen canal para que el Gobierno de la República tenga también a través de nosotros una herramienta de contacto con la sociedad", añade, aunque luego matiza esa postura: "Si bien los medios de comunicación debemos tener una sana distancia con los Gobiernos, también seremos aliados cuando se trate impulsar causas sociales de gran impacto para jóvenes, adultos mayores y otros sectores altamente vulnerables que fueron olvidados en el pasado y esperan que la justicia les alcance."

En una entrevista con el conductor de radio Luis Cárdenas, de MVS, el 16 de abril de 2019, Olvera respondió a los cuestionamientos sobre el rol complementario que juega asesorando a políticos afines al mandatario, que no negó. "Soy un periodista de 28 años […] he trabajado en el periódico *Reforma*, en el periódico *El Universal*, fui editor del portal de Univision, fui corresponsal de otros medios, también he trabajado en el partido demócrata en el estado de Nueva York, fui candidato independiente por un municipio en el estado de Hidalgo y efectivamente doy asesoría a algunos legisladores y no veo ningún conflicto de interés", declaró. "Yo estoy en la libertad de querer trabajar donde yo quiera y donde yo pueda."

Consultado sobre su papel en las mañaneras, dijo: "Yo no soy ningún pagado de nadie para que le haga yo preguntas cómodas o incómodas al presidente. Yo tengo un libre albedrío para preguntar lo que yo quiera y pueden investigar si el presidente o la presidencia de Andrés Manuel me paga o recibo un cheque".[41]

Pese a sus palabras, su implicación en el proyecto de AMLO en las ruedas de prensa diarias parece no tener límites. El 26 de abril de 2021,[42] tras denunciar un supuesto caso de corrupción en la instalación

---

[41] https://mvsnoticias.com/podcasts/segunda-emision-con-luis-cardenas/nadie-me-paga-para-hacerle-preguntas-a-amlo-marco-olvera/.

[42] https://www.gob.mx/presidencia/articulos/version-estenografica-conferencia-

de una sucursal del gubernamental Banco del Bienestar en el estado de Hidalgo, hizo un ofrecimiento inesperado al mandatario. Se brindó a donar un terreno al Estado como alternativa para ubicar la oficina bancaria. "Tengo un predio para que lo construyan a su antojo, pero que evitemos ese festín", propuso. Una propuesta inverosímil a la que el gobernante respondió de forma todavía más sorpresiva, aceptándola. La pregunta es si se concretó la oferta.

Olvera ya había demostrado mucho antes ser "un periodista comprometido", usando la terminología de AMLO. El 29 de agosto de 2019 interrogó así al mandatario sobre la posible aplicación de un artículo constitucional contra varios amparos interpuestos contra los proyectos estrella de la Cuarta Transformación: el Aeropuerto Internacional Felipe Ángeles, para la Ciudad de México, la refinería de Dos Bocas, en Tabasco, y el Tren Maya, en la península de Yucatán: "¿Cuándo o qué días su gobierno ya empezará ese trámite para que obviamente empiecen esas obras, que detonarán, obviamente, empleos y el desarrollo de este país, presidente?".[43]

Las denuncias que realizan las estrellas de la nueva fuente presidencial de casos de corrupción en la administración, casi siempre dirigidas contra funcionarios de anteriores gestiones presidenciales, son muchas veces espoleadas por el propio mandatario. "Por eso es muy buena esta rueda de prensa en la mañana, tiene muchas virtudes, nos ayuda mucho este diálogo, porque aquí me entero de cosas, ustedes me ayudan, son mirones profesionales, y la gente también", indicó el 23 de septiembre de 2020,[44] en alusión a una denuncia expuesta por una reportera de la revista *Contralínea*.

---

de-prensa-del-presidente-andres-manuel-lopez-obrador-del-26-de-abril-de-2021?idiom=es.

[43] https://lopezobrador.org.mx/2019/08/29/version-estenografica-de-la-conferencia-de-prensa-matutina-del-presidente-andres-manuel-lopez-obrador-149/.

[44] https://lopezobrador.org.mx/2020/09/23/version-estenografica-de-la-conferencia-de-prensa-matutina-del-presidente-andres-manuel-lopez-obrador-381/.

Demián Duarte, quien tiene el canal de YouTube *Sonora Power*, llevó su militancia a favor de la causa lopezobradorista a otro nivel el 4 de marzo de 2021, cuando entregó en la Secretaría General de la Cámara de Diputados una solicitud de desafuero contra la senadora Lily Téllez, quien fue señalada de traición por los seguidores de Morena porque abandonó el partido después de la llegada de AMLO al poder, y acabó recalando en el PAN.

El requerimiento de Duarte contra Téllez, sonorense como él, fue sustentado en la recogida de 104 mil 500 firmas a través de la plataforma digital Change.org.[45]

El *youtuber* llegó a plantear días antes al mandatario de forma directa en una mañanera si apoyaría la aplicación de la figura de la revocación de mandato de legisladores, gobernadores y alcaldes del país, al mencionar el caso de Téllez.

En una muestra de desenfrenado apoyo a la gestión presidencial, el *youtuber* del parche en el ojo, Paul Velázquez, inició así su participación en la conferencia del Palacio Nacional el 5 de mayo de 2020: "Como ciudadano, presidente, le pido dos cosas: La primera, que cada vez que haya oportunidad de aplaudir, lo aplaudamos fuerte, porque eso es un reconocer que vamos bien. Y la segunda, que escuche un poco más a las redes sociales".[46]

Otra de las intervenciones de Velázquez nos sirve para mostrar una de las situaciones que con más frecuencia se da en las ruedas de prensa matutinas: el *youtuber* en turno critica con saña a un sector opositor y el mandatario, de forma magnánima, trata de calmar las aguas. El enemigo, en este caso, eran los empresarios, a los que Velázquez acusaba de actuar como "delincuencia organizada" a la hora de fijar los precios de la gasolina.

---

[45] https://www.proceso.com.mx/nacional/politica/2021/3/4/youtuber-entrega-diputados-peticion-con-mas-de-100-mil-firmas-para-el-desafuero-de-lilly-tellez-259466.html.

[46] https://www.gob.mx/presidencia/articulos/version-estenografica-de-la-conferencia-de-prensa-matutina-martes-5-de-mayo-de-2020?idiom=es.

Tras la descalificación, el reportero preguntó al gobernante si había alguna posibilidad de que el ejército, al que la administración de AMLO ha dado un papel preponderante, se hiciera cargo de la venta de carburantes. "Miren, yo sí quiero aprovechar ahora para decir que los empresarios mexicanos actúan con responsabilidad, la mayoría, son muy pocos los que se portan mal, pero esto sucede en todos los sectores, esto aplica para el sector magisterial, aplica para los legisladores, para los servidores públicos, nada es uniforme, homogéneo ¿o ustedes creen que todos los legisladores se portan bien?, yo diría la mayoría bien, pero sí hay algunos que no, los servidores públicos lo mismo, nosotros; pues eso pasa con los empresarios, la mayoría se porta muy bien y son muy pocos. Entonces, tenemos que matizar y no irnos a la descalificación contra los empresarios", contestó López Obrador.

El lunes 28 de febrero de 2022 el reportero Carlos Domínguez, de *Nación 321*, realizó una pregunta sobre un episodio de violencia acontecido en una pequeña localidad de Michoacán la tarde anterior y registrado por un videoaficionado, que grabó el momento en que unos presuntos integrantes del crimen organizado abrieron fuego contra un grupo de hombres colocados previamente en fila, como si se tratara de un fusilamiento.

Los medios locales informaron que podría haber entre 10 y 17 muertos y, si bien la fiscalía estatal informó horas después en un comunicado no haber encontrado ningún cadáver en el sitio del crimen, aclaró que su personal, con apoyo de otras instituciones, realizaba recorridos "para localizar a posibles víctimas de la agresión que, tras los hechos, fueron retiradas del lugar por los propios agresores o personas relacionadas con ellos".

En respuesta a Domínguez, quien en otra ocasión pidió a las reporteras de la mañanera que dejaran de hacer preguntas sobre feminicidios, AMLO cuestionó las informaciones que hablaban de "17 fusilados" porque dijo que el reporte que le había enviado la fiscalía era que no se habían encontrado los cuerpos de las víctimas, aunque sí "evidencias de que hubo un enfrentamiento", como casquillos de bala y restos humanos.

"¿Cree que pueda tratarse de una manipulación del video, presidente?", le preguntó el reportero. "¿Cree que el video se está malinterpretando? ¿Que se está manipulando la información?", reiteró, abriendo la puerta para que el mandatario atacara al diario *Reforma* y a *El País* por dar relevancia al incidente, algo más que justificado por las particulares características en que se produjo. La sugerencia de Domínguez coincide con el contenido publicado ese mismo día por el diario *La Jornada* en su sección Rayuela: "¿Montaje? ¿Provocación? ¿O de qué se tratan esos videos difundidos ayer en Michoacán?".[47]

Nuri Fernández, por su parte, quien se identifica como representante de *La Karakola*, organización que se define como un "espacio social y cultural" para promover los derechos humanos, el arte y la cultura, fue objeto de esta recepción por parte del mandatario la primera vez que tomó la palabra en una mañanera, la del 23 de octubre de 2019:[48] "Me da muchísimo gusto verte… No sabes, tenía ganas, muchas ganas de decirte, desde que te estoy viendo que vienes a las conferencias, decirte que me da muchísimo gusto sinceramente, no me aguanté ahora para decirte que me da mucho gusto verte".

Fernández, como la mayoría de las estrellas de la nueva fuente presidencial, suele realizar comentarios o preguntas marcadamente condescendientes con el mandatario cada vez que le toca su turno. En una oportunidad, el 29 de septiembre de 2021, sus primeras palabras al tomar el micrófono estuvieron dirigidas a defender a la esposa del presidente, a raíz de unos agravios sufridos previamente por Beatriz Gutiérrez Müller en las redes sociales.

"Tengo dos preguntas, pero primero quisiera hacer un comentario y es citar un tuit que publicaron los amigos de Alfredo Jalife, que dice así: '¿Dónde están las feministas cuando fue insultada desde

---

[47] https://elpais.com/mexico/2022-02-28/el-terror-sin-limites-del-narco-en-mexico-hombres-armados-fusilan-a-una-decena-de-personas-alineadas-contra-una-pared.html.

[48] https://www.gob.mx/presidencia/articulos/conferencia-de-prensa-del-presidente-andres-manuel-lopez-obrador-del-23-de-octubre-de-2019-224866.

un machismo y una violencia verbal de género extrema Beatriz Gutiérrez Müller?' Dejo la pregunta en el aire, ¿dónde estaban las feministas?, ¿dónde están las feministas que pueden apoyar a una persona que es acosada, insultada, como lo fue Beatriz Gutiérrez Müller?' Sólo quiero dejarlo ahí.'[49]

Diego Elías Zedillo trabaja para el Grupo Cantón, un conglomerado de medios locales del sudeste nacional dirigido por Miguel Cantón Zetina, que en su foto de perfil en redes sociales aparece abrazando a AMLO. Tras el triunfo electoral de López Obrador en 2018, Cantón tuiteó lo siguiente: "El Presidente @lopezobrador_ dijo que Tabasco será el Estado con mayor inversión en el país el próximo sexenio. Y que será el Presidente del Sureste. ¡Ya nos tocaba!".[50]

El empresario mediático está fuertemente ligado a la política local y nacional. Su hermano, Óscar Cantón Zetina, es un político de la zona que tiene una dilatada experiencia que comenzó en el PRI regional, como la de AMLO. En esa agrupación estuvo varias décadas y llegó a ser, además de diputado federal y senador en múltiples ocasiones, orador oficial de la campaña política de ese histórico partido para la presidencia de la República en 1976. Cuatro décadas después fue precandidato por el PVEM en los comicios a gobernador de Tabasco, ganados por su rival de Morena Adán Augusto López Hernández, actual secretario de Gobernación y que también tiene un pasado priista.

Óscar Cantón Zetina se pasó finalmente a Morena y en la actualidad es delegado del Comité Ejecutivo Nacional de la agrupación. Lo interesante es la relación que ha establecido con el poder Miguel Cantón Zetina a través de los medios a su cargo, cuyas oscuras ramificaciones han sido denunciadas por el investigador Antonio Zepeda Guzmán en su libro *La mafia Cantón Zetina. Capos de papel*.

En su blog en internet, Zepeda comparte un fragmento del libro que comienza así: "Desarrollado en un ambiente de corrupción, Mi-

---

[49] https://presidente.gob.mx/29-09-21-version-estenografica-de-la-conferencia-de-prensa-matutina-del-presidente-andres-manuel-lopez-obrador/.
[50] https://twitter.com/miguelcanton1/status/1051955754792439808.

guel Cantón Zetina alias *El Chino*, en menos de dos décadas logró convertirse en un magnate del periodismo en el sureste mexicano y con la enorme fortuna amasada en ese corto tiempo, pudo diversificar sus inversiones hacia sectores como el de las comunicaciones, los bienes raíces, los deportes y la hotelería. Debido a su sorprendente enriquecimiento, adicciones y sus compadrazgos, es constantemente acusado de evadir impuestos, lavar dinero y traficar con narcóticos y armas".[51]

Sostiene el investigador que "se le han podido comprobar nexos" con diversos cárteles de drogas, como el de Sinaloa, el del Golfo o el de Juárez y asegura que fue muy cercano (lo hizo su compadre) del exgobernador de Quintana Roo, Mario Ernesto Villanueva Madrid, quien estuvo unas dos décadas en la cárcel y llegó a ser extraditado a Estados Unidos por sus implicaciones en el tráfico de drogas y el lavado de dinero, hasta que en 2019 la justicia mexicana le concedió prisión domiciliaria.[52]

Cantón Zetina puede vanagloriarse de ser de los pocos representantes de la prensa nacional que consiguió entrevistar al presidente López Obrador durante la campaña electoral a los comicios presidenciales que ganó.[53] Aquella entrevista, celebrada en enero de 2018, comenzó con un "Andrés, ¿ya pensó cuál sería su primer acto de gobierno"[54] y contuvo preguntas tales como si pensaba que seis años en el poder serían suficientes para llevar a cabo sus planes, en alusión al siempre polémico asunto de la reelección presidencial, prohibida en la Constitución y que AMLO dice insistentemente rechazar, en medio de las voces de algunos de sus seguidores, quienes piden que se quede gobernando seis años más, hasta 2030.

---

[51] http://antoniozepedaguzman.blogspot.com/2008/07/fragmento-de-la-mafia-canton-zetina.html.

[52] https://aristeguinoticias.com/1006/mexico/villanueva-deja-la-carcel-despues-de-19-anos-seguira-en-prision-domiciliaria/.

[53] https://lopezobrador.org.mx/2018/01/24/amlo-en-entrevista-con-miguel-canton-de-tabasco-hoy/.

[54] https://www.proceso.com.mx/nacional/2018/6/18/oscar-canton-zetina-excandidato-del-verde-en-tabasco-se-suma-juntos-haremos-historia-207007.html.

Otro director de un medio del sureste del país al que AMLO tiene especial cariño es Mario Menéndez Rodríguez, del diario *Por Esto!* de Yucatán. El propio mandatario lo evidenció tras recibirlo en el Palacio de Gobierno el 16 de noviembre de 2021. "De los poquísimos periódicos que nunca dejó de darnos espacios durante el tiempo que fuimos opositores al régimen de corrupción y privilegios", escribió en su cuenta de Twitter junto a una foto con Menéndez.[55]

La postura editorial de *Por Esto!* y de su director tiene una explicación que él mismo ofreció cuando ambos se encontraron siete años antes, en septiembre de 2014, de acuerdo con un comunicado de la página web de AMLO, entonces candidato presidencial.

"El Periodista Menéndez Rodríguez apuntó que POR ESTO! publica todo lo que hace MORENA y López Obrador, porque cree en el trabajo que realiza y lo apoya, porque está dando una lucha por cambiar el país", señalaba aquel boletín, que luego citaba unas declaraciones del empresario mediático. "Alguien me comentó una vez: 'A ver si ahora que López Obrador perdió la presidencia POR ESTO! lo seguirá apoyando', y cuando vieron que seguimos apoyando dijeron: 'Nos equivocamos, este debe ser el camino correcto'. Y seguimos apoyando y porque tú vuelves a la carga y eso no se lo esperaban", explicó Menéndez.

Desde que llegó a la presidencia en 2018, son contadas las veces en las que AMLO ha accedido a ser entrevistado. En julio de 2019 concedió una extensa entrevista de 50 minutos en el Palacio Nacional a la agencia de noticias Bloomberg, la primera a un medio internacional. En ella respondió a preguntas sobre muy diversos temas, algunos de ellos incómodos.

Un año más tarde, cuando viajó a Estados Unidos para reunirse con Donald Trump, contestó a varias preguntas en exclusiva de un periodista del canal latino Univision en Washington en un encuentro que duró 10 minutos y donde los interrogantes se circunscribieron a la relación entre los dos países. Pero poco más.

---

[55] https://twitter.com/lopezobrador_/status/1460638803920625670.

Transcurrida más de la mitad del sexenio, muchos medios nacionales e internacionales siguen esperando a que Ramírez Cuevas responda a sus solicitudes para entrevistarlo.

El periodista que más tiempo ha dispuesto para conversar con el mandatario con cámara y micrófono en mano ha sido el productor de televisión Epigmenio Ibarra, que en mayo de 2020 comenzó a difundir en la plataforma digital YouTube el primero de los cuatros capítulos de un documental grabado con el mandatario en el Palacio Nacional, de cuatro horas de duración en total.[56]

A pesar de su extensión y de que AMLO anunció la difusión del material en una mañanera asegurando que se trataba de una entrevista, las esperadas primicias informativas nunca llegaron.

En el documental, que dio como resultado un entrañable relato de la intimidad del mandatario, apenas hay preguntas sobre temas de actualidad informativa y ninguna de las consultas que efectúa Ibarra tiene el suficiente filo como para comprometer al mandatario, que habla y habla, sin parar, durante las cuatro horas.

El otrora productor de Televisa, que desde hace años ha tomado como causa la búsqueda de justicia para los familiares de los 43 estudiantes desaparecidos en Guerrero en 2014, podría recibir perfectamente la dudosa distinción de ser uno de los mayores exponentes del colectivo de representantes del "periodismo comprometido" que desea ver enfrente AMLO.

Suyo fue otro documental con el que el mandatario promovió la primera inauguración de una de las grandes obras de su sexenio, el Aeropuerto Internacional Felipe Ángeles, cuestionado por su apariencia propagandística y porque el propio gobernante lo promovió con bombo y platillo.[57]

Aunque es una de las figuras periodísticas más queridas por el mandatario y con mayor afinidad política, Ibarra es un empresario con

---

[56] https://presidente.gob.mx/28-05-20-conferencia-de-prensa-matutina-del-presidente-andres-manuel-lopez-obrador/.

[57] https://twitter.com/lopezobrador_/status/1504971208479059973.

una larga trayectoria en el sector privado que incluye asociaciones con compañías como Televisa a través de su productora Argos, como denunció la periodista Lydia Cacho el 27 de mayo de 2020.[58]

En marzo de 2021 Ibarra reconoció que su empresa recibió un crédito de 150 millones de pesos del Banco Nacional de Comercio Exterior (Bancomext) en 2019,[59] lo que levantó suspicacias al ser desvelado el caso en un reportaje del portal de noticias *Latinus*, de Carlos Loret de Mola, en el que se aseguraba que el préstamo había tenido como objetivo rescatar a Argos. "Tras cumplir con todas las formalidades y trámites en un proceso que duró nueve meses, la disposición del efectivo se hizo en octubre de 2020, no hubo, pues, ningún trato privilegiado para nosotros, no fue un rescate", se defendió.

---

[58] https://twitter.com/lydiacachosi/status/1265766297045852160.

[59] https://www.proceso.com.mx/nacional/2021/3/20/epigmenio-ibarra-reconoce-que-recibio-prestamo-de-150-mdp-de-bancomext-260424.html.

7

Publicidad oficial: derecho, premio o castigo

> Muerden la mano que les quitó el bozal.
>
> GUSTAVO A. MADERO

El Informe de Noticias Digitales que difunde anualmente el Instituto Reuters para el Estudio del Periodismo titulaba una de las secciones de su edición de 2021 de la siguiente forma: "El coronavirus, otro 'clavo en el ataúd' para los medios impresos". En ese apartado, el estudio explicaba que "las publicaciones impresas se han visto gravemente afectadas por el covid-19, en parte por las restricciones a la movilidad y en parte debido al golpe asociado al ingreso por publicidad".[1]

Y aunque la pandemia ha sido un batacazo para muchos sectores económicos, la realidad es que los diarios y las revistas llevan años sufriendo una grave crisis de su modelo de negocio. Primero, por la aparición de internet, que significó el principio del fin para sus productos en papel y, luego, por la irrupción de las redes sociales, que no solo se sumaron a los buscadores cibernéticos como repositorios de la información que producen los periódicos con esfuerzo y dinero a cambio de poco o nada, sino que han acabado convirtiéndose ellas mismas en un canal de distribución excepcional para los contenidos de consumo masivo de la llamada *creator economy*, un nuevo ecosistema de informadores

---

[1] https://reutersinstitute.politics.ox.ac.uk/sites/default/files/2021-06/Digital_News_Report_2021_FINAL.pdf.

independientes e *influencers* que, pese a ser todavía incipiente, está robando buena parte de la audiencia a los medios convencionales.

Estas circunstancias, que han afectado también a la radio y la televisión, aunque en diferente grado en función de cada caso, han recrudecido el debate sobre cuál es el camino que deben tomar los medios de comunicación impresos para sobrevivir y sobre la trascendencia de que el Estado y sus ciudadanos impidan que se derrumben al tratarse de uno de los pilares de la democracia moderna.

Ante el auge de las aplicaciones digitales de entretenimiento que sí cobran por sus contenidos (películas y series, por ejemplo), muchas empresas informativas, sobre todo las más grandes, arraigadas y prestigiosas, están regresando al planteamiento inicial de exigir algún tipo de pago por sus noticias (sobre todo mediante suscripciones periódicas).

Recordemos que esa ruta fue descartada en casi todos los casos cuando llegó internet, incluso por aquellos que alguna vez pensaron que de la misma forma que había que dar unos pesos para llevarse a casa un periódico en papel, el lector iba a desprenderse también de dinero por abrir en el navegador de su computadora la edición en línea de esa misma publicación y, lo más importante, que nadie iba a copiarla y replicarla en cualquier otro lugar de la red de redes —violando, entre otras cosas, los derechos de autor—.

Como explicaba el informe del Instituto Reuters para el Estudio del Periodismo, las restricciones a la vida pública en respuesta al coronavirus representaron un severo revés para los medios, no solo por la caída del consumo de las publicaciones impresas por el temor al contagio al tener un contacto físico con el producto, sino por la decisión de muchos sectores empresariales de reducir e incluso suprimir su inversión en publicidad por los recortes económicos. Un recurso que había sido, durante décadas, la gallina de los huevos de oro para muchas compañías informativas.

Lo cierto es que ya internet y las redes sociales llevaban años acaparando una creciente atención de las audiencias y convirtiéndose, por lo tanto, en un muy rentable escaparate para las grandes marcas comerciales, no solo porque desde que aparecieron ofrecieron espacios más económicos para publicitarse que las hojas de papel de un periódico o los minutos al aire en la radio o la televisión, sino porque brindan una estrategia de difusión de anuncios comerciales capaz de apuntar de una forma casi quirúrgica a los eventuales consumidores con el inestimable apoyo de los algoritmos.

Durante décadas la publicidad oficial fue un recurso que ayudó a la subsistencia de las empresas informativas del país pero que, por su mismo peso en el ingreso de los medios y las dinámicas de corrupción ya conocidas, se tradujo en un fuerte control institucional del sector.

Desde que AMLO llegó al Palacio Nacional el 1 de diciembre de 2018, ese gasto público ha sido reducido paulatinamente bajo el pretexto de la austeridad en la administración y la lucha contra las malas prácticas en la relación entre el poder y la prensa.

No obstante, la medida ha hecho saltar las alarmas respecto al riesgo que representa para la libertad de expresión y de prensa restringir una retribución que, para diarios, revistas, radios y televisoras, sobre todo regionales y locales, significa el único o principal salvavidas para seguir divulgando noticias en el turbio océano digital, marcado por la falta de regulación y una feroz competencia.

Si a eso se suma el hecho de que la rebaja presupuestaria parece no haber ido acompañada de una nueva lógica de distribución del gasto que termine con la imagen de un poder político tratando de subyugar a la opinión pública, como sucedía en anteriores sexenios, la polémica está servida.

Una de las entrevistas periodísticas más extensas que ha brindado hasta el momento el coordinador de Comunicación Social y vocero de la presidencia de la República, Jesús Ramírez Cuevas, fue concedida al medio independiente *Pie de Página* el 12 de julio de 2020, cuando ya había transcurrido más de un año y medio desde el inicio del sexenio. La declaración de Ramírez Cuevas que encabeza la nota —"Se acabó la subordinación del presidente con los medios"— es toda una declaración de intenciones.

La respuesta a la primera consulta de la reportera que lo entrevistó, quien le pedía justificar la fuerte reducción de la publicidad oficial entre el primer y el segundo año de mandato, refuerza todavía más la expectativa del gobierno sobre el asunto: "Queríamos que fuera cero".

"Vivimos en una globalidad y tampoco podemos acabar con el sistema mediático porque no tenemos qué lo sustituya. Hay otros consorcios, como AT&T, Sky, NBC o TVE y agentes globales de los medios que están ahí y que vienen presionando por apoderarse del espacio, porque es un mercado. Entonces, no es que le estemos apostando a lo podrido, simplemente tenemos que garantizar una transición a otro tipo de medios. En lo que están madurando las redes sociales y otros medios que no tienen intereses económicos ni políticos", explicó el vocero.

Colaborador de las agencias internacionales Reuters y Associated Press en Chiapas durante el levantamiento zapatista en ese estado sureño en los años noventa del siglo pasado, en su trayectoria profesional Ramírez Cuevas ha complementado su actividad periodística con un fuerte activismo plasmado en documentales sobre la defensa de los derechos de los grupos vulnerables y en su etapa como director del periódico *Regeneración*, heredero de la publicación revolucionaria del mismo nombre que fundaron los hermanos Flores Magón en el siglo pasado y que se identifica actualmente como "la voz de Morena", el partido gubernamental.

Con esas credenciales sería sorprendente que Ramírez Cuevas no mostrara ansias de dar una patada al tablero mediático mexicano, dominado por empresas que se aprovecharon de una relación muy estrecha con el poder durante décadas, aunque esto signifique debilitar o incluso eliminar a varias de esas fichas que han liderado el juego en el sector informativo desde antes de que él hiciera sus primeros pinitos en la profesión.

"Estamos buscando periódicos regionales, diversificar, reconociendo radios comunitarias y las realidades de los medios locales, incluso medios radiofónicos independientes. Tenemos como mil 300 medios registrados. Antes nada más se daba publicidad a menos de 200", explicó Ramírez Cuevas, quien al menos entonces decía ser partidario de crear un sistema de verificación pública de las audiencias donde no intervinieran ni el gobierno ni los propios medios.

"Pensando en voz alta, el INEGI [Instituto Nacional de Estadística y Geografía] podría hacer las auditorías para definir cuánta audiencia tiene cada medio y que de esa manera una instancia autónoma pudiera generar esos criterios. Entonces, vamos dando presupuesto a los diferentes medios, a medios libres, radios comunitarias y medios regionales. Ahí hay un criterio que no tiene que ver solamente con las audiencias, por ejemplo, apoyar a *Proceso*, que aunque nos pegue, venda o no venda, fue castigado en otros gobiernos. O como Carmen Aristegui, que nunca había recibido", reflexionó.[2]

No era la primera vez que el vocero presidencial se refería a esa idea. Ya lo había hecho en la Feria Internacional del Libro de Guadalajara el año anterior, durante un candente debate con los periodistas Leonardo Curzio y Salvador Camarena, mencionado en páginas anteriores. "Aquí los medios engañan. No digo un medio, sino los medios, como ecosistema, engañan para cobrar más presupuesto. Engañan sobre el nivel de audiencia, cuando deberíamos tener un instituto, como el INEGI, que mida las audiencias y para que haya piso parejo. Ante un piso que no es parejo es difícil aplicar una ley que no es pareja. Vayamos por una reforma donde el INEGI se encargue de auditar a todos los medios digitales", opinó.

Para determinar hasta qué punto es correcto lo que plantea Ramírez Cuevas, es indispensable revisar la realidad de la publicidad oficial antes de AMLO. El académico Manuel Alejandro Guerrero, director del Departamento de Comunicación de la Universidad Iberoamericana en la Ciudad de México, resume muy bien la evolución de ese apartado en un interesante libro sobre periodismo y democracia: "Desde el inicio el tema de la publicidad formó parte de la relación

---

[2] https://piedepagina.mx/se-acabo-la-subordinacion-del-presidente-con-los-medios/.

entre el régimen y los medios como elemento clave para mantener la censura ambiental".[3]

Guerrero remarca que durante la década de los años setenta del siglo pasado los montos de ese ingreso "representaban, al menos, tres veces más que los ingresos provenientes de los anuncios comerciales". "La dependencia de esa publicidad servía para disuadir la crítica y para presionar contra contenidos inconvenientes". Además, existían las llamadas "gacetillas", inserciones pagadas de propaganda oficial que se publicaban en las páginas de los diarios y revistas como si fueran notas informativas. "Lo más perjudicial de esta práctica para el periodismo es que permitía a editores y periodistas recibir un porcentaje de las inserciones que consiguieran, por lo que para muchos se volvía más importante la búsqueda de clientes que la propia labor informativa", denuncia el especialista.

Tomando en cuenta que la dinámica apenas cambió con el fin del "priato" en el 2000, a nivel cuantitativo y cualitativo podríamos decir sin temor a equivocarnos que el contexto en el que recibió López Obrador el gobierno fue el más propicio para que su administración se atreviera a plantear una modificación de ese esquema.

Su antecesor, Enrique Peña Nieto, fue objeto de fuertes críticas, tanto por el gasto en esa área como por la presión que ejerció sobre los medios para intentar imponer una imagen positiva de su gestión, que no correspondía con la realidad.

Si nos ceñimos a los números, Peña Nieto batió un récord histórico al asignar más de 61 mil millones de pesos a ese rubro durante su sexenio —89% más de lo aprobado— frente a los 56 mil millones que destinó su predecesor, Felipe Calderón. El gasto en comunicación social y publicidad oficial del gobierno federal pasó de mil 935 millones de pesos en el primer año de Vicente Fox (2001) a 8 mil 430 millones en el primero de Peña Nieto, subiendo año tras año en los sexenios de los dos gobernantes del PAN.[4]

---

[3] https://www.ine.mx/wp-content/uploads/2021/02/CDCD-34.pdf.

[4] https://www.fundar.org.mx/mexico/pdf/SCMexESP.pdf.

"Peña logra lo que parecía imposible: supera en 2017 su récord en derroche", titulaba en agosto de 2018 el portal de noticias *SinEmbargo*,[5] en un artículo donde destacaba que ese año el ejecutivo había gastado 10 mil 725 millones de pesos en publicidad oficial, 200% más de lo autorizado. La movida del jefe de Estado priista no resulta tan novedosa si tomamos en cuenta lo que hizo su antecesor, Calderón, a mediados de su sexenio.

De acuerdo con la organización de defensa de la libertad de prensa Artículo 19 y con Fundar, una asociación dedicada a transparentar el gasto público en materia de comunicación, entre otras labores, durante 2009 "el gasto en comunicación social y publicidad del Gobierno Federal alcanzó 4 927.7 millones de pesos. Este gasto representa un aumento de 501% respecto a lo que se gastó en publicidad oficial en 2006, último año de la administración anterior", denunciaron ambas en su informe "Publicidad oficial en México: la censura estructural".[6]

En el caso del presidente panista, el objetivo gubernamental fue hacerse con el control del relato de su "guerra contra el narcotráfico". Tal fue la obsesión que el secretario de Seguridad Pública, el polémico Genaro García Luna —años más tarde detenido en Estados Unidos por lazos con el narcotráfico— llegó a destinar 118 millones de pesos de esa dependencia a la producción de una teleserie de ficción de 13 capítulos titulada *El equipo*. El espacio televisivo ensalzaba la labor de un grupo de agentes de la Policía Federal —usando además recursos públicos, como instalaciones, vehículos y equipos—.[7]

En palabras de Diego de la Mora, investigador del área de Presupuestos y Políticas Públicas de Fundar, aquella producción era "un infomercial" para halagar los éxitos del combate a la delincuencia orga-

---

[5] https://www.sinembargo.mx/25-08-2018/3460723.

[6] https://articulo19.org/la-nueva-politica-de-comunicacion-social-es-un-paso-importante-pero-insuficiente/.

[7] https://www.proceso.com.mx/nacional/2011/7/13/desembolso-garcia-luna-118-mdp-por-la-teleserie-el-equipo-89384.html.

nizada y, "más allá del posible desvío de recursos públicos (no se conocen los términos mediante los cuales se acordó el usufructo de bienes públicos para una actividad privada)", la transmisión de aquel espacio sacó a la luz "un fenómeno poco discutido en México: una comunicación entre gobierno y sociedad que se confunde cada vez más con propaganda y afecta de manera cotidiana la vida de las y los mexicanos".

La baja audiencia acabó por sepultar a la teleserie, producida por Televisa, una de las empresas de comunicación que más recursos oficiales ha obtenido históricamente, sino la que más, muchas veces aun a costa de exponerse a situaciones que han puesto seriamente en entredicho su imagen, como el montaje de la detención en 2005 de la francesa Florence Cassez y su pareja, Israel Vallarta.

De acuerdo con De la Mora, solamente en los primeros tres años del sexenio de Calderón "los costos de la propaganda de la guerra contra el narcotráfico" aumentaron significativamente. "De 2006 a 2009, entre las cuatro dependencias más vinculadas con dicha estrategia (Seguridad Pública, Marina, Defensa y la PGR) se gastaron un promedio de 120.6 millones de pesos al año. En 2010 se gastaron 181.7 millones entre las cuatro y, en el Presupuesto de Egresos de 2011 a estas cuatro dependencias se les aprobaron 469.7 millones de pesos para comunicación social y publicidad", detalló.[8]

La defensa a ultranza de la labor de las fuerzas del orden fue también nuclear en la estrategia de comunicación de Peña Nieto, pero el priista tenía un objetivo aparentemente superior: intentar vender un relato de normalidad y, sobre todo, de éxito a través de sus publicitadas reformas estructurales.

La tentativa resultó fallida por los ingentes episodios de corrupción registrados durante su sexenio. La narrativa peñanietista fue ambiciosa y, en algunos casos, bastante ingeniosa. "La publicidad oficial es una herramienta útil para que, a través de plumas 'independientes', los gobiernos cuenten lo que quieren contar. 'Mover a México', 'Lo

---

[8] https://www.animalpolitico.com/res-publica/propaganda-de-guerra/,

bueno cuesta, pero cuenta mucho' y 'Que lo bueno siga contando' son sólo algunos slogans que, en voz del presidente Peña Nieto, se quedaron en la cabeza de muchos mexicanos y han costado miles de millones de pesos del erario público", explicaba Artículo 19 en su informe anual de 2018, "Ante el silencio ni borrón ni cuenta nueva".[9]

El diario estadounidense *The New York Times* radiografió,[10] en diciembre de 2017, cómo aplicó su estrategia el mandatario del Partido Revolucionario Institucional (PRI). "La gestión del presidente Enrique Peña Nieto ha gastado cientos de millones de dólares anuales de los fondos gubernamentales en publicidad, creando lo que muchos propietarios, ejecutivos y periodistas mexicanos definen como una gigantesca marca presidencial que puede suprimir artículos de investigación, escoger portadas e intimidar a las salas de redacción que la desafían."

Según el rotativo, que aseguró haber hecho "docenas de entrevistas con ejecutivos, editores y periodistas", el resultado de esa forma de actuar desde el poder trajo consigo "un panorama mediático en el que los funcionarios federales y estatales dictan las noticias de forma rutinaria, exigiéndole a los medios qué es lo que deberían y lo que no deberían informar". "Los reportajes contundentes a menudo son suavizados o se posponen indefinidamente, si es que llegan a investigarse. Dos tercios de los periodistas mexicanos admiten que se censuran", agregaba.

Antes de llegar a la presidencia, cuando aún era candidato, el político del Estado de México ya había sido puesto en tela de juicio en una información publicada el 11 de mayo de 2012 por el diario *Reforma* sobre los supuestos pagos millonarios realizados por el gobierno de esa entidad vecina de la capital a periodistas de Grupo Radio Fórmula, entre ellos Joaquín López Dóriga y Óscar Mario Beteta.[11]

---

[9] https://articulo19.org/wp-content/uploads/2019/05/Ante-el-Silencio-Ni-Borron-Ni-Cuenta-Nueva_ABRv2.pdf.

[10] https://www.nytimes.com/es/2017/12/25/espanol/con-su-enorme-presupuesto-de-publicidad-el-gobierno-mexicano-controla-los-medios-de-comunicacion-pri-pena-nieto.html.

[11] https://aristeguinoticias.com/1105/lomasdestacado/epn-paga-por-comentarios-en-medios-reforma-responde-radio-formula/.

Los conceptos de aquellas retribuciones no dejan mucho lugar a dudas: "menciones", "transmisión y apoyo a la información", "apoyo informativo", "paquetes de servicios informativos" y "difusión de actividades". El medio de comunicación aludido se defendió diciendo que se trataba de "cortinillas promocionales al inicio y al final de comentarios que se insertan en distintos programas. Dichas cortinillas las escuchan las audiencias, antes y después de los comentarios al aire. Las cortinillas son clara y fácilmente identificables, y su comercialización es totalmente transparente", agregó.

El incidente, de cualquier modo, resulta ilustrativo de los caminos que históricamente ha tomado el gasto público en comunicación. Como Peña Nieto, muchas autoridades mexicanas han destinado ingentes cantidades de dinero a resaltar los resultados de sus gestiones a través de los medios, que a su vez han mostrado una preocupante disposición a prestarse a ese juego.

En el informe "Comprando complacencia: Publicidad oficial y Censura indirecta en México" (2014),[12] Fundar y Artículo 19 documentaron al menos cuatro casos de medios de comunicación de distinta índole que aseguraron haber sido castigados sin publicidad oficial por la administración calderonista. Uno de ellos, el *Diario de Juárez*, denunció en febrero de 2012 haber sido excluido de la asignación de anuncios de la Secretaría de Seguridad Pública a medios locales de Chihuahua, con el argumento de que su línea editorial era "muy severa" con la labor del gobierno contra la delincuencia organizada.

Aunque el episodio más sonado se dio con la revista *Proceso*, que en 2009 interpuso una queja ante la Comisión Nacional de los Derechos Humanos (CNDH) por el trato injusto que recibía en ese terreno de las autoridades del país pese a tener más difusión que otras publicaciones similares, como *Vértigo*, *Milenio Semanal* o *Emeequis*. "Con el gobierno de Felipe Calderón, la situación empeoró y la publicidad

---

[12] https://www.fundar.org.mx/mexico/pdf/SCMexESP.pdf.

del gobierno federal se redujo a cero", denunció el entonces director de *Proceso*, Rafael Rodríguez Castañeda.

Tres años después, el 1 de agosto de 2012, la CNDH emitió una recomendación dando la razón a la revista, pero no fue hasta noviembre de 2013, ya con Peña Nieto en el poder, que Rodríguez Castañeda fue informado de que recibiría publicidad oficial a partir de esa fecha. "No hay nada explícito, hay una ausencia de política clara y coherente de los recursos", lamentó el director.

Uno de los principales hallazgos del informe de Fundar y Artículo 19 fue que las autoridades federales y locales aprovechaban la falta de regulación a la hora de comprar espacios de publicidad oficial para controlar las líneas editoriales de los medios de comunicación, lo que llevaba a muchos de ellos a adaptar su cobertura periodística para obtener contratos más ventajosos.

También señaló que algunos propietarios de empresas informativas se asociaban con políticos "en una relación basada en la corrupción" donde prevalecía "la propaganda sobre la transmisión de información oportuna y exacta" y sostuvo que la asignación del espectro radioeléctrico se había convertido en "un mecanismo distinto de censura indirecta", utilizado en contra de las radios comunitarias.

Reveló, asimismo, que había opacidad en el gasto en publicidad oficial, tanto desde el lado de la administración federal como de los receptores de ese recurso, y argumentó que "el uso arbitrario" de ese rubro agudizaba "la concentración en la propiedad de los medios de comunicación" y creaba "una falsa sensación de pluralismo".

El estudio lamentó la perduración de "pasquines", sobre todo en prensa escrita e internet, que "sobreviven únicamente gracias a fondos del gobierno y que tienen una audiencia real mínima", y la persistencia de "prácticas corruptas en la mayor parte de México, incluyendo el soborno a periodistas mal pagados —conocido coloquialmente como 'chayote'— para influir en sus informes, así como otros pagos supuestamente efectuados a editores, propietarios y publicistas".

Por último, se quejó de que las promesas de regulación de ese rubro por parte del poder solo se daban en contextos electorales, pero al final nunca se cumplían.

Las carencias jurídicas y el escaso o nulo cumplimiento de la ley son, precisamente, dos de los principales retos para la publicidad oficial en México. El artículo 134 de la Constitución prohíbe, de entrada, su uso propagandístico, pero ese requisito es pocas veces acatado. "La propaganda, bajo cualquier modalidad de comunicación social, que difundan como tales, los poderes públicos, los órganos autónomos, las dependencias y entidades de la administración pública y cualquier otro ente de los tres órdenes de gobierno, deberá tener carácter institucional y fines informativos, educativos o de orientación social. En ningún caso esta propaganda incluirá nombres, imágenes, voces o símbolos que impliquen promoción personalizada de cualquier servidor público", dice el artículo.

A pesar del dispendio realizado en ese apartado durante el mandato de Peña Nieto, al final de su sexenio, en mayo de 2018, se aprobó una Ley General de Comunicación Social que pretendía regular ese rubro, pero que terminó siendo fuertemente cuestionada por sus evidentes lagunas reglamentarias, hasta el punto de ser bautizada como "ley chayote".

Solo tres años después de su entrada en vigor, el 8 de septiembre de 2021, la Suprema Corte de Justicia de la Nación (scjn) la declaró inconstitucional, en respuesta a un recurso de amparo de Artículo 19, que argumentaba que la normativa no cumplía a cabalidad con la tarea que el texto fundamental le encomendó, particularmente porque no esclarecía ni detallaba los criterios a que debe estar sujeto el gasto en comunicación social, ni tampoco disponía procedimientos concretos y reglas específicas encaminadas a garantizar que el ejercicio de dicho gasto cumpliera con los requisitos indicados, disminuyendo así la discrecionalidad de los agentes gubernamentales involucrados.

La scjn instó, además, al Congreso a que subsanara las deficiencias de la ley antes de que finalizara el periodo ordinario de sesiones correspondiente a 2021, es decir, antes del 15 de diciembre de ese año.[13]

Desde su primer día López Obrador optó por un importante recorte del gasto en publicidad oficial, vendiéndolo como un ejemplo de la aplicación de las políticas de austeridad de la 4T.

En su primer año en la presidencia ejerció 3 mil 246 millones de dólares, una tercera parte de lo que gastó Peña Nieto (9 mil 362 millones) y algo más de la mitad de lo que desembolsó Calderón (7 mil 381 millones).[14]

El 17 de abril de 2019, menos de medio año después de iniciar su periplo como gobernante, el ejecutivo publicó un acuerdo en el *Diario Oficial de la Federación* (DOF)[15] para establecer una Política de Comunicación Social del Gobierno Federal que, entre otras cosas, prohíbe presionar, castigar, premiar, privilegiar o coaccionar a los comunicadores o a los medios de comunicación; realizar erogaciones por concepto de notas, entrevistas o imágenes con fines periodísticos; otorgar recursos públicos encubiertos que beneficien, directa o indirectamente, a las empresas informativas y recibir algún pago, a través de la prestación de servicios de publicidad, impresiones e inserciones relativos a las actividades de comunicación social.

Adicionalmente, la iniciativa sitúa el límite del gasto en publicidad institucional en 0.1% del Presupuesto de Egresos de la Federación, unos 5 mil 800 millones de pesos, según un cálculo realizado por el medio económico *Expansión*.[16]

---

[13] https://fundar.org.mx/congreso-de-la-union-tiene-un-mes-para-cumplir-con-la-sentencia-de-la-corte-y-emitir-la-nueva-ley-que-regule-la-publicidad-oficial/.

[14] https://publicidadoficial.com.mx/wp-content/uploads/2020/07/AMLO-gasto-en-publicidad-oficial-A19-y-Fundar.pdf.

[15] https://dof.gob.mx/nota_detalle.php?codigo=5558048&fecha=17/04/2019.

[16] La medida da seguimiento, en apariencia, a los llamados Lineamientos Generales para el Registro y Autorización de los Programas de Comunicación Social y de Promoción y Publicidad de las Dependencias y Entidades de la Administración Pública Federal para el Ejercicio Fiscal 2019, publicados también en el DOF el mes de enero anterior. https://politica.expansion.mx/presidencia/2019/04/17/el-gobierno-de-amlo-promete-no-gastar-mas-5-800-mdp-en-publicidad-oficial.

Desde el punto de vista de Artículo 19 y Fundar, ambos ordenamientos han dado "mayor certeza sobre la transparencia del gasto y de las ampliaciones presupuestales, los criterios de asignación, la evaluación de las campañas y la prohibición del uso propagandístico de estos recursos o como un instrumento para influir en la línea editorial de los medios de comunicación".

Sin embargo, "algunas medidas son insuficientes y perpetúan las malas prácticas, como la discrecionalidad en la asignación presupuestaria y la desigualdad en la repartición".[17] Las dos organizaciones ponen el foco de preocupación en el artículo 12 de la Política de Comunicación Social del Gobierno Federal porque, si bien prohíbe que un solo medio reciba 25% de la publicidad oficial, incluye excepciones, como "que se trate de la producción de los materiales a divulgar o, en su caso, se justifique la imposibilidad de distribuir esa pauta en atención al objetivo previsto en la campaña específica".

Pese a que "fija de manera muy oportuna algunos criterios de asignación de la publicidad oficial", el artículo 14 tampoco presenta suficiente "claridad y precisión en su redacción, lo que da un margen importante de interpretación y de discrecionalidad", añaden.

Efectivamente, los criterios para la asignación de publicidad evidencian ciertas lagunas. El primer punto indica que "los medios utilizados en cada campaña deben tener relación con el nivel de penetración en la población objetivo", pero no especifica cómo se medirá eso.

El segundo advierte que "cuando la publicidad deba dirigirse a un público específico que sea susceptible de ser alcanzado por medios de comunicación locales, éstos podrán ponderarse conforme a su ámbito de cobertura, y en atención a la disponibilidad presupuestal para el cumplimiento de la finalidad de la campaña específica y a su población objetivo", pero sigue siendo muy vago en cuanto a la forma de materializar esas metas.

---

[17] https://fundar.org.mx/comunicacion-social-publicidad-oficial/.

El tercero habla de "seleccionar los medios conforme a criterios objetivos, tomando en consideración las características, tarifas, destinatarios, cobertura y especialidades que cada uno presenta", pero una vez más deja demasiados cabos sueltos.

El cuarto y último punto es todavía más intrigante y equívoco al incluir como condición para tomar la decisión "cualquier otra que establezca la normativa en la materia".

Aunque es verdad que durante el primer año en la presidencia López Obrador recortó de forma considerable el dinero destinado a ese rubro, también lo es que no ha habido un cambio significativo en las proporciones de distribución de ese recurso económico.

"El gasto en publicidad oficial sigue altamente concentrado. Del total del monto erogado en 2019, cinco de 564 medios de comunicación concentran 40% de los recursos, es decir poco más de 1 253 millones de pesos, lo que significa que las viejas prácticas continúan repitiéndose", denunciaban Artículo 19 y Fundar sobre el primer año de gestión de AMLO.

La concentración no fue solo entre los destinatarios del recurso, sino también entre las dependencias que lo reparten. "De las 117 instituciones del gobierno federal que destinaron gasto para publicidad oficial en el 2019, tres de ellas concentraron el 67%, es decir, poco más de 2 170 mdp (millones de pesos)", agregaron. Televisa, TV Azteca y *La Jornada* lideraban por mucho el *ranking*, sumando entre las tres 30% del monto total asignado.

Poco cambiaron las cosas en el segundo año de AMLO en el Palacio Nacional. El gobierno siguió ajustando las partidas en ese apartado, restringiéndolas a 2 248 millones de pesos, una quinta parte de lo que gastó Peña Nieto en el segundo año de su sexenio. Sin embargo, persistieron las malas prácticas en la distribución del recurso. De los 457 medios que recibieron dinero de publicidad oficial, 10 se llevaron 52% del monto total, con Televisa, TV Azteca y *La Jornada* nuevamente en el podio. Entre las instituciones públicas que entregaron las asignaciones, cinco concentraron más de 70% de la cantidad total concedida.[18]

Respecto a la Ley de Comunicación Social o "ley chayote", el Congreso de mayoría oficialista tampoco cumplió con el plazo impuesto por la Suprema Corte de Justicia de la Nación para redactar una nueva Ley de Comunicación Social, aplazando la discusión del asunto a 2022 y sin que, a la conclusión de este libro, se hubiera resuelto el asunto.[19]

Golpes a la libertad de prensa

En la mañanera del 25 de agosto de 2020 López Obrador lanzó una de sus habituales diatribas contra los medios de comunicación tradicionales, en respuesta a una pregunta del comunicador Carlos Pozos sobre un video del hermano del gobernante recibiendo dinero en un supuesto acto de corrupción.[20]

"Recibían muchos apoyos del gobierno. Esas revistas las compraba el gobierno casi todas, casi toda la edición, o sea, las suscripciones. Cuando [el presidente Carlos] Salinas, para todos los grupos había recursos, pero esto hasta el gobierno pasado, vendían libros, documentales, millones de pesos. Por eso callaban, nunca vieron la corrupción", comenzó AMLO, quien atribuyó las publicaciones periodísticas que exponen a su gobierno o su entorno al "enojo" de la prensa por los recortes al gasto del Estado en comunicación dispuestos por su administración.

"Presidente, ¿y por qué no acabar con la publicidad gubernamental a todos los medios? Eso nos haría independientes y libres si no

---

[18] https://fundar.org.mx/publicidad-oficial-2020/.

[19] https://www.proceso.com.mx/nacional/2022/1/12/diputados-solicitan-otra-prorroga-mas-para-discutir-la-ley-chayote-278961.html.

[20] https://www.gob.mx/presidencia/es/articulos/version-estenografica-conferencia-de-prensa-del-presidente-andres-manuel-lopez-obrador-del-25-de-agosto-del-2020?idiom=es.

se dependiera de esa publicidad. Los medios alternativos en su administración hemos recibido un *banner*, una sola publicidad y Televisa, radio y periódicos, ellos se han llevado el monto fuerte. Si no existiera eso…", dijo Pozos.

"Vamos a analizarlo, no lo descartemos, pero yo soy partidario que si se destina una cantidad para garantizar el derecho a informar pues tiene una justificación; además, el pueblo tiene que estar informado y esa es la función de los medios, y, además, en muchos medios se trabaja, es empleo", contestó el mandatario antes de criticar la injusta distribución de los recursos económicos dentro de las propias empresas informativas, donde un director, el conductor de un noticiero o un famoso articulista pueden ganar sueldos o tener retribuciones muy superiores a las de un reportero, fotógrafo o camarógrafo.[21]

Como indica el presidente, la publicidad oficial, bajo la lógica de asegurar el derecho de la población a estar informada, tiene toda la razón de ser. Esa ha sido la justificación teórica para mantenerla durante años en México, aunque en la práctica la distribución del recurso no siempre respondiera a ese interés. En otras partes del mundo algunas voces incluso apuntan a fortalecer un poco más ese vínculo entre Estado y medios de comunicación privados como una forma de proteger a la democracia moderna.

El fundador y presidente honorario de la Red de Periodismo Ético (Ethical Journalism Network), el británico Aidan White, es una de ellas: "El periodismo sólo sobrevivirá si la sociedad lo reconoce como un servicio público y asume que, como tal, hay que subvencionarlo. Si no, sólo quedará el periodismo económico y el resto serán agentes de relaciones públicas y redes", afirmó en una entrevista con el diario español *La Vanguardia* el 15 de mayo de 2019.[22]

---

[21] https://www.jornada.com.mx/ultimas/politica/2020/04/17/ajustan-sueldos-en-varios-medios-nacionales-3430.html.

[22] https://www.lavanguardia.com/lacontra/20190515/462255384681/si-subvencionamos-un-ballet-por-que-no-el-periodismo.html?fbclid=IwAR0zfVOA7h-DAfSSVCnotE5BSGiJQ3JrMepMr1AwHmIifmOt-zqDn0OGzEpI.

La suscripción como vía de supervivencia puede ser también un buen camino, pero de la misma forma en que alguien está dispuesto a pagar por leer un diario que le resulta útil también estará dispuesto a pagar impuestos que permitan subvencionarlo, agregó White.

Sobre la forma de superar las presiones del gobierno en turno, en quien recae la decisión de dar esos apoyos económicos, recordó que el medio británico BBC "logró consolidarse como servicio público enfrentándose a todos los partidos políticos hasta que consiguió la confianza de todos". "¿Por qué subvencionamos sin quejas un ballet o una ópera y no el buen periodismo al servicio del lector? Hay que encontrar caminos para que lo financie el ciudadano sin que eso signifique caer bajo el control del partido de turno", sentenció.

Raúl Trejo Delarbre planteó otros caminos después de que AMLO anunciara en 2018, poco antes de llegar al poder, que iba a recortar a la mitad el gasto en publicidad como parte de su plan de austeridad.[23] Aunque es consciente de que sería una medida muy impopular, porque de la publicidad oficial viven "centenares de medios impresos", Trejo consideró que "tendría que ser cancelada por completo", pero de forma paulatina, durante un periodo de dos años.

Mientras, el Estado debería crear "un fondo de respaldo a la prensa de calidad" manejado por "una comisión independiente integrada por periodistas, académicos y sociedad civil (independiente del gobierno)" que podría "patrocinar publicaciones culturales, en lenguas indígenas y locales". "En ningún caso el dinero otorgado a cada medio debería ir más allá de 50% de sus ingresos, además de trabajar para recibir el respaldo de la sociedad. Tampoco debería entregarse por más de dos años, para que se vaya renovando", sugirió.

Vacilante sobre la forma de enfrentar el dilema, en septiembre de 2019 López Obrador volvió a referirse al asunto después de presentar un informe elaborado por sus colaboradores sobre la tendencia de las columnas de opinión en las principales cabeceras de prensa

---

[23] https://www.dgcs.unam.mx/boletin/bdboletin/2018_843.html.

respecto a su desempeño, diferenciando entre las que daban informaciones positivas, neutrales o negativas, y sin dar detalles sobre la metodología utilizada.

Estimulado por la acostumbrada saña con la que AMLO critica a los líderes de opinión que lo cuestionan, Carlos Domínguez, del portal *Nación 14*, le preguntó si seguiría otorgando contratos de publicidad oficial a los principales medios del país a pesar de ser los más críticos con su gestión. "Es que es otra cosa, es la publicidad que requiere el gobierno, está totalmente desligada de la línea editorial, eso también debe de tomarse en consideración, no hay represalias para nadie", respondió el mandatario a Domínguez.[24]

El 20 de agosto de 2020, un mes y cinco días antes de que AMLO asegurara que no había "represalias para nadie", el DOF publicó una circular de la Secretaría de la Función Pública (SFP) en la que se comunicaba a las dependencias y entidades federales que debían abstenerse de celebrar contratos con la empresa editora de la revista *Nexos*, Nexos Sociedad Ciencia y Literatura, S. A. de C. V., a la que acusó de proporcionar "información falsa para lograr un contrato por adjudicación directa en una campaña institucional del Seguro Social [IMSS]" en 2018.[25]

Horas después la SFP informó en un comunicado que "el Órgano Interno de Control (OIC) en el IMSS resolvió sancionarla [a *Nexos*] con inhabilitación por 2 años y multa por 999 mil 440 pesos, al acreditarse que dolosamente presentó información falsa para obtener el contrato público".

En un contexto en el que el gobernante había señalado en varias ocasiones a la publicación y a su director, el escritor, historiador y periodista Héctor Aguilar Camín, la medida fue interpretada como un golpe soterrado a la libertad de prensa.

---

[24] https://lopezobrador.org.mx/2020/09/25/version-estenografica-de-la-conferencia-de-prensa-matutina-del-presidente-andres-manuel-lopez-obrador-383/.
[25] https://www.nexos.com.mx/?p=49439.

Artículo 19 emitió, al día siguiente de la decisión, un comunicado en el que denunció que "el uso sancionatorio de la publicidad oficial como método de censura indirecta es una práctica de la cual cualquier autoridad debe abstenerse de realizar, pues la misma viola los derechos a la libertad de expresión y a la información".[26]

"Para darle certeza al medio y la sociedad de que la aplicación de la medida es proporcional, justa y necesaria, tiene que haber una ley que regule la publicidad oficial y las disposiciones relativas a la aplicación de sanciones. Sin ella, la medida parece voluntarista, discrecional y desproporcionada. Esa certeza asegura que este tipo de sanciones no se interpreten como mecanismos de censura", añadió. A la organización de defensa de los derechos de los periodistas se sumó otro pronunciamiento tan o más crítico de la Sociedad Interamericana de Prensa.[27]

John Ackerman, investigador del Instituto de Investigaciones Jurídicas de la Universidad Nacional Autónoma de México (UNAM), no opinó lo mismo. En una entrevista con el diario *El Universal* en octubre de aquel año,[28] el esposo de la exsecretaria de la Función Pública de AMLO, Irma Eréndira Sandoval, sostuvo que "las empresas todas tienen la responsabilidad de cumplir con la Ley". "El hecho de que en el pasado, por ser amigos del presidente, del poder público, les exculpaban de todas sus irregularidades no quiere decir que tengan derecho toda la vida, sino que hay un gobierno que hace valer la Ley. No es censura sino todo lo contrario: es la aplicación del Estado de Derecho. Se acabaron los privilegios y el caso de la sanción a *Nexos* es el caso más claro", apuntó.

Recordemos, sin embargo, que en una mañanera en el mes de junio, dos meses antes de que se conociera el castigo, el gobernante

---

[26] https://articulo19.org/resolucion-sobre-revista-nexos-representa-un-mecanismo-de-censura-indirecta/.

[27] https://www.sipiapa.org/notas/1214049-preocupa-la-sip-sancion-contra-revista-nexos-mexico.

[28] https://www.eluniversal.com.mx/nacion/algunos-medios-podrian-tener-mas-poder-que-el-presidente-john-ackerman.

había incluido a Aguilar Camín entre el grupo de "intelectuales orgánicos del antiguo régimen", como denomina a historiadores y analistas políticos a los que acusa de haberse beneficiado injustamente de contratos de los gobiernos del "periodo neoliberal". "Parecían escuelas de cuadro para el neoliberalismo, institutos, universidades, formando profesionales académicos con esa concepción; ahora tiene que cambiar todo, pero no imponer nada, no porque tú eres de la escuela de [Enrique] Krauze tienes becas como creador, a ti no, tú eres de la escuela de *Nexos*, de Aguilar Camín, a ti no", expuso.[29]

Y aunque después de la sanción a *Nexos*, el gobernante se refirió en reiteradas ocasiones a Aguilar Camín para denostarlo o para nutrirse de sus críticas, jugando el doble papel de verdugo y víctima que tantas veces ha usado con la prensa, no fue hasta un año y cuatro meses después cuando AMLO confesó realmente las razones de fondo de la actuación de su gobierno respecto a figuras como esa y el otorgamiento de publicidad oficial para sus publicaciones, en uno de los pocos deslices verbales del político tabasqueño:[30] "Entonces, eso no, no le vamos a estar comprando 10 mil revistas a *Nexos* o a *Letras Libres* para que Krauze y Aguilar Camín estén tranquilos, no les vamos a estar dando 10 mil millones de pesos de publicidad a medios de información para que no nos cuestionen sus articulistas; no les vamos a seguir dando contratos para que construyan hospitales, reclusorios, para que, como son también dueños de la televisión, sus conductores no nos cuestionen, para que Ciro no esté cuestionándonos todos los días, Ciro Gómez Leyva y otros. No", dijo y aclaró que prefería dirigir ese dinero a los niños pobres, a los jubilados y a los campesinos.

[29] https://www.gob.mx/presidencia/es/articulos/version-estenografica-conferencia-de-prensa-del-presidente-andres-manuel-lopez-obrador-del-16-de-junio-de-2021-274804?idiom=es.

[30] https://www.gob.mx/presidencia/es/articulos/version-estenografica-conferencia-de-prensa-del-presidente-andres-manuel-lopez-obrador-del-16-de-diciembre-de-2021?idiom=es.

La insistente lamentación de López Obrador, sobre que es uno de los presidentes más atacados por la prensa en la historia del país, junto con su idolatrado Madero, revela en cierta forma que el tabasqueño considera los ataques contra su investidura un fenómeno fuera de lugar, aun cuando varias veces ha tratado de quitarles importancia. Por ejemplo, en la mañanera del 22 de octubre de 2021: "Y yo tengo que agradecerles mucho a los opositores de que no se ha optado por la violencia, que son columnas en periódicos, programas de radio, de televisión, insultos en medios convencionales, en las redes sociales, pero no pasa de ahí, y esto es muy bueno porque cuando ya hay odio, violencia, pues ya hay descomposición".[31]

La pretendida línea rupturista de AMLO respecto al manejo de la publicidad oficial, sin embargo, es considerada por el periodista Carlos Loret de Mola como una simple fachada para que, en el fondo, las cosas sigan igual. Para que se eternice el "gatopardismo" en el país, usando un concepto que el mandatario más de una vez ha achacado a sus antecesores y que él considera antagónico de la "histórica transformación" que asegura liderar.

Según el comunicador, "en este tema, como en muchos otros, el presidente de México dice que quiere romper con los vicios del pasado, pero lo que en realidad hace es ajustar los vicios del pasado a las conveniencias de su presente". Loret de Mola recuerda que "en los últimos 30 años ha habido una intensa producción de trabajos periodísticos nada favorables a los gobiernos en turno, publicados mayoritariamente en medios que tenían contratos de publicidad oficial". Y resalta que: "Con base en muchas de estas investigaciones, el proyecto de AMLO construyó su camino al poder".[32]

Al respecto, el periodista Alejandro Páez Varela ha escrito:[33] "si *Proceso* es ahora un 'medio chayotero' o un 'medio traicionero' porque

[31] https://lopezobrador.org.mx/2021/10/22/version-estenografica-de-la-conferencia-de-prensa-matutina-del-presidente-andres-manuel-lopez-obrador-629/.

[32] https://www.washingtonpost.com/es/post-opinion/2020/10/04/la-hipocresia-de-amlo-sobre-el-financiamiento-los-medios/.

[33] https://www.sinembargo.mx/05-11-2018/3493308.

critica a AMLO, ¿entonces los no-chayoteros serán los que, por oficio, se pongan a los pies del nuevo Jefe del Estado mexicano, como lo hicieron con Fox, con Calderón y con Peña? ¿Ese es el tipo de medios que aplaudirán? Si es así, pues vamos de reversa. Qué sigue, ¿no dejar a Álvaro [Delgado] entrar a Palacio Nacional y castigar a la revista con la publicidad oficial, como lo hicieron casi todos los presidentes desde Luis Echeverría? ¿Por eso no han tirado la Ley Chayote, para usar otra vez la publicidad como garrote y zanahoria? ¿Prefieren medios afines que cierren la boca y extiendan la mano?"

Durante la mañanera del 9 de enero de 2020 la veterana periodista Isabel Arvide, que tiene una trayectoria de más de cuatro décadas en la profesión, se quejó porque el menor reparto de publicidad oficial no había significado una distribución más equitativa del recurso. "Hay una nueva reducción en el monto que se va a gastar este año, hay también 80 millones de mexicanos que utilizan internet, y de esos 80 millones, 70% se informan por internet; sin embargo, quien recibe la publicidad oficial es un semanario que se llama *Proceso*, que usted dijo que no se lee, y cada semana vemos un gran número, a veces 11, a veces 13, a veces 16, pero vienen páginas y páginas y páginas de publicidad, y quienes tenemos un portal, estamos en redes sociales, estamos aquí desde la madrugada, no recibimos un centavo de publicidad. Entonces, señor, ¿este año va a haber alguna manera en que esto cambie, en que lo que usted ha llamado benditas redes sociales tengan mayor importancia que un semanario que además lo golpea? Todo el tiempo está buscando de qué manera estar en contra y estar fustigando innecesariamente, porque si no, podríamos tener un nuevo paradigma de 'solamente te pago si me pegas' ", denunció Arvide, quien agregó: "Además, nos piden hasta el certificado de virginidad para aspirar a tener publicidad, ¿eh?".

La periodista, quien ese día enfatizó que se levantaba antes de las cuatro de la mañana para situarse en la primera fila de la conferencia, como dicen hacer la mayoría de estrellas de la nueva fuente presidencial, publicó sus artículos durante años en diarios como *Excélsior*, *El Sol de México* u *Ovaciones*, además de obtener un Premio Nacional de Periodismo en 1984. Sin embargo, cuando comenzó a intervenir en la mañanera apenas escribía textos de opinión en un blog especializado en información militar llamado *EstadoMayor*, en el que colabora desde hace años.

Autora de varios libros, Arvide también es recordada en el gremio por una agria polémica con la esposa del expresidente mexicano José López Portillo. La actriz Sasha Montenegro[34] la demandó por descalificarla en un artículo y ganó el proceso judicial por difamación, provocando el embargo de la casa de la periodista y dejando un triste antecedente respecto a la libertad de expresión en el país.[35]

Incómodo, el mandatario prometió a Arvide tomar cartas en el asunto. "Vamos a que Jesús nos informe la semana que viene cómo es la política de la distribución de los recursos que maneja el gobierno para la publicidad, cuáles son los criterios y que se transparente, si les parece. Vamos a que alcance, ahora es menos, poquito porque es bendito. Si se distribuye bien, con justicia va a alcanzar, porque tenemos también la obligación a los medios de comunicación, es un derecho el derecho a la información y se tiene que fomentar, sino condiciones, no es darle la publicidad para silenciar a los medios, no, sino que se pueda llevar a cabo el ejercicio del periodismo y lograr [difundir] la información a la gente", dijo.[36]

El 28 de julio de 2020, poco más de seis meses después de que la periodista solicitara frontalmente ser merecedora de publicidad oficial, la Secretaría de Relaciones Exteriores (SRE) anunciaba su nombramiento como consulesa de México en Turquía,[37] donde gana un salario neto anual de 957 mil 924 pesos, de acuerdo con el portal de la SFP que transparenta el patrimonio de los funcionarios.

---

[34] https://portal.politico.mx/minuta-politica/minuta-politica-gobierno-federal/el-pleito-entre-isabel-arvide-nueva-c%c3%b3nsul-y-sasha-montenegro/.
[35] https://www.ejecentral.com.mx/la-consulesa-de-la-4t/.
[36] https://www.youtube.com/watch?v=ad9adBDrHVg.
[37] https://www.gob.mx/sre/prensa/la-sre-nombra-consules-de-mexico-en-el-exterior?state=published.

Un currículum de Arvide publicado en la página web de la SRE tras su designación[38] detalla un poco más a qué menesteres se estaba dedicando en la época en que cobró protagonismo en las mañaneras: "Desde 2008 ha impartido cursos de 'Comunicación', manejo de crisis, medios digitales. Los más recientes a jefes y policías de la secretaría de seguridad pública de la CDMX en 2018, y en 2019 a jefes militares, coroneles y generales, en la Secretaría de la Defensa Nacional. A partir de 2015 ha impartido cursos en diversas cárceles del país, destacando el Cefereso [Centro Federal de Readaptación Social] 16 de mujeres", dice su hoja de vida.

El compromiso presidencial con la periodista llevó a López Obrador a defenderla en sus ruedas de prensa matutinas en más de una ocasión, después de que la flamante consulesa en Turquía protagonizara varios incidentes de fuerte impacto mediático. En una ocasión se filtró una grabación de audio en la que estaba maltratando verbalmente y amenazando a los empleados del consulado[39] y en otra fue cuestionada por incluir a AMLO entre los merecedores de los "Vivas" que dio en una celebración del Grito de la Independencia en la legación diplomática mexicana en Estambul, según videos de redes sociales.[40]

Elena Poniatowska fue muy crítica con esa designación, en línea con su postura respecto a varios aspectos que no le han parecido adecuados de la mañanera: "Es un error. Creo que no concuerdo para nada con este nombramiento y no sé a qué responde, pero desde luego siento que no enorgullece al gremio periodístico y tiene de verdad hasta un lado ofensivo para nosotros", señaló.[41]

Sin embargo, los comentarios en la opinión pública no hicieron ninguna mella en el presidente, quien mantuvo su obcecación de

---

[38] https://consulmex.sre.gob.mx/estambul/index.php/el-consulado/consul-titular.

[39] https://www.proceso.com.mx/nacional/2021/4/14/audios-exhiben-amenazas-de-isabel-arvide-contra-empleados-del-consulado-en-estambul-261977.html.

[40] https://www.youtube.com/watch?v=Nq-8tjKh_Ro.

[41] https://www.eluniversal.com.mx/nacion/amlo-se-expone-si-mismo-en-las-mananeras-elena-poniatowska?fbclid=IwAR2cK3iGmSk26ZvTA5Uz7hRj6x28TsKM_D6RPcT2zfL_hR6rwp-rN6jd2Ys.

defender a Arvide contra viento y marea, como ha hecho varias veces con otros personajes de su movimiento. "Es una periodista que está ejerciendo el noble oficio del periodismo desde hace más de 40 años, no tiene malos antecedentes. Yo no la encontré en la lista de los que recibían dinero en el gobierno anterior, fue Premio Nacional de Periodismo en el género de columna política o análisis político, la primera mujer en recibir el Premio Nacional de Periodismo. No sé por qué ahora se ponen tan estrictos cuando se trata de una propuesta para una cónsul, una mujer periodista. ¿Cómo se llama el que estuvo de embajador en Washington cuando Calderón?", argumentó López Obrador una de las ocasiones en que excusó a Arvide.

"Se necesita experiencia, pero Isabel Arvide, por ejemplo, está preparada, ha escrito libros. ¿Es polémica? Pues todos somos polémicos", sentenció.[42]

El *modus operandi* presidencial de compensar con puestos en su administración la fidelidad de los periodistas "comprometidos" con la corriente que lidera no se limita únicamente al caso de Arvide. A otro consulado —en este caso el de la ciudad española de Barcelona— fue a parar quien fuera fundador del diario *La Jornada*, el nonagenario periodista, historiador, exsenador e importante referente de la izquierda mexicana Carlos Payán, quien gana en su nueva función burocrática un millón 460 mil 731 pesos mexicanos de salario neto anual, apenas 65 mil pesos menos que lo que gana el canciller Marcelo Ebrard (un millón 525 mil 296 pesos), de acuerdo con la SFP.

Payán, que dio sus primeros pasos en *El Machete*, órgano informativo del Partido Comunista Mexicano (PCM), y que condujo el diario *Unomásuno*, azote de los regímenes previos a la 4T, como lo fue *La Jornada*, había sido distinguido por el nuevo Senado de mayoría morenista en diciembre de 2019 con la Medalla Belisario Domínguez por

---

[42] https://lopezobrador.org.mx/2020/07/30/version-estenografica-de-la-conferencia-de-prensa-matutina-del-presidente-andres-manuel-lopez-obrador-354/.

"su trayectoria periodística y ciudadana como férreo defensor de los derechos humanos y de la libertad de expresión".[43]

En su discurso, Payán hizo un exhaustivo repaso a la actualidad geopolítica mundial para alertar ante el avance de un populismo de derechas representado entonces por presidentes como Donald Trump en Estados Unidos, Jair Bolsonaro en Brasil, el primer ministro italiano Mateo Salvini, la candidata presidencial francesa Marine Le Pen y el partido Vox en España, entre otros.

"En México, por fortuna, el panorama que hoy se nos abre va en sentido opuesto y podría significar el financiamiento de la democracia. Ojalá, ojalá", expuso luego. Según Payán, "muchos en el resto del mundo" habían puesto su mirada en la nación latinoamericana "con una enorme esperanza", porque había llegado al poder "un incansable luchador que con la población a su favor arrasó en casi todo el país". "No ha tenido esta gloria otra nación, como dice la letra luminosa que corona la Basílica de Guadalupe, en la Ciudad de México, referido a la Virgen de Guadalupe", agregó.

Al acto acudió López Obrador, quien al día siguiente publicó un mensaje en sus redes sociales asegurando que el reconocimiento era "bien merecido" y equiparó a Payán con Daniel Cabrera, director del histórico periódico satírico *El Hijo del Ahuizote*.

Menos de un mes antes de que Payán iniciara su periplo como agregado de prensa del consulado en Barcelona, el mandatario volvería a demostrar su deferencia hacia el veterano periodista al recibirlo en el Palacio Nacional y publicar una simbólica fotografía con el comunicador apoyado sobre el respaldo del sillón presidencial acompañada del siguiente mensaje: "Esta silla la obtuvimos transitoriamente por la lucha de muchos hombres y mujeres que ya no están y de quienes todavía nos acompañan. Carlos Fuentes dijo que Julio Scherer era

---

[43] https://www.canaldelcongreso.gob.mx/noticias/11568/Entregan_Medalla_Belisario_Domnguez_2018_al_periodista_Carlos_Payn_Velver.

el Francisco Zarco del siglo xx; yo sostengo que Carlos Payán es el Daniel Cabrera de nuestro tiempo".[44]

Si bien los nombramientos de Arvide y Payán, quien ya vivía retirado en Cataluña cuando fue designado para su puesto diplomático en Barcelona, son una forma de recompensa tardía y en apariencia inocua, el gesto denota una fuerte contradicción respecto al reiterado mensaje lopezobradorista de que el régimen que encabeza es "diferente" de los anteriores.

Otro caso de esas gratificaciones presidenciales a periodistas o activistas devenidos en tales como recompensa a su fidelidad a la 4T es el de Nuria Fernández, el último en orden cronológico pero no por ello menos llamativo.

La comunicadora fue nombrada directora del Sistema Nacional para el Desarrollo Integral de la Familia (DIF) por el gobernante el 27 de enero de 2022. "Yo aprovecho para informarles, y ya con esto terminamos, ya nos quedamos para mañana, va a ser una compañera que le tenemos mucha confianza porque tiene mucha sensibilidad social, y ha venido aquí también, ha actuado como periodista, ella va a ser la próxima directora del DIF, Nuria Fernández", anunció ese día, sorpresivamente, López Obrador al acabar su mañanera.[45]

"Entonces, la estamos promoviendo porque es puro corazón y es una mujer buena, una mujer de buenos sentimientos, de convicción honesta, ella va a ser. Entonces, vamos a que tome posesión y que esta sea su primera tarea, informar cómo están albergues de niñas, niños", añadió el gobernante, criticado por la oposición por haber señalado en noviembre de 2019 que el perfil ideal de los funcionarios de su administración debía ser "90 por ciento honestidad, 10 por ciento experiencia".[46]

---

[44] https://twitter.com/lopezobrador_/status/1124339422730825729?s=24.

[45] https://www.gob.mx/presidencia/articulos/version-estenografica-conferencia-de-prensa-del-presidente-andres-manuel-lopez-obrador-del-27-de-enero-de-2022?idiom=es.

[46] https://www.gob.mx/presidencia/articulos/version-estenografica-de-la-conferencia-de-prensa-matutina-jueves-28-de-noviembre-2019.

Casos como el de Nuria Fernández, Isabel Arvide o Carlos Payán han pasado bastante desapercibidos en la opinión pública a pesar de que se trata de ejemplos burdos de las peores prácticas de connivencia en la relación entre el poder y la prensa, algo que resulta doblemente grave si tomamos en cuenta que AMLO se muestra intratable con la mayoría de comunicadores y medios.

Al respecto opinó el periodista Salvador Camarena en una de sus columnas en *El Financiero*: "Atacar desde el poder a la prensa (que incluye financiar o dar plazas gubernamentales en diversas dependencias a opinadores morenistas con nula experiencia en labores burocráticas) no tiene nada que ver con ideales liberales. Eso es priismo, y del más rupestre de cuantos conocimos".[47]

¿Paga presidencia a reporteros?

En medio de la incesante pugna entre el presidente y el Instituto Nacional Electoral (INE) por el contenido de las mañaneras y su supuesto uso propagandístico en tiempos de campaña, en una solicitud de su Unidad Técnica de lo Contencioso el INE requirió el 14 de enero de 2021 a la vocería de la presidencia si los periodistas que el 23 de diciembre anterior preguntaron al mandatario sobre el proceso electoral para los comicios intermedios de julio siguiente habían obtenido algún pago a cambio de sus consultas.[48]

Miguel Arzate, representante del Sistema Público de Radiodifusión del Estado Mexicano (SPR), consultó aquella mañana al gobernante su opinión sobre la alianza recién formada por los tres principales partidos de la oposición, el PRI, el Partido Acción Nacional (PAN) y el Partido de la Revolución Democrática (PRD), para contender en las

---

[47] https://www.elfinanciero.com.mx/opinion/salvador-camarena/prensa-amlo-igualito-a-pena/.

[48] https://aristeguinoticias.com/1301/mexico/pregunta-ine-a-presidencia-le-paga-a-reporteros-que-cubren-mananeras/.

urnas. López Obrador contestó que el objetivo de las tres agrupaciones era regresar al país al "régimen antipopular, corrupto, de privilegios" que gobernó antes que él para "conservar sus privilegios".[49]

La petición del INE fue atendida por el vocero Ramírez Cuevas, quien rechazó con virulencia la acusación en Twitter: "El @INEMexico solicitó al @GobiernoMX informar si paga a reporteros que preguntan en las mañaneras. Hasta la pregunta ofende (a los periodistas). Esto ya cambió, nunca ha habido tanta libertad para preguntar a un presidente. Los corruptos creen que todos son de su misma condición".[50]

Diez minutos después publicaba otro tuit donde expresaba una mayor indignación, si cabe: "Pregunta para el @INEMexico: Cuando investigó y sancionó el pago irregular a conductores y propagandistas de TV y radio con dinero público. Cuando investigó del 'chayote' a televisoras, radiodifusoras y periodistas con dinero público para entrevistas y notas a modo o infomercials? [sic]".[51]

La consulta de la autoridad electoral tenía en cualquier caso cierta trampa, pues efectivamente Arzate cobra un salario de una entidad del Estado mexicano (el SPR), como se puede comprobar en el portal DeclaraNet de la SFP, pero porque trabaja para un medio público.

En cualquier caso, el debate no quedó ahí. En la conferencia de prensa del 3 de noviembre de 2021 fue el propio López Obrador quien salió a desmentir ese extremo,[52] en respuesta al planteamiento de un comunicador llamado Ramón Flores, que tiene un canal en YouTube de tono progubernamental con 50 mil suscriptores denominado *El Centinela Informa* y que a veces dice representar a otro canal llamado *Contrapeso Digital*, del mismo tinte ideológico y con

[49] https://lopezobrador.org.mx/2020/12/23/version-estenografica-de-la-conferencia-de-prensa-matutina-del-presidente-andres-manuel-lopez-obrador-444/.

[50] https://twitter.com/jesusrcuevas/status/1349755676600410113?s=11.

[51] https://twitter.com/JesusRCuevas/status/1349758912963112960.

[52] https://www.gob.mx/presidencia/es/articulos/version-estenografica-conferencia-de-prensa-del-presidente-andres-manuel-lopez-obrador-del-3-de-noviembre-de-2021?idiom=es.

casi 300 mil suscriptores (ambas cifras de audiencia, hasta la finalización de este libro).

Flores se refirió a una publicación del portal de noticias *La Silla Rota*[53] que aseguraba que él, Hans Salazar y Carlos Pozos recibían dinero por realizar determinadas preguntas y demandó que Ramírez Cuevas lo desmintiera *in situ* en aquel momento. AMLO no permitió que replicara su vocero y ofreció esta extraña contestación: "No lo han solicitado ustedes y también nosotros no repartimos sobres, ya no hay chayote, se acabó con el cultivo del chayote para sobornar".

La distribución de las denominadas "compensaciones salariales a periodistas" (o *chayotes*) durante la segunda mitad del siglo XX y los primeros años del XXI, recordaba Manuel Alejandro Guerrero,[54] fue una de las características más perniciosas de las relaciones entre el poder y la prensa en México, favorecida por "una estructura salarial pobre e inestable" en el sector, y se convirtió en una "forma de promover la autocensura".

Esos "apoyos" se distribuían comúnmente a través de la nómina de las propias dependencias públicas, de la que formaban parte los periodistas de la fuente bajo los rubros de "pago extraordinario" o "asesoría", explicaba Guerrero, citando a Julio Scherer.

Así, "un periodista destinado por su periódico a cubrir, digamos una secretaría, en poco tiempo quedaba incorporado a su nómina y cobraba quincenalmente", detallaba. El académico subrayaba que, de acuerdo con el periodista Raymundo Riva Palacio, la mayoría de las veces esas compensaciones "eran superiores a los sueldos que percibían de sus medios".

Paradójicamente, esta práctica se institucionalizó a partir de la conmemoración del Día de la Libertad de Prensa, el 7 de junio de 1952, en tiempos del presidente Miguel Alemán.

---

[53] https://lasillarota.com/nacion/se-pagan-preguntas-en-la-mananera-de-amlo-esto-sabemos/532927.

[54] *Op. cit.,* https://www.ine.mx/wp-content/uploads/2021/02/CDCD-34.pdf

En los últimos años, proseguía Guerrero, "se han mantenido los pagos compensatorios a periodistas, aunque la práctica se ha sofisticado frente a lo que era el 'chayote' tradicional de la época de la censura ambiental". Los pagos compensatorios directos —añade— se volvieron "excepcionales" aunque se siguieron canalizando "importantes sumas de dinero para algunos columnistas y periodistas con fuerte presencia pública". Algunos de ellos crearon sus propias páginas de internet donde han estado recibiendo en forma de publicidad oficial la compensación económica que les llegaba antes por otras vías a cambio de mantener líneas editoriales en medios tradicionales que favorecen al gobierno en turno.

Nadie ha conseguido probar que las estrellas de la nueva fuente presidencial hayan recibido dinero de forma directa. Sin embargo, sí ha habido denuncias de que algunos de ellos se han visto beneficiados con publicidad oficial, aunque no fuera solo con recursos del Poder Ejecutivo y en cantidades relativamente menores. El diario *El Financiero* denunció en noviembre de 2021,[55] con información obtenida de la plataforma nacional de transparencia, que desde diciembre de 2018 hasta entonces Carlos Pozos había cobrado 46 mil pesos por dos campañas de la Cámara de Diputados en su canal "Lord Molécula Oficial", mientras que el portal *Oro Sólido*, otro nuevo medio que acostumbra enviar a comunicadores a la rueda de prensa presidencial, recibió cerca de un millón de pesos a través de una cuarentena de contratos con el IMSS y la Cámara Baja.

Pozos también fue expuesto por el periodista Hernán Gómez Bruera, quien especuló sobre la posibilidad de que Lord Molécula aprovechara una mañanera para colocar una pregunta por encargo de una farmacéutica, en un caso que, si bien no tiene relación con la publicidad oficial y las ayudas gubernamentales a periodistas, sí muestra el riesgo de no ejercer un control más estricto a la hora de otorgar credenciales a supuestos periodistas para que accedan a la mañanera.

---

[55] https://www.elfinanciero.com.mx/nacional/2021/11/08/youtubers-cuatroteros-cobran-en-congreso/.

El 14 de junio de 2021 a Pozos "le pareció de enorme interés público y gran relevancia periodística llamar la atención sobre el creciente problema que representan las picaduras de alacrán y las mordeduras de serpiente", señaló irónicamente Gómez Bruera en un artículo en el diario *El Heraldo*, donde remarcó que el objetivo del comunicador fue destacar que la reguladora Comisión Federal para la Protección contra Riesgos Sanitarios (Cofepris) no había resuelto "la aprobación del registro de estos antivenenos".[56]

"Lo que Lord Molécula hizo esa mañana fue interceder por una empresa biofarmacéutica, Probiomed, que el 24 de marzo, como pudo documentar esta columna, presentó una solicitud de autorización sanitaria para poder emplear un nuevo medicamento", conjeturó el articulista.[57]

Gómez Bruera cuestionó, en una entrevista en La Octava TV,[58] a otra estrella de la nueva fuente presidencial, Demián Duarte, sobre los apoyos de publicidad oficial que recibe su portal, pese a sus escasas visitas. "Conozco el sistema y sé tomar ventajas a partir de las distintas ventanas que ofrece", admitió Duarte, quien, sin embargo, aseguró que eso no significaba que esos convenios publicitarios "se trasladen o se traduzcan en peticiones para irle a plantear temas al presidente". "Yo no me estoy beneficiando de ningún sistema de premios o chayotes", dijo el reportero, quien tiene una cuenta en Facebook llamada Pasión por los Negocios, a la que sube videos de opinión sobre temas de actualidad.

Habrá que ver también si se concreta el anuncio realizado por el mandatario el 6 de abril de 2022 de destinar 25% de la publicidad oficial a dar seguridad social a los periodistas que actualmente carecen de

---

[56] https://www.gob.mx/presidencia/es/articulos/version-estenografica-conferencia-de-prensa-del-presidente-andres-manuel-lopez-obrador-del-14-de-junio-de-2021?idiom=es.

[57] https://heraldodemexico.com.mx/opinion/2021/6/24/preguntas-pagadas-en-la-mananera-1-309642.html.

[58] https://hernangomez.com.mx/conozco-el-sistema-y-se-tomar-ventajas-a-partir-de-las-distintas-ventanas-que-ofrece-demian-duarte/.

esta prestación, lo que incluiría tanto el pago de una pensión como de atención de salud.

Aunque la estrategia parece ir dirigida a premiar a esos *youtubers*, blogueros e *influencers* afines a la 4T que se han convertido en altavoces de la labor gubernamental —pero que siguen sin contar con las compensaciones a pesar de que en algunos casos, muy pocos, logran notables índices de audiencia en las redes sociales—, podría ser también un dardo para los dueños de los medios convencionales, a los que AMLO perjudicaría a través de dos vías.

La primera, porque la medida significaría una nueva reducción de la partida que reciben del erario público por ese concepto. Y la segunda, porque muchas empresas informativas tienen entre sus trabajadores a personas que no están en plantilla, los cuales facturan por honorarios y no están afiliados al Seguro Social. Dotarlos de esas prestaciones significaría, de alguna forma, poner aún más en evidencia las enormes brechas laborales en materia de ingresos económicos, seguros médicos y otros beneficios que no otorgan los grandes medios.

Al final, todo se inserta en el objetivo del mandatario de minar a sus oponentes, como quedó en evidencia la primera vez que esbozó la iniciativa, el 22 de febrero de 2022[59] —el mismo día en que mostró los supuestos ingresos millonarios de Loret de Mola— en una aparente represalia por el reportaje que dejó en evidencia la vida de lujo de uno de sus hijos en Houston. "En eso nos podrían ayudar los dueños de los medios, el que aporten algo para los periodistas que ganan muy poco y que no tienen seguridad social", dijo entonces, cuando planteó que fueran las compañías periodísticas las que destinaran parte del ingreso por publicidad oficial a mejorar las condiciones de sus trabajadores.

Detallan Rubén Aguilar y Yolanda Meyenberg en su libro que la comunicación presidencial "se articula a partir de dos componentes o sistemas: el de la mercadotecnia y la publicidad, y el del proceso de

---

[59] https://presidente.gob.mx/22-02-22-version-estenografica-de-la-conferencia-de-prensa-matutina-del-presidente-andres-manuel-lopez-obrador/.

comunicación en sí mismo". El primero —explican— busca difundir las acciones y los logros del gobierno usando las técnicas propias de la publicidad comercial, mientras que el segundo se propone informar y dar a conocer, con base en datos duros y argumentos, las razones que fundamentan las decisiones que toma la administración.

"En el caso de México, el gobierno federal y los gobiernos de los estados han optado por privilegiar el uso de la publicidad en detrimento de la comunicación basada en los argumentos y en los datos. Esto tal vez obedezca a la sustitución gradual del modelo propagandístico propio de los regímenes de partido único por el modelo de mercadotecnia estadounidense basado en las estrategias persuasivas", reflexionan.

Parece evidente que, aunque su gobierno sigue difundiendo sus labores a través de los medios por las vías comerciales habituales y los tiempos oficiales en radio y televisión, hasta ahora no parece haber usado tan claramente, como sus antecesores, la publicidad oficial para controlar a la opinión pública. López Obrador ha preferido anteponer una comunicación basada en datos, aunque solo sean los suyos, que plasma a diario en la mañanera, favorecido por la posibilidad de acceder directamente a millones de ciudadanos con transmisiones en vivo a través de redes sociales, una ventaja de la que no disfrutaron la mayoría de los predecesores en el cargo.

"Yo tengo manera de comunicarme con los ciudadanos, nada más lo hago todos los días casi dos horas en las ruedas de prensa o diálogos circulares o, como se le conoce, las mañaneras. No me hace falta que haya demasiado tiempo oficial, ahí tengo oportunidad de estarme comunicando con los ciudadanos. Y no hay que verlo como competencia, sino buscar la manera de interpretar los nuevos tiempos", dijo López Obrador el 7 de noviembre de 2019 durante una entrega de premios organizada por la Cámara Nacional de la Industria de Radio y Televisión (CIRT).[60]

---

[60] https://cirt.mx/mensaje-del-presidente-andres-manuel-lopez-obrador-tiempos-fiscales/.

Todo parece indicar que López Obrador es consciente de que deberán pasar muchos años para que se materialice su verdadera aspiración, que depende a su vez de que el Movimiento Regeneración Nacional (Morena) siga gobernando después de 2024: propiciar la consolidación de una nueva camada de periodistas y medios afines a la Cuarta Transformación, como sucedió en el pasado con el PRI.

"Estamos viviendo en uno de los peores tiempos, de los peores momentos del periodismo en México. Y yo tengo confianza, espero que haya una renovación para que se informe con objetividad, que haya equilibrios, que haya profesionalismo, que no se calumnie, que no haya mentiras, que se informe con la verdad y que se esté lo más distante que se pueda del poder político y económico y lo más cercano que se pueda al pueblo; porque a nosotros no nos afecta mucho, hasta nos da elementos ¿no?, para mostrar el bajo nivel moral de nuestros adversarios."[61]

---

[61] https://lopezobrador.org.mx/2021/06/30/version-estenografica-de-la-conferencia-de-prensa-matutina-del-presidente-andres-manuel-lopez-obrador-563/.

8

Benditas redes sociales

No tengo pruebas, pero tampoco dudas.

"Fue ejemplar la pluralidad y el profesionalismo de la prensa, la radio y la televisión. Los medios de información no fueron, como en otras ocasiones, correas de transmisión para la guerra sucia. También mi gratitud a las benditas redes sociales".

Estas palabras corresponden a la parte final del discurso con el que Andrés Manuel López Obrador, el candidato de Juntos Haremos Historia (Movimiento Regeneración Nacional —Morena—, Partido del Trabajo y Partido Encuentro Social) a las elecciones presidenciales de 2018, celebró el 2 de julio de aquel año el histórico triunfo conseguido en las urnas horas antes.[1]

En un gesto inédito, el flamante ganador de la votación expresaba su reconocimiento a los medios de comunicación, más radiante y conciliador que nunca. Y alababa a las redes sociales.

El sociólogo Javier Esteinou Madrid, profesor de la Universidad Autónoma Metropolitana, se preguntaba el 20 de mayo de 2019 qué fue lo que cambió entre el AMLO derrotado en los dos primeros intentos de llegar al poder y el AMLO victorioso de 2018:[2] "El factor

---

[1] https://lopezobrador.org.mx/2018/07/02/palabras-amlo-con-motivo-del-triun-fo-electoral-del-1-de-julio/.

[2] https://argumentos.xoc.uam.mx/index.php/argumentos/article/view/1052/1022.

central que permitió canalizar el descontento y la decepción almacenada por décadas […] fue la indispensable intervención estratégica de un prototipo paralelo de comunicación política que instrumentó eficientemente el frente político del Movimiento Regeneración Nacional, conduciendo el hartazgo de grandes sectores hacia una nueva opción de gobernabilidad".

¿Cuáles fueron los elementos de esa eficaz táctica comunicativa? Una campaña anticipada, construida en realidad con base en dos décadas de reiterar el mismo mensaje; la eficaz capacidad de transmitir ideas de AMLO, basada en una habilidad única para acuñar expresiones y conceptos que se adhirieron como lapas a la mente de los ciudadanos; una campaña publicitaria muy eficiente, fundamentada en un lema tan simple como "Ya sabes quién", y un modelo de comunicación "a ras de tierra", con una intensa actividad divulgativa "ranchería por ranchería", según el académico.

Esteinou otorga, no obstante, un rol preponderante a las "benditas redes sociales" y resalta: "Pese a que AMLO era una persona de edad avanzada, logró tener mucho apoyo por parte de los millennials durante su campaña electoral", por ser una generación que "creció rodeada de conflictos, crisis económicas, inseguridad cotidiana, inestabilidad social, ausencia de futuro" y que encontró en el discurso del político tabasqueño un mensaje "cargado de 'esperanza', de 'cambio', de 'inclusión', de 'certeza', de 'pensar en las grandes mayorías'".

En la práctica, fue tal su aceptación en esas plataformas que casi duplicó sus apoyos en ese ámbito desde el inicio hasta el fin de la campaña electoral. En Facebook, por ejemplo, pasó de tener 2.4 millones de seguidores en enero de 2018 a tener 3.9 millones medio año después.

López Obrador entendió muy bien el peso incuestionable de las redes sociales en la última elección presidencial. De las cifras que ofreció el Instituto Nacional Electoral (INE) de los dos debates electorales entre los candidatos, en el primero, del 22 de abril de 2018, la contienda dialéctica tuvo una audiencia televisiva de unos 11.4 millones de personas,[3] pero registró cifras notables en el tejido digital: en Facebook fue vista en vivo por 2.3 millones de usuarios y tuvo un alcance de casi 11 millones, en YouTube fue reproducida por poco más de un millón de personas y en Twitter generó alrededor de 1.4 millones de menciones, colocando como tendencia mundial la etiqueta #DebateINE.

Lo mismo sucedió con ese hashtag en Twitter en el segundo debate, el 22 de mayo, cuando las menciones en esa red social se incrementaron hasta los 2.5 millones, al igual que las reproducciones en YouTube, que se situaron en 1.3 millones, mientras que el número de ciudadanos que siguieron el acontecimiento en vivo por Facebook se redujo a 1.7 millones y el alcance general en esa plataforma digital descendió a casi 9.3 millones. En la televisión la audiencia trepó hasta los 12.6 millones de espectadores.[4]

La exposición en esas plataformas digitales ayudó a AMLO, más que a ningún otro, a pesar de que sus principales contrincantes invirtieron grandes cantidades de dinero para masificar sus mensajes. En opinión de Carlos Merlo,[5] fundador de la agencia Victory Lab y una controvertida figura en este terreno, el idilio entre el ganador de los comicios y las redes sociales durante la campaña electoral "fue algo que nunca se había visto en México".

"El candidato [de Juntos Haremos Historia] traía consigo una ola enorme de gente que estaba detrás de él y que lo defendía contra todo y todos de una manera incondicional", afirmó Merlo en unas declaraciones incluidas en un artículo publicado por *Forbes* dos días antes de la investidura del mandatario.

Todo el mundo sabe que el compromiso inquebrantable de los más fieles seguidores del tabasqueño con su líder es a prueba de balas.

---

[3] https://centralelectoral.ine.mx/2018/04/23/primer-debate-presidencial-alcanza-11-4-millones-de-personas-en-television/.

[4] https://centralelectoral.ine.mx/2018/05/22/supera-segundo-debate-presidencial-audiencia-y-llega-12-6-millones-de-personas-en-television/.

[5] https://www.forbes.com.mx/las-benditas-redes-sociales-que-le-dieron-like-a-amlo/.

Así ha quedado de manifiesto durante años, no solo en las votaciones, sino también en sus mítines públicos, como las famosas asambleas masivas que ha realizado históricamente en el Zócalo capitalino. Pero para conseguir la aplastante e inédita victoria en los comicios del 1 de julio de 2018, donde obtuvo más de 30 millones de votos (53%),[6] hizo falta algo más.

Algo tuvo que ver en eso el equipo multidisciplinario de creativos que se encargó de dar forma a la campaña digital del candidato de Juntos Haremos Historia, bautizada con el sugestivo eslogan "Abre Más Los Ojos" (que forma la sigla AMLO). Bajo la protección de la que luego sería la secretaría de Economía del gobierno lopezobradorista, Tatiana Clouthier, un equipo compuesto por 30 personas, entre diseñadores, productores multimedia, documentalistas y creativos apostó por romper con la dinámica de mensajes y conceptos cortos e impactantes propios de las campañas políticas tradicionales para construir contenidos más complejos, usando la narrativa transmedia, como se conoce a una novedosa forma de comunicar historias mediante múltiples plataformas, diferentes soportes y secuencialidad por capítulos.[7]

La estrategia se tradujo en la compaginación e integración de actividades tan dispares como una rodada en bicicleta o un volante digital en forma de cómic para presentar a cada uno de los futuros secretarios del gabinete que deseaba formar AMLO si llegaba al poder. Con el mantra de "hacer algo que la gente quiera compartir", la campaña llegó a tener casi 100 millones de impactos, nada más en Facebook.

"Creo que la campaña nos enseñó que es necesario entender y no querer imponer a la gente una visión […] esta campaña estaba viva y le dimos a la gente herramientas elaboradas y creativas para su consumo y para replicarlas", afirmó a *Forbes* sobre la iniciativa Alberto Lu-

---

[6] https://centralelectoral.ine.mx/2018/07/06/da-conocer-ine-resultados-del-computo-de-la-eleccion-presidencial-2018/.

[7] https://www.forbes.com.mx/ellos-son-los-creativos-que-dieron-un-vuelco-a-la-campana-de-amlo/.

jambio, que junto con Juan Pablo Espinosa de los Monteros fue uno de los artífices de aquel proyecto.

Mientras Lujambio dice en el portal de noticias *Animal Político* —donde tiene la columna "El blog del chairo"— que se formó "en el corazón de Mordor" (en alusión al reino de la maldad de *El señor de los anillos*) por estudiar 12 años en escuelas del Opus Dei y cursar la carrera de derecho en el Instituto Tecnológico Autónomo de México (ITAM), y admite ser "un burócrata arrepentido", Espinosa de los Monteros es un sinaloense que asegura haber compartido aula con un ahijado del barón de las drogas Joaquín *el Chapo* Guzmán, y confiesa que apoyó en el pasado alguna campaña del Partido Revolucionario Institucional (PRI) en ese estado del noroeste del país y que formó parte del movimiento estudiantil #YoSoy132.

Para el primero, el éxito de "Abre Más Los Ojos" se fundamentó en que funcionaba con un medio de comunicación con "un ejército de gente experta en muchísimos temas", con su propia línea editorial y una agenda diaria, según detalló en una entrevista publicada en la página del Sindicato de Trabajadores de la Industria de la Radio y la Televisión. El esquema resulta muy similar a lo que busca AMLO con sus mañaneras.

Para el segundo, los buenos resultados se basaron sobre todo en movilizar a los seguidores de Morena en las redes sociales. "Anaya [el candidato del Partido Acción Nacional (PAN)] gastó 57 millones, nomás de inversión publicitaria, para contenido, igual y más. Nosotros no teníamos un peso para pautar así que juntamos a todos los *pejezombies* y *amlovers* que andaban sueltos", explicó Espinosa de los Monteros, según un artículo de María Scherer en *El Financiero*.[8]

Uno de sus grandes éxitos fue la creación del documento titulado "Pejenomics", que fue distribuido entre la gente para detallar los objetivos de López Obrador en materia económica si llegaba

---

[8] https://www.elfinanciero.com.mx/opinion/maria-scherer-ibarra/nuevo-paradigma-en-redes-adios-influencers-hola-sociedad-civil/.

a la presidencia, con importantes aclaraciones respecto a que no iba a nacionalizar grandes empresas ni expropiar negocios, dos de las cuestiones que le achacaban sus rivales.[9]

Clouthier, como coordinadora de la campaña del candidato, fue la encargada de promover "Pejenomics" con videos en redes sociales donde enfatizaba ser hija de un empresario y, por tanto, conocedora de las preocupaciones que estos suelen tener ante cualquier futuro gobierno, más aún si este puede encabezarlo un líder social que puso en jaque a las instituciones con su denuncia de fraude electoral y sus protestas sociales tras los comicios de 2006.

Después de la histórica votación del 1 de julio, AMLO siguió promoviéndose en las plataformas digitales como presidente electo. En un mensaje de video en Facebook el 16 de noviembre de 2018 alentó a los "amigos de las redes sociales" —así los llamó— a que votaran en una consulta ciudadana los días 24 y 25 de aquel mes si estaban de acuerdo con sus programas de gobierno. Aquel video tiene cerca de un millón de reproducciones.

Algo parecido había hecho un mes antes con la consulta sobre el futuro del aeropuerto internacional de la Ciudad de México que se estaba construyendo en Texcoco. Uno de los videos subidos a Facebook para animar a los ciudadanos a sufragar tuvo cerca de 600 mil reproducciones en esa plataforma digital.[10]

La mención a la empresa creada por Mark Zuckerberg no es baladí, pues estamos hablando de la red social que lidera, y por mucho, las preferencias de los usuarios mexicanos. En la decimoséptima edición de su Estudio sobre los Hábitos de los Usuarios de Internet en México, publicada en mayo de 2021, la Asociación Mexicana de Internet señaló que en 2020 existían 84.1 millones de internautas en el país, lo que representa 72% de la población de seis años o más, frente a 57.4% de cinco años antes.

---

[9] https://www.animalpolitico.com/2018/05/pejenomics-amlo-plan-economico/.
[10] https://www.facebook.com/watch/?v=566525220439345.

En un ámbito donde domina abrumadoramente el dispositivo móvil inteligente frente a las computadoras para conectarse, 81.9% aseguraba tener una cuenta activa de Facebook, frente a 15.6% de Twitter.[11]

Ya como presidente, López Obrador ha seguido empleando a esas plataformas digitales para hacer llegar su mensaje a la población a través de las transmisiones en vivo de las mañaneras y de publicaciones con videos en los que habla directamente a cámara a los ciudadanos, evidenciando su personalista forma de entender el poder y su habilidosa manera de encarar de tú a tú a la gente. En ocasiones es para anunciar el nombramiento de un colaborador o para referirse a algún aspecto de la gestión gubernamental, en otras aparece jugando beisbol o comiendo sus platillos preferidos.[12]

La fórmula tiene cosas positivas desde el punto del derecho a la información y la libertad de expresión, pero también negativas. Entre las ventajas, es de agradecer que exista una forma de difusión gubernamental más cercana, directa y horizontal, algo de lo que no había sido posible disfrutar en anteriores sexenios, al menos no con la intensidad actual. Entre las desventajas, resulta preocupante que esa vía signifique saltarse en parte el tamiz de los siempre necesarios medios de comunicación. No olvidemos que los periodistas y las empresas informativas son precisamente los más experimentados para procesar la información que proviene del poder, siempre y cuando apliquen su profesionalismo y sean respetuosos de las normas mínimas de la ética periodística.

El prestigioso informe del Instituto Reuters y la Universidad de Oxford explica que en el mundo "se mantiene fuerte el uso de redes sociales para consumir noticias, sobre todo entre los jóvenes y quienes poseen niveles educativos más bajos", mientras crecen en popularidad las aplicaciones de mensajería como WhatsApp y Telegram, y redes como TikTok. Los menores de 25 años (la llamada Generación Z),

---

[11] https://irp.cdn-website.com/81280eda/files/uploaded/17%C2%B0%20Estudio%20sobre%20los%20Ha%CC%81bitos%20de%20los%20Usuarios%20de%20Internet%20en%20Me%CC%81xico%202021%20v16%20Publica.pdf.

[12] https://lopezobrador.org.mx/temas/redes-sociales/.

por ejemplo, además de ser "nativos digitales", son "menos propensos a visitar un sitio web de noticias o a comprometerse con la información imparcial, y son más propensos a utilizar las redes sociales como principal fuente de noticias", añade. A nivel de todas las edades, "sólo una cuarta parte (25%) elige iniciar su jornada informativa en un sitio web o en una aplicación de un medio" y la Generación Z "presenta una conexión aún más débil con sitios web y aplicaciones, y tiene casi el doble de probabilidades de acceder a las noticias a través de redes sociales, agregadores y alertas móviles".

El sociólogo y profesor universitario español Manuel Castells, que además fue ministro de Universidades en su país, no considera esa circunstancia algo necesariamente negativo. "Cuando la gente dice: los jóvenes menores de 30 años no leen periódicos, dicen algo falso. Ellos leen mucho más que los adultos de todos los países, pero leen por internet, lo cual quiere decir que no leen un periódico, no tienen que tragarse todo lo que salió en un periódico. Toman un trozo de aquí, lo combinan con un programa de televisión acá y una imagen de allá, y la idea es que cada uno se construye su propio mensaje y escoge el universo de comunicación en el que se inserta", afirmó.[13]

No es de extrañar, por tanto, que durante la administración de López Obrador casi todo hayan sido halagos de su parte hacia las redes sociales, tomando en cuenta el bono demográfico de México, que garantiza un alto porcentaje de electores jóvenes.[14]

En un retador discurso ante los empresarios y directivos de las principales emisoras de radio y de los mayores canales de televisión, López Obrador dejó clara su querencia hacia esas nuevas formas de compartir información el 7 de noviembre de 2019: "Ahora se cuenta con las benditas redes sociales. Ahora, lo dije hoy en la mañana, cada ciudadano es un medio de comunicación", afirmó.[15]

---

[13] https://www.nexos.com.mx/?p=14970&.

[14] https://www.animalpolitico.com/2019/05/jovenes-bono-demografico-ong-ollin/.

[15] https://www.gob.mx/presidencia/articulos/version-estenografica-entrega-de-premios-antena-60-semana-de-la-radio-y-la-television.

"Por eso digo benditas redes sociales, porque nos silenciaban, no podía la gente manifestarse, expresarse, era un control absoluto, una manipulación generalizada el control que tenían los grupos de intereses creados sobre los medios. Entonces, ahora siguen teniendo control, pero ya no el mismo y en México hemos avanzado muchísimo en eso; o sea, las redes sociales en México están más desatadas, son más libres que en países europeos", volvía a la carga apenas dos meses después.[16]

Otra de las ocasiones en que se refirió al tema —en este caso el 31 de julio de 2019—,[17] el mandatario profundizó sobre un aspecto que resulta crucial para entender la lógica con la que construye su visión de la opinión pública y la transmite a la sociedad. De la misma forma en que la concurrencia de cientos de miles de personas a uno de sus mítines en el Zócalo es para el político tabasqueño una evidencia infalible de que el pueblo está con él, los apoyos que recibe en esos "benditos" espacios virtuales, no solo en forma de personas conectadas viendo un acto suyo en vivo, sino también en forma de mensajes de respaldo a su gestión o de crítica a sus opositores, o de memes defendiendo o ensalzando su movimiento, resultan para él una demostración inequívoca de que los ciudadanos lo secundan y avalan su forma de dirigir el país.

"Es que antes no había manera de responder; desataban una campaña en contra de un servidor público, sobre todo en contra de un opositor y ¿cómo respondía?, ¿en dónde?, si eran hasta muy pocos los periódicos que tenían una sección dedicada al lector, a la réplica, muy poquitos, o se tenía esa sección y llegaba la aclaración y la publicaban a los tres días, a la semana, y claro allá en la página 29 de la sección C. Entonces, todo esto ha cambiado. Ahora hay una información tendenciosa y de inmediato la respuesta en redes y se aclara. Y se tiene además ya un archivo, una especie de hemeroteca de redes donde hay fotos y hay declaraciones", decía aquel día.

---

[16] https://www.gob.mx/presidencia/articulos/version-estenografica-de-la-conferencia-de-prensa-matutina-miercoles-12-de-febrero-de-2020.

[17] https://www.gob.mx/presidencia/articulos/version-estenografica-de-la-conferencia-de-prensa-matutina-miercoles-31-de-julio-2019.

Muchos medios mantuvieron a López Obrador y a su movimiento sumidos prácticamente en el ostracismo durante los años que sucedieron a sus dos derrotas electorales. En 2006 y 2012, cada vez que se acercaba la campaña para los siguientes comicios lo volvían a colocar en el centro de sus ediciones informativas, aunque fuera solamente para lanzarle feroces ataques, lo que en la práctica pudo incluso jugar a su favor al final, como un efecto bumerán.

Quesadilla de verdades

Las estrellas de la nueva fuente presidencial no han dudado en utilizar mensajes de personas anónimas en el ecosistema digital como si fueran problemáticas nacionales para elaborar sus preguntas en las conferencias de prensa matutinas.

Este es el caso del comunicador Isaí Ramírez, quien cuenta ni más ni menos que con un millón de seguidores en un canal de YouTube bautizado con el estrambótico y para algunos poco confiable nombre de "Quesadilla de Verdades", al que sube videos de opinión en abierto respaldo al gobernante y criticando duramente a la oposición.

En la rueda de prensa presidencial del 29 de marzo de 2019, tras exponer una propuesta del sector bancario de usar códigos QR para realizar pagos, dijo que había "mucha gente preocupada" por esa iniciativa, la cual rechazaban. "Y la gente en redes sociales está exigiendo que este sistema se lleve a una consulta ciudadana. ¿Estaría usted dispuesto a acatar esta existencia por parte del pueblo de México?", terminó preguntando.[18]

La peligrosa maleabilidad de la verdad que ha caracterizado históricamente a la comunicación política y que vive un momento especialmente inquietante con el fenómeno de la posverdad y las llamadas

---

[18] https://lopezobrador.org.mx/2019/03/29/version-estenografica-de-la-conferencia-de-prensa-matutina-del-presidente-andres-manuel-lopez-obrador-56/.

fake news se puso de manifiesto el 31 de julio de 2019: "Y sobre todo agradecerles mucho a las benditas redes sociales, que hay quienes se enojan que porque inventan cosas y lo mismo dan a conocer información falsa; pues sí, pero nos dan libertad", expuso AMLO aquel día.

La libertad por encima de la verdad.

La defensa de la ideología por encima de los datos comprobables.

En definitiva: el mejor caldo de cultivo para la propagación de desinformación.

Y aunque la discusión en torno a las noticias falsas es reciente, en la prensa y la academia han corrido ya caudalosos ríos de tinta sobre el asunto.

En un periodo de tiempo relativamente corto —de más o menos un lustro, en realidad— se han escrito un buen número de libros y se han estrenado documentales televisivos y alguno que otro largometraje cinematográfico que tratan de manera frontal o tangencial el tema.

Tal vez no hay en la actualidad ningún ciudadano que no haya escuchado o directamente manejado con total naturalidad la expresión *fake news*. La consultora Gartner ya predecía en 2017 que en 2022 más de la mitad de la población de los países más avanzados del planeta iba a consumir más noticias falsas que verdaderas.[19]

"[Las falsas historias] nacen con frecuencia de observaciones individuales inexactas o de testimonios imperfectos, pero este accidente original no es el todo; en realidad, por sí solo no explica nada. El error no se propaga, ni se amplifica ni vive si no se cumple una condición: encontrar en la sociedad en la que se expande el caldo de cultivo favorable", observó Marc Bloch en sus *Reflexiones de un historiador sobre las falsas noticias de la guerra* (1921). En la obra, el estudioso argumenta que "una falsa noticia nace siempre de representaciones colectivas preexistentes a su nacimiento" y que "sólo es fortuita en apariencia". En realidad, aclara, "lo único fortuito es el incidente inicial, sea el que

---

[19] https://www.gartner.com/en/newsroom/press-releases/2017-10-03-gartner-reveals-top-predictions-for-it-organizations-and-users-in-2018-and-beyond.

sea, que desencadena el trabajo de las imaginaciones; pero esta activación sólo se produce porque las imaginaciones están ya preparadas y fermentando en silencio", en un contexto en el que "los grandes sentimientos colectivos tienen el poder de transformar una mala percepción en una leyenda".[20]

En el actual ecosistema de comunicación —primero internet y después las redes sociales— se han rebasado ya las famosas teorías de la Mass Comunication Research sobre el poder de los medios de comunicación modernos para influir a su antojo en el comportamiento de las masas. Se ha llegado incluso a retorcer la preconcepción de la aguja hipodérmica con la que Harold Lasswell sostenía de forma simbólica que la prensa podía inocular un mensaje en el receptor para generar un efecto determinado.

Al democratizar el acceso y la difusión de noticias, con las ventajas y riesgos que eso representa, esos paradigmas no solo se están tambaleando sino que para muchos se han derrumbado. La tendencia en el periodismo actual, una vez supeditada su supervivencia a la globalización digital, apunta a construir la información con el aporte de sus receptores, que han pasado de ser simples consumidores a "prosumidores" (productores y consumidores de contenidos al mismo tiempo).

Este fenómeno, que en principio apuntaría a enriquecer los contenidos en línea, tiene también su lado oscuro por el efecto que ha tenido sobre la prensa. Como señala el Consultorio Ético de la Fundación Gabo,[21] "algunos editores de medios online dejaron de pensar qué era bueno o interesante —categorías que ya resultan obsoletas para la edición— y se dedicaron simplemente a analizar qué quiere la audiencia", en "un cambio profundo y de consecuencias inmensurables". "Ahora no manda el editor y sus arbitrariedades, mandan la audiencia y sus arbitrariedades", reflexiona. No es totalmente

---

[20] https://elpais.com/internacional/2009/12/16/del_alfiler_al_elefante/1260948840_126094.html.

[21] https://fundaciongabo.org/es/consultorio-etico/consulta/141.

así. O, más bien, eso siempre existió. Pues el periodismo tiene entre sus metas buscar informaciones que interesen a la gente.

Gracias a la tecnología y a la globalización ha irrumpido con fuerza el llamado "periodismo ciudadano", concepto que es preferible calificar como "fuente ciudadana" porque el periodismo es una profesión que requiere de una formación académica, una experiencia y un salario o compensación económica.

Transitamos la era de los ejércitos de bots que, desde las redes, terminan modelando el debate público no solo en el espacio digital, sino por extensión también en la calle o en la mesa de una comida familiar un domingo cualquiera. Nos referimos a esos programas informáticos que parecen ser personas y que, fácilmente reproducibles y de actividad incansable, amplifican la conversación sobre cualquier tema hasta convertirlo en tendencia con finalidades tan tenebrosas como manipular la intención de voto de los ciudadanos, atacar a un adversario o vender una mercancía.

Pero, sobre todo, como se puede comprobar elección tras elección en cualquier rincón del planeta, vivimos en sociedades extremadamente polarizadas, política y socialmente, en parte debido a la facilidad de que disponemos hoy en día para comunicar nuestros pensamientos en un mundo virtual que gana preeminencia frente al real.

Para mostrar adhesión a los que piensan como nosotros nos acercamos peligrosamente a las posiciones extremas, siempre bajo el cálido manto que garantiza la distancia física de nuestros interlocutores en las plataformas digitales y muchas veces bajo el paraguas del anonimato.

Alex Grijelmo comparó lo que sucede en las redes sociales con lo que pasa en las calles de una ciudad. Grijelmo se preguntaba por qué en las primeras es posible mantener el anonimato mientras lanzas injurias o difundes información falsa con total impunidad y en las segundas es indispensable que los vehículos que por ellas transitan sean identificados con una placa o matrícula, detrás de la cual haya un propietario que está forzado a responsabilizarse de las infracciones que se cometen. "En las nuevas formas de comunicación, una parte de los artefactos peligrosos circula sin matrícula, otra porción lleva placas falsas y, por si fuera poco, no faltan los coches robotizados, sin conductor responsable. Y casi todos ellos se dedican a chocar contra los que van identificados y con gente pacífica dentro", planteó.[22]

Estamos, pues, de nuevo, ante el caldo de cultivo que mencionaba Bloch en el periodo de entreguerras mundiales del siglo XX. Y, como dice el refrán, "a río revuelto, ganancia de pescadores". Entre ellos, uno de los más habilidosos con la caña de pescar fue sin duda el presidente estadounidense Trump, quien no solo convirtió la expresión *fake news* en una munición inagotable contra los medios de comunicación que lo cuestionaban. También dirigió ataques despiadados contra algunos reporteros, como Jim Acosta y Abby Phillip, de CNN, Cecilia Vega, de la cadena ABC, o el mexicano Jorge Ramos, de Univision.

Mientras estuvo en la Casa Blanca, incluso llegó a fundar los Fake News Awards en 2017, unos galardones cuya surrealista creación anunció en su cuenta de Twitter y que por descontado nunca llegó a entregar. *The New York Times* y CNN, como era de esperar, resultaron los más "galardonados" con dos y cuatro reconocimientos, respectivamente.[23]

La administración Trump puede jactarse, además, de haber pergeñado una nueva expresión lingüística para describir un fenómeno inexistente en la realidad: los "hechos alternativos". La autora de semejante aberración semántica —los hechos son hechos, no existe una alternativa a ellos— fue la consejera de campaña Kellyanne Conway,[24] al defender en un programa de televisión a comienzos de 2017 la grotesca aseveración del gobernante estadounidense de que la multitud congregada en Washington para su investidura fue mayor que la que acudió a la segunda toma de posesión de Barack Obama, pese a que las imágenes demostraban claramente lo contrario.

---

[22] https://elpais.com/ideas/2020-11-07/contra-el-anonimato-difamador-en-las-redes.html.

[23] https://www.bbc.com/mundo/noticias-internacional-42727725.

[24] https://edition.cnn.com/2017/01/22/politics/kellyanne-conway-alternative-facts/index.html.

La rival del republicano en las elecciones del mes de noviembre anterior, la demócrata Hillary Clinton, subrayaba, tras su inesperada derrota, los riesgos de la propagación de mentiras en las redes sociales. "Ahora está claro que las así llamadas *fake news* pueden tener consecuencias en el mundo real", lamentó. "No es solo sobre política o sobre partidismo. Hay vidas en riesgo… vidas de gente corriente que trabaja y contribuye a sus comunidades", alertó.[25]

Gente corriente que fue manipulada por mentes perversas como la del escritor estadounidense Paul Horner, al que la prensa bautizó como "El rey de las *fake news*" y que llegó a considerarse a sí mismo "el artífice" de la elección de Trump en 2016.

Horner generó un sinfín de bulos en medios de comunicación fraudulentos antes y durante aquella campaña presidencial. Una de sus mayores y más exitosas invenciones fue que Obama era homosexual y musulmán. En otro de sus artículos aseguraba que los manifestantes en las marchas contra Trump recibían una compensación de 3 mil dólares por ello.

La cadena de televisión preferida del mandatario republicano, Fox News, replicó en 2013 una historia falsa suya porque le pareció "convincente":[26] que Obama iba a abrir con dinero de su bolsillo un museo sobre la cultura musulmana. Sacó la historia del portal Nationalreport.net, el medio que dirigía Horner entonces, a pesar de que este advertía ser "una página de noticias de sátira política, que puede o no usar nombres reales, a menudo en una forma semirreal o mayormente ficticia". Y agregaba: "Todos los artículos noticiosos contenidos en National Report son ficción, y presumiblemente noticias falsas".

Tras vanagloriarse de haber cambiado el rumbo político del país, Horner terminó confesando que en realidad odiaba a Trump y apareció muerto en su casa de Arizona a los 38 años el 18 de septiembre de

---

[25] https://www.bbc.com/news/blogs-trending-42724320.
[26] https://www.hollywoodreporter.com/live-feed/fox-news-falls-fake-story-644293.

2017, al parecer por un consumo excesivo de medicamentos supuestamente accidental.[27]

Pero no solo Horner allanó el camino de Trump a la Casa Blanca sembrando el ciberespacio de informaciones que favorecían al magnate neoyorquino. Su asesor de campaña, Steve Bannon, desde el portal de noticias ultraconservador Breitbart News, y la empresa Cambridge Analytica, que tuvo acceso a los datos de 87 millones de personas en Facebook a las que pudo enviar noticias falsas a través de las redes, jugaron también un rol determinante.[28]

Otra mano milagrosa le fue tendida a Trump de forma sorprendente desde una remota república de la antigua Yugoslavia, en los Balcanes. Durante la campaña de 2016, varias de las noticias falsas a su favor más replicadas por los usuarios de Facebook fueron creadas por alguno de los muchos jóvenes que se inventaron de la nada más de un centenar de portales políticos estadounidenses para propagar noticias falsas desde Veles, Macedonia, un pequeño centro industrial de 45 mil habitantes, líder en implementación de tecnologías de la información.

El *modus vivendi* de aquellos habilidosos y pícaros programadores fue fabricar historias que se viralizaran para ganar dinero fácil y rápido con la herramienta de anuncios AdSense, de Google. Cuando se descubrió el caso, una semana antes de la elección, ya era demasiado tarde.[29]

México, siempre sometido al influjo de su vecino del norte, tuvo también a su particular "Rey de las noticias falsas", Carlos Merlo. Este enigmático personaje se hizo famoso a raíz de un reportaje que le dedicó el portal Buzzfeed.com. Como dueño de Victory Lab, una empresa que durante la campaña a las elecciones presidenciales mexicanas de 2018 fue supuestamente contratada por partidos políticos y autoridades para sembrar decenas de noticias falsas en las redes a través de

[27] https://www.bbc.com/news/world-us-canada-41422827.
[28] https://www.france24.com/en/20180404-facebook-87-million-users-affected-cambridge-analytica-scandal-privacy-us-elections-trump.
[29] https://www.bbc.com/news/blogs-trending-42724320.

bots, logró que algunas de esas historias fueran replicadas en el noticiero televisivo con más audiencia de México, según Merlo.[30]

El experto en *fake news* aseguró haber cobrado hasta 100 mil dólares por promover un *trending topic* en Twitter y su primer éxito se remonta a 2014, cuando lanzó el bulo de que el actor estadounidense Paul Walker, de la saga cinematográfica *Rápido y furioso*, estaba todavía vivo, pese a que había noticias contrastadas sobre su fallecimiento en medios de comunicación serios. Seis millones de personas le creyeron y replicaron la mentira.

En el actual contexto de creciente desinformación en la sociedad por la falta de regulación de las plataformas digitales, un fenómeno que durante la pandemia del coronavirus llegó a ser considerado tan peligroso como el propio covid-19, según la opinión de expertos de la Universidad Nacional Autónoma de México (UNAM),[31] los primeros años de gestión del presidente López Obrador han estado plagados de ejemplos de noticias falsas surgidas tanto del gobierno como de la oposición, y por supuesto de la ciudadanía.

La que fuera secretaria de la Función Pública durante la primera mitad del sexenio, Irma Eréndira Sandoval, recurrió a la expresión *fake news*, siguiendo los pasos de Trump, para atacar a los medios a los pocos días de que asumiera la nueva administración, cuando *Excélsior* publicó la noticia "Función Pública pide a empresarios bajar altos salarios".[32]

No obstante, la revisión de sus palabras aquel día 15 de diciembre de 2018 muestra que el diario no estaba recurriendo a la mentira en su cobertura informativa, aunque el titular pudo ser más preciso: "Es el Estado y su nueva ética pública que estamos construyendo entre todos, el Estado con sus poderes, el que debe definir los criterios básicos

---

[30] https://www.buzzfeed.com/mx/ryanhatesthis/meet-the-millennial-trying-to-become-the-king-of-mexican-1.

[31] https://www.gaceta.unam.mx/infodemia-tan-peligrosa-como-la-pandemia/.

[32] https://www.excelsior.com.mx/nacional/funcion-publica-pide-a-empresarios-bajar-altos-salarios/1284999.

de la justicia social y en este caso de los salarios y los ingresos, y los honorarios que reflejarán la justicia social, no el mercado", inició su intervención Sandoval.

"Así como desde el Poder Ejecutivo estamos invitando a los otros poderes a analizar y a sumarse a una política de austeridad republicana, también tendríamos que invitar al mercado a sumarse a esos mismos salarios", añadió. La mejor fórmula para referirse a los dichos de la funcionaria podría haber sido: "Función pública analiza invitar a empresarios a bajar salarios altos".[33]

Otra secretaría federal, la de Cultura, señaló a *El Universal* con la misma expresión, *fake news*, cuando el periódico divulgó un oficio interno de la dependencia que señalaba por error que la Batalla de Puebla fue el 5 de febrero.[34] Antonio Martínez, director de Comunicación Social de la secretaría, informó en un chat para difundir comunicados y convocatorias a medios nacionales que la circular había sido alterada. Sin embargo, el diario pudo demostrar que no hubo tal manipulación, exponiendo capturas de pantalla de correos enviados internamente a los trabajadores de la dependencia el día anterior con la errata.

No resulta extraña la actitud de esos funcionarios si tomamos en cuenta la indolencia que el propio presidente mexicano ha mostrado a la hora de asegurarse de la veracidad de determinadas informaciones en redes, convirtiéndose, de forma voluntaria o involuntaria, en propagador de desinformación.

El 29 de marzo de 2022 el mandatario expuso, por ejemplo, un tuit del periodista Carlos Loret de Mola para criticarlo.[35] En la conferencia de prensa inmediatamente posterior reconoció que tal vez el mensaje era inventado, como había denunciado el aludido, pero que eso no importaba porque en el fondo el bulo reflejaba lo que el comu-

[33] https://www.elsoldemexico.com.mx/mexico/politica/es-fake-news-titular-de-sfp-irma-erendira-sobre-declaracion-de-salarios-de-empresarios-2807004.html.

[34] https://www.eluniversal.com.mx/cultura/secretaria-de-cultura-trata-de-hacer-pasar-como-fake-news-error-sobre-dia-festivo.

[35] https://twitter.com/CarlosLoret/status/1508449448355155972.

nicador pensaba. "Ayer hablaba yo de que Loret de Mola pronosticaba que iba a estar el dólar en 35 pesos. Él aclaró que es apócrifa esa publicación, ese mensaje, y está en las redes. Y puede ser apócrifo, pero es lo más cercano a su pensamiento", indicó sin inmutarse.[36]

Algo parecido sucedió en agosto de 2021,[37] cuando exhibió otro mensaje falso de la misma red social en su rueda de prensa matutina, en ese caso atribuido al magistrado del Tribunal Electoral del Poder Judicial de la Federación, Reyes Rodríguez Mondragón, quien supuestamente había deseado la muerte al gobernante, algo que el señalado negó. "¿Es cierto que no era falso, presidente?, ¿ya lo investigaron?, ¿era falso o no era falso?", inquirió a AMLO una periodista en una mañanera posterior. "Eso no me corresponde a mí. Yo lo que sí creo es que los conservadores son muy hipócritas", respondió. Ante la insistencia de la reportera, reiteró: "Son capaces de eso y de más. El pensamiento conservador es muy autoritario y muy hipócrita, y son, que quede claro, clasistas, son racistas, discriminan y muy corruptos, su dios verdadero es el dinero".

Otro episodio plagado de desinformación por parte de las autoridades mexicanas tuvo que ver con un programa de entrega de un kit de medicamentos por parte del Gobierno de la Ciudad de México que incluía el fármaco ivermectina, a pesar de que nunca fue recomendado por la Organización Mundial de la Salud (OMS) para atender el covid-19.

Ante un reportaje de *Animal Político*,[38] que reveló la compra de 293 mil cajas del producto para incluir en esos paquetes de medicinas entregados entre 2020 y 2021 a los contagiados de coronavirus, el subsecretario negó que hubiera habido algún experimento por parte de las autoridades capitalinas con esos pacientes y aclaró que desde

---

[36] https://presidente.gob.mx/29-03-22-version-estenografica-de-la-conferencia-de-prensa-matutina-del-presidente-andres-manuel-lopez-obrador/.

[37] https://www.gob.mx/presidencia/articulos/version-estenografica-conferencia-de-prensa-del-presidente-andres-manuel-lopez-obrador-del-5-de-agosto-de-2021?idiom=es.

[38] https://www.animalpolitico.com/2022/02/gobierno-cdmx-gasto-tratamiento-covid-ivermectina/.

septiembre de 2021 la secretaría del ramo había recomendado no emplear el fármaco, cuando la OMS ya lo había desaconsejado abiertamente el 31 de marzo de ese año.

Dos meses después de eso, la Secretaría de Salud capitalina publicó un artículo en su página web titulado "Ivermectina y la probabilidad de hospitalización por covid-19:[39] evidencia de un análisis cuasi experimental basado en la intervención pública en la CDMX" y donde mostraba la reducción de la hospitalización entre pacientes que hubieran consumido el medicamento y los que no.

Por su parte, Hugo López-Gatell estuvo en el epicentro de la polémica por realizar declaraciones cuestionadas por su falta de sustento científico o, por lo menos, por no coincidir con la información procedente de los organismos sanitarios internacionales. "La evidencia hasta ahorita, hoy 28 de enero de 2020,[40] sugiere que el coronavirus 2019, el nuevo coronavirus, se comporta como un virus de agresividad —es un término genérico— leve comparado con la influenza estacional y con los coronavirus que previamente han sido materia de interés mundial", dijo aquel día en una mañanera.[41]

"Usar cubrebocas tiene una pobre utilidad", remarcó el 27 de abril de 2020, cuando ya los contagios se habían disparado. "La fuerza del presidente es moral, no es una fuerza de contagio", señaló el 16 de marzo anterior,[42] solo dos días antes de que el mandatario pidiera tranquilidad a la población y mostrara un amuleto religioso que según él lo protegía frente la enfermedad, que acabó contrayendo dos veces, al igual que López-Gatell.

[39] https://www.salud.cdmx.gob.mx/conoce-mas/covid-19/ivermectina-y-hospitalizacion-por-covid-19.
[40] https://www.gob.mx/presidencia/articulos/version-estenografica-de-la-conferencia-de-prensa-matutina-martes-28-de-enero-2020.
[41] https://www.gob.mx/presidencia/articulos/version-estenografica-conferencia-de-prensa-informe-diario-sobre-coronavirus-covid-19-en-mexico-241196?idiom=es.
[42] https://www.gob.mx/presidencia/articulos/version-estenografica-de-la-conferencia-de-prensa-matutina-lunes-16-de-marzo-de-2020.

"El escudo protector es la honestidad, eso es lo que protege, el no permitir la corrupción. Miren, este es el detente. Esto me lo da la gente", dijo el gobernante al mostrar el objeto. "Detente, enemigo, que el corazón de Jesús está conmigo", añadió.

Una interesante investigación publicada el 17 de mayo de 2021 por el portal de verificación de información Chequeado alertó que varios canales de YouTube afines a López Obrador, entre ellos *Sin Censura* o *El Charro Político*, propagaron desinformación sobre la pandemia, algunas veces para favorecer la política del mandatario respecto a la emergencia sanitaria.

La creación de una vacuna mexicana "más eficaz que la vacuna rusa" que supuestamente iba a aplicarse el mandatario, la versión sin fundamento de que los hospitales privados inflaban las cifras de hospitalizados —que ni el gobierno denunció— o la teoría conspirativa de que la pandemia fue causada por militares estadounidenses fueron algunas de las noticias falsas que esos canales de YouTube diseminaron.[43]

Pero las noticias falsas durante la pandemia llegaron también desde la oposición. El expresidente Felipe Calderón usó una fotografía de un diario de la República Dominicana para mostrar a supuestos médicos mexicanos reclamando por la falta de equipos para atender a los pacientes.[44]

Y el historiador Enrique Krauze publicó una foto antigua para mostrar la concurrencia que asistió al festival musical Vive Latino en 2020, a mediados de marzo de 2020, cuando la gente comenzaba a confinarse en sus casas, con el siguiente mensaje lapidario: "Esto no debió ocurrir".[45] La imagen era de ese festival, pero de su edición de 2017.

Pero, ¿por qué las redes sociales son el lugar ideal para que se viralicen las noticias falsas? En parte, por las facilidades que ofrecen para su propagación masiva, pero también por el desinterés o la igno-

---

[43] https://chequeado.com/investigaciones/como-un-grupo-de-youtubers-mexicanos-cercanos-al-presidente-lopez-obrador-desinformo-sobre-la-pandemia/.

[44] https://twitter.com/FelipeCalderon/status/1241367839057022976.

[45] https://twitter.com/EnriqueKrauze/status/1239266978008715264.

rancia de muchos usuarios a la hora de discernir entre informaciones de fuentes confiables o de fuentes fraudulentas.

Resultan especialmente alarmantes los resultados del informe PISA 2018 elaborado por la Organización para la Cooperación y el Desarrollo Económicos (OCDE), según los cuales menos de uno de cada 10 estudiantes de los países miembros del grupo (8.7%), entre los que está México, "dominan tareas de lectura complejas como distinguir entre hecho y opinión cuando leen temas con los que no están familiarizados".

"En el pasado, los estudiantes encontraban respuestas claras a sus preguntas en los libros de texto aprobados por los gobiernos y, en general, se podía confiar en esas respuestas", remarcó el estudio. Pero "hoy en día, los estudiantes necesitan capacidades bien cimentadas para navegar en flujos de información *online* instantáneos, para diferenciar entre hechos y ficción, entre lo que es verdadero y falso. En el mundo de las *fake news* de hoy, estas capacidades son clave", afirmó el entonces secretario de la OCDE, Ángel Gurría, sobre el estudio, que evaluó a 600 mil estudiantes de 15 años en 79 países en 2018.[46]

En octubre de 2021, tras recibir el Premio Nobel de la Paz, la periodista de investigación filipina María Ressa alertaba del gran peligro que representa la desinformación en redes sociales:[47] "El mayor problema hoy en día es que se cuestionan hechos irrefutables. Este es un fenómeno nuevo. Los periodistas han perdido su poder de filtrar y verificar la información. Las nuevas tecnologías han 'secuestrado' esa responsabilidad. Si no cuentas con hechos, no tienes la verdad. Sin la verdad, no hay confianza. Y sin esa confianza, la batalla por la verdad es imposible, especialmente en tiempos de desafíos existenciales como el cambio climático y la pandemia de coronavirus", afirmó en una entrevista con Radio Francia Internacional.

---

[46] https://elpais.com/sociedad/2019/12/03/actualidad/1575330418_629805.html?ssm=LK_CC.

[47] https://www.rfi.fr/es/asia-pacifico/20211008-la-nobel-de-la-paz-maria-ressa-a-rfi-las-mentiras-matan.

Ressa, luchadora por la libertad de prensa en un país presidido por el autócrata Rodrigo Duterte, es muy crítica de las redes sociales, a las que responsabiliza de la problemática: "Las plataformas que pretenden informarnos nos entregan mentiras, acompañadas de ira y odio. Vemos en las redes sociales ejércitos cibernéticos pagados por gobernantes autoritarios que atacan la democracia. Esta es una tendencia en muchos países que debe ser combatida", sentenció.

La Organización de las Naciones Unidas para la Educación, la Ciencia y la Cultura (UNESCO) lleva algunos años impulsando la "Alfabetización Mediática e Informacional" (MIL, por sus siglas en inglés) para ayudar a capacitar a la sociedad frente a los riesgos de la desinformación en el ecosistema digital, pero de momento los esfuerzos parecen en vano.[48]

Una de las voces más frescas y lúcidas en el análisis del impacto de internet y las redes sociales en nuestra vida, el activista estadounidense Eli Pariser, ha plasmado con maestría el desencanto sobre lo que está sucediendo y ha propuesto interesantes caminos para resolver el problema.

Suya es la célebre "teoría de la burbuja de filtros", según la cual los algoritmos han convertido la experiencia de navegar en línea —que nació con la promesa de conectarnos con cualquier rincón del mundo y proporcionarnos toda la información que quisiéramos alcanzar— en una suerte de embudo donde el acceso a ese inmenso espacio se va restringiendo de manera paulatina precisamente porque las herramientas de inteligencia artificial que registran nuestros gustos e intereses nos sugieren y dan mayor relevancia a los contenidos que se identifican con el perfil que van creando de nosotros.

Veamos, por ejemplo, lo que sucede con YouTube. En 2018 los internautas veían alrededor de mil millones de horas de video ahí, de las cuales nada más y nada menos que 70% eran materiales recomendados por los algoritmos de las plataformas.[49]

---

[48] https://en.unesco.org/themes/media-and-information-literacy.

[49] https://qz.com/1178125/youtubes-recommendations-drive-70-of-what-we-watch/.

El fenómeno es todavía más inquietante si nos fijamos en el ámbito político. El presidente de Estados Unidos Barack Obama y su equipo usaron esas herramientas en la campaña a las elecciones en que fue reelegido en 2012 con el objetivo de desarrollar una base de datos con perfiles de redes sociales de 16 millones de votantes indecisos a los que dirigieron publicaciones personalizadas para generar en ellos empatía con el gobernante demócrata, según relató en 2017 el alemán Martin Hilbert, asesor tecnológico de la Biblioteca del Congreso de Estados Unidos y profesor de la Universidad de California.

"Cambiaron la mente del 80 por ciento de las personas que atacaron así. Con eso ganó la elección. Eso es lavar cerebros: no les muestras la información, solo lo que quieren escuchar, y escondes lo que no están de acuerdo", denunció Hilbert.[50]

La técnica, según el experto, se perfeccionó de tal forma con el paso de los años que Trump llegó a disponer de perfiles de todas las personas habilitadas para votar en Estados Unidos para los comicios presidenciales que ganó en 2016. "Con 100 'me gusta' podían predecir tu personalidad bastante bien e incluso otras cosas: tu orientación sexual, tu origen étnico, tu opinión religiosa y política, tu nivel de inteligencia, si usas sustancias adictivas o si tus papás están separados. Y detectaron que con 150 'me gusta' el algoritmo podía predecir tu personalidad mejor que tu pareja. Con 250 'me gusta' de Facebook, el algoritmo conoce tu personalidad mejor que tú", narró el experto, considerado el gurú del Big Data.

Después de plasmar en 2011 la teoría de la burbuja de filtros, Pariser volvió a la carga en 2019 con otra novedosa cavilación, acompañada de una sugerencia igualmente vanguardista. En su conferencia "¿Qué obligación tienen las plataformas de redes sociales para el bien común?"[51] planteó la necesidad de replicar en esos espacios virtuales la lógica bajo la cual se fueron desarrollando las ciudades físicas en las

---

[50] https://www.bbc.com/mundo/noticias-internacional-39511606.

[51] https://www.ted.com/talks/eli_pariser_what_obligation_do_social_media_platforms_have_to_the_greater_good.

que vivimos como áreas públicas donde es posible la convivencia y el respeto al prójimo.

Los lugares físicos en los que nos movemos, como una calle, una biblioteca o un bar, fueron codificados con una estructura en la que se aplican normas construidas por todos para facilitar la armonía entre los ciudadanos, pero si pensamos en quiénes crearon las redes sociales descubriremos que su punto de partida territorial, Silicon Valley, "está construido con la idea de que un espacio no estructurado favorece la conducta humana", remarca Pariser.

En los estudios sobre los países del mundo más relajados desde el punto de vista de las normas, aparece Estados Unidos entre las primeras naciones de la lista, y dentro de su territorio nacional el estado más flexible es California, sede de Silicon Valley, que a su vez fue el origen del movimiento de la "contracultura" de los años setenta del siglo xx.

Por eso "es normal que [los creadores de las redes sociales] infravaloren la estructura", agrega el experto. La materialización de esa realidad, la anomia o ausencia de normas, "tiene consecuencias políticas", y en el caso de estas plataformas digitales lleva a que las personas "busquen estructura y orden", lo que para Pariser explicaría que en los últimos tiempos hayan llegado al poder en distintos países políticos como Trump o el brasileño Jair Bolsonaro.

"No me parece una locura preguntar si la falta de estructuras en la vida virtual alimenta la ansiedad, aumentando la aceptación al autoritarismo", remata. Entonces, ¿la resolución del problema pasa por rehacer todo lo creado o empezar de cero? La respuesta es más que compleja, aunque lo cierto es que parece imposible que la segunda opción haya pasado o llegue a pasar alguna vez por la mente de Zuckerberg y compañía.

Ligeramente más optimista que Pariser se muestra el reconocido filósofo y sociólogo alemán Jürgen Habermas, al comparar la aparición y el desarrollo de las redes sociales con otros procesos que cambiaron nuestra forma de comunicarnos: "Desde la invención del libro impreso, que convirtió a todas las personas en lectores en potencia, tuvieron que pasar siglos hasta que toda la población aprendió a leer. Internet, que nos convierte a todos en autores en potencia, no tiene más que un par de décadas de edad. Es posible que con el tiempo aprendamos a manejar las redes sociales de manera civilizada", dijo en 2018.[52]

Mientras tanto, no nos queda más que lidiar con la realidad actual, marcada por una profunda polarización en las redes sociales en casi todos los ámbitos. Y en México, como en cualquier otro rincón del mundo, los antagonismos en los terrenos político y mediático, los que nos interesan aquí, no son nuevos, pero parecen haberse exacerbado precisamente a raíz del triunfo de López Obrador en las urnas. En el ecosistema digital, los bandos han recibido hasta un nombre con el que se identifican: fifís, para los detractores del mandatario, y chairos, para sus partidarios.

Ambos adjetivos aparecen en el Diccionario del Español de México (DEM). Fifí es el "que viste con mucha elegancia o tiene modales muy delicados".[53] Por ejemplo, podríamos decir "un traje muy fifí" o "¿A dónde vas tan fifí?". La palabra se incluye igualmente en el Diccionario de la Real Academia Española (RAE) con una acepción prácticamente idéntica: "Persona presumida y que se ocupa de seguir las modas".[54] Chairo no aparece en el diccionario de la RAE pero el DEM[55] define el concepto como la "persona que defiende causas sociales y políticas en contra de las ideologías de la derecha, pero a la que se atribuye falta de compromiso verdadero con lo que dice defender; persona que se autosatisface con sus actitudes".

En México, el término *fifí* vendría de antiguo y, según López Obrador, que lo ha vuelto a poner en boga, está ligado a la prensa conservadora de principios del siglo XX. Antes de asumir la presidencia, ya como mandatario electo, AMLO explicó en un viaje a Chiapas que la prensa fifí, representada por el periódico *El Debate* y otros medios de

---

[52] https://www.latercera.com/culto/2018/05/12/jurgen-habermas-redes-sociales/.
[53] https://dem.colmex.mx/Ver/fif%c3%ad.
[54] https://dle.rae.es/fif%C3%AD.
[55] https://dem.colmex.mx/ver/chairo.

la época, dañó al movimiento revolucionario y respaldó el golpe de Estado contra Franciso I. Madero.[56]

López Obrador ha tenido que dar explicaciones ante su proclividad a usar esa palabra para descalificar a la prensa que no le resulta favorable, como por ejemplo en marzo de 2019, cuando fue preguntado en dos conferencias consecutivas por el asunto y sus derivaciones.

En la primera, el día 25, el reportero de Grupo Fórmula Humberto Padgett, Premio de Periodismo Rey de España en 2011,[57] le consultó si era correcto hacerlo después de que el subsecretario de Derechos Humanos, Población y Migración de la Secretaría de Gobernación, Alejandro Encinas, presentara en el mismo acto las medidas que estaba tomando el gobierno para proteger a los periodistas del país, uno de los más peligrosos para el ejercicio de la profesión.

"Siempre vamos a ser respetuosos de los medios de información y siempre vamos a respetar a la prensa fifí; es decir, que se exprese libremente, nada más que nos den la posibilidad de la réplica, pero nunca vamos a actuar como los gobiernos que ellos defendieron", apuntó, enfatizando el uso de ese calificativo estigmatizante y no sin antes proferir duros ataques contra los medios "conservadores".[58]

"Y que tengan ustedes siempre muy presente que jamás vamos nosotros a atentar contra la libertad de expresión, tan es así que tú estás aquí con toda la libertad haciendo tu planteamiento. Esto no se hacía antes. Yo no sé cada cuándo tenían ruedas de prensa los anteriores presidentes", afirmó al día siguiente.[59]

El uso de la palabra *fifí*, que el presidente acostumbra a acompañar con otros adjetivos peyorativos como *corrupto*, *vendido* o *golpeador*,

[56] https://www.forbes.com.mx/que-entiende-amlo-por-prensa-fifi-lo-explica-con-la-historia/.

[57] https://www.casamerica.es/premios/premios-de-periodismo-rey-de-espana-2011.

[58] https://lopezobrador.org.mx/2019/03/25/version-estenografica-de-la-conferencia-de-prensa-matutina-del-presidente-andres-manuel-lopez-obrador-54/.

[59] https://lopezobrador.org.mx/2019/03/26/version-estenografica-de-la-conferencia-de-prensa-del-presidente-andres-manuel-lopez-obrador-18/.

tiene dos peligrosas consecuencias. Por un lado, es una etiqueta generalizadora que incluye a muchos profesionales y empresas informativas que nada tienen que ver con ese perfil del que habla el gobernante.

Por otro, ese objetivo de mancillar la imagen del tercero tiene un importante eco en las redes sociales. Como denunciaba la organización Artículo 19 en un informe sobre los 100 días de gestión del mandatario, "este discurso puede legitimar e incentivar ataques en contra de las y los periodistas en lo digital, en lo físico y afecta la pluralidad del debate público".

"Lo anterior incrementa el nivel de vulnerabilidad y riesgo al que se enfrentan las y los periodistas en el país más peligroso para ejercer la libertad de expresión en América", agregaba el estudio, del 12 de marzo de 2019. En enero, poco más de un mes después de que López Obrador asumiera el poder, la periodista Ivonne Melgar pidió en un mensaje en Twitter al portavoz presidencial, Jesús Ramírez Cuevas, y al titular del Sistema Público de Radiodifusión del Estado Mexicano (SPR), Jenaro Villamil, que intervinieran "para frenar la propaganda en contra de reporteros" que preguntaban al mandatario en las mañaneras sobre "asuntos que los fanáticos consideran una agresión".[60]

En respuesta, Villamil convocó a "respetar siempre el trabajo" de sus colegas reporteros y exhortó a los usuarios de redes sociales a hacer lo propio con "los mensajeros para conocer bien el mensaje".[61]

Artículo 19 expuso otros ejemplos de periodistas agredidos en redes sociales, documentados por la propia organización, y se refirió también a otro informe[62] divulgado el mismo día por Signa Lab, del Instituto Tecnológico y de Estudios Superiores de Occidente (ITESO), Universidad Jesuita de Guadalajara, sobre cómo la terminología empleada por el mandatario, unida a la creación de bandos antagónicos en las redes sociales, se había traducido en la aparición de tendencias

---

[60] https://twitter.com/ivonnemelgar/status/1088601670781714432.

[61] https://twitter.com/jenarovillamil/status/1088805848116121600?s=20&t=O-2N5AWW3ey28Xb4aSSj7Ig.

[62] https://signalab.iteso.mx/informes/informe_redamlove.html.

en Twitter como #PrensaFifi o #Chayoteros "que abiertamente convocan a unirse a usuarios que quieran defender, atacando, a quienes critican al presidente".

El estudio del ITESO detallaba, entre otras cosas, que parecía existir una estrategia cuidadosamente calculada que había dado a luz la llamada #RedAMLOVE, bajo la cual miles de usuarios atacaban a periodistas y líderes de opinión críticos con el gobernante. Además, analizó 176 cuentas de ese grupo cuyo comportamiento fue atípico, por ejemplo, por realizar hasta 200 publicaciones en apenas dos días.

A partir de otros parámetros, como la fecha de creación de cada cuenta, el número de seguidores o cómo se describía a sí misma, establecieron cuatro categorías: la del denominado Master of Ceremony (MC), que es el generador de contenido que circula más en una tendencia, el que marca y define la narrativa; la del Coro (bots o semibots), que "son cuentas con elevado grado de salida y muy bajo o esporádico grado de entrada, tienen un comportamiento automatizado, dan 'me gusta' y retuitean masivamente los contenidos producidos por los MC's"; la de los *trolls* (troles), que son cuentas que se usan para atacar a otros usuarios, generalmente con referencia a un tema o una tendencia en específico, y la de los fans, cuentas reales de personas, seguidores o simpatizantes "que no participan de la lógica inorgánica o atípica de una tendencia".

Con diferencia, la gran mayoría de los 176 perfiles eran del tipo Coro, seguidos por los troles y en un porcentaje menor eran MC o fans. De ser así, los apoyos a AMLO en las redes sociales no serían tan orgánicos como él asegura.

Ramírez Cuevas desmintió ese extremo con el siguiente mensaje en Twitter: "Sobre las cuentas que crean tendencias alrededor de temas de este nuevo gobierno desde @ComGobiernoMx dejamos en claro que la comunicación ha sido directo con el pueblo y no hacemos uso de 'estrategias' que no generan discusiones orgánicas. Bienvenido el debate en la democracia".[63]

---

[63] https://twitter.com/jesusrcuevas/status/1105620413424562176.

Juan Pablo Espinosa, uno de los artífices de la campaña "Abre Más Los Ojos", que ayudó a AMLO a ganar la presidencia, reconoció en una entrevista con la periodista María Scherer en El Financiero TV que "hay una red organizada en Twitter que protege al presidente", pero consideró que entre los adeptos de López Obrador, más que bots o cuentas automatizadas, lo que hay son troles, es decir, personas reales publicando comentarios ofensivos para defender al mandatario.[64]

El 1 de noviembre de 2019 la revista Proceso publicó un artículo[65] detallando nuevas embestidas a periodistas que preguntaron en las mañaneras sobre un fallido operativo militar en Culiacán, Sinaloa, que terminó con la liberación de Ovidio Guzmán, hijo del famoso capo del narcotráfico Joaquín el Chapo Guzmán. #PrensaProstituida, #PrensaSicaria y #PrensaCorrupta fueron algunas de las etiquetas usadas para coordinar la ofensiva digital.

El tema llegó hasta la mañanera del mismo día,[66] donde los reporteros consultaron al gobernante qué opinaba de las versiones que señalaban que detrás de esas tendencias había granjas de bots y pidieron al gobernante intervenir para protegerlos. AMLO puso primero en duda que hubieran intervenido esos algoritmos y, aunque pidió respeto y prometió investigar el caso, remarcó que la situación había cambiado con su llegada a la presidencia y que ahora cada ciudadano era "un medio de comunicación, con derecho a opinar".

Tres días después[67] aparecía en la mañanera el titular de la Unidad de Información, Infraestructura Informática y Vinculación de la Secretaría de Seguridad y Protección Ciudadana, Alejandro Mendoza Álvarez, para dar la versión gubernamental. "No se lo pedimos, pero hoy en la mañana, en la reunión del gabinete nos presentó su investi-

---

[64] https://twitter.com/ElFinancieroTv/status/1106410145326624768.

[65] https://www.proceso.com.mx/nacional/2019/11/1/los-bots-los-ataques-la-prensa-233724.html.

[66] https://lopezobrador.org.mx/2019/11/01/version-estenografica-de-la-conferencia-de-prensa-matutina-del-presidente-andres-manuel-lopez-obrador-188/.

[67] https://www.gob.mx/presidencia/articulos/version-estenografica-de-la-conferencia-de-prensa-matutina-lunes-4-de-noviembre-2019.

gación, su análisis sobre la difusión de mensajes en las redes acerca de la prensa y consideramos que era importante que se diera a conocer, que haya transparencia completa", afirmó López Obrador al presentarlo.

Según Mendoza, detrás de los ataques a la prensa bajo esas etiquetas intervinieron supuestamente "granjas de bots" asociadas la cuenta origen asociada a @tumbaburross cuya identidad corresponde a Jeff Scott Szeszko y al exsecretario de Educación Pública del gobierno de Enrique Peña Nieto, Aurelio Nuño Mayer, el diputado del PAN Juan Carlos Romero Hicks y Luis Calderón Zavala, hijo del expresidente Felipe Calderón. De acuerdo con el planteamiento del funcionario, cuanto menos atrevido, la oposición habría decidido atacar a la prensa que critica a López Obrador para enfrentarla todavía más con el presidente sobre un tema que ya de por sí había provocado la confrontación entre los periodistas y el gobierno.

"Si es cierto —porque esta es una versión, habría que revisar bien—, pero imagínense que fuese cierto que Nuño esté metido en esto, que fue secretario de Educación Pública. De ser cierto, pues sería una muestra de que estábamos en manos de inmorales, estábamos por los suelos; pero por eso, que se aclare", redondeó la idea AMLO, quitando parte de su contundencia al estudio, pero agregando picante a la conversación y alimentando las teorías conspirativas en una particular interpretación del "No tengo pruebas pero tampoco dudas" que tantos usuarios de redes sociales usan habitualmente para justificar ataques a personas o instituciones.

Cuando han surgido tendencias en contra la administración de la 4T, AMLO no ha dudado en denunciar que sí existen esos robots. "Hubo mano negra, sin duda, manejo en redes sociales con bots, miles de bots, de cuentas hechas por empresas que tienen esa ocupación, que se dedican a eso, como mercenarios de las redes", dijo en su conferencia de prensa del 9 de julio de 2019.[68]

---

[68] https://lopezobrador.org.mx/2019/07/09/version-estenografica-de-la-conferencia-de-prensa-matutina-del-presidente-andres-manuel-lopez-obrador-118/.

La actividad de esos algoritmos con fines políticos en México ya fue documentada en la elección ganada en 2012 por Enrique Peña Nieto, donde se considera que hubo una fuerte manipulación digital, y se repitió en los comicios de 2018, ganados por AMLO, aunque no a su favor, como detalla otro estudio anterior de Signa Lab[69] que presenta datos tan impactantes como que 53% de más de un millón de cuentas de Twitter analizadas tenían más de 50% de posibilidades de ser bots y que las cuentas clasificadas como tales eran mayormente favorables al PRI.

Signa Lab documentó también una táctica similar empleada por el gobernador priista del Estado de México, Alfredo del Mazo, para subrayar los supuestos beneficios de sus programas, como el Salario Rosa, un apoyo económico del gobierno estatal para las mujeres en situación más vulnerable.[70]

Cualquier observador objetivo de lo que sucede en Twitter en México a diario reconocerá que en la mayoría de las ocasiones no se necesitan granjas de bots para caldear la batalla encarnizada entre chairos y fifís, de la que no logra escapar nadie y a la que muchos se han sumado con fuerte militancia.

Cuando en 2019 el Premio Nobel de Literatura peruano Mario Vargas Llosa insinuó que la administración de AMLO podría ser una reedición de la llamada "dictadura perfecta" del PRI, la esposa del gobernante, Beatriz Gutiérrez Müller, no dudó en lanzar duras descalificaciones al novelista. "Veo mal a ciertos escritores que han ganado el Premio Nobel, y lamento decirlo porque quiero mucho a los escritores. Me temo muchísimo que el fanatismo y el dogmatismo, que parece la ideología de algunos, nos conduzca otra vez al panfletario perfecto", manifestó en Twitter.[71]

Las incursiones de Gutiérrez Müller en las plataformas digitales, especialmente en la red social del pajarito azul, resultan idóneas para

---

[69] https://signalab.iteso.mx/informes/informe_bots-eleccion-2018.html.

[70] https://signalab.mx/2020/09/08/pri-edomex-ii-estrategias-influencia/.

[71] https://www.reforma.com/responde-gutierrez-muller-a-vargas-llosa/ar1824837.

proseguir con el análisis de la polarización, pues ella misma ha sido epicentro de ataques y ha reaccionado también con fiereza contra aquellos que cuestionan o a veces insultan al mandatario, a ella o a su hijo menor de edad.

En una de las ocasiones, el 5 de febrero de 2019, la esposa de AMLO respondió con indignación a los mensajes de burla que la convirtieron en tendencia en las redes sociales, tras pronunciar mal el nombre de un famoso poeta mexicano en un programa televisivo[72] al que fue invitada por la Universidad Autónoma de Nayarit. En lugar de Amado Nervo (1870-1919), dijo "Mamado"[73] Nervo.

"Lamentable el uso de un audio, quizá alterado. Lamentable el nivel de discusión de ciertos sujetos. Lamentable la bajeza en la que incurren usuarios varios. Ojo @TwitterSeguro. Que viva #AmadoNervo a quien este 2019 algunos estamos recordando a cien años de su defunción", afirmó Gutiérrez Müller en Twitter.[74]

El 3 de mayo de 2019 Gutiérrez Müller anunció que dejaba su cuenta de Twitter,[75] cansada de los supuestos ataques de bots, pero al año siguiente resurgió de nuevo para poner en entredicho la invitación a un debate sobre racismo y clasismo que había recibido el famoso *influencer* Chumel Torres por parte de la Comisión Nacional para Prevenir la Discriminación (Conapred). "¿A este personaje invitan a un foro sobre discriminación, clasismo y racismo? Sigo esperando una disculpa pública de este individuo sobre los ataques a mi hijo menor de edad @CONAPRED #ConLosNiñosNo", reclamó Gutiérrez Müller,[76] que prefiere no ser identificada como "primera dama" del país porque considera que es un concepto "clasista", ya que en México —afirma— no debe haber mujeres "ni de primera ni de segunda".[77]

[72] https://www.facebook.com/watch/?v=357611201497842&t=301.
[73] Como muchos de los lectores sabrán, en México el participio del verbo *mamar* significa estar ebrio o muy musculado.
[74] https://twitter.com/BeatrizGMuller/status/1092870357248339972.
[75] https://twitter.com/BeatrizGMuller/status/1124343849051095040.
[76] https://twitter.com/beatrizgmuller/status/1272875839319756807.
[77] https://verne.elpais.com/verne/2018/07/04/mexico/1530659080_053890.html.

Después del comentario contra Chumel, quien había denigrado previamente al hijo adolescente del matrimonio presidencial con el calificativo *Chocoflan*, la Conapred canceló el foro.

Beatriz Gutiérrez Müller, una escritora, investigadora y profesora universitaria a la que su marido presentó como la nueva presidenta del Consejo Honorario de Memoria Histórica y Cultural de México[78] cuando todavía era mandatario electo, ha alardeado en Twitter de haber sido bloqueada por una galería de arte europea a la que acusó de subastar piezas arqueológicas de origen mexicano y en diversas ocasiones ha expuesto noticias falsas sobre la administración lopezobradorista.[79]

Al igual que Gutiérrez Müller, López Obrador ha cuestionado en más de una oportunidad a Twitter, empresa a la que ha pedido que informe a la sociedad sobre la supuesta existencia de bots y *fake news* que, según él, amplifican campañas en contra de su gestión o contra su persona, haciendo virales etiquetas ofensivas como #AMLOMiyagi, #MeteteTuRifaEnElCulo, #LopezElFracasopresidencial #LopezMentirosoYHablador #CobardeMatoncito y muchas otras.[80]

El uso de esa clase de hashtags —contra los que Twitter debería sin duda intervenir para detener la descalificación constante que enturbia el debate en esa plataforma y frenar las escaladas de insultos que con frecuencia se producen— no es algo que únicamente afecte al gobernante de Morena. Rivales suyos como el exmandatario Felipe Calderón o el excandidato presidencial Ricardo Anaya, o periodistas y analistas como Carlos Loret de Mola y Denise Dresser han sido también blanco de esas campañas, probablemente con la misma intensidad. #TomandanteBorolas, #FeCal, #SacoDePus, #rickyriquinprofuguin, #LordMontajes o #BrujaDresser son solo algunos ejemplos de etiquetas que se han usado contra ellos.[81]

---

[78] https://lopezobrador.org.mx/2018/11/19/presentacion-de-la-coordinacion-de-la-memoria-historica-y-cultural-de-mexico/.

[79] https://twitter.com/BeatrizGMuller/status/1492180757774745603.

[80] https://twitter.com/BeatrizGMuller/status/1245058925248028672.

[81] https://twitter.com/vampipe/status/1379815056028934149.

Muy pronto en su sexenio, AMLO comenzó a expresar su disconformidad con la forma en que esos espacios virtuales albergaban ataques contra su proyecto gubernamental, algo de lo que, en realidad, se podrían quejar todos y cada uno de los mandatarios del mundo. "También hay muchos bots en las redes, en las benditas redes sociales, porque los bots es una perdedera de tiempo, no sirve eso, sobre todo en la circunstancia actual, los robots. Ya ven que compran servicio. Ahí debería de intervenir Twitter y Face [Facebook] porque hay falta de ética en aras de vender, de lo mercantil, afectan, disminuyen el valor ético, el imperativo ético que debe de tener la comunicación, pero ese es otro asunto, pero sin duda que hay bots", dijo en su rueda de prensa matutina del 29 de abril de 2019, menos de medio año después de asumir el cargo.

Lo cierto es que, en muchas ocasiones, las redes sociales han sido inclementes con el mandatario, buscando la forma de dañar su reputación o la de su administración, con o sin razón. AMLO ha sido acusado, por ejemplo, de montar situaciones en su beneficio, para mejorar su imagen. El 1 de marzo de 2021 un espontáneo se coló por la parte de atrás del escenario desde donde el mandatario se dirige a la prensa en las mañaneras para pedirle algo y él lo atendió en el mismo momento mientras hablaba el responsable de la Procuraduría Federal del Consumidor. El episodio llamó la atención de los críticos del presidente porque justo el día anterior, al aterrizar en un vuelo comercial en el aeropuerto internacional de la Ciudad de México procedente de Guadalajara, AMLO había sido insultado a gritos por varios pasajeros que se encontraban en la parte trasera del avión.[82]

Sus detractores tampoco han dudado en rescatar mensajes suyos del pasado que evidencian notables diferencias entre el AMLO opositor y el AMLO presidente respecto a muy diversos temas. Por ejemplo, ante su obsesión por destacar el creciente envío de remesas de los

---

[82] https://www.publimetro.com.mx/mx/nacional/2021/02/28/insultan-amlo-al-bajar-vuelo-comercial-la-cdmx.html.

migrantes al país cada vez que habla del desempeño de la economía durante su gestión, las "benditas" redes sociales recuperaron un comentario suyo del 3 de marzo de 2016 sobre la cuestión: "Está tan mal la economía que muchas regiones del país solo viven del dinero que envían los migrantes a sus familiares. Benditas remesas".[83]

Cuando en enero de 2022 el mandatario fue hospitalizado unas horas para realizar una serie de estudios de rutina ligados al ataque al corazón que sufrió en 2013 y a su hipertensión —poco después de superar el covid-19 por segunda ocasión—, otro viejo mensaje de su autoría difundido en redes sociales lo expuso nuevamente. "Existe el rumor de que EPN está enfermo. Ni lo creo, ni lo deseo. Pero es una buena salida para su renuncia por su evidente incapacidad", había dicho el 5 de junio de 2014.[84]

No fue la única vez que pidió la renuncia de Peña Nieto. Lo haría de nuevo el 18 de noviembre del mismo año en otra publicación que también le achacarían sus detractores en alguno de los momentos más delicados de su gestión: "Es patético ver a EPN en la TV tratando de justificar lo injustificable. Está atrapado en sus propias contradicciones. Mejor que renuncie".[85]

En junio de 2020, cuando la pandemia del coronavirus causaba sus mayores estragos en el país y se multiplicaban las críticas contra la administración federal por el manejo de la emergencia sanitaria, el gobernante envió por primera vez un mensaje frontal a los responsables de la red social del pajarito azul en su mañanera: "Vamos a invitar aquí al director de Twitter —bueno, formalmente le hago la invitación— que nos diga qué pueden hacer para controlar lo de los robots y las noticias falsas", propuso el político tabasqueño, quien se dijo partidario de transparentar las cuentas de todos los usuarios, rompiendo con el anonimato de muchas de ellas, para "purificar" el manejo de ese ecosistema digital.

---

[83] https://twitter.com/lopezobrador_/status/705581190531518464?s=20.
[84] https://twitter.com/lopezobrador_/status/474573454113792000.
[85] https://twitter.com/lopezobrador_/status/534909304147808257?lang=es.

La propuesta podría inhibir a muchos internautas que publican mensajes ofensivos y ayudaría tal vez a rebajar la polarización, pero bajo la lógica de AMLO pareciera tener el objetivo completamente contrario: remarcar aún más las diferencias entre uno y otro bando: "Yo creo que ellos [Twitter] sí podrían hacerlo transparentando, por qué se ocultan las cosas, somos distintos, somos demócratas, no podemos todos pensar de la misma manera, para qué escondernos, decir yo soy liberal, yo soy conservador, yo soy así, me caes mal. Nada más, si acaso decirlo suavemente, me caes mal, pero te respeto, pero de frente, porque lo peor que puede haber es el anonimato, el tirar la piedra y esconder la mano. Eso es de hipócritas", argumentó.

John Ackerman defiende esa visión del mandatario, al considerar que la unidad de la sociedad mexicana es un concepto artificial por las enormes desigualdades que existen. "Yo en lo personal defiendo esta dicotomía. A mí me parece que las dicotomías son muy positivas, generan debate, discusión, confrontación pacífica, pero que nos permiten avanzar en la discusión nacional. Si de repente no podemos calificar, no podemos juzgar, cómo vamos a avanzar. Si todo es así, todos somos iguales en unidad falsa, porque la verdad es que esta sociedad no está unida. Ese es el problema. La desunión es de la sociedad mexicana no de las palabras", dijo en el espacio televisivo *John y Sabina*, del Canal Once, el 26 de junio de 2019.[86]

Su compañera en el programa, la periodista y escritora Sabina Berman, opinó que la dicotomía fifí-chairo no procede porque se trata de términos vagos, que no están bien definidos. "Nadie sabe exactamente qué significan y en la práctica se usan para descalificar." En el caso del chairo, por ejemplo, "se usa para decir, eres un fanático de la 4T, eres una foca aplaudidora del presidente, no vale nada lo que digas porque lo que digas viene de la boca de un loco fanático", matizó.

Aunque el gobernante reiteró su invitación a Twitter varias veces, nunca obtuvo respuesta. Harto tal vez de no ser escuchado, ter-

---

[86] https://johnackerman.mx/chairos-vs-fifis/.

minó por aplicar la vieja táctica de que "la mejor defensa es el ataque" y el 20 de enero de 2021 abrió fuego contra un directivo de la empresa tecnológica en suelo mexicano, mostrando detalles de su currículo en la red social para profesionales y empresas LinkedIn, con el objetivo de evidenciar su pasado ligado al PAN.[87]

"El director de Twitter en México era militante o simpatizante muy cercano al PAN, el que actualmente maneja Twitter, fue hasta asesor de un senador famosísimo del PAN. No sé si… ¿No tienen ahí la…? Porque me encontré eso y como mi pecho no es bodega…", comenzó el gobernante en una engorrosa conferencia de prensa en la que tuvo que hacer frente a varias preguntas sobre la polémica decisión tomada cinco días antes por la Fiscalía General de la República de exonerar al exsecretario de Defensa Nacional, el general Salvador Cienfuegos, tras su extradición desde Estados Unidos, donde había sido detenido por presuntos lazos con el narcotráfico.[88]

De entrada, López Obrador citó mal el cargo que podía leerse en la hoja curricular colocada en la pantalla por su escudero en las mañaneras, Ramírez Cuevas. Hugo Rodríguez Nicolat, el aludido, no era entonces jefe de Twitter en México, sino responsable de Política Pública de la empresa para los usuarios hispanohablantes en el país y en el resto de América Latina. Durante tres meses, en 2006, formó parte del equipo de transición de Felipe Calderón, cuando coordinó la llegada de 700 invitados internacionales a la investidura presidencial, y entre diciembre de ese año y septiembre de 2007 ejerció de director de Relaciones Interinstitucionales del Instituto Nacional de Migración, donde tuvo otro puesto todavía en el mismo sexenio. Sin embargo, desde octubre de 2013 pasó al sector privado y antes de ingresar a Twitter trabajó en otra compañía tecnológica del vecino país: Uber.

---

[87] https://www.gob.mx/presidencia/articulos/version-estenografica-conferencia-de-prensa-del-presidente-andres-manuel-lopez-obrador-del-20-de-enero-de-2021?idiom=es.

[88] https://www.bbc.com/mundo/noticias-america-latina-55672176.

"Esto es importante porque no son sólo las instituciones o los organismos o decir Twitter o Face, sino ver quiénes manejan estas instituciones, quiénes son, porque ustedes que son periodistas saben que es muy, muy difícil que haya neutralidad, es muy difícil en el periodismo la objetividad, conseguir eso. Por lo general, en la política, en el periodismo, hay polarización. Esto que a veces no les gusta a muchos pues es consustancial a la actividad política, a la actividad periodística. Entonces, no hay nada de qué avergonzarse, lo único es que sepamos quién es quién", concluyó.

La parte aludida, la empresa tecnológica estadounidense, respondió muy pocas horas después, calificando de "lamentable" ver comentarios dirigidos a sus empleados "como responsables únicos de las decisiones o reglas de la empresa".[89]

"Es importante recordar que los portavoces de Twitter no toman decisiones de cumplimiento. Y no participan en el proceso de revisión de las mismas. Esto ocurre en un proceso colegiado, basado en reglas y procesos, no en intereses particulares. La labor de nuestros voceros es únicamente compartir las decisiones con el público y responder preguntas. Y la nuestra es tener equipos que cuenten con una trayectoria relevante y diversa para cumplir de forma objetiva con los requerimientos de cada puesto", añadió.

Parece bastante obvia la intención de AMLO de explotar a su favor la polarización en las redes sociales, sobre todo en Twitter, una plataforma que en muchas oportunidades parece más un cuadrilátero de boxeo que un espacio virtual de intercambio de opiniones e información. Pero también resulta evidente, al menos por ahora, que la batalla dialéctica que ahí se da se limita exclusivamente al ecosistema digital.

El historiador Enrique Krauze, uno de los analistas más críticos de la gestión del gobernante, expresó sus temores a que la animo-

---

[89] https://twitter.com/TwitterMexico/status/1351954296993062912.

sidad que se respira en las redes sociales se traslade al mundo real:[90] "A mí nunca me dejará de preocupar la posibilidad de que la guerra civil cibernética se pase a la violencia física, la de las pistolas y cuchillos; y, por cierto, está ocurriendo con el fallecimiento, la muerte violenta, el asesinato de tantos miembros de nuestro gremio del medio periodístico".

En las antípodas de la visión de Krauze se sitúa el periodista Jenaro Villamil, responsable del Sistema Público de Radiodifusión del Estado Mexicano. "Desgraciadamente sí hay una polarización en las redes sociales, no la observo yo tan fuerte en el terreno de la vida cotidiana, es decir, en la vida que no es la tuitósfera, que no es la vida de los medios digitales, que además tienen una enorme contaminación, intoxicación de todos los lados. Hay una simpatía muy clara hacia los comunicadores, los periodistas que están a favor de una transformación o de un cambio", indicó en la entrevista con el canal televisivo La Octava.

El escritor y columnista venezolano Moisés Naím sí observa, en cambio, un impacto negativo a nivel global de lo que sucede en el mundo virtual en la vida real. "¿A qué se debe esta tendencia a la fragmentación de las sociedades en pedazos que no se toleran? El aumento de la desigualdad económica, la precariedad económica y la sensación de injusticia social son, sin duda, algunas de las causas de la polarización política. La popularización de las redes sociales y la crisis del periodismo y los medios de comunicación tradicionales también contribuyen a alentarla. Las redes sociales como Twitter o Instagram solo permiten mensajes cortos. Tal brevedad privilegia el extremismo, ya que cuanto más corto sea el mensaje, más radical debe ser para que circule mucho. En las redes sociales no hay espacio, ni tiempo ni paciencia para los grises, las ambivalencias, los matices o la posibilidad de que visiones encontradas encuentren puntos en común. Todo es o muy

---

[90] https://www.radioformula.com.mx/breaking-news/2021/7/12/guerra-civil-de-internet-generada-por-ataques-de-amlo-podria-pasar-violencia-fisica-enrique-krauze-486437.html.

blanco o muy negro. Y, naturalmente, esto favorece a los sectarios y hace más difícil llegar a acuerdos."[91]

En una de sus colaboraciones semanales en el diario *Reforma*, el escritor Juan Villoro lanzaba una alerta sobre cómo en ese reino caótico los que salen ganando son los extremos: "En forma paradójica, la confrontación política no favorece a aspirantes conciliadores, sino a quienes prometen romper con todo. En 2016, la injerencia rusa en las elecciones de Estados Unidos se basó en ese principio. Apoyar abiertamente a Donald Trump habría aumentado la popularidad de Hillary Clinton; por lo tanto, se crearon cuentas para incendiar la discusión en internet. Miles de presuntos votantes defendieron a los latinos, los asiáticos o los afroamericanos mientras otros los atacaban. Lo decisivo no era convencer acerca de una postura, sino crear conflictos. A medida que la discusión se exacerbaba, el más contundente de los candidatos ganaba adeptos. La polarización favorece al fanático de turno. Esto explica que en Brasil un amplio sector de las mujeres, los pobres y los negros votara por Jair Bolsonaro, candidato misógino, clasista y racista".[92]

Julio Astillero, quien tiene una trayectoria extensa en empresas informativas convencionales, pero que desde hace un tiempo centra buena parte de su labor profesional en la producción de espacios propios para las plataformas virtuales, alerta sobre cómo puede llegar a influir en algunos comunicadores la tiranía de las audiencias digitales y la influencia que eso tiene en la construcción de una opinión pública enferma de crispación.

Astillero habla de un fenómeno que él ha bautizado de forma tragicómica como "neochayoterismo" y que significa hacer periodismo "condicionado a que te den el clic, te den la aprobación, tengas

[91] https://www.eltiempo.com/opinion/columnistas/moises-naim/la-globalizacion-de-la-polarizacion-moises-naim-316520.
[92] https://www.reforma.com/aplicacioneslibre/preacceso/articulo/default.aspx?__rval=1&urlredirect=, https://www.reforma.com/mascotas-politicas-2021-05-21/op205095?pc=102&referer=--7d616165662f3a3a6262623b727a7a-7279703b767a783a--.

los seguidores y te paguen adecuadamente las instancias de YouTube o de Facebook por la importancia que tienes, por el número de vistas". "Este nuevo estilo periodístico está pensado para decirle a las audiencias lo que quieren escuchar, sea verdad o sea mentira. Mucha gente se siente complacida con escuchar a alguien que le dice lo que quiere oír aunque no sea realidad. Entonces eso degrada la cultura política y eso impide que la gente tenga una noción clara de lo que está pasando y que aprenda a escuchar. Uno tiene que escuchar a todos, incluso a los contrarios a lo que uno piensa o particularmente a ellos, porque de esa manera puedes complementar tu opinión", reflexionó el periodista.[93]

Por mucho que López Obrador las califique una y otra vez de "benditas", el mundo académico comienza a hartarse de alertar sobre sus interminables riesgos: "Las redes sociales crean adicción, depresión, disfunción social, tal vez extremismo, polarización de la sociedad y, tal vez, contribuyen a difundir desinformación", afirmó Stuart Russell, profesor de la Universidad de California en Berkeley que se ha dedicado al estudio de la inteligencia artificial (IA) durante décadas.[94]

En opinión del especialista, esos espacios virtuales "no solo están optimizando lo incorrecto, sino que también están manipulando a las personas, porque al manipularlas consiguen aumentar su compromiso". "Y si puedo hacerte más predecible, por ejemplo, transformándote en un ecoterrorista extremo, puedo enviarte contenido ecoterrorista y asegurarme de que hagas clic para optimizar mis clics", advierte.

Facebook, la red social por excelencia, tiene más de 16 tipos de notificaciones. Entre ellas, el aviso de "Me gusta" es quizá la más perniciosa. Un estudio publicado por un equipo de la Universidad de California en Los Ángeles demuestra que esa muestra de aprobación por parte de los demás internautas activa el centro de recompensa cerebral, provocando un estímulo comparable al consumo de chocolate o a ga-

---

[93] En una entrevista que le hizo su colega Sabina Berman en el Canal 14 el 29 de octubre de 2021.

[94] En una entrevista con la BBC.

nar dinero, e influye en el comportamiento de las personas, siendo especialmente grave entre los adolescentes.[95]

Las emociones juegan un papel preponderante en la interacción en el ecosistema digital. Y entre ellas, las llamadas emociones morales son las más virales, como explicaron los autores de un estudio presentado en la revista *Scientific American* el 20 de agosto de 2019. Basándose en el método clásico usado por los psicólogos desde hace décadas para demostrar que las personas son capaces de encontrar un concepto "emocionalmente significativo" en medio de una rápida sucesión de palabras a la que son expuestas, hicieron su propio ensayo con usuarios de Twitter.

"Para probar esta idea, realizamos un par de experimentos en el laboratorio, usando una tarea que imitaba intencionalmente los *feeds* de Twitter. A las personas se les presentó un flujo rápido de tuits ficticios con diferentes tipos de palabras utilizadas para un hashtag. Encontramos que las palabras morales (como *crimen, misericordia, derecho*), las palabras emocionales (como *miedo, amor, llanto*) y las palabras morales-emocionales (como *abuso, honor, despecho*) capturaron más atención que las neutrales (como *costar, novela, laberinto*)", señalaron.

Pero no solo eso. "La captura de atención fue un predictor sólido de los mensajes compartidos con estas mismas palabras en línea. Las palabras morales y emocionales (como *lascivia, matar, maldad, fe* y *pecado*) fueron las más cautivadoras. Cuando estaban incrustadas en tuits, era significativamente más probable que se compartieran en comparación con las palabras neutrales. Esto fue particularmente sorprendente porque nuestra medida de atención se basó en un grupo de personas completamente diferente al de aquellos que retuitearon los mensajes."[96]

Desde dentro de las propias empresas de las tecnologías de la información y la comunicación (TIC), hace años que se escuchan voces

---

[95] https://www.scientificamerican.com/espanol/noticias/los-me-gusta-activan-el-centro-cerebral-de-recompensa/.

[96] https://www.scientificamerican.com/article/why-moral-emotions-go-viral-online/.

autocríticas plasmadas de forma magistral en el aterrador documental *The Social Dilema* (2020), traducido al español como *El dilema de las redes sociales*. Entre los que ahí aparecen, Jaron Lanier,[97] considerado uno de los padres de la realidad virtual, ya publicó en 2018 el libro *Diez argumentos para borrar tus cuentas en las redes sociales*. La pérdida de libertad, la progresiva infelicidad, el debilitamiento de la verdad y la destrucción de nuestra capacidad de empatizar son algunas de las razones sugeridas por Lanier, que además es escritor y compositor de música clásica.

Otro reconocido programador, Chris Wetherell, quien desarrolló el famoso botón de "retuit", afirmó[98] que se arrepentía de haberlo hecho y lo comparó con darle "un arma cargada a un niño de cuatro años".[99]

Recordemos que antes de esa invención los usuarios tenían que retuitear manualmente, copiando el texto que querían compartir, pegándolo en otra ventana junto a las letras *RT* y el identificador del tuit original y presionar enviar. Esta serie de pasos conllevaba un esfuerzo y un gasto de tiempo que podían llevarnos a repensar la publicación del retuit. Seamos honestos, ¿cuántas veces hemos retuiteado algo y décimas de segundo después nos hemos arrepentido de hacerlo? Es más, sin tomar en cuenta las facilidades que proporciona el famoso botón, ¿cuántas veces hemos eliminado un tuit o un retuit con comentario que habíamos empezado a escribir porque tuvimos que interrumpir el proceso por cualquier causa ajena y cuando lo retomamos nos dimos cuenta de que lo que íbamos a publicar estaba fuera de lugar o era muy agresivo o no aportaba nada o nos exponía innecesariamente?

Contaba en marzo de 2019 la sección "Recode", del medio nativo digital estadounidense *Vox*,[100] dedicada a explicar cómo el espa-

---

[97] https://verne.elpais.com/verne/2018/08/28/articulo/1535463505_331615.html.

[98] En una entrevista con el portal de noticias Buzzfeed en 2019.

[99] https://www.buzzfeednews.com/article/alexkantrowitz/how-the-retweet-ruined-the-internet?bftwnews&utm_term=4ldqpgc#4ldqpgc.

[100] https://www.vox.com/2019/3/8/18245536/exclusive-twitter-healthy-conversations-dunking-research-product-incentives.

cio virtual está cambiando nuestra vida, que el cofundador de Twitter, Jack Dorsey, intentó crear una métrica que midiera la salud de la red social en términos de la relación entre sus usuarios para luego optimizarlo, azorado por el hecho de que el odio lograba más viralización que los sentimientos positivos en ese espacio.

"Si te sumerges en alguien y obtienes mucha interacción, muchos 'Me gusta', muchos retuits, eso básicamente te anima a ser malo", le había dicho a "Recode" anteriormente David Gasca, el ejecutivo de producto de Twitter, quien sugería "cambiar [el producto] de manera que proporcione incentivos positivos para fomentar una conversación más constructiva".

Las tenebrosas revelaciones de los extrabajadores de esas compañías no se han quedado ahí. El caso de Frances Haugen,[101] exempleada de Facebook que denunció que esas plataformas digitales "dañan a los niños, provocan divisiones y socavan la democracia" en una sonada audiencia del Congreso de Estados Unidos, ha reforzado la idea de que ya no es posible encontrar más pretextos para mirar a otro lado.

Dorsey ya no dirige más Twitter y en 2022 el hombre más rico del mundo, Elon Musk, anunció la adquisición de una porción mayoritaria de acciones de la compañía, de 9.2%, y ofreció la friolera de 43 mil millones de dólares para comprarla entera.

Antes de la operación, Musk había anunciado que estaba "pensando seriamente" crear una nueva red social.[102] "Dado que Twitter funciona como la plaza pública *de facto*, no adherirse a los principios de la libertad de expresión socava fundamentalmente la democracia. ¿Qué debería hacerse?", planteó.

No olvidemos que esa red social suspendió la cuenta de Trump y posteriormente las de los canales de televisión rusos RT y Sputnik,

---

[101] https://www.france24.com/es/ee-uu-y-canad%C3%A1/20211005-frances-haugen-facebook-senado-da%C3%B1os.

[102] https://www.cnbc.com/2022/03/28/elon-musk-says-hes-considering-building-a-new-social-media-platform.html.

por la desinformación que esparcían entre los usuarios, el uno tras perder las elecciones presidenciales de 2020, y los otros tras la invasión de Rusia a Ucrania en febrero de 2022.

En el México actual, aunque AMLO ha presionado a Twitter cuando ha visto que las tendencias en ese espacio virtual se ponían en su contra, reclamándoles más transparencia, no parece tener la intención de adentrarse en el resbaloso terreno de la regulación, siempre fiel a su lema "prohibido prohibir".

En febrero de 2021, tras la cancelación de las cuentas de Trump —que López Obrador condenó—, el coordinador de Morena en el Senado, Ricardo Monreal, publicó un proyecto legislativo[103] que buscaba otorgar al Instituto Federal de Telecomunicaciones (IFT) la condición de árbitro en la moderación de contenido y fiscalizador de los "mensajes de odio" y las "noticias falsas" con elevadas multas para las empresas del sector, como denunció entonces el director para América de la organización Human Rights Watch, José Miguel Vivanco. Sin embargo, no se ha vuelto a hablar de la iniciativa.

Señalaba Javier Esteinou Madrid, en mayo de 2019, que al obtener López Obrador y Morena "un enorme poder legitimado colectivamente para gobernar el país de 2018 a 2024", iba a ser fundamental la creación de "un amplio modelo de comunicación autónomo, plural, abierto e interactivo" para que la sociedad expresara libremente su sentir sobre si el nuevo sistema de gobernabilidad de izquierda cumple o no con las expectativas prometidas a los ciudadanos.

"Dicho modelo —añadía— no debe ser centralizado por el nuevo grupo en el poder, sino abierto a la expresión de la mayor cantidad de opiniones ciudadanas que fomenten la democracia, la pluralidad y la diversidad y eviten el reforzamiento del autoritarismo, el abono al 'culto a la personalidad', y la construcción de un nuevo 'pensamiento único' en México."

---

[103] https://ricardomonrealavila.com/wp-content/uploads/2021/02/REDES-SO-CIALES-Propuesta-Iniciativa-29.01.21.pdf.

Tal pareciera que las expectativas de que eso sucediera se han visto ensombrecidas precisamente por la tendencia no solo a concentrar en la figura presidencial todo el poder comunicativo del gobierno y hacerlo bajo el esquema de un hombre-una idea, sino al incremento de los ataques que López Obrador siempre ha efectuado contra los medios de comunicación que no comulgan con su ideología y exponen sus fallas, a veces con gran saña, hasta rozar los límites de la frontera entre la libertad de expresión y la censura, pese a que él niega cualquier atisbo de despotismo de su parte.

9

Censura o libre discurso

La democracia muere en la oscuridad.

The Washington Post

Pocos meses después de la victoria de Trump en su país, el 9 de marzo de 2017, Ali Velshi, un veterano periodista canadiense de la cadena NBC de Estados Unidos, alertaba en una conferencia TED sobre los peligros que acechaban a la sociedad con la llegada al poder del mandatario republicano. "En este mundo complicado en el que estamos, incluso hechos básicos están ahora bajo debate", comenzaba una exposición en la que lamentaba especialmente las acusaciones a la prensa de mentir, muchas veces gratuitas, casi por deporte.

"Cuando acusas a periodistas legítimos de ser proveedores de *fake news* o de mentir es un poco como pedirle a alguien que deje de golpear a su mujer. Buena parte del daño está en la misma acusación", reflexionó. Aunque reconoció que el periodismo tradicional tiene defectos que se deben resolver, mostró su preocupación por el hecho de que el gremio en los últimos años parece más preocupado por desenmascarar noticias falsas que por investigar historias que interesen realmente a los ciudadanos: "El periodismo es un negocio serio. Tú tienes que entender cómo consumirlo, debes contrastar referencias, pero tienes que confiar en ciertas cosas. Todos los lugares en que he trabajado tenían una metodología para comprobar información que de otra forma no sería corroborada. Varía de organización a organización, pero típicamente tú necesitas dos fuentes independientes, que te pueden decir la misma cosa o una sola fuente que esté muy bien ubicada. Si no lo haces, si no puedes hacerlo, eres despedido".

Velshi recordó que "el periodismo tiene dos propósitos: el primero es ser testigo, estar simplemente ahí para decir que algo está pasando, pero el segundo es más importante, es hacer que el poder rinda cuentas". Y concluyó: "No tomemos un camino que nos conduzca a un mundo donde no solamente no le reclamemos al poder lo que es verdad, sino donde no seamos ni siquiera capaces de discernir la verdad".

Aunque la visión de Velshi está basada en su experiencia como comunicador en el Estados Unidos de Trump, bien podríamos extrapolarla al contexto que viven actualmente sus colegas en México, con los lógicos matices entre dos países de diferentes características.

Las similitudes entre López Obrador y el republicano las plasmó el propio gobernante mexicano el 7 de enero de 2021, al referirse a la decisión de Twitter y Facebook de bloquear la cuenta de su entonces homólogo[1] después de los gravísimos incidentes del día anterior en el Capitolio en Washington, cuando una turba de seguidores del magnate neoyorquino puso en jaque la institucionalidad del vecino país como no había sucedido en muchas décadas, animados presuntamente por los mensajes instigadores del presidente saliente.

"No me gusta la censura, no me gusta que a nadie lo censuren y le quiten el derecho de transmitir un mensaje en Twitter o en Face [Facebook], no estoy de acuerdo con eso, no acepto eso", afirmó AMLO durante una reflexión en la mañanera pocas horas después de los sucesos. "Esto lo digo porque existen las redes sociales y una de las cosas más importantes de los últimos tiempos, que fue una

---

[1] https://www.dw.com/es/facebook-bloquea-la-cuenta-de-donald-trump-indefinidamente/a-56162640.

revolución, fue precisamente el que, al surgir las redes sociales, se garantizaron las libertades, la gente pudo comunicarse abiertamente, sin censura, se produjo la comunicación, los mensajes de ida y vuelta, la comunicación circular", argumentó el gobernante, quien comparó las medidas contra Trump con "la Santa Inquisición" y denunció que él mismo fue "censurado" en el pasado por la opinión pública de su país hasta que aparecieron las plataformas digitales.

"Yo llamo a la atención sobre este tema, porque si no, aquí nada más sería el *Reforma* y *El Universal*, y las televisoras y las estaciones de radio y ya, y los comentaristas; y allá afuera lo que diga el *Washington Post* y lo que diga el *New York Times* y lo que digan las grandes cadenas de televisión. ¿Y la gente? Que con eso que tienes en la mano [un dispositivo móvil y una cuenta de una red social] se convierte cada ciudadano en un medio de comunicación. Pero ¿si ya no puedes, si te censuran, si te callan, si te silencian? Esto no es un asunto de México, es mundial, o sea, es el derecho que tenemos a ejercer nuestras libertades."[2]

Indirectamente, López Obrador incluyó en su análisis lo acontecido el 5 de noviembre anterior con los canales de televisión estadounidenses y el todavía inquilino de la Casa Blanca, cuando ABC, CBS y NBC interrumpieron de forma sorpresiva una transmisión en vivo de un discurso de Trump sobre el escrutinio que estaba dando la victoria a su rival demócrata, Joe Biden. "Si contamos los votos legales, ganamos fácilmente. Si cuentas los ilegales, nos van a tratar de robar", había comenzado Trump de forma irresponsable su intervención, súbitamente cortada por los conductores de esas cadenas televisivas bajo el argumento de que no podían permitir que la audiencia siguiera escuchando falsedades.

Como era de esperar, la medida no dejó indiferente a nadie, pero fue en el gremio periodístico donde más se comentó. Uno de los que aplaudió el gesto fue Jorge Ramos: "Los periodistas, por supuesto, tenemos la obligación de reportar la realidad tal y como es. Pero no tenemos la obligación de transmitir todo lo que dicen los políticos y presidentes. Y menos si mienten o desinforman. Nuestro trabajo es cuestionarlos, no ser una simple grabadora".[3]

En las antípodas de su mensaje, el monero del diario mexicano *La Jornada*, José Hernández, cuestionó duramente la interrupción de las palabras de Trump por parte de la televisión estadounidense. "No recuerdo que hayan suspendido ninguna transmisión de Bush por 'decir mentiras'. O de Nixon, o de Reagan, o de Clinton, o de…",[4] afirmó en la misma red social, para criticar luego a los que aplaudieron la acción en su país: "Periodistas justificando la censura de los medios gringos".[5]

El libro *Cómo mueren las democracias*[6] es uno de los trabajos académicos que de forma más atinada ha planteado el riesgo que supone para muchos países la erosión progresiva de la institucionalidad que personajes como Trump están causando en muchas sociedades actuales. En él, sus autores, los politólogos de la Universidad de Harvard Steven Levitsky y Daniel Ziblatt, se refieren a la figura de los "guardarraíles de la democracia" como unas reglas informales que a pesar de no estar escritas en la legislación son respetadas y acatadas por autoridades y ciudadanos, impidiendo que una confrontación política destruya el sistema. Estamos hablando de la tolerancia mutua y la contención institucional.

Los especialistas, que estudian el caso de Estados Unidos, pero también de naciones latinoamericanas, europeas y asiáticas, plantean cuatro señales de alarma para saber si los mandatarios en turno pueden estar rompiendo esas normas implícitas. La primera es un "rechazo (o débil aceptación) de las reglas democráticas del juego". Para identificar esos perfiles realizan las siguientes preguntas para detectar a esos gober-

---

[3] https://twitter.com/jorgeramosnews/status/1347696539079233536?s=20.

[4] https://twitter.com/monerohernandez/status/1324575890685206530.

[5] https://twitter.com/monerohernandez/status/1324569885691813889.

[6] *Cómo mueren las democracias*, Steven Levitsky y Daniel Ziblatt, Buenos Aires, Ariel, 2018.

nantes: "¿Intentan socavar la legitimidad de las elecciones, por ejemplo negándose a aceptar unos resultados electorales creíbles?". La segunda alerta es la "negación de la legitimidad de los adversarios políticos". Aquí consultan al lector: "¿Describen sin argumentos a sus rivales de otros partidos como delincuentes cuyo supuesto incumplimiento de la ley (o potencial para incumplirla) los descalifica para participar de manera plena en la escena política?" y "¿Sugieren de manera infundada que sus rivales son espías extranjeros que trabajan secretamente en alianza con (o a sueldo de) un Gobierno foráneo, normalmente de un país enemigo?".

El tercer signo de preocupación tiene que ver con la "tolerancia o fomento de la violencia" y va acompañado de los siguientes interrogantes: "¿Tienen (esos presidentes) lazos con bandas armadas, con fuerzas paramilitares, con milicias, guerrillas u otras organizaciones violentas ilegales?", "¿Han apoyado de manera tácita la violencia de sus partidarios negándose a condenarla y penalizarla sin ambigüedades?" y "¿Han elogiado (o se han negado a condenar) otros actos destacados de violencia política, tanto pasados como acontecidos en otros lugares del mundo?".

Por último, como cuarta señal de alarma, sugieren la "predisposición a restringir las libertades civiles de la oposición, incluidos los medios de comunicación", y en esta ocasión proponen las siguientes preguntas: "¿Han apoyado leyes o políticas que restringen las libertades civiles, como ampliar las leyes por libelo o difamación o aprobar leyes que limitan el derecho de manifestación, las críticas al Gobierno o a determinadas organizaciones civiles o políticas? ¿Han amenazado con adoptar medidas legales u otras acciones punitivas contra personas críticas pertenecientes a partidos de la oposición, la sociedad civil o los medios de comunicación?".

Levitsky fue entrevistado por el periodista y escritor mexicano Esteban Illades para la revista *Nexos*[7] cuando se cumplía el primer año

---

de gestión de López Obrador y el estudioso reconoció que el mandatario "ha coqueteado con los cuatro principios", aunque aclaraba también que no lo había visto promover la violencia: "Su lenguaje a veces parece estar en la frontera de no reconocer a sus rivales, pero no les dice 'traidores' como lo hace mi presidente [Trump]. 'Neoliberales fracasados' o 'conservadores fracasados' no es exactamente lo mismo. Me perturban mucho sus ataques verbales constantes a los medios, sus ataques retóricos… eso es lo mismo que le hemos escuchado a Chávez, a Correa, a Fujimori, a Trump, pero hasta ahora no ha hecho mucho", consideró el intelectual, para quien "AMLO es un tipo que no ama los *checks and balances* —contrapesos— y piensa que está por encima de ellos". "Eso es algo por lo que hay que preocuparse", concluyó.

Sobre los contrapesos de la democracia y los riesgos de excederse en el ejercicio del derecho a la libertad de expresión, aportó también su lúcida visión la canciller alemana Angela Merkel el 27 de noviembre de 2019 en el Bundestag (el parlamento alemán), cuando todavía gobernaba en la nación centroeuropea: "Hay libertad de expresión en nuestro país. A todos aquellos que dicen que no pueden expresar sus opiniones les digo: si das tu opinión, debes asumir el hecho de que te pueden llevar la contraria. Expresar una opinión tiene sus costes. Pero la libertad de expresión tiene sus límites: esos límites comienzan cuando se propaga el odio, empiezan cuando la dignidad de otra persona es violada. Esta cámara debe oponerse al discurso extremista. De lo contrario, nuestra sociedad no volverá a ser la sociedad libre que es", afirmó.[8]

Pero volvamos a Trump y la peligrosa vuelta de tuerca que representó su presidencia. En el foro "Los desafíos de la libertad de expresión" organizado por la Universidad de Guadalajara en septiembre de 2021,[9] el excanciller mexicano Jorge Castañeda advirtió del gran daño que el republicano ha hecho, no solo a su país sino al resto del mundo.

---

[8] https://cadenaser.com/ser/2019/11/28/internacional/1574957880_787572.html.
[9] https://www.youtube.com/watch?v=MSAnNueUK5w&t=3601s.

Para el catedrático de la Universidad de Nueva York resulta sorprendente que la nación norteamericana pasara en tan poco tiempo de fungir como "un cierto ejemplo de libertad de expresión" a otro de "cómo se puede atacar a los medios desde la presidencia" y a "empezar a limitar claramente lo que se puede decir y se puede escribir", mediante la intimidación.

Castañeda alertó sobre el efecto de contagio en países como Polonia y Hungría en Europa, y Brasil y El Salvador en América Latina, pero también en México con AMLO. "No tengo la menor duda de que el presidente López Obrador se siente cobijado de lo que él [Trump] hace con los medios todos los días y en particular, el miércoles [día de la sección 'Quién es quién en las mentiras'], se siente cobijado por Trump, que ha hecho exactamente lo mismo", agregó. Además, recordó que, una vez que Trump abandonó el Despacho Oval, varios periodistas y columnistas importantes en Estados Unidos reconocieron las dificultades por las que habían atravesado durante su mandato.

Pocos meses después se dio uno de los casos más llamativos de ese fenómeno. El veterano conductor del canal estadounidense Fox News, Chris Wallace, dejó la empresa después de 18 años de trayectoria con el argumento de que ya no aguantaba más la ductilidad de la televisora al informar sobre el último tramo de la gestión de Trump. "Estoy bien con la opinión: opinión conservadora, opinión liberal", dijo Wallace a *The New York Times*, en su primera entrevista extensa sobre su decisión de irse. "Pero cuando la gente comienza a cuestionar la verdad, ¿quién ganó las elecciones de 2020? ¿Fue el 6 de enero una insurrección? Lo encontré insostenible", explicó.[10]

En el mismo foro en que participó Castañeda, la politóloga y analista Ivabelle Arroyo advertía que la restricción de la libertad tiene muchos grados: "En un extremo está la desaparición física, la muerte

---

[10] https://www.nytimes.com/2022/03/27/business/media/chris-wallace-cnn-fox-news.html.

y el encarcelamiento por ideas, pero en la otra punta podemos encontrar el acoso propagandístico, la obstaculización institucional al trabajo político, el ostracismo, la creación de tabúes ideológicos. Lo que caracteriza este abanico de punta a punta es el miedo de los individuos a ser señalados", argumentó.

Más tarde, agregó que el objetivo final del poder cuando pone la diana sobre un ciudadano no es otro que "acabar con la competencia, eliminar la pluralidad". "Siempre funciona, descalificar a quien levanta la cabeza, inhibe a las cabezas que vienen atrás y envalentona a los cómplices de Fuente Ovejuna", añadió, citando la famosa obra del dramaturgo Calderón de la Barca.

En ese mismo evento en Guadalajara, el periodista Salvador Camarena catalogó de "ejercicio pernicioso" que el mandatario se dedique a evaluar a los medios o la labor que realizan: "Nos debe calificar la ciudadanía a la prensa, nos deben ajustar las cuentas las ciudadanías, los lectores, los televidentes, los seguidores, no el poder. Nosotros estamos para exigirle cuentas a nombre de los ciudadanos", argumentó.

Y junto a ellos, el historiador y crítico literario Christopher Domínguez ahondó en los peligros que afrontan los medios mexicanos en el actual contexto: "La libertad de expresión se ejerce pero con un riesgo tremendo porque el régimen siembra el odio a través de las redes sociales, siembra el odio a través de las conferencias del presidente de la República y llegará fatalmente el día que esto pase más allá de los insultos a los que muchos de los colegas que están aquí presentes están acostumbrados y llegue a consecuencias trágicas". Y remató: "Entonces, el ejercicio de la libertad de expresión en México está seriamente acotado, lo que no hay es censura previa, lo que sí hay es una creciente limitación de la libertad de expresión".

Como relata Omar Raúl Martínez en su libro *Ética y autorregulación periodísticas en México*,[11] desde la Independencia y durante buena

---

[11] Omar Raúl Martínez, *Ética y autorregulación periodísticas en México*, México, Comisión de Derechos Humanos del Distrito Federal, 2016.

parte del siglo xix la prensa fue usada como instrumento de propaganda y arma ideológica "para preservar el poder o derrocar o debilitar al gobierno".

Al inicio del gobierno de Porfirio Díaz "la dictadura impuso vigilantes mecanismos de persecución y supresión de la prensa opositora, y de subvención y subordinación a la prensa adicta al gobierno". El modelo de control político, contra lo que pudiera pensarse, se consolidó y perfeccionó en el periodo postrevolucionario hasta el primer quiebre de la cultura de sumisión que representó el caso de Scherer en *Excélsior*, en los años setenta del siglo xx.

Para Domínguez, ese episodio demuestra que en ocasiones "a un presidente populista se le puede salir el tiro por la culata".

"El presidente Echeverría arremetió contra el periódico *Excélsior*, que era el único periódico independiente del país y manipuló a la cooperativa que lo regía para echar a Julio Scherer que era su director. Este efecto de censura, censura gangsteril, lo que provocó fue el nacimiento de la gran prensa literaria, cultural y política de lo que fue nuestra transición democrática hasta que esta empezó a esfumarse en 2018", relató.

Sin embargo, varios han sido los periodistas y directivos de medios que, pese a rechazar la forma de gobernar de López Obrador y no coincidir con su ideología, han admitido que ahora no reciben las presiones que sí recibieron en el pasado.

Uno de ellos es Joaquín López Dóriga, que en una edición de su programa informativo diario en Radio Fórmula, durante una entrevista con la presidenta de la agencia de noticias española efe, afirmó: "Este presidente y este Gobierno hostigan permanentemente a los periodistas, a los medios, pero debo apuntar algo que es cierto. No ha habido una represión, vamos, ni una llamada telefónica, igual no les importamos, yo creo que sí por lo que dice en la mañanera, pero no ha habido ninguna llamada de 'oye, bájale', 'oye, esto no'. Yo te lo puedo decir porque tengo 54 años en esto".[12]

---

[12] https://www.youtube.com/watch?v=lRiv7XZY5xo.

Esa visión coincide con los argumentos que a menudo ha expresado el gobernante para hablar de su relación con la opinión pública, como en el tercer aniversario de su victoria de julio de 2018:[13] "No poseo, ni aspiro a tener el monopolio de la verdad absoluta. Por eso, reitero, nuestros adversarios siempre recibirán del gobierno que represento el respeto y la libertad a la que tienen derecho para manifestarse sin límites, represión o censura. Los tiempos han cambiado", aseguró entonces, en 2021.

En la sección Templo Mayor del diario *Reforma* el 15 de mayo 2020[14] los responsables del periódico habían advertido un año antes sobre la implicación negativa de esa ofensiva presidencial a la que tanto AMLO como sus partidarios intentan restar importancia: "La verdadera amenaza contra la libertad de prensa no es una llamada telefónica contra un periódico, sino el ambiente de acoso y hostilidad que incubó esa agresión".

"Ese, sin duda, es el mayor riesgo del fanatismo: no se requiere de una orden directa desde el poder. Solo basta con el adoctrinamiento diario de que la prensa libre es el adversario, es vocera de los conservadores, es fifí, se opone al cambio, promueve la corrupción… Tanto organismos de derechos humanos como de los periodistas han advertido sobre ese clima adverso que, cada mañana, se impulsa contra los medios que no son incondicionales del régimen. A los ataques presidenciales se suman las campañas en redes sociales que buscan denostar a los críticos, distorsionar la realidad, acallar las noticias. Son tiempos difíciles para ejercer el periodismo, pero entre la verdad y la mentira no se puede permanecer apático", denunció el editorial de la publicación.

Aunque no es una empresa periodística, Artículo 19 ha atraído también la furia del mandatario, que acusó a la organización de ser parte del "movimiento conservador" y la criticó por recibir financiamien-

---

[13] https://www.gob.mx/presidencia/articulos/version-estenografica-3er-ano-del-triunfo-historico-democratico-del-pueblo-de-mexico?idiom=es.

[14] https://www.reforma.com/templo-mayor-f-bartolome-2020-05-15/op180103.

to externo de entidades como el Departamento de Estado de Estados Unidos, después de que varios de sus informes expusieran la existencia de diversas campañas de descrédito en redes sociales contra periodistas como Carmen Aristegui, Lydia Cacho, Anabel Hernández o Marcela Turati, supuestamente orquestadas por Sanjuana Martínez, la directora de Notimex, la agencia de noticias del Estado.[15]

No hay que olvidar que antes de que AMLO encargara a Martínez la conducción de ese medio público, Artículo 19 encabezó la defensa legal de un proceso en contra de la periodista por daño moral a raíz de uno de sus trabajos periodísticos, con esos mismos fondos foráneos que luego López Obrador criticaría.

La campaña de difamación y descrédito contra ese grupo de periodistas por parte de Notimex, que debido al conflicto que mantiene la directora con el sindicato permanece inactiva desde mediados de 2020, fue catalogada como "de una vileza inaceptable" por el académico Raúl Trejo: "El gobierno va a querer utilizar a los medios públicos a su beneficio, los medios públicos son del Estado y de la sociedad, no son cajas de resonancia", denunció el experto, al asegurar en una entrevista que la agencia había perdido credibilidad porque se dedicaba "a aplaudir al gobierno y a denostar a sus críticos".

Pero no solo Artículo 19 defendió a Sanjuana Martínez en su día.[16] También ha impulsado a nivel internacional la defensa de Julian Assange, al que el presidente ha ofrecido asilo y considera el abanderado de la libertad de expresión, y entre sus logros en México sobresalen el haber revelado el uso del software Pegasus para espiar a periodistas y activistas durante el gobierno de Enrique Peña Nieto y haber promovido un amparo en el que la Suprema Corte obligó al Congreso de la Unión a legislar sobre publicidad oficial.

---

[15] https://articulo19.org/directiva-de-notimex-ataca-periodistas-y-organiza-campanas-de-desprestigio-en-redes-sociales/.

[16] https://articulo19.org/postura-del-consejo-consultivo-de-article-19-ante-los-comentarios-del-presidente-lopez-obrador/.

Tras las acusaciones de AMLO a Artículo 19, Ramírez Cuevas compartió en las redes sociales[17] el listado de los donantes de la organización, que es público, y cuestionó el hecho de que hubiera sido dirigido durante 10 años por el actual responsable de Mexicanos Unidos contra la Corrupción y la Impunidad, Darío Ramírez, como si eso le restara credibilidad o fuera parte de una suerte de complot.

Más lejos fue el diario *La Jornada*, que no solo tiene una línea editorial claramente proclive a la 4T sino que es la tercera empresa del país que más fondos de publicidad oficial recibe. El periódico encabezó su noticia sobre las críticas del mandatario al organismo con el tendencioso título "Financiado por EU, Artículo 19 'nutrió' el golpe contra México", cuando en ningún momento de su intervención el gobernante usó ese término.[18]

A pesar de que ese ambiente hostil contra los periodistas, los medios y otras organizaciones ligadas al sector es innegable, Epigmenio Ibarra consideró[19] que "ni una coma se ha tocado de lo que escriben las y los columnistas en todos los diarios" y "no ha sido censurado ni un solo presentador de radio y televisión". "Aquí todas y todos dicen lo que les da la gana. A la prensa, que vivió un infame amasiato con el poder político, ni se le calla ni se le compra como antes."

Puede que no haya censura en sentido estricto, pero, como decía Velshi al inicio del capítulo, lo peor de los ataques infundados de las autoridades a la prensa es que acaban haciendo mella en su reputación, tal como sucedió el 16 de febrero de 2022 con el conductor y columnista Ricardo Raphael, al que AMLO acusó de escribir en su contra a cambio de recibir dinero del Instituto Nacional Electoral (INE),[20] en

---

[17] https://twitter.com/jesusrcuevas/status/1377324849350246411.

[18] https://www.jornada.com.mx/notas/2021/04/01/politica/financiado-por-eu-articulo-19-nutrio-el-golpe-contra-mexico/.

[19] En un artículo de opinión en el diario *Milenio* el 24 de noviembre de 2021. https://www.milenio.com/opinion/epigmenio-ibarra/itinerarios/en-legitima-defensa.

[20] https://lopezobrador.org.mx/2022/02/16/version-estenografica-de-la-conferencia-de-prensa-matutina-del-presidente-andres-manuel-lopez-obrador-687/.

un señalamiento que el aludido negó pero que fue secundado después de la mañanera por Jesús Ramírez Cuevas.

"Ricardo Raphael asegura que el presidente @lopezobrador_ miente al señalarlo de cobrar en el @INEMexico. Aquí están las pruebas y enlaces de que está en la lista de proveedores. Si él dice que no cobra, que lo aclare el INE. https://bit.ly/3oSoNZ2", escribió este último en Twitter.[21]

Horas más tarde, Raphael publicó una carta de la Dirección Ejecutiva de Administración del INE que aseguraba que no tenía registro de ningún contrato con él desde el 2012 hasta la fecha.[22] Es decir, puede estar registrado como proveedor, pero no haber trabajado para el instituto desde aquel año. "Agradecería una respuesta pública", solicitó el afectado a Ramírez Cuevas, pero este nunca respondió. Total, el daño ya estaba hecho.

Como coordinador general de Comunicación Social de la presidencia, Ramírez Cuevas ha dado un paso al frente en más de una ocasión para defender al gobierno de las crecientes denuncias de que los ataques del mandatario a la prensa vulneran la libertad de expresión, como en septiembre de 2020, cuando 650 intelectuales firmaron un manifiesto en el que aseguraban que ese derecho estaba "bajo asedio" en el país y, con ello, "amenazada la democracia".

El documento, en un tono algo melodramático, exageraba al apuntar que "la opción para los críticos es callarse o dejar el país", cuando no se conocen casos de detractores de AMLO que hayan tenido que salir de México, como sí sucedió con Gutiérrez Vivó en tiempos de Calderón. Además, caía directamente en una politización innecesaria al cuestionar al mandatario por supuestamente haber "despreciado la lucha de las mujeres y el feminismo" o "el dolor de las víctimas por la violencia", entre otras críticas que poco tienen que ver con la libertad de expresión.

---

[21] https://twitter.com/jesusrcuevas/status/1493962815253721097.
[22] https://twitter.com/ricardomraphael/status/1494120512578011143?s=20&t=-cxIdxRAtEclUMQzKUoNRxA.

En respuesta, pocos días después, Ramírez Cuevas leyó en una mañanera la citada carta, buscando sacar provecho de la exacerbación de la polarización nacional, y presentó otra misiva firmada por 28 mil ciudadanos comunes, probablemente seguidores del movimiento de la 4T, que negaba ese extremo y arremetía con agresividad contra el primer manifiesto: "El debate público está más vivo y vibrante que nunca en la historia moderna del país. Lo que es claro es que los firmantes [los intelectuales críticos de AMLO] querrían suprimir ese debate, amordazar al presidente y reinstaurar el monólogo y la verdad única que imperó hasta hace dos años bajo el corrupto régimen neoliberal y el aparato mediático oligárquico en el que muchos de los firmantes aparecían como amos y señores del pensamiento, el análisis y la crítica y que imponía un monólogo legitimador de saqueos, violencia de Estado, corrupción, frivolidad y desaseo electoral. Estamos, pues, ante un exhorto que supuestamente llama a defender la libertad de expresión y que es, en realidad, un llamado a amordazar al mandatario más legítimo que ha tenido México desde hace muchas décadas".

No es extraña la actitud combativa de Ramírez Cuevas si tomamos en cuenta que ese ha sido el signo que ha marcado la carrera política de su jefe para llegar al Palacio Nacional, una beligerancia que AMLO no solo no ha abandonado sino que continuamente manifiesta como si todavía estuviera en la oposición y no en el sillón presidencial. Y lo hace muchas veces dando pábulo a situaciones que fomentan la confrontación entre ciudadanos, sin importar el origen de la fuente de información que use.

El 24 de septiembre de 2021, mientras arreciaban las críticas contra la Fiscalía General de la República (FGR) por la denuncia presentada contra 31 científicos por el supuesto mal uso de recursos púbicos, visto como un golpe a la independencia y al porvenir de ese sector académico, mandó poner en la pantalla gigante un tuit de un usuario insultándolos a él y a su esposa, Beatriz Gutiérrez Müller.

"No sé si sea cierto, pero uno de los investigadores, supuestamente perseguido, se aventó un Twitter ayer, ojalá y lo consigamos", había dicho minutos antes. Y luego lo leyó en voz alta, lentamente, sin omitir ninguna de las palabras malsonantes incluidas en la publicación.[23]

No importa que, como relataron en las horas siguientes varios medios que investigaron al personaje, identificado como Aldo Aldrete, este último no apareciera en el listado de científicos denunciados por la FGR o que incluso hubiera dudas de su existencia. El tuit reunía las condiciones para atizar el fuego de la discordia y el mandatario tenía que leerlo, aun a pesar de que hubiera insultos terribles contra él y contra su esposa, en un comportamiento cuanto menos bastante desafortunado en un país donde la violencia contra las mujeres es un problema crónico.

Héctor Zamarrón, periodista de *Milenio*, opinó: "Escuchar al Presidente leer este tuit fue insólito. No evadió ninguno de los insultos a su mujer ni a él mismo. Y ante los titubeos de su equipo para mostrarlo en la mañanera, les insistió…".[24]

La mejor periodista de nuestra generación

Carmen Aristegui representa uno de los casos más singulares de periodistas sometidos al bombardeo verbal de López Obrador a pesar de que durante años realizó arriesgadas investigaciones sobre los oscuros entresijos del poder que iban mucho más lejos que cualquiera de los trabajos periodísticos de la mayoría de colegas a los que AMLO coloca la etiqueta de "corruptos", "conservadores" y "vendidos".

Por esta razón y por la infinidad de reportajes que ha realizado para dar voz a los marginados, desde los indígenas hasta los migrantes, pasando por los 43 estudiantes desaparecidos de Ayotzinapa, fue

---

[23] https://www.animalpolitico.com/elsabueso/amlo-acusa-cientifico-de-insultarlo-no-esta-entre-denunciados/.

[24] https://twitter.com/hzamarron/status/1441407030946791427?s=20.

vinculada durante muchos años con el movimiento político del tabasqueño, aunque solo fuera porque el resultado de su labor informativa
servía de munición para que el eterno candidato pudiera seguir atacando a los gobiernos del Partido Revolucionario Institucional (PRI)
y del Partido Acción Nacional (PAN), y allanando así el camino que lo
conduciría a la presidencia.

Personas alineadas con la 4T, como Jenaro Villamil,[25] han pasado
de hablar maravillas de Aristegui a callar como tumbas cuando sufría
las embestidas de AMLO. En abril de 2019, sin ir más lejos, Villamil
la llegó a catalogar como "la mejor periodista de nuestra generación".

Cuando arreciaban los ataques presidenciales contra la periodista,
circuló además en redes una amistosa fotografía de grupo[26] en la que se
veía a la comunicadora posando en un evento distendido con Ramírez
Cuevas, los moneros de *La Jornada* Rafael Barajas, *El Fisgón*, y José
Hernández, y el propio Villamil, quien dio credibilidad a la imagen al
responder al comentario que acompañó la publicación de la instantánea, obra del director de la revista *Etcétera*, Marco Levario Turcott.

Aristegui publicó un reportaje, junto con la revista *Proceso*, sobre
las supuestas ventajas que los hijos del político tabasqueño habrían sacado de la aplicación del programa gubernamental Sembrando Vida.
Aquel día, 29 de noviembre de 2021, el presidente se refirió al portal
de noticias de la comunicadora y a *Proceso* como "medios seudoobje-
tivos, seudoprogresistas, seudoindependientes" con los que no tenía ni
"identificación" ni "simpatías".

"Carmen Aristegui, pues escribe en *Reforma* y pertenece, pues, al
grupo que apoya al bloque conservador. Entonces, nada más aclararlo
porque ya no estamos en los tiempos de la simulación."

Sin embargo, la ira del mandatario contra la periodista terminó
subiendo a niveles insospechados a raíz de que la segunda entrevistó en
su programa a Raúl Olmos, uno de los autores del reportaje sobre la

---

[25] https://twitter.com/jenarovillamil/status/1122525557541916672.
[26] https://twitter.com/jenarovillamil/status/1489787812991938564.

lujosa mansión en la que vivió el hijo de gobernante en Houston, de la organización Mexicanos Unidos contra la Corrupción y la Impunidad, fundada por uno de sus archienemigos, Claudio X. González.

Recordemos que AMLO ha llegado a enviar una nota diplomática de queja a Estados Unidos por el apoyo que recibe de su oficina de ayuda al desarrollo (USAID, por sus siglas en inglés) esa institución, a la que se refiere peyorativamente en sus ruedas de prensa diarias como "Mexicanos a favor de la corrupción". Al respecto, habría que preguntarse si no es un atentado contra la libertad de expresión intentar cortar las fuentes de financiación de una organización civil, vengan de donde vengan.

Harta de la estigmatización, la presidenta ejecutiva del organismo, María Amparo Casar, publicó el 11 de noviembre de 2020 un artículo titulado "Las mañaneras del miedo",[27] quejándose de que en 38 ocasiones AMLO se había referido a la institución en su rueda de prensa "en casi todas haciendo mofa" de ella con esa denominación burlesca.

En un video compartido del 7 de febrero de 2022 Casar hizo hincapié en un elemento muy interesante que deja en evidencia las razones por las que el presidente estigmatiza a determinados grupos e individuos, ligadas más a su intención de combatir determinadas informaciones que lo perjudican que a la ojeriza contra ellos, aunque en su discurso parezca expresar lo contrario: "El propio Presidente utiliza de manera sistemática nuestras investigaciones para ejemplificar la corrupción del pasado, pero eso sí, no la del presente",[28] dijo la politóloga.

Los de Mexicanos Unidos contra la Corrupción y la Impunidad no son los únicos materiales informativos de "adversarios" mediáticos que el gobernante ha usado cuando le ha convenido. En otras oportunidades, trabajos de *El Universal*, *El País* e incluso de su odiado *Reforma*

---

[27] https://m.excelsior.com.mx/opinion/maria-amparo-casar/las-mananeras-del-miedo/1416195.
[28] https://www.reforma.com/cuestiona-mcci-libertad-de-expresion-por-ataques-de-amlo/ar2345894.

han sido expuestos en la conferencia de prensa matutina cuando implicaban mostrar noticias que le beneficiaban, en una muestra clara del doble discurso que ha tenido también sobre tantos otros temas.

José Carreño Carlón aludió a la polémica confrontación entre AMLO y Mexicanos Unidos contra la Corrupción y la Impunidad en un artículo de opinión sobre las mañaneras titulado "Show con represión, alevosía y mordaza",[29] el 12 de mayo de 2021, donde insinuaba que la meta final del mandatario es eliminar cualquier atisbo de visión crítica respecto a su labor.

"Bajo sus deslices, resulta ya inocultable su proyecto de condenar a la extinción todo contrapeso de información y análisis independientes del régimen. Los ataques sistemáticos a medios, periodistas e intelectuales, buscan atemorizarlos con el odio social sembrado desde Palacio, aniquilar su influencia y ahuyentar anunciantes —sostén de sus empresas— acosados por el fisco y otros resortes coercitivos. Asimismo, por aberrante o risible que vea el mundo la nota diplomática de 'denuncia' de transferencia de fondos de origen estadounidense a organizaciones civiles como Mexicanos contra la Corrupción y la Impunidad, acusada de 'golpismo' y 'traición' por recurrir al amparo contra violaciones constitucionales, el régimen no parece cejar en su voluntad de cegar toda fuente de información alternativa al 'noticiero' mañanero, por la vía de clausurar todo sustento financiero a estas iniciativas sociales", afirmó el exfuncionario.

El altavoz que representó la comunicadora para la investigación sobre la mansión del hijo de AMLO, realizada por Mexicanos Unidos contra la Corrupción y la Impunidad conjuntamente con el portal de noticias *Latinus*, liderado por uno de los mayores antagonistas de la 4T, Loret de Mola, resultó algo insoportable para el mandatario.

El 4 de febrero de aquel año AMLO sentenció en una mañanera que Aristegui "engañó durante mucho tiempo" a la sociedad haciendo

---

[29] https://www.eluniversal.com.mx/opinion/jose-carreno-carlon/show-con-represion-alevosia-y-mordaza.

creer que era "la paladina de la libertad" para manejar después "reportajes calumniosos". "Simulaba, está a favor del bloque conservador."[30]

La contestación de la periodista,[31] además de inmediata, no fue menos contundente. Protestó porque el mandatario se refiriera a ella "de manera muy agresiva" y lamentó que el modelo de ejercer el poder por parte de López Obrador incluyera esas cosas "deplorables". Le recordó que profesionales como ella tienen "como principalísimo activo […] la credibilidad" y aunque aceptó que en el ejercicio de su labor periodística estaba abierta a recibir críticas, señaló que "es lamentable por los cuatro costados que se quiera utilizar la palabra tan poderosa del presidente de la República para destruir reputaciones" usando recursos públicos como el Palacio Nacional.

Epigmenio Ibarra salió enseguida a reforzar el mensaje presidencial contra la conductora de radio y televisión.[32] "Al difundir, sin ningún rigor periodístico, sin contextualizar siquiera, un libelo difamatorio destinado a destruir la reputación del hijo de AMLO, Carmen Aristegui avaló y se sumó a la guerra santa y sucia de la derecha. No es una víctima", opinó el productor al día siguiente, pocas semanas antes de estrenar su elogioso documental sobre el nuevo Aeropuerto Internacional Felipe Ángeles. Además, acusó a la periodista de "exagerar" con su respuesta.

Aristegui invitó a *El Fisgón* a su espacio radiofónico el 16 de febrero de 2022 para preguntarle sobre la relación entre el poder y la prensa en tiempos de la 4T, en momentos en que ella era objeto de una lluvia constante de ataques desde el Palacio Nacional. "Desde hace tiempo México, al igual que los demás países de América Latina, tiene una serie de consorcios mediáticos que son los que dictan la agenda.

[30] https://www.gob.mx/presidencia/articulos/version-estenografica-conferencia-de-prensa-del-presidente-andres-manuel-lopez-obrador-del-4-de-febrero-de-2022?idiom=es.

[31] https://aristeguinoticias.com/0402/mexico/lamentable-que-el-presidente-utilice-su-palabra-tan-poderosa-para-destruir-reputaciones-aristegui/.

[32] https://twitter.com/epigmenioibarra/status/1489719413859401730?s=11.

Si tú te vas a Brasil vas a ver que quien dicta la agenda es *O'Globo*, si te vas a Argentina, vas a ver que es el *Clarín*, si te vas a Chile verás que es *El Mercurio*. Y en México son claramente los medios televisivos grandes y sus adláteres como parece serlo *Latinus*. Aquí están operando una narrativa que es muy clara que insiste en la idea de que el actual gobierno es igual a los demás gobiernos. Esta estrategia es curiosa porque se monta de manera muy clara en una cosa que ya se incrustó en la sociedad mexicana, que es la idea de que todos son iguales", comenzó diciendo Barajas, quien compagina su labor como caricaturista en *La Jornada* con la coordinación del Instituto Nacional de Formación Política de Morena, en un ejercicio de militancia que sería inimaginable, por lo menos de una forma tan abierta, entre periodistas de medios tradicionales, con el PRI y el PAN.

Su visión, aunque sesgada, tiene algo de fundamento, al menos en la parte relativa a la estructura de los conglomerados mediáticos de la región, como reflejaba ya en 2016 la Federación Internacional de Periodistas en su informe "La concentración de medios en América Latina". "Yo estoy seguro de que estamos ahorita ante una embestida, ante una nueva formulación de esta estrategia. Yo creo que el término de golpe blando es un término inexacto.[33] Esto que estamos viviendo encaja perfectamente dentro de lo que se conoce como guerra híbrida. Es un proyecto que incluso tiene una narrativa, que está muy estructurado y que busca básicamente desacreditar a un actor político específico", agregó.

El Fisgón manifestó a la periodista que difundir el reportaje sobre la llamada "Casa Gris" del hijo de López Obrador en Estados Unidos había sido "un error".

---

[33] La expresión "golpe blando" ha sido usada desde hace años con bastante frecuencia en determinados círculos de la izquierda latinoamericana y en los propios medios de comunicación internacionales para referirse a los derrocamientos de Manuel Zelaya en Honduras en 2009, Fernando Lugo en Paraguay en 2012 y Dilma Rousseff en 2016.

"No es lo mismo que la Casa Blanca [la exclusiva que expuso a la primera dama en tiempos de Peña Nieto], que era un reportaje muy documentado, que el reportaje de la casa de Houston que se ha ido desmintiendo poco a poco. La estrategia que se sigue es muy clara, no importa que el reportaje sea falso, no importa que esté mal planteado, no importa que sea una mentira, lo que importa es mantener el debate y mantener esta idea en el aire. Entonces, dicen, ya se desmintió lo de la 'Casa Gris', ah, pero salió de lo de un primo, de un tío. Todo esto forma parte de una estrategia de desinformación", denunció el monero, quien incluso denigró a su interlocutora afirmando que había sido "usada" por terceros.

"Es un golpe doble, te pegan a ti y le pegan al proyecto", opinó. "El que me ha pegado es el presidente", respondió ella. "Tú también le metiste el pie", contraatacó Barajas, quien dijo estar "convencido de que el debate de medios es un debate que se tiene que centrar alrededor del tema de la verdad, alrededor de lo que es veraz, lo que es verídico."[34]

A finales de marzo de 2022, tras ser acribillada nuevamente por la profusa munición verbal del mandatario desde el púlpito de la mañanera, Aristegui fue más allá en su respuesta a la ofensiva al insinuar que lo que estaba consiguiendo el gobernante con esa estratagema era provocar que muchos colegas se retraigan a la hora de informar, algo que ya había anticipado *Reforma* en Templo Mayor dos años antes.

Durante la charla "Contra la Polarización" del 1er Festival Contra el Olvido, organizada por la plataforma de promoción de la libertad de expresión Elefante Blanco, Carmen Aristegui reflexionó: "Él presume, y es verdad, que no llama o que no manda a alguien para decirle a un dueño de un medio 'oye, quita a este periodista', hasta donde sabemos. Él presume de que no sucede. Pero eso no significa que lo que él hace no afecta a la libertad de expresión. En mi opinión,

---

[34] https://aristeguinoticias.com/1602/mexico/ve-fisgon-guerra-hibrida-contra-amlo-video/.

sí lo hace, porque lo que genera su agresividad, su decisión de dañar la credibilidad de medios y de periodistas, inhibe a muchos de decir cosas que de otra manera pudieran estar diciendo".[35]

Quién es quién en las mentiras

Si la mañanera resultó sorprendente desde el primer día por la oportunidad que ofrecía para la prensa de preguntarle al presidente a diario, más inesperada fue la creación de una sección en esas conferencias de prensa que significó la materialización de los deseos del mandatario de quemar en la hoguera a sus adversarios. Nos referimos al "Quién es quién en las mentiras".

En ese espacio de periodicidad semanal (se realiza cada miércoles) una funcionaria que no es periodista, sino antropóloga, y cuya experiencia previa se limita a haber sido coordinadora de contenidos web en *La Jornada de Oriente*, Elizabeth García Vilchis, se dedica a cuestionar informaciones que aparecen en los medios y que, a juicio de la presidencia, son falsas.

La sección fue presentada por primera vez por el mandatario el 30 de junio de 2021[36] y en la justificación que dio para su creación llama la atención su alusión a la ética periodística. El objetivo del nuevo espacio, explicó, es "dar a conocer las mentiras que se difunden en medios de información convencionales y también en las redes para que se vaya contando con información, con elementos y tengamos cada vez más una ciudadanía muy consciente, no susceptible de manipulación y que prevalezca siempre la verdad, que es la que nos hace libres, la verdad".

[35] https://elefanteblanco.mx/2022/04/13/amlo-vuelve-a-arremeter-contra-aristegui-lo-que-genera-su-agresividad-inhibe-a-muchos-a-decir-cosas-afirmo-la-periodista-en-entrevista/.
[36] https://lopezobrador.org.mx/2021/06/30/version-estenografica-de-la-conferencia-de-prensa-matutina-del-presidente-andres-manuel-lopez-obrador-563/.

Sin embargo, sus responsables no han transparentado ni demostrado contar con una metodología en verificación de datos o *fact-checking*. Además, con el paso de los meses han ido incorporando como ejemplos a desmentir publicaciones de redes sociales con opiniones de políticos e incluso de usuarios anónimos que nada tienen que ver con el periodismo.

"Nada de mentiras, que haya en el periodismo ética, que el periodismo, que el noble oficio del periodismo sea un imperativo ético; además, que se asuma la responsabilidad de que se le debe respeto a la gente, que no se puede mentir impunemente", agregó López Obrador, para asegurar que en los años de política "neoliberal" o "neoporfirista", que sitúa en un lapso de casi cuatro décadas previas a su llegada al poder, "la mentira en los medios se convirtió en una constante y no había derecho de réplica". Y agregó: "Ahora sí hay réplica, se garantiza el derecho a la información, no hay censura, hay libertades plenas y esto es muy bueno para consolidar la democracia".

La sección ha sido objeto de burlas y comentarios hirientes contra García Vilchis por realizar afirmaciones poco técnicas y difícilmente defendibles, una reacción que hasta cierto punto podría resultar incluso comprensible si tenemos en cuenta que es alguien que con sus ejemplos y sus palabras está tratando de desprestigiar y agraviar semana tras semana a periodistas y medios.

"No es falso, pero no es verdadero", "no es falso, pero exageran" o "el Tren Maya protege y fortalece el medio ambiente" son algunas de las joyas salidas de la boca de la conductora de ese ejercicio de pretendida "purificación de la vida pública", usando la terminología lopezobradorista.[37]

En su primera edición el "Quién es quién en las mentiras" mostró a la audiencia una noticia supuestamente falsa de la revista/portal de noticias *Forbes* titulada "Gobierno mexicano espía a periodistas y

---

[37] https://aristeguinoticias.com/0311/mexico/no-es-falso-pero-no-es-verdadero-dice-encargada-del-quien-es-quien-en-las-mentiras-y-se-viraliza/.

activistas, revela investigación". "A este le pusimos 'Nado sincroniza-do', a las personas que vamos a mencionar en esta nota en especial, es-tamos pensando en inscribirlas a las Olimpiadas en la categoría de nado sincronizado, seguramente va a ser medalla de oro, nos traen la meda-lla de oro", dijo irónicamente García Vilchis.

El problema fue que la nota era del año 2017,[38] antes de que AMLO llegara al poder, como tuvo que reconocer el gobierno horas después. Aunque pidió disculpas, el ejecutivo no pudo evitar agregar un comentario innecesario y que solo desviaba la atención del moti-vo del mensaje: "Aprovechamos para señalar que el @GobiernoMX no espía a periodistas ni a opositores ni utiliza el programa Pegasus".

La verdadera motivación de la sección y, probablemente, la me-jor pista sobre quién la supervisa directamente quedaron claramente de manifiesto el 4 de agosto de 2021,[39] cuando al terminar de hablar Gar-cía Vilchis, López Obrador le pidió "participar" en ella. A continua-ción, puso en la pantalla gigante la relación de ingresos por publicidad que recibieron los diarios *El Universal* y *Reforma* de los tres presiden-tes que le antecedieron (Fox, Calderón y Peña Nieto), como una forma de demostrar su supuesta parcialidad a favor de aquellos man-datarios y sus partidos, que ahora son la oposición.

Además, muchas de las investigaciones exhibidas por la "zari-na gubernamental contra las noticias falsas" han dejado en evidencia hondas imprecisiones y un fuerte sesgo político. Por ejemplo, el 16 de febrero de 2022 señaló que era falso un reportaje del sitio de no-ticias digital *Eme Equis* que indicaba que la vacuna contra el covid-19 anunciada por el gobierno, Patria, había sido creada en un laborato-rio especializado en salud animal, que tenía su origen en un equipo estadounidense liderado por un biólogo español y llevaba medio año de retraso.

---

[38] https://www.youtube.com/watch?v=p7zKWfSs0Jk.

[39] https://lopezobrador.org.mx/2021/08/04/version-estenografica-de-la-confe-rencia-de-prensa-matutina-del-presidente-andres-manuel-lopez-obrador-584/.

En respuesta, García Vilchis aseguró que la vacuna era "cien por ciento mexicana" y había sido "hecha por científicos mexicanos", que "avanza en tiempo récord" y no se habían utilizado "biológicos veterinarios para su desarrollo".[40]

Sin embargo, como señaló Avimex —el laboratorio privado que la desarrollaba— al explicar el proyecto en su página web en abril de 2021, la iniciativa tenía como meta original contar con el biológico "en el último trimestre del 2021", y el 1 de marzo de 2022, después del "desmentido" de la funcionaria, el subsecretario de Salud, Hugo López-Gatell, admitía que todavía estaba en curso por aquel entonces la fase 2 de los ensayos, y que la expectativa era realizar la fase 3 en el segundo semestre del año.[41]

Avimex también detallaba que el producto utilizaba "tecnología proveniente de la Escuela de Medicina Icahn en Monte Sinaí (Nueva York, EUA), y la proteína HexaPro de la Universidad de Texas, en Austin", y que iba a usar "un virus recombinante de la enfermedad de Newcastle (rNDV)" por "el uso de esta plataforma en miles de millones de dosis de vacunas veterinarias de influenza de Avimex® y su seguridad extensivamente comprobada en humanos para otras enfermedades".

Desde su fundación en 1952, especificaba Avimex, se dedicó "a la investigación, desarrollo, manufactura, importación, exportación y comercialización de productos biológicos, farmacéuticos, y detoxificantes de micotoxinas para la salud animal".[42]

En otra ocasión, García Vilchis acusó a los medios de mentir cuando informaron que la Secretaría de Educación Pública (SEP) había pedido, entre los requisitos para que los niños regresaran a clases,

---

[40] https://www.gob.mx/presidencia/es/articulos/version-estenografica-conferencia-de-prensa-del-presidente-andres-manuel-lopez-obrador-del-16-de-febrero-de-2022?idiom=es.

[41] https://www.m-x.com.mx/investigaciones/patria-de-vacuna-para-pollos-a-estandarte-de-la-4t-que-tampoco-se-logro.

[42] https://avimex.com.mx/noticias-y-eventos/38.

tras la etapa más dura de la pandemia del coronavirus, una "carta responsiva" que los padres debían dar a sus hijos para que la entregaran en la escuela.

Todavía es visible el tuit en el que aparece ese punto en el decálogo presentado el 12 de agosto por la titular de la dependencia,[43] Delfina Gómez, después de lo cual "funcionarios de la SEP entregaron a los medios un machote de carta de la citada corresponsabilidad, la que hasta ese momento era un requisito obligatorio que los padres de familia debían presentar en las escuelas", relató el diario El Universal.

El mismísimo presidente López Obrador reconoció que él no había tenido nada que ver con la medida, que había sido "una decisión de abajo". Sin embargo, García Vilchis siguió en sus trece. "Esta información inventada fue difundida por medios y comentaristas", se quejó.[44]

Desde que apareció el "Quién es quién en las mentiras" muchas han sido las críticas que ha recibido desde muy diversos ámbitos, incluso internacionales. Entre los periodistas mexicanos, lógicamente, no ha caído bien que el mandatario utilice su influyente posición de poder en el Palacio Nacional para denigrarlos. "Son unas formas de inducir comentarios y descalificaciones que no son propios del poder presidencial", denunció Julio Astillero en su entrevista con Sabina Berman del 28 de octubre de 2021.[45]

"El presidente con mucha frecuencia convierte la tribuna, el atril presidencial, en una arena de batallas políticas e ideológicas que no son propicias para la libre expresión de las ideas", añadió.

Héctor de Mauleón calificó la idea de "nuevo Tribunal de la Verdad". "Lejos de ser democrática, la nueva ocurrencia de AMLO resulta profundamente autoritaria. El presidente de México ha deci-

---

[43] https://tweetstamp.org/1425925252324921345.

[44] https://www.gob.mx/presidencia/es/articulos/version-estenografica-conferencia-de-prensa-del-presidente-andres-manuel-lopez-obrador-del-18-de-agosto-de-2021?idiom=es.

[45] https://www.youtube.com/watch?app=desktop&v=JjDzVmpySJg.

dido erigirse en el gran árbitro de la verdad. Fue elegido, sin embargo, para gobernar, no para convertirse en un perseguidor de la libertad de expresión", se quejó.[46]

De forma similar se pronunció el escritor Juan Villoro en una entrevista con el diario *El País*, al opinar que se trata de "un espacio que roza lo inquisitorial". "Aun cuando un periodista se equivoque, hacer un cuestionamiento público de su labor me parece que es una actitud premoderna", complementó.[47]

"No se trata de analizar al periodismo o criticarlo en buena lid, aunque nada de eso corresponde al presidente de un país, y menos en los términos planteados. Se trata, eso sí, de la enésima reiteración de que los periodistas no ejercen un oficio legítimo: son antagonistas que conspiran contra el poder", consideró, por su parte, el periodista León Krauze, del canal hispano Univision, en un artículo donde describió la sección con el calificativo "orwelliana".[48]

La forma en que García Vilchis terminó el apartado el 9 de febrero de 2022 va mucho más allá de verificar informaciones "falsas". Ese día, poco después de que *Latinus* y Mexicanos Unidos contra la Corrupción y la Impunidad publicaran el reportaje sobre la lujosa casa del hijo de López Obrador en Estados Unidos, la funcionaria concluyó presentando un recuento de la cantidad de noticias que se habían dado respecto del caso. "El tema de la casa de Houston se mencionó en los medios de comunicación 390 veces del 28 de enero al 7 de febrero, es decir, 11 días. Y dicen que no es campaña", opinó.

Incluso la corresponsal del diario británico *The Financial Times*, Jude Webber, dedicó al "Quién es quién en las mentiras" un artículo titulado "Nombrar y avergonzar a los medios muestra un enfoque

---

[46] https://www.eluniversal.com.mx/opinion/hector-de-mauleon/el-nuevo-tribunal-de-la-verdad.

[47] https://elpais.com/mexico/2021-09-09/juan-villoro-me-preocupa-que-en-esta-polarizacion-surja-una-respuesta-autoritaria.html?utm_medium=Social&utm_source=Twitter&ssm=TW_MX_CM#Echobox=1631224598.

[48] https://vanguardia.com.mx/opinion/politicon/ante-el-ataque-mas-periodismo-OUVG3595685.

flexible de los datos",[49] donde sostenía que ese apartado de la conferencia presidencial revelaba sobre todo que al mandatario no le gusta la crítica.

Los directivos de la Sociedad Interamericana de Prensa (SIP), que aglutina a mil 300 medios a nivel continental, rechazaron la iniciativa a los pocos días de su puesta en marcha. "La nueva acción de López Obrador contra la prensa no es nada novedoso; nos recuerda las peligrosas campañas de descrédito de gobernantes y funcionarios que desde la tribuna pública censuran y descalifican a la prensa independiente", afirmó su presidente, Jorge Canahuati.

El titular de la Comisión de Libertad de Prensa e Información, Carlos Jornet, agregó que siendo México "uno de los países de mayor riesgo para el ejercicio del periodismo, resulta doblemente peligroso el discurso directo de la presidencia con insultos contra periodistas y medios, un tipo de agresiones que, como lo indica la experiencia, suelen degenerar en hechos de violencia".[50]

El relator especial para la Libertad de Expresión de la Comisión Interamericana de Derechos Humanos (CIDH), Pedro Vaca Villarreal, llegó a pedir, a pocos días de iniciado el "Quién es quién en las mentiras", que se reconsiderara la continuidad de la sección, pues "puede estar afectando las garantías para un debate libre e informado del señalamiento público".

Fue en el marco del 180 periodo de sesiones de ese último organismo multilateral, donde colectivos de periodistas y organizaciones civiles, entre ellas Artículo 19,[51] exhortaron al gobierno mexicano "a reconocer públicamente la importancia de la labor periodística y de las organizaciones de la sociedad civil para el fortalecimiento de la democracia" y a "cesar las narrativas, declaraciones estigmatizantes y el

---

[49] https://www.ft.com/content/80338157-156c-401c-8797-1a735e83c80a.

[50] https://www.sipiapa.org/notas/1214604-rechaza-la-sip-campana-estigmatizacion-presidencia-mexico.

[51] https://articulo19.org/periodistas-y-organizaciones-denuncian-ante-la-cidh-la-estigmatizacion-del-estado-mexicano-en-su-contra/.

acoso judicial que ubican en una posición de mayor riesgo y vulnera-bilidad a la prensa y a las personas defensoras de derechos humanos", acusación en la que incluyeron a los tres niveles de la administración pública: federal, estatal y municipal.

El portavoz presidencial, Jesús Ramírez Cuevas, publicó de in-mediato en Twitter[52] un mensaje dirigido al relator de la CIDH donde explicó que, con la asombrosa propuesta de "verificación de informa-ción", el gobierno mexicano "busca reducir el daño de la desinfor-mación y las mentiras". Y aseguró que "No se desacredita a periodistas ni a medios, solo se estigmatiza la mentira".

Medio año más tarde Vaca Villarreal pedía en una entrevista en *Proceso*[53] la suspensión del "Quién es quién en las mentiras" porque "enrarece los mensajes firmes que se deben escuchar de respaldo a la labor periodística y de rechazo a la violencia contra periodistas", por-que "envía mensajes confusos sobre la intención gubernamental de garantizar la libertad de prensa" y porque es un "espacio totalmente extraño a los estándares democráticos de libertad de expresión", algo más parecido a un momento "de entretenimiento presidencial". El re-presentante del organismo internacional reveló que llevaba cinco me-ses esperando, sin éxito, una respuesta gubernamental a una consulta sobre cuáles son la meta y la metodología del espacio.

Una de las escasas voces, si no favorables, por lo menos no tan críticas, respecto a la idea presidencial provino de la Asociación Mexi-cana de Derecho a la Información Capítulo Jalisco (Amedi Jalisco) en un artículo publicado en *ZonaDocs*,[54] un proyecto de periodismo do-cumental y de investigación nacido en Guadalajara.

"Podría ser un buen ejercicio para reflexionar sobre la responsa-bilidad y compromiso social que tiene quien escribe hacia con quién

---

[52] https://twitter.com/jesusrcuevas/status/1411040137946046464.

[53] https://www.proceso.com.mx/nacional/2022/2/1/relator-de-la-cidh-pide-sus-pender-el-quien-es-quien-de-las-mentiras-por-violencia-periodistas-280177.html.

[54] https://www.zonadocs.mx/2021/06/29/quien-es-quien-en-las-mentiras-un-ejercicio-de-reflexion/.

lo lee, pues también es cierto que muchas notas se reproducen sin que exista un notorio interés de los periodistas por indagar sobre ellas y se contentan con repetirlas de forma reiterativa hasta convertirlas en verdad", expuso la Amedi. "El trabajo del periodista consiste, precisamente, en analizar y prestar mucha atención a los resquicios de falibilidad que presenta una publicación, no porque esta se multiplique en todos los medios necesariamente es verídica."

En opinión de Aristegui,[55] es "un absoluto despropósito que se erija la presidencia de México en la poseedora de la verdad y que se atreva de hacer un ejercicio de esta naturaleza". Aunque matizó: "Esto no significa para nada que los periodistas no seamos sujetos de crítica, de observación, de reclamo, de réplica […] Pero este ejercicio de decir 'el que tiene la verdad soy yo' y quién va a decir quién miente y quién no, me parece absolutamente fuera de lugar, fuera de todos los estándares democráticos y los estándares de gobierno de una institución como la presidencia de la República".

"Aquí somos un grupo de periodistas independientes que logramos como pudimos establecer esta empresa de comunicación para sortear la censura. Hay que decirlo, el golpe de censura que tuvimos en el sexenio de Peña Nieto y el veto que duró todo el sexenio de Peña Nieto nos obligó a hacer esto y a mí a convertirme en lo que nunca hubiera creído, que es ser empresaria de medios, del tamaño que somos pero empresaria de medios, para poder subsistir y tener un espacio donde desarrollar nuestro trabajo", dijo sobre su antigua salida de MVS.[56]

En 2008, cuando salió de W Radio, denunció algo similar: "Más que una nueva intención organizativa había un intento de tomar las decisiones editoriales. Se nos pedía a Carlos Loret y a mí que dejáramos de tener nuestra responsabilidad editorial". De acuerdo con la periodista, "todo lo que ha pasado tiene que ver con la tensión entre los

---

[55] https://aristeguinoticias.com/3006/mexico/aristegui-absoluto-desproposito-que-la-presidencia-se-erija-como-poseedora-de-la-verdad-video/.

[56] https://twitter.com/RuidoEnLaRed/status/1496181064439672835?s=20&t=-17QB32QNGyhldz3f2MzRhw.

dos socios de la cadena Radiópolis [propietaria de W Radio]". "Ante las reiteradas peticiones de cortarme la cabeza que Televisa hizo a Prisa el consorcio español decidió minar mis responsabilidades editoriales. Alguien pidió mi cabeza y alguien terminó por darla."[57]

John Ackerman atestiguó en octubre de 2020 que fue censurado cuando colaboraba en MVS, justo antes de la salida de Aristegui. "La empresa me pidió bajarle a los comentarios críticos de lo que yo consideraba en ese momento el fraude electoral de 2012, y la compra de la elección."[58]

En el programa televisivo que conduce en Canal Once, Ackerman había expuesto esas denuncias el año anterior, aunque sin citar nombres. "Estuve censurado en la radio y televisión durante doce años, no me podían ni entrevistar en la televisión y la radio porque les llamaban desde la presidencia y les decían 'Ackerman no, está en la lista negra'."

El abogado estadounidense se vanaglorió entonces de apoyar a la 4T: "Esto no debería ser motivo de escándalo sino de celebración: tenemos pluralidad". "Como profesor universitario apoyo un gobierno y un proyecto social que es la 4T, que está a favor de la paz, el combate a la corrupción, la justicia, el humanismo que hemos perdido durante tantos años", añadió.[59]

Más polémica fue su salida de *Proceso*, con la que llevaba años colaborando y de la que se despidió con un mensaje público en redes en el que trató de denostar a la publicación diciendo que a sus reportajes les falta "sustancia" y que "quienes cancelen su suscripción no perderán absolutamente nada".[60]

El director de la revista y portal informativo, Jorge Carrasco, respondió en una carta publicada por la periodista Carmen Aristegui que

[57] https://elpais.com/diario/2008/01/20/sociedad/1200783607_850215.html.
[58] https://www.eluniversal.com.mx/nacion/algunos-medios-podrian-tener-mas-poder-que-el-presidente-john-ackerman.
[59] https://johnackerman.mx/chairos-vs-fifis/.
[60] https://twitter.com/johnmackerman/status/1322684404368609280?s=11.

"presentar esa decisión como un acto de censura y falta de pluralismo es faltar a la verdad".[61] "Los desacuerdos con el señor Ackerman por nuestras decisiones editoriales, conocidos públicamente, impidieron mantener su colaboración. No está en cuestionamiento que forme parte de un proyecto político, como tampoco lo estuvo con quienes, en otros momentos, han escrito en *Proceso* bajo el principio del mutuo respeto y a nuestros lectores", argumentó Carrasco, quien admitió que el objetivo del consejo de administración de la publicación era también "respaldar la estabilidad económica del personal" que cubre la información diaria, dando a entender que el recorte debía realizarse en colaboradores que no forman parte de la plantilla, una versión que fue corroborada en parte por el académico Ernesto Villanueva, especialista en ética periodística y colaborador del semanario, al abordar el diferendo.

Es evidente que la llegada de AMLO a la presidencia ha propiciado una modificación en los equilibrios existentes entre las principales empresas informativas y el poder durante décadas, al menos en apariencia, es decir, de cara al público. Sin embargo, no está claro si el hecho de que las formas sean distintas signifique que los resultados en términos de la libertad de expresión y el derecho a la información sean mejores, iguales o peores, por mucho que resuene a menudo en la mañanera la sentencia lopezobradorista de "no somos iguales".

La virulencia manifestada por el mandatario a diario contra sus críticos ha sido ya imitada por las dependencias de gobierno. Cuando un grupo de personajes famosos difundió un video denunciando el impacto medioambiental que un proyecto de infraestructura de AMLO, el Tren Maya, estaba causando en la selva de la península de Yucatán, la Secretaría de Medio Ambiente y Recursos Naturales (Semarnat) compartió en redes sociales el 25 de marzo de 2022 un comunicado impropio de una oficina pública: "¿Dónde estaban

---

[61] https://aristeguinoticias.com/2908/mexico/explica-el-director-de-proceso-la-salida-de-colaboradores-carta/.

los pseudoambientalistas cuando hace años empezó la verdadera devastación en el sureste de México? El gobierno de la Cuarta Transformación trabaja en la remediación del desastre medioambiental que permitieron y promovieron administraciones pasadas para perpetuar el beneficio de unos cuantos por encima del bien común".[62]

En respuesta a un reportaje de la revista *Proceso* sobre el mismo proyecto ferroviario, el gubernamental Fondo Nacional del Turismo (Fonatur) distribuyó el 12 de mayo de 2020 una nota aclaratoria en la que sobresalían expresiones de talante similar: "La vida democrática de México le debe mucho a *Proceso*. Sus reportajes, artículos y columnas han sido un ejemplo constante de rigor y crítica. Es una lástima que hoy deba referirme a unas páginas que traicionan esa historia y ese espíritu".[63]

Dentro de la 4T no son pocos los políticos que han arremetido contra los medios, como la secretaria general del Movimiento Regeneración Nacional (Morena), Citlali Hernández, que el 14 de enero de 2021 cuestionó a los diarios nacionales por no poner en primera plana una denuncia que había lanzado AMLO el día anterior. "¡URGE mejor periodismo en medios masivos! Aquí una muestra más del deterioro que hay en las direcciones de algunos impresos. Ayer en la #mañanera se dio a conocer un abusivo esquema de negocios: centros penitenciarios nos cuestan 15 mil millones al año. Ni una palabra en portada."[64]

Ante esas situaciones, crecen los temores de que, usando otros caminos, como el de la justicia, pueda darse un retroceso en prerrogativas ciudadanas como la libertad de expresión o el derecho a la información. El más grave podría ser el fallo de la primera sala de la Suprema Corte de Justicia de la Nación (SCJN) de enero de 2022,[65]

---

[62] https://twitter.com/SEMARNAT_mx/status/1507490318681354242?s=20&-t=ep33NgzecfDHTB7H--XXZg.

[63] https://www.gob.mx/fonatur/prensa/nota-aclaratoria-242423.

[64] https://twitter.com/CitlaHM/status/1349730502656229381?s=20.

[65] https://www.elsoldemexico.com.mx/mexico/politica/ley-federal-de-telecomunicaciones-corte-ordena-a-radio-y-tv-distinguir-entre-informacion-y-opinion-7753939.html.

que ordenó a los programas de radio y televisión del país a distinguir entre lo que es "información" y "opinión", declarando inconstitucional la reforma a la Ley Federal de Telecomunicaciones y Radiodifusión (LFTR) que había suprimido esa instrucción.

El fallo fue catalogado de "ridículo" y de "atentado a la libertad de expresión" por la Cámara Nacional de la Industria de Radio y Televisión (CIRT). La CIRT advirtió, además, que esa clase de regulaciones solo se dan en países como Cuba, China, Corea del Norte y Venezuela.[66]

Aunque la resolución final del expediente está en manos de la SCJN, que no había resuelto su postura hasta la finalización de este libro, el máximo tribunal detuvo temporalmente ese mandato en una segunda resolución emitida en marzo.[67]

Otra intervención de la Suprema Corte había evitado también, un mes antes, en febrero de 2022, que se aplicara una iniciativa impulsada por el gobernador de Veracruz, Cuitláhuac García, de Morena, para incluir en el Código Penal de ese estado el delito de ultraje (injuria) a la autoridad, con penas de entre dos y siete años.[68]

El gobernador, del que AMLO ha destacado en más de una ocasión su "honestidad", desató una fuerte polémica al perder los papeles recriminando a una reportera del canal Meganoticias en un acto público:[69] "Ve qué papel estás jugando como medio. Y esto la sociedad lo tiene que saber. ¿De qué medios me dices que eres?", le preguntó. "¿Es tu derecho malinformar a la sociedad?", le recriminó el político, que llegó a acusar a su interlocutora de mentir por la forma en que le estaba formulando las consultas.

---

[66] https://cirt.mx/ridicula-y-contra-la-libertad-de-expresion-decision-de-la-scjn-cirt/.

[67] https://www.jornada.com.mx/notas/2022/03/18/politica/scjn-frena-obligacion-de-diferenciar-los-contenidos-en-radio-y-television/.

[68] https://www.milenio.com/politica/corte-anula-el-delito-de-ultraje-a-la-autoridad.

[69] https://www.proceso.com.mx/nacional/2022/2/10/cuitlahuac-garcia-regana-reportera-de-veracruz-ve-que-papel-estas-jugando-como-medio-video-280676.html.

Transparencia informativa del Estado

Sin llegar al extremo de la forma más drástica de censura, que es el asesinato de un periodista, existen otros mecanismos para desgastar la libertad de expresión sobre los que han saltado las alarmas en México desde que llegó AMLO al poder. Nos referimos a la transparencia informativa que el Estado debe brindar sobre sus actividades para cumplir con el derecho a la información de los ciudadanos.

Ya en su informe sobre el primer año del sexenio, Artículo 19 advertía[70] que se habían registrado "importantes retrocesos" en ese ámbito. "La federación dejó de ser un referente en el cumplimiento de obligaciones en materia de acceso a la información, con un incremento en la falta de atención a solicitudes de información, así como en el incumplimiento de las obligaciones de transparencia y centralización de la información", denunció.

Del 1 de enero al 28 de noviembre de 2019 se dirigieron 259 mil 526 solicitudes de información a instituciones del ámbito federal, con un aumento en el número de recursos de revisión (es decir, la impugnación que hace una persona cuando una solicitud de información no fue bien contestada o cuando se niega o limita su acceso). En 2018 se impugnó 4.82% de las respuestas a las solicitudes y 6.59% en 2019, detalló el organismo.

Además, subrayó que "en 2019 se incrementó el número de declaratorias de inexistencia de la información en 160% respecto al primer año de gobierno de Enrique Peña Nieto, y en 285% respecto al de Felipe Calderón", con un total de 14 mil 801 casos.

Aunque hubo "un incremento histórico respecto a los recursos de revisión dirigidos a la Oficina de la presidencia de la República, con un total de 515; esto es, un incremento del 817% respecto a 2018, cuando se dieron 63". Este último fenómeno se debió "a la concentración de información en las conferencias mañaneras".

---

[70] https://disonancia.articulo19.org/.

"Este incremento en las cifras en las solicitudes de información y los recursos de revisión reflejan el interés de los mexicanos por exigir transparencia total al Gobierno federal", afirmó el 30 de agosto de 2019 Joel Salas, comisionado del Instituto Nacional de Transparencia, Acceso a la Información y Protección de Datos Personales (INAI).

En una entrevista con el portal de noticias *La Silla Rota* cinco días después,[71] Salas advirtió que existía "una brecha en términos de generación de documentación de lo que dice el presidente en su nuevo estilo de comunicar y la capacidad que tienen los gobiernos de generar la evidencia que dé cuenta de lo que dijo el presidente". "Si no hay documentos, si no hay información, es muy difícil evaluar el desempeño y los resultados de la gestión pública", agregó.

El comisionado aludía así a la singular costumbre que tiene el mandatario de anunciar planes de gobierno en sus mañaneras o en actos en el interior del país que no necesariamente van acompañados de un proyecto sólido, estructurado y, sobre todo, tangible en términos documentales, como ya había atestiguado el medio *Animal Político* el 10 de abril anterior en un revelador reportaje. El sitio de noticias puso como ejemplo de esas situaciones la Estrategia Nacional de Lectura, un programa de pesca sustentable en el Alto Golfo y la activación de un Plan DN III para pipas de gasolina.

"Al solicitar vía transparencia 'el documento completo, metas, objetivos, población a la que va dirigida, presupuesto planeado para operar, plan de trabajo y de implementación', la Secretaría de Cultura reconoció que el gobierno federal no cuenta todavía con la Estrategia", relató el medio nativo digital sobre la primera iniciativa, que había sido lanzada con bombo y platillo por AMLO el 27 de enero en Sinaloa.

"El área que está elaborando el documento formal de la estrategia es la Coordinación Nacional de Memoria Histórica y Cultural de

---

[71] https://lasillarota.com/nacion/advierte-inai-brecha-entre-informacion-generada-por-amlo-y-su-documentacion/314329.

México", adscrita a la presidencia, señaló el INAI el 28 de marzo en respuesta a su solicitud de información, según *Animal Político*,[72] aunque la oficina del mandatario se declaró no competente para atender el requerimiento y envió al medio nuevamente a la Secretaría de Cultura.

"Bienvenidos al teatro de la honestidad sin transparencia: un espectáculo de ilusionismo político donde la apariencia de estar informando sustituye al proceso efectivo de informar. En el que dar la cara no significa someterse al rigor del escrutinio público, sino saturar el espacio mediático con un discurso que pide creer en la figura del presidente en proporción inversa al descrédito de las instituciones y de la clase política tradicional. Donde decir 'no somos iguales', y hablar como si la corrupción y la impunidad fueran cosa del pasado, termina siendo una forma de crear un espacio de excepción donde ya no apliquen las reglas de antes; donde cualquier exigencia ciudadana de rendir cuentas es susceptible de ser interpretada como una afrenta contra la narrativa del cambio de régimen, no como el ejercicio legítimo de un derecho sino como meras 'ganas de joder'" (*sic*), reflexionó sobre el fenómeno el analista político Carlos Bravo Regidor, académico del Centro de Investigación y Docencia Económicas (CIDE).[73]

A la preocupación respecto a las lagunas en materia de derecho a la información generada por el poder, Artículo 19 sumó en su informe de 2021[74] la inquietud respecto a la posible desaparición del INAI, planteada de forma reiterada por López Obrador en el marco de su estrategia de eliminar los órganos autónomos del Estado, cuyas funciones desearía tener bajo su dominio.

Una medida de ese calado sería "un grave retroceso en materia de derechos humanos en México", denunció después de que AMLO

---

[72] https://www.animalpolitico.com/2019/04/gobierno-informacion-programas-acciones/.
[73] https://politica.expansion.mx/voces/2019/09/17/el-teatro-de-la-honestidad-sin-transparencia.
[74] https://articulo19.org/eliminar-organismos-autonomos-como-el-inai-implicaria-un-grave-retroceso-en-materia-de-derechos-humanos-en-mexico/.

afirmara que el instituto y otras dependencias similares "son como ta-paderas, son como organismos alcahuetes". "No sirven, no benefician al pueblo, pero sí cuesta mucho mantenerlos. El instituto de la trans-parencia, como mil millones", se quejó.

Algunos casos puntuales demuestran, además, que seguir ejer-ciendo de periodista en México puede resultar complicado por las cor-tapisas que ponen determinadas fuentes oficiales. El periodista Emilio Godoy denunció el 30 de junio de 2021 que le impidieron acceder al chat de Whatsapp para medios de la Secretaría de Energía, donde se comparten comunicados y convocatorias de prensa, pese a cubrir la fuente durante 15 años.

Según Godoy, fue en respuesta a un reportaje que realizó para el diario *El País* sobre los riesgos por el exceso de basura radiactiva en la central nuclear de Laguna Verde,[75] en Veracruz. "Dice [el presidente] que su gobierno no reserva información. Puedo enviarle las 7-8 re-servas de información de aspectos importantes de la central, que CFE [Comisión Federal de Electricidad] oculta bajo el paraguas de seguri-dad nacional, y que impiden conocer las condiciones reales de la plan-ta", reveló.[76]

El 17 de junio de 2021 Diana Gante, reportera del diario *Refor-ma*, reclamó porque la empresa estatal de electricidad no la hubiera dejado preguntar en una conferencia de prensa: "Se agradece la ho-nestidad de la comunicación corporativa de @CFEmx por decirme que al medio al que represento NO se le da la oportunidad de PREGUN-TAR en una CONFERENCIA DE PRENSA, solo porque así le pareció correc-to", señaló en las redes sociales.

No son los únicos casos en los que la CFE y el gobierno han que-dado mal parados por esa clase de situaciones. El 11 de septiembre de 2019 el periodista Alex Lelo de Larrea ya había denunciado que el portavoz presidencial, Ramírez Cuevas, le reclamó "de modo grose-

---

[75] https://elpais.com/mexico/2021-06-26/el-exceso-de-basura-nuclear-acecha-a-la-central-de-laguna-verde.html.

[76] https://twitter.com/periodistagodoy/status/1410251183881588737?s=20.

ro" tras una mañanera haber cuestionado al director de la CFE, Manuel Bartlett, "por el fraude electoral de 1988". "Me amenazó con decirle al presidente que ya no me permita preguntar en las conferencias mañaneras, lo que significa una violación al derecho a la información y a mi labor como periodista", indicó en su cuenta de Twitter.[77]

En otro incidente en el Salón de la Tesorería el veterano periodista del diario digital *La Opción de Chihuahua*, Carlos Cardona, tuvo un pequeño percance con AMLO el 31 de octubre de 2019 sobre las versiones contradictorias del mandatario respecto al "Culiacanazo", el fallido operativo de detención del narcotraficante Ovidio Guzmán.

Después del intercambio de opiniones, que a ratos fue acalorado, Cardona compartió una conversación de Whatsapp con el director de su medio, Osvaldo Salvador Ang, en la que este último le informaba que la presidencia le había revocado la acreditación,[78] así como otro intercambio de mensajes con la directora de Información y Logística de Medios de la dependencia, Nohemi Beraud, donde lo acusaba de haber sido agresivo y haberla intimidado, lo cual él negó.

Ramírez Cuevas publicó la noche de aquel día un mensaje en Twitter donde aseguró que era falso que se hubiera retirado ninguna acreditación. "Mantenemos el compromiso de generar un diálogo circular, fundado en la libertad de expresión y el derecho a la información", se defendió.[79]

En un episodio ciertamente inesperado, pero que pasó desapercibido para mucha gente, una de las estrellas de la nueva fuente presidencial, Carlos Pozos,[80] explicó el 30 de agosto de 2021 que un día se le prohibió entrar en la mañanera en represalia por haberle dado un diario en mano al gobernante y se le restringió el número de accesos

---

[77] https://twitter.com/alejandro_lelo/status/1171811013878063105.

[78] https://aristeguinoticias.com/0111/mexico/periodista-que-cuestiono-a-amlo-sigue-en-la-mananera-presidencia-asegura-que-no-le-retiro-acreditacion/.

[79] https://twitter.com/JesusRCuevas/status/1190101580776968192.

[80] https://twitter.com/lordmolecula/status/1432346206857048065.

mensuales. "Esta no es la primera vez que sucede, pero sí la primera vez que lo hago público, me han castigado por el tipo de preguntas, el número de estas y el tiempo que me tardo en las mismas. ¿CENSURA? me parece que sí", lamentó.

El 14 de abril de 2020 *El Diario de Juárez* y *El Diario de Chihuahua* publicaron en sus portadas unas impactantes fotografías de pilas de cadáveres en bolsas negras de personas fallecidas por el covid-19 en un hospital público de Ciudad Juárez.

Al día siguiente, tras ser desmentida la información por el Instituto Mexicano del Seguro Social (IMSS),[81] la Secretaría de Gobernación indicó en un comunicado que la Unidad de Normatividad de Medios de Comunicación había iniciado un procedimiento administrativo sancionatorio contra los dos periódicos por causar desinformación y contravenir el sentido de la ética informativa.[82]

"La Comisión Calificadora de Publicaciones y Revistas Ilustradas de esta Secretaría de Gobernación dará curso al procedimiento para determinar lo que corresponda según la gravedad del hecho y, en su caso, imponer las sanciones a las que haya lugar conforme a lo previsto en el Reglamento de Publicaciones y Revistas Ilustradas y demás disposiciones aplicables", advertía.

Un día después, en tono aleccionador y sin que ningún reportero le consultara, AMLO habló del caso, exponiendo las portadas en la pantalla gigante del Salón de la Tesorería y advirtiendo, rebosante de magnanimidad, que no habría castigo: "De todas maneras, no va a haber censura ni amonestación, no se va a limitar la libertad de expresión, este es un asunto nada más de ética; y así todos los días noticias falsas, pero no han logrado su propósito de desprestigiar a nuestro país y de desprestigiar al gobierno, editoriales en diarios famosos del mundo en contra nuestra", argumentó.

---

[81] https://www.gob.mx/imss/prensa/183001.

[82] https://www.gob.mx/segob/prensa/inicia-unidad-de-normatividad-de-medios-de-comunicacion-procedimiento-administrativo-sancionatorio-contra-dos-medios-de-chihuahua?idiom=es.

Solícita, la Secretaría de Gobernación anunció un día más tarde que desistía de iniciar el proceso administrativo. Efectivamente, las imágenes —que en realidad eran capturas de un video— no correspondían a Ciudad Juárez, sino a Ecuador, como demostraron varios verificadores de información cuando fueron usadas también para informar de que se trataba de hospitales de Nueva York, Londres, Madrid o Barcelona, en plena ola de desinformación en las redes sociales ligada a la pandemia del coronavirus.[83]

Pero sin duda lo que más ha impactado a la imagen del mandatario y del partido gubernamental Morena han sido las protestas de los reporteros,[84] como las que se dieron en varias ciudades el 25 de enero de 2022, inéditas hasta entonces, o en la Cámara de Diputados y el Senado el 15 de febrero siguiente,[85] al grito de "Libertad de prensa", "Justicia", "Que no nos maten", pero también las que se registraron en dos conferencias mañaneras consecutivas, la del 16 de febrero en la Ciudad de México, con el llamado de un periodista a sus colegas a desistir de preguntar en homenaje a los colegas asesinados, y la del día siguiente, en Tijuana, con una pequeña manifestación en los alrededores del recinto donde se realizaba el evento y la emotiva intervención de una reportera reclamando justicia por los cinco compañeros muertos en el apenas mes y medio transcurrido desde que comenzó el año, leyendo sus nombres mientras varias personas del auditorio gritaban "presente" cada vez que los pronunciaba.

Si tomamos en cuenta lo que decía Ivabelle Arroyo en el citado foro en Guadalajara de que en el extremo de la censura está el encarcelamiento por ideas y la muerte, sería deshonesto decir que en México la censura realmente no existe. En su informe sobre el año 2021,

---

[83] Lo increíble es que en la versión digital del Diario de Juárez todavía era posible encontrar la noticia con las falsas imágenes dos años después.

[84] https://www.nytimes.com/es/2022/01/26/espanol/asesinato-periodistas-mexico.html.

[85] https://politica.expansion.mx/congreso/2022/02/15/reporteros-en-camara-de-diputados-y-senado-protestan-por-agresiones-a-la-prensa.

titulado "Negación", Artículo 19 documentó la muerte de siete periodistas ese año y 644 ataques contra la prensa vinculados al ejercicio de la profesión; es decir: un comunicador agredido por su labor cada 14 horas en promedio.

Según la organización, "de estos ataques el Estado mexicano estuvo involucrado en dos de cada cinco agresiones", mientras que los temas más vinculados a la violencia contra periodistas fueron la corrupción y la política con 285 agresiones. Así, en los tres primeros años de gestión de López Obrador, "suman ya 1 945 ataques contra la prensa, entre los cuáles se encuentran 30 asesinatos de periodistas y dos desapariciones", cuando en el mismo lapso del gobierno de Enrique Peña Nieto hubo "15 asesinatos contra periodistas en posible vínculo con su labor y 1 053 ataques", detalló Artículo 19.

"Es imperante tomar acciones que se materialicen en tolerancia a la crítica, en mayor fujo de información, en el robustecimiento del debate público, el fortalecimiento de las políticas de prevención, protección y acceso a la justicia y en las garantías para que en México haya un periodismo libre y sin violencia. Negar la realidad de la violencia y las responsabilidades concomitantes es una manera de perpetuarla y condenarla a la impunidad", agregó el organismo, en el enésimo llamado de atención a AMLO.

En respuesta a los cuestionamientos que ha recibido el mandatario en la mañanera sobre el asunto por parte de reporteros y de representantes de organizaciones civiles, López Obrador ha asegurado una y otra vez que no tiene ninguna responsabilidad sobre el fenómeno y que todo es culpa de los gobiernos "neoliberales" y "corruptos" que le antecedieron.

"No, no es así, no es así, hay una diferencia fundamental: estos no son crímenes de Estado...", dijo, por ejemplo, el 10 de marzo de 2022, cuando aseguró que hay "cero impunidad" en esos casos —a pesar de que se repiten sin parar— y recalcó que todo se debe a que su administración está enfrentando al crimen organizado y a una "mafia de poder", y a que en el país una "oligarquía domina a la mayoría de los medios de información convencionales".

La apreciación del gobernante es imprecisa si tomamos en cuenta cuáles son los alcances de un "crimen de Estado", de acuerdo con las instituciones de defensa de los derechos humanos dedicadas a documentarlos y condenarlos, como explicó Miguel Concha Malo, director general del Centro Fray Francisco de Vitoria, en un artículo publicado en 2015 en la revista *El Cotidiano*, sobre la desaparición de los estudiantes de Ayotzinapa meses antes.[86]

"Un crimen de Estado es la desviación organizacional por parte de agencias del Estado que involucra la violación de derechos humanos", concluyó citando a criminólogos y a la Iniciativa Internacional de Crímenes de Estado (ISCI, por sus siglas en inglés).[87]

En noviembre de 2014 el *think tank* mexicano Centro de Investigación para el Desarrollo, A. C. (CIDAC), detallaba, al referirse a aquella tragedia y al uso de ese concepto para definirla, que "el Estado son todos los órdenes de gobierno: municipal, estatal y federal", y que por lo tanto "el presidente, el gobernador, y el presidente municipal" debían responder de una u otra forma frente al crimen.[88]

El propio subsecretario de Derechos Humanos de la Secretaría de Gobernación, Alejandro Encinas, admitió el mismo 16 de marzo de 2022 en un foro que "los agentes de la delincuencia organizada y agentes del Estado mexicano coludidos con la delincuencia organizada son la principal fuente de conflicto y agresión a los periodistas".

"El 45% de las agresiones que sufren los periodistas en este país viene particularmente de agentes del Estado en el ámbito de los estados y los municipios", especificó.

---

[86] https://biblat.unam.mx/hevila/ElCotidiano/2015/no189/5.pdf.

[87] http://statecrime.org/about-isci/about-state-crime/.

[88] https://www.animalpolitico.com/tanque-pensante/para-hablar-de-crimen-de-estado/.

Aquel debate,[89] moderado por Aristegui, tuvo algunos momentos de tensión, como cuando la periodista Marcela Turati tomó un cartel que le había entregado alguien del público y lo mostró a las cámaras, sentada junto a Encinas.[90] "El Estado falla. No garantiza mi labor como mujer periodista", rezaba la nota, que Turati sujetó unos segundos. Sus palabras previas habían sido tanto o más contundentes que esa advertencia: "El mensaje ha sido muy duro, el mensaje es muy fuerte, de acabar, de silenciar a la prensa, no es cierto que solo la prensa corporativa, a todo el mundo le puede tocar esto, este estigma, que también llega a diversión presidencial, la mañanera, el 'Quién es quién', como su forma de divertirse, [a ver] hoy de quién se burla", denunció.

Junto a ella, Ismael Bohórquez, director del semanario Ríodoce, de Sinaloa, lamentó el oscuro porvenir que parecen tener por delante los trabajadores del gremio en el contexto actual: "Soy muy pesimista, soy profundamente pesimista, de que las cosas puedan cambiar, por lo menos en el corto y en el mediano plazo difícilmente van a cambiar porque, además, no hay una voluntad del gobierno federal y de la mayoría de los gobiernos estatales, ya no digamos de los gobiernos municipales, por resolver el tema de las agresiones a los periodistas".

La respuesta de la administración federal ante esas acusaciones siempre es la misma: AMLO, como cualquier ciudadano, tiene el derecho a expresarse libremente y sus agresiones verbales a los periodistas y medios no tienen nada que ver con la violencia mortal que enfrenta el gremio.

García Vilchis, la conductora de la sección "Quién es quién en las mentiras", aprovechó una de sus intervenciones en el Palacio Nacional para compartir una reflexión del escritor y analista político Fabrizio Mejía Madrid, una licencia que poco tiene que ver con la que debería ser su función de verificadora de noticias falsas. Según el ex-

---

[89] https://www.youtube.com/watch?v=JByUBZGFVbs.
[90] https://twitter.com/elisaalanis/status/1504179495212929033.

perto, "si consideramos que el 96 por ciento de los mexicanos ven noticias por televisión comercial y existen sitios periodísticos de You-Tube con 10 millones de suscriptores, que las mañaneras las vea medio millón no sustenta tal afirmación, por lo que ya es una ruindad que se trate de vincular los desmentidos de noticias falsas con los asesinatos de periodistas en los municipios de la República".

"Sin una acrobacia mal intencionada, no hay forma de establecer una conexión entre el mundo de los comentaristas arropados por fundaciones internacionales y medios corporativos con esos reporteros precarizados que han sido asesinados", continuó García Vilchis leyendo a Mejía Madrid.

"Cuando hoy se grita '¡censura!', cuando lo único que ocurrió fue una conferencia donde el presidente replicó a una nota falsa, mostró la información oficial y exhibió al medio que mintió, se está invocando su nombre en vano. Censura son los cierres de periódicos, la eliminación de frecuencias o páginas de internet, el encarcelamiento de difusores de información, como Julian Assange; son las 37 veces que Filomeno Mata fue a la cárcel por pedir sufragio efectivo desde el *Diario del Hogar*. Son los 300 arrestos de Daniel Cabrera por opinar contra Porfirio Díaz desde *El Hijo de Ahuizote* y *El Colmillo Público*, no que se desmienta a Loret y a López-Dóriga. En la réplica y el desmentido no hay coerción', ni agresión alguna, añadimos", concluyó.[91]

No ha habido un solo indicio de que alguna amenaza o comentario del presidente haya derivado, hasta el momento, en el asesinato de un periodista, ni siquiera en una agresión física.

No obstante, que no haya un ejemplo concreto de la eventual relación causa-efecto no significa que el rechazo social hacia la prensa no se esté incrementando. Veamos el caso de la periodista Azucena Uresti, que fue blanco de las amenazas del que es considerado el líder de la más poderosa organización criminal del país en la actualidad.

---

[91] https://www.gob.mx/presidencia/es/articulos/version-estenografica-conferencia-de-prensa-del-presidente-andres-manuel-lopez-obrador-del-16-de-febrero-de-2022?idiom=es.

En un video que fue reproducido el 9 de agosto de 2021 por los medios, Nemesio Rubén Oseguera Cervantes, *el Mencho*, jefe del Cártel Jalisco Nueva Generación (CJNG), intimidó a la conductora de Milenio: "Donde sea que estés doy contigo y te haré que te comas tus palabras aunque me acusen de feminicidio, porque no me conocen a mí, Rubén Oseguera Cervantes, yo no soy cobracuotas ni extorsiono".[92]

Al día siguiente, en su rueda de prensa diaria,[93] AMLO dijo que se solidarizaba con ella, que dio instrucciones para que se le diera protección tras contactarla y que reprobaba completamente las amenazas: "Vamos a estar junto a ella apoyándola, protegiéndola, no está sola", terminó su comentario sobre el tema, que no fue producto de ninguna pregunta sino por iniciativa propia antes de iniciar el interrogatorio de los reporteros.

"Ante las amenazas a medios de comunicación por parte del CJNG, el gobierno federal tomará medidas pertinentes para proteger a periodistas y medios de comunicación amenazados. Las libertades democráticas están garantizadas junto con el derecho a la información para los ciudadanos", había respondido antes su portavoz, Ramírez Cuevas, en Twitter.[94]

La empatía con Uresti no duró mucho tiempo, pues en marzo de 2022 fue blanco de la ira del presidente por sus comentarios al describir las vallas colocadas alrededor del Palacio Nacional y otros edificios gubernamentales del Centro Histórico de la capital durante la transmisión en vivo que efectuó de la marcha por el Día Internacional de la Mujer, en Milenio TV.

"Esta conductora, Susana Uréstegui", comenzó equivocándose incluso de nombre y apellido de la periodista, a la que acusó de for-

---

[92] https://www.eluniversal.com.mx/nacion/cjng-amenaza-medios-de-comunicacion-y-azucena-uresti-por-cobertura-en-michoacan.

[93] https://lopezobrador.org.mx/2021/08/10/version-estenografica-de-la-conferencia-de-prensa-matutina-del-presidente-andres-manuel-lopez-obrador-586/.

[94] https://twitter.com/JesusRCuevas/status/1424760077987241991.

mar parte de empresas mediáticas que están "en contra de gobiernos que buscan combatir la corrupción y ayudar a los pobres" y pertenecen a la "oligarquía".[95]

"No señor Presidente @lopezobrador_ yo no recibo consigna, no estoy a favor de grupos de intereses creados. Le pido, de la manera más respetuosa, mostrar las pruebas de sus dichos", le contestó Uresti poco después en su cuenta de Twitter,[96] que volvió a ser objeto de un comentario lesivo del mandatario menos de dos semanas después en la mañanera, cuando este último dijo tener información de que iba a ser contratada por *Latinus*, el medio digital de Loret de Mola.

Aunque no haya una incitación directa a la violencia física contra la prensa por parte de AMLO, su actitud de desviar la atención frente al fenómeno de las agresiones a comunicadores, acusando a la oposición y a sus antecesores del país de ser responsables de esos crímenes, por haber permitido supuestamente la "descomposición" de la sociedad, puede terminar jugando a favor de las personas o grupos que quieren silenciar a los integrantes del gremio, sobre todo en el interior del país. De la misma forma en que la postura presidencial reacia a condenar frontalmente y con dureza los feminicidios ha impedido que aumente la conciencia ciudadana respecto al problema y que el Estado actúe con mayor vehemencia para castigar a los autores de esos asesinatos, o en que la célebre estrategia gubernamental de "abrazos, no balazos" para atender el problema de la violencia del crimen organizado parece haber sido tomada como un signo de debilidad por los grupos de delincuentes, que han mantenido la brutalidad y frecuencia de sus crímenes, el hecho de que AMLO siga atacando a los medios desde el

---

[95] Un término que ha ido incorporando con más frecuencia a su discurso a medida que transcurría el sexenio y que fue neural en el vocabulario político usado por los mandatarios de la llamada "Marea rosada" de la primera década del siglo XXI en América Latina, como se conoció a los gobiernos de izquierda liderados por los Kirchner en Argentina, Chávez en Venezuela, Correa en Ecuador o Morales en Bolivia, entre otros.

[96] https://twitter.com/azucenau/status/1501565111877656578?s=20&t=ZjhbV-caEIRK-K3B5Ye4bTQ.

púlpito presidencial y no reconozca las carencias de su administración a la hora de enfrentar los homicidios de periodistas podría ser una de las razones que explique el agravamiento del fenómeno.

La periodista tijuanense Laura Sánchez Ley, entrevistada por Loret de Mola en W Radio el 27 de enero de 2022,[97] tras los asesinatos de Lourdes Maldonado y Margarito Martínez, colegas de la misma ciudad fronteriza, aclaró que las protestas reclamando justicia por esos crímenes no son contra el actual presidente: "Nosotros salimos a manifestarnos en la administración de Enrique Peña Nieto por la muerte de nuestro compañero Javier Valdés. Sin embargo, el contexto era distinto. Ahora nosotros pensamos que las cosas iban a cambiar, se nos prometieron revaluaciones a los mecanismos y a las maneras de proteger a los periodistas en nuestro país", se quejó.

"No entendemos por qué todo gira en torno a él, están matando a colegas y no los están matando para perjudicar a este gobierno, los están matando los narcogobiernos y los narcotraficantes", recalcó la periodista, que sin embargo sí cuestionó la constante estigmatización desde el Palacio Nacional: "La gente no nos está acuerpando [apoyando] y tiene mucho que ver con el discurso presidencial de criminalizarnos con este tipo de cosas", subrayó.[98]

---

[97] https://play.wradio.com.mx/audio/111RD380000000120528/.

[98] Luego de compartir una anécdota con un taxista que en un trayecto en la Ciudad de México, tras saber que era periodista a raíz de la conversación que entablaron, le soltó: "Tú eres de las chayoteras que dice el presidente".

Conclusión

La pregunta que deben hacerse los periodistas

Es previsible que la estigmatización contra la prensa por parte de López Obrador se intensifique antes de terminar su gestión en 2024, especialmente porque la llegada de los comicios presidenciales de los que saldrá su sucesor derivará probablemente en momentos de alta tensión política y social.

Ante las pocas probabilidades de que el mandatario cambie de actitud, la pregunta que deben hacerse los periodistas y las empresas en las que trabajan es si la estrategia que han seguido hasta ahora respecto a las presiones que sufren a diario desde el Palacio Nacional ha sido la más adecuada o si ha llegado el momento de dar un paso al frente.

¿Comenzarán alguna vez los reporteros de medios nacionales e internacionales a acudir de forma sistemática a las conferencias de prensa diarias del mandatario a realizar preguntas realmente periodísticas para obligarlo de verdad a rendir cuentas sobre su gestión y contrarrestar el clima de condescendencia que reina habitualmente en esos eventos por las intervenciones de las estrellas de la nueva fuente presidencial?

¿Resultará conveniente permitir que el gobernante siga monopolizando el debate sobre la ética de la profesión, sentando cátedra sobre un tema del que no solo no es un experto, sino que manipula a su conveniencia con el objetivo de que termine generalizándose en el país el desarrollo del "periodismo comprometido" con el que sueña y que nada tiene que ver con los manuales deontológicos de las empresas informativas?

¿Comenzarán a tomarse en serio estas compañías la trascendencia de desarrollar manuales de estilo con normas éticas que puedan luego compartir con la sociedad para hacer más transparente su labor a ojos de los ciudadanos y recuperar de esa forma el prestigio perdido por los ataques presidenciales y de las redes sociales?

Son interrogantes que solo ellos pueden responder. Uno de los caminos para mantenerse en pie en la lucha sin cuartel con el mandatario debería ser continuar realizando y publicando reportajes reveladores sobre los errores de la administración lopezobradorista, como hicieron también para cuestionar a sus antecesores, pero de nada servirá esa táctica, que es parte inherente a la profesión periodística, si no hay un esfuerzo en explicar cómo fueron realizados esos trabajos, por qué la información que incluyen es veraz y cuál fue la metodología usada para llegar a esas conclusiones.

Algunos dirán que en los actuales tiempos de desinformación y posverdad a nadie le importará en el fondo si una noticia se hizo bien o mal, o si su ejecución siguió unos estándares éticos que harán más difícil rebatirla. Es probable que así sea, pero si el periodismo tira la toalla ahora, cuando más necesario es —no solo en México, sino en muchos otros países que viven situaciones similares—, es probable que tarde o temprano las sociedades que lo vieron crecer y convertirse en un pilar de la democracia, con todas sus virtudes y sus defectos, dejen de ser como las conocemos para convertirse en lugares muy distintos, donde, como decía Velshi, "no seamos ni siquiera capaces de discernir la verdad".

Agradecimientos

No se me ocurre mejor forma de empezar este apartado que por el lugar donde todo comienza: la vida. No tengo palabras para expresar el profundo agradecimiento que siento hacia mis padres, Elena y José Luis (Helen y Jos), por concederme la increíble oportunidad de existir, por darme la fortaleza para lograr ser quien soy e inculcarme muchos de los valores que han guiado mi trayectoria personal y profesional. Pero, sobre todo, por tener la generosidad de respetar las decisiones que he tomado, algunas de ellas dolorosas, como la determinación de residir a tantos kilómetros de distancia de mi Barcelona natal. Hago extensivo ese sentido agradecimiento a mis primeros y más leales compañeros de viaje, mis hermanos Héctor, Andrés y Hugo. Además de ser coprotagonistas de entrañables experiencias durante décadas, siguen siendo un referente para mí y un sólido soporte cada vez que los necesito, a pesar de la lejanía.

Bea, mi amada esposa, gracias por tu valor, tu inteligencia, tu desbordante optimismo y tu contagiosa alegría. Nada ha dado más sentido a mi camino que tu compañía, tu apoyo y tu amor incondicionales, en los buenos momentos y en los no tan buenos. Te estoy infinitamente agradecido también por haber aceptado compartir conmigo el privilegio de ser padres de dos hijos maravillosos, la experiencia más retadora a la que nos hemos enfrentado, pero también la más enriquecedora y gratificante. Mati y Nico, mis dos grandes campeones, por vosotros llegaría al fin del mundo, ya lo sabéis.

A Hildegard, mi segunda madre, gracias por profesarnos tanto afecto, por tus interminables atenciones y por estar siempre ahí.

A México, mi país de adopción, le debo el haberme otorgado esta oportunidad y tantas otras. Eres muy generoso. Nunca cambies.

Para llevar a buen puerto este proyecto fue determinante el papel que jugó el gran editor Ricardo Cayuela, de quien admiro tanto su lucidez como su finísimo sentido del humor. En él encontré un desprendido aliado desde el primer día. Gracias por creer en mí tras aquella trascendental conversación en tu antiguo despacho de la sede de Penguin Random House, en la Ciudad de México, a mediados de 2019.

Su arriesgada apuesta fue secundada por personas clave de esa casa editorial, con las que también me siento hondamente en deuda. Entre ellas, Ariel Rosales, que con su sapiencia e innegable maestría para recomponer textos literarios dio más cohesión al resultado final de esta obra, y David Velázquez, que me acompañó pacientemente durante todo el proceso, con atinados comentarios y un enorme tacto, para hacerme sentir cómodo en la —para mí— novedosa experiencia de plasmar mis ideas en un manuscrito de semejante extensión.

Mi incursión como escritor tampoco hubiera sido posible sin el estímulo intelectual que ha representado para mí desde hace años la oportunidad de dar clases en la Escuela de Periodismo Carlos Septién García. De mi experiencia académica salieron muchas de las ideas y conocimientos que comparto en estas páginas. Gracias, maestro Víctor Villalva, por confiar en mí como profesor, extensivas a la actual directora, Analletzin Díaz. Gracias también a usted, Claudia Estrella Velázquez, por su disposición y su excelente ánimo en la coordinación de la maestría.

Escribir un libro es una de las mejores formas de descubrir el auténtico valor del sacrificio y la dulce recompensa de la perseverancia. De tenacidad y de renuncias saben mucho los profesionales del periodismo, la actividad a la que me dedico desde hace un cuarto de siglo.

A todos ellos quiero también dedicar esta obra. A los que me han dirigido, a los que han estado bajo mis órdenes y a aquellos con los que he trabajado codo a codo en agotadoras coberturas informativas. Gracias.

Por último, quiero dirigir unas palabras a mi principal crítico y mi mayor adversario. Gracias, Raúl Cortés Fernández, lo hemos logrado.

Fuentes

BIBLIOGRAFÍA

O'Gorman, Edmundo, Alfonso Caso, Ramón Iglesia *et al.*, "Sobre el problema de la verdad histórica", en Álvaro Matute (comp.), *La teoría de la historia en México. 1940-1968*, México, SEP / Diana, 1981, pp. 33-65 (Sepsetentas, 126).

González de Alba, Luis, *Las mentiras de mis maestros*, México, Cal y Arena, 2002.

Martínez, Omar Raúl, *Códigos de ética periodística en México*, México, Fundación Manuel Buendía, 2011.

———, *Ética y autorregulación periodísticas en México*, México, Comisión de Derechos Humanos del Distrito Federal, 2016.

"Las restricciones a la libertad de la prensa", *El Siglo Diez y Nueve*, 30 de octubre de 1857), pp. 1-2.

Libro de estilo de El País, Penguin Random House Grupo Editorial España, edición para Kindle.

CIBERGRAFÍA

http://biblioteca.clacso.edu.ar/ar/libros/panama/cela/tareas/tar122/04marx. html.

https://books.google.com.mx/books?id=s9_0DwAAQBAJ&pg=PT516&l-pg=PT516&dq=Aqu%C3%AD+no+hab%C3%ADa+soberan%-

C3%ADa,+aqu%C3%AD+no+mand%C3%A1bamos+los+vene-
zolanos+pues,+nos+mandaban+desde+fuera,+ven%C3%ADan+u-
nos+se%C3%B1ores+yes,+are,+how+are+you,+very,+ch%C3%A-
9vere,+very+good,+se+reun%C3%ADan+y+muchas+veces+no+-
ven%C3%ADan&source=bl&ots=8qATp27wo9&sig=ACfU3U1p-
JWgOEvZaof1ilNoOufzlHMhBIg&hl=es&sa=X&ved=2ahUKEw-
jZ-Mnu3NTxAhVPKawKHeA8CtwQ6AEwAHoECAMQAw#-
v=onepage&q=Aqu%C3%AD%20no%20hab%C3%ADa%20
soberan%C3%ADa%2C%20aqu%C3%AD%20no%20mand%C3%A-
1bamos%20los%20venezolanos%20pues%2C%20nos%20man-
daban%20desde%20fuera%2C%20ven%C3%ADan%20unos%20
se%C3%B1ores%20yes%2C%20are%2C%20how%20are%20
you%2C%20very%2C%20ch%C3%A9vere%2C%20very%20goo-
d%2C%20se%20reun%C3%ADan%20y%20muchas%20veces%20no%-
20ven%C3%ADan&f=false.

https://www.spr.gob.mx/defensoria/secciones/temas-interes/documentos/articulos/201205_defensa_propia.pdf.

http://ru.iis.sociales.unam.mx/jspui/bitstream/IIS/5187/1/comunic_presidencial.pdf.

https://biblat.unam.mx/hevila/ElCotidiano/2006/no138/8.pdf.

http://www.scielo.org.mx/scielo.php?script=sci_arttext&pid=S1405-09272011000200006.

http://www.paginaspersonales.unam.mx/files/4813/Asignaturas/1417/Archivo2.2362.pdf.

https://www.bbc.co.uk/editorialguidelines/guidelines/impartiality.

https://repositorio.unam.mx/contenidos/el-impacto-del-zapatismo-en-la-sociedad-civil-internacional-y-el-efecto-de-la-actuacion-de-esta-en-la-solucion-pacifica-d-436448?c=3AMJoj&d=false-&q=*:*&i=7&v=1&t=search_0&as=0.

https://www.diputados.gob.mx/LeyesBiblio/pdf/CPEUM.pdf.

https://historiamexicana.colmex.mx/index.php/RHM/article/view/3919/3903.

https://www.diputados.gob.mx/LeyesBiblio/pdf/LGPDPPSO.pdf.

http://www.aldf.gob.mx/biografia-francisco-zarco-906-4.html.

https://gatopardo.com/perfil/ryszard-kapuscinski/.

https://elpais.com/diario/2010/03/12/opinion/1268348412_850215.html.

https://www.cndh.org.mx/noticia/aprehenden-los-hermanos-flores-magon.

http://archivomagon.net/obras-completas/art-periodisti-
cos-1900-1918/1911/1911-14/.

https://www.fonotecanacional.gob.mx/index.php/130-revolucion-mexica-
na-personajes-2/1627-ricardo-flores-magon.

https://historiamexicana.colmex.mx/index.php/RHM/article/
view/3594/3704.

http://www.fil.cucsh.udg.mx/?q=es/noticia/medici%C3%B3n-de-audien-
cias-podr%C3%ADa-ligarse-al-otorgamiento-de-publicidad-oficial.

https://www.ine.mx/wp-content/uploads/2021/02/CDCD-34.pdf.

https://www.fundar.org.mx/mexico/pdf/SCMexESP.pdf.

http://www.normatividaddecomunicacion.gob.mx/work/models/Norma-
tividadDeComunicacion/Resource/49/1/images/LineamientosGe-
nerales2019-DOF29012019.pdf.

https://argumentos.xoc.uam.mx/index.php/argumentos/article/
view/1052/1022.

https://irp.cdn-website.com/81280eda/files/uploaded/17%C2%B0%20Es-
tudio%20sobre%20los%20Ha%CC%81bitos%20de%20los%20Usua-
rios%20de%20Internet%20en%20Me%CC%81xico%202021%20
v16%20Publica.pdf.

https://argumentos.xoc.uam.mx/index.php/argumentos/article/down-
load/698/694.

https://www.ted.com/talks/eli_pariser_beware_online_filter_bubbles?lan-
guage=es.

https://ricardomonrealavila.com/wp-content/uploads/2021/02/RE-
DES-SOCIALES-Propuesta-Iniciativa-29.01.21.pdf.

https://biblat.unam.mx/hevila/ElCotidiano/2015/no189/5.pdf.